KB004402

프 레 디 머 큐 리

: Queen 예술적 상상력의 르네상스

프레디 머큐리 : Queen 예술적 상상력의 르네상스

초판 2쇄 발행 2018년 11월 20일

글쓴이/ 레슬리 앤 존스
번역/ 변문경, 이미경

기획/ 변문경
편집 총괄/ 박윤경
표지 디자인/ 이시은
인쇄제본/ 영신사
종이/ 세종페이퍼

펴낸곳/ 다빈치books
등록일/ 2011년 10월 6일
서울특별시 서초구 신반포로 194
전화/ 010-4151-9060
팩스/ 0504-393-5042
이메일/ ketosisi@naver.com

ⓒ다빈치books 2015

ISBN 978-89-969117-3-9 03680
값 16,000

Freddie Mercury : The Definitive Biography
Copyright ⓒ Lesley-Ann Jones 2011
All rights reserved
Korean translation copyright ⓒ 2015 by Davinci Books
Korean translation rights arranged with HODDER & STOUGHTON LIMITED
through EYA(Eric Yang Agency)

이 책의 한국어판 저작권은 EYA(Eric Yang Agency)를 통한
HODDER & STOUGHTON LIMITED 사와의 독점 계약으로 '다빈치books'가 소유합니다.
저작권법에 의하여 한국 내에서 보호를 받는 저작물이므로 무단 전재 및 복제를 금합니다.

*잘못된 책은 바꾸어 드립니다.

프레디 머큐리

: Queen 예술적 상상력의 르네상스

Freddie Mercury : The Definitive Biography

레슬리 앤 존스 지음 | 변문경 · 이미경 옮김

다빈치 books

차례

일러두기

1. 이 책의 영문 표기는 원서의 영어를 기본으로 하되 때에 따라 해당 국가의 원어를 사용하였습니다.
2. 본문에 다양한 인물이 소개되어 이해를 돕기 위해 본문 뒤에 인물 정보를 한꺼번에 모아 정리하였습니다.

프레디를 그리며

• 브라이언 메이(그룹 퀸의 멤버, 기타 담당)

프레디, 우리는 너의 꿈, 우리의 꿈을 추구했지. 사랑해, 우린 항상 널 사랑할 거야. 너를 이렇게 존경하게 돼서 우린 매우 행복해.

• 로저 테일러(그룹 퀸의 멤버, 드럼 담당)

프레디는 나의 베스트 프렌드예요. 그의 죽음을 결코 극복할 수 없을 거예요. 퀸 멤버들 모두 마찬가지죠. 프레디의 죽음을 빨리 받아들이려고 애쓰지만 그건 그의 죽음이 우리의 삶에 미친 영향을 과소평가하기 때문이에요. 아직도 그의 죽음을 말하는 것조차 고통스러워요. 프레디가 없는 현재와 미래는 생각하기 힘드네요. 난 매일 매일 생각합니다.

• 카시미라(프레디의 여동생)

난 어떤 식으로든 프레디가 아직 여기에 있다고 느껴져요. 그의 음악이 여기 있기 때문이죠. 프레디는 나의 오빠이지만 대스타이기도 합니다. 간단히 말하자면, 평범한 오빠를 갖는다는 것이 어떤 것인지 잘 모르겠어요. 내 하나뿐인 오빠는 아주 특별했거든요.

• 짐 허튼(프레디의 동성 연인)

아직도 정원 주위를 어슬렁거리면 프레디가 죽을 때의 표정이 생생히 떠올라요. 그동안의 일을 의도적으로 지울 수는 있겠지만 마음속 깊은 곳의 잠재의식까지 없앨 수는 없어요. 잊는다는 건 불가능합니다. 프레디로부터 많은 것을 배웠어요. 특히 낙관적으로 생각하는 것을요. 프레디는 항상 그랬어요. "넌 할 수 있어. 알지? 할 수 있어. 최선을 다해봐." 프레디의 장점 중의 하나였죠. 우리가 얼마나 함께할지 얘기해본 적은 없어요. 있는 그대로를 받아들였어요. 프레디는 내게 원하는 걸 말해보라고 했어요. 난 "만족과 사랑."이라고 말했죠. 난 이 모든 걸 프레디에게서 찾았어요.

• 메리 오스틴(프레디의 이성 연인)

그는 일을 하면서 많이 행복해 했어요. 일이야말로 프레디가 영적으로 살아있음을 느끼게 만들었죠. 지루하고 고통스럽기는커녕 일을 통해 얻게 되는 무엇인가가 있었어요. 순순히 죽음을 기다리는, 그런 삶은 아니었어요.

• 피터 프리스톤(프레디의 개인 비서)

내 생각에 죽음을 앞두고 프레디가 가장 안타까워 한 점은 아직도 너무 많은 악상이 넘쳐나고 있다는 사실이었을 거예요.

여는 글

몽트뢰

젊음 그대로의 프레디를 그리다

그 당시 기자들의 방식대로, 나는 양해를 구하고 일단 화장실로 갔다.[1] 머릿속에 담아둔 프레디와의 일들을 기억하려고 애쓰면서, 본격적으로 술판이 벌어지기 전에 급하게 인터뷰 내용을 노트에 갈겨쓰기 시작했다. 당시에도 테이프 녹음기가 있었지만, 이런 기기가 상대방과의 편안한 대화를 막아버린다는 것을 너무나 잘 알고 있었기에 사용할 수 없었다. 특히 협상할 때는 더더욱 그랬다. 테이프 녹음기를 들이대는 건 '난 형편없는 사람'이라고 자처하는 것이나 다름없는 어리석은 행동이다.

우리—글을 쓰는 사람과 사진사가 짝을 지어 다녔다—는 콘퍼런스 센터에서 길을 따라 쭉 늘어선, 미디어 페스티벌에 열광하는 인파에서 벗어나 몽트뢰 중심지의 조용한 술집으로 빠져나왔다. 블랑 기기(Blanc Gigi)는 친밀감을 주는 작은 공간인데 화이트 호스(White Horse)라고도 불렸다. 그날 밤 그곳에, 프레디는 스위스, 프랑스 출신으로 보이는 스키니 바지 차림의 친구 2명과 함께 있었다. 우리는 프레디가 전형적인 영국식 펍에 자주 들른다는 정보를 사전에 입수하여 이곳에 왔다. 프레디에게 경호원은 필요 없었다. 그는 그저 담배가 필

---

1 저자인 레슬리 앤 존스(Lesley-Ann Jones)는 1986년에 스위스의 TV 페스티벌을 취재하러 갔을 때 화이트 호스라는 펍에서 프레디를 만났다. '몽트뢰'에서는 이때의 내용을 다루었다.

요했다. 급행열차로 온 새로운 친구는 항상 담배 4갑을 가지고 다니는 니코틴 중독자였다. 나 같은 젊은 연예부 기자에게 밤은 취재하기에 충분히 길었고 우리는 준비 완료 상태였다.

프레디와의 만남이 이번이 처음은 아니었다. 어린 시절부터 록 팬—11살에 데이비드 보위(David Bowie, 1947~, 영국의 가수, 글램록의 대표주자)를 만났고 1970년 나의 생일에 지미 헨드릭스(Jimi Hendrix, 1942~1970, 미국의 가수이자 기타리스트)가 죽었다—이었던 나는 학교를 졸업한 그해 여름에 바르셀로나와 코스타 브라바 해변행 열차를 타고 여행을 했다. 그때 함께 여행하던 올더숏 출신의 잔과 모린 데이를 통해 스릴 넘치고 복잡한 퀸의 음악을 알게 되었다. 그 당시에는 모든 사람들이 기타와 조지 해리슨(George Harrison, 1943~2001, 영국의 싱어송라이터이자 기타리스트)의 피크(pick)를 가지고 있었다. 나는 아무리 핑거 스트래치[2]를 연습해도 도무지 원하는 소리를 낼 수 없었다. 도저히 프리텐더스(Pretenders, 영국의 록 그룹) 그룹의 보컬 크리시 하인드(Chrissie Hynde, 1951~, 미국 출신의 영국 가수), 런 어웨이즈(The Runaways, 미국의 록 밴드)의 조안 제트(Joan Jett, 1958~, 미국의 가수이자 기타리스트)와 같은 경지에 도달할 수 없었기에, 대신《데일리 메일(Daily Mail)》,《메일 온 선데이(Mail on Sunday)》와 그 부록 잡지인《유(You)》,《더 선(The Sun)》등에서 록과 팝 음악 기사를 쓰는 직업을 택했다. 1980년 초에서 1992년 무렵까지 일했는데,《연합뉴스》의 신출내기 기자 신분일 때 퀸을 처음 만났다. 1984년의 어느 날, 퀸의 노팅힐 사무실에서 프레디와 브라이언을 인터뷰하게 되어 결국 이 천재들을 만날 수 있었다. 그들은 "이제야 왔군요." 하고 날 불렀다. 그때의 일이 지금도 꿈만 같다. 그 당시에는 지금보다 일하기가 더 편했다. 팝스타와 기자가 함

---

2 finger stretches, 기타에서 이웃해 이어지는 프렛에 놓인 손가락이 그 범위에서 바깥쪽으로 나오는 것. 예를 들면 2프렛에 집게손가락, 3프렛에 가운뎃손가락, 4프렛에 약손가락, 5프렛에 새끼손가락으로 누르는(손가락을 펴서) 것을 핑거 스트레치라고 한다. 네이버 지식백과

께 비행기를 타는 것이 예사였다. 함께 리무진을 타고, 같은 호텔에 머무르고, 같은 테이블에서 밥을 먹고 함께 여러 도시를 휘젓고 다녔다. 드문 경우이긴 했지만 스타와 기자 간에 소중한 우정이 지속되기도 하였다.

요즘에는 그런 일이 거의 없다. 넘쳐나는 매니저, 에이전트, 기획자, 홍보 담당자, 음반 관계자, 음악 비즈니스 업계 주변에는 이익을 찾아 어슬렁거리는 사람들이 항상 대기하고 있다. 그들의 최대 관심사는 바리케이드 뒤에서 나 같은 사람들을 관리하는 일이다. 그 시대에 우리는 출입증이 있든지 없든지 어디서나 우리 방식대로 건방지게 굴었다. 때때로 출입증을 숨기고 붙잡히는 장난도 치곤 했다.

나는 1985년에 열린 라이브 에이드(Live Aid) 행사 중 영국 웸블리의 퀸 공연과 1986년 매직 투어의 여러 공연장에 초청되었다. 부다페스트에서 영국 대사관의 리셉션에 초대되어 '철의 장막' 뒤에서 역사적인 헝가리 쇼도 목격했다. 퀸에게는 가장 역동적인 순간이었을 것이다. 그때 로큰롤을 사랑하는 20여 명의 스키니 차림의 주근깨들과 섞여 있었던 것 같다. 항상 놀라웠던 건 프레디가 생각보다 더 가냘프다는 사실이었다. 아마 니코틴, 보드카, 와인, 코카인, 낮은 식욕, 공연에 대한 걱정 때문이었을 것이다. 무대에서의 체격이 실제보다 더 커보이기 때문에 실제 생활에서 거대하고 당당할 것이라 기대하겠지만 그렇지 않다. 반대로 그는 작고 사랑스러운 소년 같았다. 이런 그를 모든 소녀들은 엄마처럼 돌보고 싶을 것이다. 컬처 클럽(Culture Club, 영국의 뉴 웨이브 록 그룹)의 양성애자 멤버인 보이 조지(Boy George, 1961~, 영국의 가수)와 같이 그는 모성 본능을 불러일으켰다. 보이 조지는 자신이 양성애자라고 고백한 이후에 오히려 주부들로부터 인기를 끌었다. 사실인지 모르지만 보이 조지는 섹스보다는 맛있는 차 한 잔을 더 좋아했다.

화이트 호스에서 프레디는 눈썹을 치켜 올리고 주위를 둘러보면서, 짧고 나

굿한 목소리로 "담배."라고 속삭였다. 내겐 온통 모순으로 뒤덮인, 혼란스러운 밤이었다. 무대 위에서의 오만함이 사라진 그는 작고 초라하고 겸손해 보였다. 나중에는 아이 같은 말투로 "쉬, 쉬." 하고 중얼거렸고, 무리 중의 한 명이 화장실로 데려가는 것을 보고는 얼이 빠졌다. 프레디가 너무 불쌍해 보였다. 프레디를 집으로 데려가 따뜻하게 목욕시키고, 엄마처럼 사랑을 담아 요리한 음식을 먹이고 싶어졌다. 지금 생각하면, 세계적인 록스타가 화장실에도 혼자 못 갈 정도로 무력할 수 있는가에 의문이 들겠지만, 혼자 갔더라면 화장실에서 거친 팬에 의해 심각한 문제가 발생할 수도 있겠다 싶다.

로저 타베너(Roger Tavener)가 그에게 말보로 레드를 건넸지만 프레디는 망설였다. 실크 컷을 더 좋아했기 때문이다. 우리가 술집 단골들과 옥신각신하는 모습을 프레디가 관심 있게 쳐다보았다. 우리가 일반적인 기자 무리처럼 그에게 과도한 관심을 보이지 않았기 때문인지 그는 화장실에 갔다가 다시 돌아왔다. 우리는 몽트뢰 팰리스 호텔에서 숙박하였는데 프레디도 같은 호텔의 스위트룸에 묵고 있었다. 퀸 그룹은 중후한 스위스 리조트에 위치한 유일한 녹음복합시설인 몽트뢰 스튜디오를 소유하고 있었다.

한 시간쯤 후에 이제는 알겠다는 듯이 프레디가 새까만 눈동자를 깜박거리며 말했다. "나 알죠?" 우리가 거기 있는 이유는 분명히 프레디 때문이었다. 보드카 칵테일이 좀 더 일찍 나왔더라면 그는 우리의 이름까지 추측했을지도 모른다. 우리는 연례행사인 엔터테인먼트 TV 페스티벌과 골든로즈 상 시상식을 취재했고, 전국적으로 방송되는 록 갈라까지 참여했기에 그에게는 익숙했을지도 모른다.

방해받기 싫어할 것이라고 짐작했는데, 정작 프레디는 이번에는 우리와 대화하고 싶어 하는 것 같았다. 그는 대체로 우리 같은 기자들을 좋아하지 않았다. 예전에 언론의 조롱거리가 되는 일이 잦았고, 프레디의 말이 자극적으로

와전되었기 때문에 그는 극소수의 기자들만을 신뢰했다.《데일리 익스프레스(Daily Express)》지의 연예 담당자였던 데이비드 윅(David Wigg)은 프레디의 절친한 친구로, 자주 특종을 터뜨리곤 했다.

우리는 무척 친해졌다. 공식적인 인터뷰 기회는 일찌감치 포기해 버렸다. 그러지 않았다면 다음 날 아침에 프레디는 우리를 의심했을지도 모른다. 더 중요한 것은, 우리가 도를 넘어 행동하는 바람에 그의 매니지먼트와 홍보 담당자가 우리를 다시는 그의 근처에 얼씬거리지 못하게 할 수도 있었다. 이곳은 그의 바(Bar)이고 그의 영역이었지만, 그는 쉽게 상처받고 예민해 보였다.

"그게 바로 내가 여기 온 이유야. 런던에서 불과 2시간 거리이지만 여기서는 숨 쉬고, 생각하고 쓰고 녹음하고 산책할 수 있지. 앞으로 몇 년 간은 그럴 필요가 있을 것 같아."

우리는 명성 때문에 감수해야 할 그의 고통에 공감했기에 화이트 호스에서의 일에 대해서는 입을 다물기로 했다. 특종을 들고 뉴스 편집장에게 연락하려는 '킬러 본능'을 잠재운다는 각오로 무섭게 술잔을 들이켰다. 타베너와 나는 이제 공범자였고, 백상어들처럼 빙빙 돌면서 서로를 감시했다. 프레디에게는 우리가 명사들과 일하는 데 익숙하고, 특히 그들의 프라이버시를 꼭 지킨다고 안심시켰다. 프레디는 눈을 가늘게 뜨고 보드카 잔을 흔들었다.

"나를 잠 못 들게 하는 게 뭔지 알아? 나는 괴물을 만들었어. 그 괴물은 바로 나야. 그 누구도 탓하지 않아. 어린 시절 후로는 이것을 위해 일했고 이것을 위해서라면 뭐든 해왔거든. 무슨 일이 생기든 모두 내 탓이야. 내가 갈망했던 것들이지. 성공, 명예, 돈, 섹스, 약물……. 나는 이것들을 가질 수 있어. 하지만 이제는 내가 만든 것들을 살펴보게 되었고 거기서 빠져나오고 싶어졌어. 내가 이것들을 컨트롤할 수 없게 될 것 같아 걱정스러워."

"나는 무대에 서면 완전히 바뀌어. 완벽한 쇼맨으로 변신하거든. 바로 그 모습이 내가 되어야 하는 것이라고 말하지. 2등이 될 바에는 아예 그만두겠어. 난 뽐내며 걸어야 해. 어떤 식으로 마이크 스탠드를 잡아야 하는지 잘 알지. 난 이런 것이 좋아. 지미 헨드릭스가 관객들을 쥐락펴락하는 걸 보는 게 좋아. 그는 성공했고 그래서 팬들이 열광하는 거야. 그러나 무대 밖에서는 꽤 수줍은 남자였어. 조명이 꺼지면, 와일드한 남자로서 타인의 기대에 부응하려고 노력하는 자신의 모습에 괴로워했을 수도 있어. 거기에서 유체이탈의 체험을 하게 되는 거지. 마치 나 자신을 내려다보면서, '꺼져! 저게 핫한 거라고.' 그러면 '아! 이게 나구나. 일하러 가는 편이 낫겠다.' 하게 된다고."

"물론 이것은 마약 같아. 거리에서 만나는 사람들은 거대한 존재감을 가진 프레디의 모습을 원하지. 나는 사실 더 조용한데 말이야. 대중 앞에 연주자로 설 때면 내 사적인 삶을 숨기려고 노력하는데, 그건 내가 정신분열증적인 존재라서 그래. 이것은 내가 치르는 대가라고 생각해. 오해하지는 마. 나는 불쌍한 젊은 부자가 아니야. 음악이 아침에 나를 깨우고, 그 안에서 행복을 느끼는, 나는 진정 축복받은 존재야."

"아무것도 아닌 일도 퀸이 하면 드라마가 돼. 안 그래? '빛나는 대단한 남자'라며 찬사에 돈을 쏟아붓고. 아, 몽트뢰와 런던 생활을 이야기하고 있었지? 뉴욕, 파리, 어디에서나 원하는 건 뭐든 살 수 있어. 난 멋대로 행동해. 무대 위의 나는 그렇게 할 수 있고 사람들은 그걸 기대해. 이러다 모든 게 어떻게 끝날지 걱정돼."

그는 마침내 솔직하게 속내를 털어놓았다.

"우리가 세상에서 가장 위대한 밴드 중 하나라는 사실 때문에 생기는 문제도 있어. 마음껏 돌아다닌다거나 켄트의 사랑스러운 카페에서 오후에 구워지는 번 빵을 먹을 수가 없어. 항상 이런 것들이 가능할지를 가늠해보지. 늘 이곳저곳으로 옮겨 다니는 여행을 즐기기는 하지만 말이야……."

카지노를 거쳐 다른 곳에서 나왔을 때에도 새벽이 시작될 기미는 보이지 않았다. 프레디와 2명의 친구들은 삐죽삐죽한 알프스 아래에 위치한 한 빌라에서 잠을 잤다. 프레디는 고대 미스터리와 사라진 보물, 전쟁 동안에 나치가 챙겨둔 보물에 대해 조심스럽게 얘기해 주었다. 차가운 밤 공기가 몸을 찌르는 듯 시리게 느껴졌다. 달빛에 비친 알프스 산 그림자가 하품하는 호수를 가로질러 드리워져 있었다.

확실한 건 프레디가 이 은신처를 무척이나 좋아한다는 사실이다. 초콜릿 박스에는 보 리베라의 그림이 그려져 있었다. 보 리베라 지역은 재즈 페스티벌, 포도농장, 나보코프(Vladimir Nabokov, 1899~1977, 미국의 소설가이자 평론가, 곤충학자)와 찰리 채플린(Charles Chaplin, 1889~1977, 미국의 영화배우), 1971년 겨울에 딥 퍼플(Deep Purple, 1968년에 데뷔한 영국의 록 그룹)이 만든 곡 〈스모크 온 더 워터(Smoke on the Water)〉로 유명하다. 이 곡의 매력은 독창적인 반복 악절에 있는데, 프랭크 자파(Frank Zappa, 1940~1993, 미국의 작곡가이자 기타리스트) 공연에서 한 팬이 조명탄으로 불을 질러 발생한 화재를 보고 썼다. 베이스 기타리스트인 로저 글로버(Roger Glover, 1945~, 영국의 가수)가 호텔 창문에서 보았을 때 카지노 전체가 불탔고 연기가 제네바 호수를 가로질러 피어올랐다.

"내가 죽으면 그 호수에 뿌려줘." 농담이었겠지만 프레디는 이 말을 2번이나 되풀이했다.

프레디와의 이야기는 인생에서 단순한 일을 즐기는 것의 중요성으로 넘어갔다. 우리 같은 사람은 꿈 속에서나 누릴 수 있는 환상적인 생활을 록스타인 프레디는 돈으로 살 수 있었다. 이런 특종을 어떻게 해야 할까? 우린 아무 행동도 하지 않고 아무것도 쓰지 않았고 단지 알고만 있었다.

프레디와 그 친구들은 좋은 사람들이었다. 재미있는 밤이었고 그는 정직했다. 그가 아마 우리를 신뢰하지 않았을 수도 있다. 우리가 누군지 알고 있었고, 자신을 속일 거라고 추측했을 수도 있다. 기자들은 항상 재수 없다는 것을 우리가 증명해 보이길 원했을지도 모른다. 록스타들 중 프레디는 특히 우리 같은 사람들에게 배신당하는 데 익숙해져 있을 것이다. 그때는 그의 행동이 이해하기 어려웠는데 지금은 이해된다. 아마도 프레디는 자신의 시대가 얼마 남지 않았다는 것을 어렴풋이 느끼고 있었을 것이다. 그는 확실히 내일은 없는 것처럼 살았다. 명성에 갇힌 그 시점에서 새로운 바람을 일으키기 위해 우리에게 로비를 하려고 했을 수도 있다. 우리와의 만남으로 프레디가 스스로 최악의 상황에 처할 수도 있다고 생각한다는 것을 알 수 있었기에 타베너와 나는 신문사에서 해고당할 만한 범죄를 저지르기로 합의하였다. 즉, 싸구려 톱기사를 위해 프레디와 쌓은 신뢰를 팔지 않기로 한 것이다.

눈이 녹은 산 위로 새벽이 어른거리기 시작했다. 우리가 지쳐서 호텔로 돌아왔을 때에는 자연 본연의 색깔들이 호수의 물을 얼룩덜룩하게 물들이고 있었다. 아무도 말이 없었다. 더 이상 할 말이 없었다. 타베너는 마지막 담배에 불을 붙였다.

"록 음악은 아주 중요해요." 40년간 명사들과 함께했던 유명한 상담정신과 의사인 코스모 할스트롬은 단언했다. "록 음악은 현재의 문화를 대표하죠. 그 자체가 큰 돈이에요. 그것을 추구하는 것은 매력적이죠. 무시될 수 없는 현상입니다. 록 음악을 통해 사람들을 통합하고 공통의 유대감을 만들어 내죠."

"로큰롤은 직접적이에요. 익히지 않은 날 것 그대로라고 해야 하나. 타협이라곤 찾아볼 수 없고, 앞선 감성과 단순명쾌한 개념들로 강렬하게 휘몰아 가죠. 그냥 지나칠 수 없을 정도로 매우 강력하게 우리를 고취시켜요. 자신만의 독창적인 방식으로 세대를 표현하고 입증합니다."

"아티스트가 되는 것은 구원을 위한 외침이에요." 록과 팝계에서 가장 악명 높은 매니저 사이먼 네이피어 벨(Simon Napier-Bell, 영국 출신의 록 매니저)은 주장했다. 그는 더스티 스프링필드(Dusty Springfield, 1939~1999, 영국의 가수)의 히트곡을 썼고, 마크 볼란(Marc Bolan, 1947~1977, 영국의 록 가수, 그룹 티렉스 멤버), 야드버즈(Yardbirds, 영국의 록 그룹)와 저팬(Japan, 1978년에 데뷔한 영국의 그룹)을 스타로 만들어 주었다. 그룹 웸(Wham, 영국의 팝 그룹)의 매니저였으며, 조지 마이클(George Michael, 1963~, 영국의 가수)을 솔로 슈퍼스타로 만들었다. 사이먼은 직설적으로 말했다.

"모든 아티스트는 지독히 불안한 사람들이죠. 필사적으로 주목을 받으려 합니다. 그래서 끊임없이 청중들을 찾아다닙니다. 자신들이 저주하는 상업화를 회사로부터 강요받지만, 제 생각에는 상업화를 통해 아티스트의 예술성은 더 발달하고 더 좋아지게 됩니다. 그들은 모두 같은 스토리를 가졌어요. 에릭 클랩튼(Eric Clapton, 1945~, 영국의 가수이자 기타리스트)을 봅시다. 처음에 만났을 때 '아티스트는 아니고 뮤지션일 뿐이야.' 하고 생각했죠. 존 메이올(John Mayall, 1933~, 영국의 가수)은 밴드 내에서도 청중을 등지고 연주했죠. 하지만 발전해서 아티스트가 되었습니다. 그는 아버지가 실종자였고 누나가 실제 엄마였고, 엄마라고 생각한 사람은 할머니였어요. 아티스트는 대개 어린 시절에 학대—최소한 정서적 박탈감—의 경험이 있어요. 그래서 어떻게 해서든 성공하고, 사랑과 주목을 받으려고 필사적으로 노력하죠. 그렇지 않은 사람들은 결국에는 중도 하차하고 말아요. 스타가 되는 것은 완전 끔찍한 일이에요. 레스토랑에서 훌륭한 테이블 앞에 앉아 있다는 건 멋지지만, 식사 시간 내내 30초마다 사람들이 다가와요. 악몽입니다. 이런 상황들이 일상적이죠. 이런 것들을 참고 견디는 스타들만이 완벽히 행복할 수 있어요."

"이런 상황을 모르는 사람들에게는 매력적으로 보이겠지만 모든 스타에게는 어두운 면이 있어요. 그들은 당신으로부터 필요한 모든 것을 얻었고, 당신이 더 이상의 사용가치가 없을 때 가차 없이 내팽개칩니다. 나는 그들에게 버림받았지만 신경 쓰지 않았어요. 이 사람들을 이해합니다. 무엇이 그들을 이렇게 만드는지 알고 있어요. 이렇게 취급받는다고 해서 분노하고 화내는 건 아무 소용이 없어요. 단언컨대, 그들은 내면에 심리적 상처를 가지고 있어요. 어린 시절을 살펴보면 알 수 있을 거예요. 무엇이 이들을 박수와 찬사에 필사적으로 매달리게 할까요? 자신의 생활이라고 말할 수조차 없는 엉망진창의 생활로 이끌까요? 정상적인 사람이라면 결코 스타가 되기를 원치 않을 거예요. 아무리 돈이 따르더라도 말이에요."

"무엇보다 가장 중요한 것은……." 할스트롬 박사가 설명했다. "그는 젊었을 때 죽었습니다. 뚱뚱하게 부어오르고 거만한, 늙은 퀸 대신에, 전성기일 때의 모습 그대로, 그 나이에 영원히 보존되었습니다. 나쁘지 않아요."

이것이 그의 이야기이다.

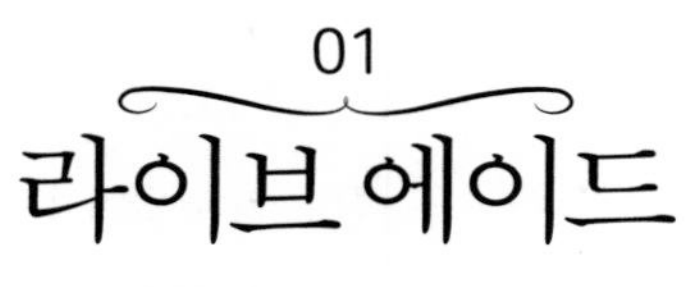

01 라이브 에이드

그날의 주인공은 바로 퀸이었다

라이브 에이드를 통하여 우리는 사람들이 보고, 듣고, 희망적으로 기부하도록 하는 좋은 일을 하고 있다. 사람들이 굶주릴 때, 그것은 함께 해결해야 할 공통의 문제로 인식되어야 한다. 이런 문제들을 알게 되면, 때때로 나 자신이 무력하다고 느낄 때가 있다. 이번 일은 내가 할 수 있는, 내 몫을 실행한 몇 번의 기회 중 하나이다.

프레디 머큐리

전 세계가 완벽하게 프레디를 위한 무대였다.

밥 겔도프

정치가들이 위대한 웅변가인 때가 있었지만 지금은 급격히 사그라들었다. 로큰롤은 청중들을 손 안에 쥐고 수천만 명의 군중들을 자신의 목소리로 쥐락펴락할 수 있는 몇 안 되는 분야 중 하나이다. 영화배우, 텔레비전 스타는 그 근처에도 따라갈 수 없다. 록 슈퍼스타는 우리 시대 최후의 강력한 표상일 것이다. 라이브 에이드[3] 공연 당일, 영국 런던의 웸블리 스타디움에서 베이시스트 엔트 위슬(John Entwistle, 1944~2002, 영국의 가수이자 기타리스트), 그의 여자친구 맥스와 함께 커튼이 쳐진 무대 양 끝에 서 있을 때였다. 숨 막히는 더위 속에서 프레디가 8만 명의 청중, 텔레비전 시청자들을 위해 공연하는 것을 보았다. 누가 알았겠는가? 그 후로도 몇 년간 많은 스타가 힘을 합쳤지만, 위성을 통해 50개 국가의 4억 명, 세계적으로 19억 명의 사람들이 시청한 경우는 이때가 유일했다. 프레디는 웸블리 라이브 에이드에서 무심한 듯하면서도 위트 있고, 건방지면서도 섹시한 공연을 보여 주었다. 우리는 입이 떡 벌어진 채 이 광경을 지켜보았다. 고막이 터질 듯한 함성 때문에 스태프들과 프레디가 청중들을 통제할 수 없을 정도였다. 프레디가 청중들의 넋을 빼앗는 원초적인 힘이 너무 강력해서 그 에너지가 먼 거리에서도 느껴질 정도였다. 대부분의 전설적인 록스타들은 그들의 경쟁자가 그 공연에서 팬들의 마음을 훔치는 것을 무대 뒤에서 지켜보아야 했다. 18분 동안 프레디와 퀸은 세계를 지배했다.

여러 가지 일을 하다 보면 운이 따를 때가 있다. 밥 겔도프(Bob Geldof, 1951~, 아일랜드 출신의 록 가수)는 어느 날 택시에서 일기에 이렇게 적었다. '운이 좋았다.' 1984년 11월에 마음속 깊은 곳에서 꿈틀거리던 '충돌하는 생각들의 배틀 장소'—그는 나중에 이렇게 표현하였다—가 세상을 곧 움직일 기초가 되었다. 겔도프는 BBC 뉴스에서 마이클 부어크 기자가 기아에 고통받는 에티오피아인의 실태를 보도하자마자 많은 사람의 고통을 담은 TV 화면에서 충격

3 Live Aid. 에티오피아 난민의 기아 문제 해결을 위한 자금을 마련하기 위해 열린 대규모 공연으로 1985년 7월 13일에 개최되었다.

과 무력감을 느꼈고 무언가 해야겠다고 결심했다. 하지만 어떻게 해야 할지를 몰랐다. 그는 자신이 최선을 다할 수 있는 일부터 시작했다. 히트곡을 쓰고 옥스팜[4]에서 열심히 활동하였다. 그런데 겔도프가 리드 보컬로 있는 아이리시 펑크 밴드 더 붐타운 래츠(The Boomtown Rats, 1978년에 데뷔한 영국의 그룹)는 1980년 이후로 톱10에 진입한 곡이 없을 정도로 인기가 없었다. 그들의 곡 〈아이 돈 라이크 먼데이즈(I don't like Mondays)〉가 1979년에 영국 싱글차트 1위를 한 후로는 전성기가 사라졌던 것이다. 겔도프는 음악팬들이 그해의 스타에 한해서만—특히, 크리스마스에는— 자선앨범을 산다는 것을 알고 있었다. 그는 여러 스타들이 함께 하나의 노래를 부를 계획을 세웠는데, 스타들이 공감할 수 있을지 의문이었다.

밥은 여자친구 폴라 예츠(Paula Yates)가 제작하는 쇼 프로그램 〈더 튜브(The Tube)〉에 출연한 미지 유르(Midge Ure, 1953~, 영국의 가수이자 기타리스트)에게 이에 대해 이야기했고, 겔도프가 직접 작사하고 작곡할 사람을 정하기로 했다. 밥은 스팅(Sting, 1951~, 영국의 가수), 듀란듀란(Duran Duran, 1978년에 결성된 영국의 팝 밴드)의 보컬 사이먼 르 봉(Simon Le Bon, 1958~, 영국의 가수), 스팬다우 발레(Spandau Ballet, 1981년에 결성된 영국의 밴드)의 게리 켐프(Gary Kemp, 1959~, 영국의 가수)와 마틴 켐프(Martin Kemp, 1961~, 영국의 가수)를 찾아갔다. 그의 리스트에는 보이 조지, 할리우드에 진출한 프랭키(Frankie), 그룹 더 스타일 카운슬(The Style Council, 1983년에 데뷔한 영국의 그룹)의 폴 웰러(Paul Weller, 1958~, 영국의 가수), 그룹 웸의 조지 마이클과 앤드루 리즐리(Andrew Ridgeley, 1963~, 영국의 가수이자 기타리스트), 폴 영(Paul Young, 1956~, 영국의 가수), 그룹 스테튜스 큐오(Status Quo, 1968년에 데뷔한 영국의 록 그룹)의 프랜시스 로시(Francis Rossi, 그룹 스테튜스 큐오의 보컬이자

4 Oxfam. 개발도상국 사람들의 삶과 공정무역 거래, 의료와 교육을 돕는 단체이다. 영국 체리티 숍 중 가장 잘 알려진 곳이다. 네이버 지식백과

기타리스트)와 릭 파핏(Rick Parfitt, 그룹 스테튜스 큐오의 보컬), 필 콜린스(Phil Collins, 1951~, 영국의 가수), 바나나라마(Bananarama, 1983년에 데뷔한 영국의 록 그룹)도 포함되었다. 데이비드 보위와 폴 매카트니(Paul McCartney, 1942~, 영국의 가수, 그룹 비틀즈의 멤버)는 음반 내는 작업에는 참여하지 않고 따로 기부를 했다. 비틀즈(The Beatles, 1963~, 영국 남성 그룹)의 앨범 《Sgt 페퍼스 론리 하츠 클럽 밴드(Sgt Pepper's Lonely Hearts Club Band)》로 유명한 피터 블레이크(Peter Blake, 1932~, 영국의 미술인)가 음반 커버를 디자인했다. 이로써 밴드 에이드가 탄생했다. 밴드 에이드의 목적은 세상에 도움을 주는 반창고가 되는 것이었다.

밴드 에이드의 〈두 데이 노우 잇츠 크리스마스?(Do They Know It's Christmas?)〉는 1984년 11월 25일에 서부 런던, 노팅힐 트레버 혼의 사름(Sarm) 웨스트 스튜디오에서 무료로 녹음되었고 4일 후에 발매되었다.

그 주의 톱1은 스코틀랜드 가수인 짐 다이아몬드(Jim Diamond, 1953~, 록 가수)의 〈아이 슈드 해브 노운 베터(I Should Have Known Better)〉가 차지하였다. 짐 다이아몬드의 그룹 피에이치디(Ph.D., 1981년에 데뷔한 영국의 그룹)는 1982년에 〈아이 원트 렛 유 다운(I Won't Let You Down)〉으로 히트했지만 그의 솔로 곡은 히트한 적이 없었다. 짐은 인터뷰에서 너그럽게도 팬들에게 자신의 곡 대신 밴드 에이드의 곡을 사달라고 말해 음반 업계를 깜짝 놀라게 했다.

겔도프는 이 사실이 믿겨지지 않았다. "저는 5년간 한 번도 1위를 한 적이 없었던 가수로서, 짐이 그렇게 말하는 게 얼마나 많은 대가를 치러야 하는 것인지 잘 알고 있어요. 짐은 다른 것들을 위해 그의 첫 번째 솔로 앨범을 양보했어요. 정말 희생적이에요."

그 다음 주에 〈두 데이 노우 잇츠 크리스마스?〉는 영국에서 1위를 하였고, 차트 권에 속한 어떤 곡들보다 많이 팔렸으며, 1952년에 차트 발표가 시작된 이래 영국에서 가장 빨리 팔린 싱글 앨범이 되었다. 5주 연속 1위 자리를 지켰으며, 350만 장 이상 팔렸다. 9년간 베스트셀러 앨범으로 자리를 지켰던 퀸의 대표작인, 바로크 양식의 〈보헤미안 랩소디(Bohemian Rhapsody)〉의 기록이 여기서 깨진다. 〈두 데이 노우 잇츠 크리스마스?〉는 엘튼 존(Elton John, 1947~, 영국의 가수이자 작곡가)이 작고한 웨일스의 공주 다이애나 비에게 헌정하기 위해 재녹음한 더블 A사이드 자선 싱글 〈캔들 인 더 윈드/썸씽 어바웃 더 웨이 유 룩 투나잇(Candle In the Wind/Something About the Way You Look Tonight)〉에 1997년에만 베스트셀러 앨범 자리를 내주었다.

"퀸은 〈두 데이 노우 잇츠 크리스마스?〉를 같이 부르자는 요청을 받지 못하자 실망하는 기색이 뚜렷했어요." 퀸의 투어에 합류했던 스파이크 애드니(Spike Edney)가 말했다. 그는 퀸의 5번째 멤버로, 키보드, 보컬과 리듬 기타를 맡은 세션 뮤지션이었다. 밥 겔도프의 그룹 더 붐타운 래츠 등 유명한 아티스트와 함께 공연하면서 이름이 알려졌다.

"나는 겔도프와 더 붐타운 래츠 투어를 하면서 겔도프에게 말했어요. 그는 퀸도 함께하면 좋겠다고 하면서 퀸에게 직접 요청하려고 했습니다. 난 그때 속으로 '무슨 헛소리야. 미쳤어? 그럴 일은 없을 걸.'이라고 생각했어요."

한편 영국에서 밥 겔도프의 밴드 에이드가 활약한 뒤로 미국에서는 아프리카를 위해 슈퍼스타들이 함께 부른 〈위 아 더 월드(We Are the World)〉가 만들어졌다. 이 곡은 마이클 잭슨(Michael Jackson, 1958~2009, 미국의 팝 가수)과 라이오넬 리치(Lionel Richie, 1949~, 미국의 가수)가 쓰고, 퀸시 존스(Quincy Jones, 1933~, 미국의 음악 프로듀서)와 마이클 오마르티안(Michael Omartian, 음반 프로듀서)이 제작했으며, 전설적인 뮤지션들이 대부분 참여했다. 1985년 1월, 할리우드의 에이앤엠(A&M) 스튜디오에서 진행된 녹음에는 다이애나 로스(Diana Ross, 1944~, 미국의 팝 가수), 브루스 스프링스틴(Bruce Springsteen,

1949~, 미국의 록 보컬), 스모키 로빈슨(Smokey Robinson, 1940~, 미국의 R&B 소울 가수이자 작곡가), 신디 로퍼(Cyndi Lauper, 1953~, 미국의 팝 가수), 빌리 조엘(Billy Joel, 1949~, 미국의 가수 겸 작곡가, 피아니스트), 디온 워윅(Dionne Warwick, 1940~, 미국의 팝 가수), 윌리 넬슨(Willie Nelson, 1933~, 미국의 가수이자 작곡가), 휴이 루이스(Huey Lewis, 1950~, 미국의 가수) 등이 대거 참여했다. 총 45명이 넘는 미국의 톱 아티스트들이 각자 맡은 부분을 나누어 불렀다. 참가를 원했던 50명 이상의 가수들이 퇴짜를 맞고 최종적으로 뽑힌 아티스트들이 스튜디오에 도착했을 때 문 앞에는 '당신의 자부심을 확인하세요.'라는 사인이 걸려 있었다. 장난기 가득한 스티비 원더(Stevie Wonder, 1950~, 미국의 싱어송라이터)는 작업 결과가 만족스럽지 않거나 한 번에 성공하지 못하면 자신과 동료 맹인 아티스트 레이 찰스(Ray Charles, 1930~2004, 미국의 블루스&소울 가수)가 운전하여 그들을 모두 집으로 돌려보낼 거라고 말하기도 했다. 이 음반은 2,000만 장 이상 판매되었고, 미국의 팝 싱글 역사상 가장 빨리 팔린 기록을 세웠다.

이번에는 겔도프가 에이드 캠페인을 위해 밴드 에이드보다 더 야심찬 로큰롤 프로젝트를 선언했다. 이때 퀸은 《더 웍스(The Works)》 앨범을 낸 후였다. 퀸은 싱글에서는 주목받지 못했기 때문에 자신들이 겔도프의 콘서트에 출연 요청을 받을 것이라고 확신하지 않았다. 참으로 아이러니한 일이다. 퀸이 지난 15년 동안 앨범, 싱글, 비디오에서 대적할 자 없는 음악을 만들고, 수백만 파운드의 로열티와, 록, 팝, 오페라, 로커빌리, 디스코, 펑크, 포크 음악을 모두 수용하는 음악가 정신 덕분에 대부분의 음악상을 거머쥐었음에도 불구하고, 퀸이라는 별은 사그라드는 분위기였으니 말이다. 《더 웍스》 앨범 프로모션 기간인 1984년 8월에서 1985년 5월에 퀸은 영국에 없었다. 퀸은 1985년 1월에 브라질에서 열리는 리우 페스티벌에 참가하여 32만 5,000명의 팬들 앞에서 공연했다. 하지만 투어는 여러 가지 문제들에 시달렸고 퀸이 곧 해체될 것이라는 말도 돌았다.

스파이크 애드니가 보기에도 퀸은 분명히 흔들리고 있었다. "시대가 변해서 이제 우리는 완전히 새로운 음악 장르 속에 살고 있어요. 어딜 보아도 스팬다우 발레, 듀란듀란 식의 뉴 로맨틱이 가득했죠. 성공이냐 실패냐에 대한 어떤 설명도 보장도 없었어요. 퀸은 한동안, 특히 미국에서 일이 잘 안 풀리고 있었습니다. 미국에서는 잘 통하지 않았죠. 퀸 멤버들의 확신도 시들해졌고요. 서로에게 화풀이를 하기도 했을 거예요. 그 상황에서 누군들 안 그러겠어요?"

그룹 스트롭스(Strawbs, 1969년에 데뷔한 영국의 록그룹)와 예스(Yes, 1968에 데뷔한 영국의 록 그룹)에서 키보드를 맡았던 퀸의 친한 친구 릭 웨이크먼(Rick Wakeman, 1949~, 영국의 가수이자 피아니스트)은 그 이유를 이렇게 설명했다. "멤버들 간의 논쟁은 있을 수 있어. 이해해. 어떻게 많은 작업을 항상 같이 할 수 있겠어? 투어를 할 때는 같이 아침식사를 하고 같이 작업하고 삼시세끼를 같이 하곤 하지. 혼자 있을 기회는 침대에서뿐이야. 아무리 친해도 자신만의 이야기가 있는 거야. 한 번만 더 감 못 잡는 멤버가 있다면 칼이라도 꽂을 정도로 날카로워질 수 있는 거야. 이럴 땐 혼자 있을 기회를 더 많이 주어야 해. 음악을 잘만 해나간다면 누가 쉬를 하든, 약을 하든, 공연을 하든, 축구경기에 몰래 다녀오든 아무 문제가 되지 않아. 모두 함께 마음과 손과 목소리를 모아서 엄청나게 놀라운 일들을 만들어 내 봐. 불꽃같은 잠재력은 바로 거기에 있어. 퀸 밴드도 우리와 다를 바 없어."

1982년에 댄스풍의, 기타 연주의 비중이 적은 앨범《핫 스페이스(Hot Space)》홍보 투어링을 마친 후에 퀸 멤버들은 각자 솔로 활동에 집중하기 위해 효율적으로 해산했다. 특히 브라이언은 에디 반 헤일런(Eddie Van Halen, 1955~, 네덜란드 출신의 가수이자 기타리스트)과 함께 스타 플릿(Star Fleet) 프로젝트를, 프레디는 자신의 앨범 작업을 할 계획이었다. 1983년 8월에 퀸 멤버들은 10번째 스튜디오 앨범으로서, 처음으로 CD로 발매되는 《더 웍스》를 위해 미국 LA에서 다시 뭉쳤다. 〈라디오 가가(Radio Ga Ga)〉가 첫 번째 싱글이었다. 《더 웍스》에는 하드록 〈해머 투 폴(Hammer to Fall)〉, 애잔한 발라드 〈이즈 디스 더 월드 위 크리에이티드?(Is This the World We Created?)〉, 복장 도착으로 엄청난 논란을 일으켰던 비디오의 〈아이 원 투 브레이크 프리(I Want to Break Free)〉가 수록되었다. 퀸은 〈아이 원 투 브레이크 프리〉의 비디오에서 영국 TV 드라마 〈코로네이션 스트리트(Coronation Street)〉의 등장 인물로 분장했다. 이 비디오가 영국과 다른 나라에서 큰 인기를 끌면서 보수적인 미국 중산층과 많은 팬이 매우 격분했다.

이런 상황에서 퀸이 국제연합의 문화 보이콧 방침을 깨버리고 인종차별국인 남아프리카에서 공연하면서 분위기는 더욱 악화되었다. 남아프리카에서는 로드 스튜어트(Rod Stewart, 1945~, 영국의 싱어송라이터), 릭 웨이크먼, 스테튜스 큐오도 공연을 했다. 1984년 10월에 남아프리카 보푸타츠와나 선시티의 골프장 시설을 갖춘 엔터테인먼트 리조트에서 공연하면서 광범위한 비난을 받았고, 영국 음악가협회는 퀸에게 벌금을 부과하고 블랙리스트 명단에 올렸다. 아프리카에서 태어난 프레디에게는 억지스러운 왜곡이었다. 이런 상황은 만델라가 남아프리카 대통령이 되기 직전인 1983년, 인종차별정책이 폐지될 때까지 계속되었다. 퀸은 이후 수년 동안 중요하고 활발한 만델라의 지원자가 되었다.

릭 웨이크먼은 항변했다. "퀸이 남아프리카에 갈 때 나는 전적으로 지지했습니다. 우리는 인종차별정책의 한가운데서 아프리카 줄루족, 아시아인, 백인으로 구성된 오케스트라와 함께 공연했습니다. 나는 거기서 〈저니 투 더 센터 오브 디 어쓰(Journey to the Centre of the Earth)〉를 부른 후에 영국 언론들로부터 호된 비판을 받았습니다. 음악은 흑백 논리로 나눌 수 없어요. 단지 오케스트라, 합창이라고 설명하려 했지만 들으려 하지 않더군요. 거기서 공연한다고 해서 인종차별정책을 지지하는 것은 아닙니다. 조지 벤슨(George Benson, 1943~, 미국의 싱어송라이터이자 기타리스트)과 다이애나 로스도 거기에 갔습니다. 어째서 유색 인종은 공연해도 되는데 백인은 안 되는 거죠? 그것 자체가 인종주의입니다. 셜리 바세이(Shirley Bassey, 1937~, 영국의 가수)는 거기 가면서 '오! 플리즈, 나는 반은 흑인, 반은 웨일스 사람이야. 그러면 얼마나 나쁜 거야?' 라더군요. 그들은 인종 차별과 같은 그 모든 어리석음이 주목을 받아서 드러나게 하고, 음악은 섹스, 문화, 인종장벽이 결코 아니라는 관심을 끌어냈습니다. 모든 사람에게 다 해당되는 거죠."

한편 라이브 에이드 '글로벌 주크박스'가 1985년 7월 13일에 영국 웸블리 스타디움과 미국 필라델피아의 케네디 스타디움에서 열릴 예정이었다. 하비 골드 스미스는 "밥 겔도프가 처음에 내 사무실에 찾아 왔을 때 농담인 줄 알았어요. 1985년에는 컴퓨터, 모바일폰은 물론이고 팩스도 없었어요. 텔렉스와 일반 전화기로 일했죠. 그때가 기억납니다. 어느 날 오후에 큰 위성 지도와 캘리퍼스(Callipers)를 가지고 위성이 어디서 가능한지 알아내려고 겔도프와 BBC에 갔었죠. 그는 탁자를 쾅쾅 치면서 '17시간 방영이 필요합니다.'라고 했습니다. BBC가 허용한다면 전 세계의 방송사들을 설득할 수 있다는 뜻이죠. 그런 일은 처음이었어요."

그 다음에는 거물 록스타들을 찾아가 죽어가는 사람들을 위한 공연과 기부금 증액을 도와 달라고 설득하는 일이 남아 있었다. 그들 중 일부는 자선 싱글 녹음에 기부를 한 상태였다. 라이브 에이드는 기아에 고통받는 사람들을 돕는 일을 실천하지 못한 세계의 정부들에게 음악가협회에서 노골적인 보복을 보여주는 차원이었다.

그룹 스테튜스 큐오의 프랜시스 로시는 자신의 의견을 이렇게 밝혔다. "이렇게 계속하는 건 바보짓이에요. 생각해 보니 정말 화가 납니다. 모두가 협력하고 그 중요성을 이해한다면 석유회사라도 차릴 수 있었을 거예요. 우리는 모금 여부와 상관없이 20번이라도 할 수 있었을 겁니다. 정부는 그 이슈들을 해결하기 위해 법률화할 능력이 없다고 말하지 마세요. 모든 빅 비즈니스가 참여한다면 어마어마한 결과가 나올 거예요. 그 당시에는 이런 일이 미지의 영역이었죠. 요즘에는 라이브 에이드에 대해 좀 다르게 생각해요. 하지만 여전히 밥 겔도프에게 신뢰를 보냅니다. 그는 누구도 해내기 힘든 값진 일에 모두의 힘을 합쳤습니다."

그런데 겔도프가 어떻게 퀸을 참여시켰을까? 스파이크 애드니의 말을 들어보면 이렇다.

"밥은 퀸이 참여할 수 있는지 나에게 물어봤어요. 뉴질랜드 투어를 할 때 밥의 제안을 퀸에게 말할 기회가 있었죠. 그러자 왜 밥이 직접 요청하지 않느냐고 하더군요. 그래서 퀸이 그의 제안을 거절할까 봐 걱정되어서라고 설명했습니다. 믿을 수 없어 하는 것 같았지만 생각해 보겠다고 했습니다. 나는 밥에게 전했고, 밥이 퀸의 매니저 짐 비치(Jim Beach)에게 공식적으로 요청했습니다."

밥은 그 후에 어떻게 퀸을 설득했는지 설명했다.

"나는 짐 비치가 머무르는 작은 해변가 리조트에 찾아가서 부탁한다고 했어요. 짐 비치가 '알잖아, 프레디는 매우 예민해.'라고 하길래, 나는 '그 나이 든 동성애자한테 가서 지금까지 없었던 가장 위대한 일이 벌어질 거라고 전하세요.'라고 했죠. 결국 그들은 '오케이' 했습니다. 그리고 라이브 에이드에서 퀸은 완벽한 '베스트'였습니다. 사람들의 개인적 취향이 어땠든 퀸의 공연, 사운드는 최고였습니다. 그들은 자신들에게 할당된 시간을 최고로 잘 활용했습니다. 라이브 에이드가 글로벌 주크박스라는 아이디어—다른 스타가 공연한 후에 그 뒤를 이어서 자신의 히트송을 빵 하고 날리는 것—를 정확히 이해했습니다. 그날

나는 웸블리 스타디움의 어필즈 박스 위층에 있었는데 갑자기 소리가 들렸습니다. '신이시여, 누가 이런 소리를 함께 낼 수 있겠습니까?' 하고 생각했죠."

겔도프로서는 알 수가 없었다. 퀸이 나타난 오후 6시 40분 전에는 그 누구도 그렇게 할 수 없었다.

퀸의 사운드 엔지니어 제임스는 시스템을 체크하러 가서 리미터를 조정했다. "우리는 라이브 에이드에 출연한 다른 스타들보다 큰 소리로 스타디움의 관객들을 압도했죠." 로저 테일러(Roger Taylor, 1949~, 영국의 가수, 그룹 퀸의 멤버)의 말이다.

겔도프는 밖으로 나가 소리의 주인공을 찾았고 그것이 곧 퀸이라는 것을 알았다. "점차 열광하는 관객들을 보았어요. 정말 놀라운 밴드였어요. 퀸도 매우 기뻤을 거예요. 특히 프레디는 더 그랬을 거예요. 전 세계가 완벽하게 그를 위한 무대였죠. 〈위 아 더 챔피온스(We Are the Champions)〉를 어떻게 그렇게 완벽하게 해내는지요."

존 디콘(John Deacon, 1951~, 영국의 가수, 그룹 퀸의 멤버)은 오랜만에 인터뷰에 응했다. "우리는 밥이 누군지 전혀 몰랐어요. 〈두 데이 노우 잇츠 크리스마스?〉가 나왔을 때는 이미 예정된 공연들이 많았습니다. 우리의 첫 반응은 '20분? 사운드 체크도 없이?'였어요. 라이브 에이드의 개최가 확실해졌을 때, 일본 투어를 막 끝내고 호텔에서 밥을 먹으면서 논의한 끝에 참가하기로 결정했습니다. 그날은 정말 음악 비즈니스를 하면서 저 자신이 가장 자랑스러웠던 날들 중 하루였어요. 엄청났죠. 모두가 경쟁심은 잊은 채 자부심으로 가득했어요. 우리에게도 사기진작의 효과가 있었습니다. 영국에서 우리를 지지하는 힘과, 밴드로서 우리가 해야 할 일을 알게 되었기 때문이죠."

스파이크 애드니는 라이브 에이드에서 메들리로 연주한 독특한 이유 같은 것은 없다고 했다. "어떤 노래를 연주할지 의논하다가 히트곡의 메들리가 떠오른 거죠. 많은 노래 중에서 고를 수 없을 때의 당연한 선택이었죠. 물론 완벽하게 적절했죠. 우리 멤버들은 모두 끔찍한 완벽주의자예요. 그날 놀랄 만한 일이 벌어진 거죠."

"다른 스타들은 그냥 가서 노래하는 식이었지만 퀸은 런던 유스턴 로드의 쇼 극장에서 일주일 내내 정말 열심히 연습했습니다." 프레디의 개인 비서 피터 포브 프리스톤(Peter Phoebe Freestone)은 이렇게 기억했다. "퀸이 그날의 최고일 수 있었던 이유예요. 프레디는 수천 명의 관객들이 〈라디오 가가〉에 박수를 치는 것을 보고 감동했습니다. 예전에는 밤에 공연했기 때문에 프레디는 눈부셔했죠."

스파이크 애드니는 좀 다른 관점에서 기억했다. "프레디는 완전히 한 번 해보자는 식으로 했기 때문에, 멤버 각자가 철저히 스스로의 방식대로 잘 진행할 수 있었습니다. 나도 프레디와 같은 마음이었어요. 퀸이 자신의 경력을 완벽하게 만들어가는 과정에서 최고의 순간이었습니다."

"공연장 뒤쪽은 '정돈된 혼란'이라고 표현할 수 있었어요. 무대 뒤 모든 사람들은 엄청나게 매력적이고 개방적이었죠. 서로를 욕하거나 경쟁하려는 사람은 아무도 없었어요. 퀸이 도착하기 전까지는 멋진 여름 캠프 분위기였죠. 퀸이 계산적이고 교활하다고 말하는 게 아니에요. 그들은 평소의 방식대로 했고 다른 사람들도 다 그럴 거라고 생각했습니다. 누군가 자신의 최신 곡을 큰 소리로 불렀는데 사람들은 깜짝 놀랐습니다. 저기 밖의 사람들은 자기만의 관객이 아니었어요. 퀸은 그렇지 않았어요. 퀸은 밥이 요청한 대로 할 뿐이었습니다. 요즘에도 종종 언급되는 모든 시대의 가장 위대한 록 공연이었죠. 진정한 의미로, 스스로 최선을 다하고 모든 사람을 놀라게 하는 최정상의 밴드라는 것이죠."

"퀸 외에는 누구도 미리 준비하지 않았어요." 이벤트 코디네이터이자 라이브 에이드의 작가인 피트 스미스의 회상이다. "모니터 뒤에서 메들리 연주를 보았어요. BBC에서 아티스트 존의 사방에 TV 모니터를 설치했습니다. 모든 사람들이 하비가 요청한 여러 개의 시계들과 TV 모니터로 무대의 진행 상황을 알 수 있었어요. 퀸은 관성을 깨트리고 20분 만에 새로운 규칙을 만들었어요. 그 효과는 확실했습니다. 만사형통이었죠."

세계 무대에서 음악적으로, 기술적으로 최고의 록 밴드였지만, 그때 퀸의 명성은 심각하게 사그라들고 있었다. 계산 착오, 사고도 많았고 사람들의 음악 취향이 전면적으로 변하면서 인기가 떨어지고 있었다. 퀸은 그들에게도 이미 지나가버린, 한때의 전성기가 있었음을 느끼기 시작했다. 멤버들 간에 불화가 쉴 새 없이 계속될 것 같았다. 하지만 라이브 에이드 덕분에 이 모든 것이 바뀌었다.

그런데 왜 그렇게 많은 사람이 퀸의 기막힌 연주에 열광했을까? 스파이크 애드니는 누구도 예상할 수 없었다고 한다.

"퀸은 전 세계에서 굉장한 쇼를 연출하고 전력투구하는 것으로 유명합니다. 스타디움 공연의 베테랑이죠. 관객이 많을수록 더 멋지게 해내는 천성을 타고 났어요. 사람들이 열광하는 것을 보고 솔직히 퀸도 놀랐답니다. 퀸에게는 특별한 날이었어요. 라이브 에이드 후에 퀸의 세계가 변한 거죠."

버나드 도허티(Bernard Doherty, 음반 홍보 담당자)는 라이브 에이드의 홍보대행업자로서, 미디어를 관리했다. "최대한 지면을 확보하려면 언론을 잘 다루어야 했습니다. 언론사는 수백 개였지만 최상위 통행권은 8개밖에 없었기 때문에 한 명 한 명 일일이 차례로 이렇게 안내했지요. '45분 동안 자유롭게 취재하세요. 하드록 카페에서 봅시다. 거기에 백 스테이지 사무소가 있어요. 백 스테이지는 마차 스타일로 꾸몄어요.' 한창 바쁠 때 포터 캐빈[5] 안에서는 엘튼이 바비큐 요리를 하고 있었는데, 카페에서 주문받는 역할을 원하지 않았기 때문

5 임시 사무실 등으로 쓸 수 있도록 차량에 달고 이동 가능한 작은 건물

입니다."

그때 도허티는 데이비드 보위의 요구사항을 다 들어주어야 했다.

"아티스트를 보살피고 여러 가지 일을 한 번에 해치워야 할 때는 신경이 예민해집니다. 제 경우에는 그때 18개의 일이 있었죠. 데이비드와 엘튼은 사이가 좋지 않았어요. 데이비드와 엘튼은 모두 라이브 에이드에 출연하겠다고 했습니다. 데이비드가 진정 즐겨 찾았던 유일한 뮤지션은 프레디였습니다. 그들은 다시 만나 매우 기뻐했어요. 마치 어제도 만났던 것처럼 서서 수다를 떨었어요. 둘 간의 우정은 분명했어요. 데이비드는 굉장히 멋진 푸른 정장을 입고 있었는데 날카롭고 건강해 보였습니다. 데이비드가 무대로 나가기 직전에 프레디가 윙크하며 '너랑 잘 모르는 사이라면 너의 인기를 내가 가져가야 하는데.' 하자 데이비드는 크게 미소를 지으며 무대에 올랐어요."

프레디는 하루 종일 느긋했다. 버나드 도허티가 보기에도 그랬다. "그는 재미있는 이야기를 들려주며 앉아 있었습니다. 완벽하면서도 겸손한 태도였죠. 그는 사람들을 휘어잡는 스스로의 힘을 알고 있었어요. 사우스엔드온시 해변가 오두막에 앉아 있었다면 사람들의 숨이 멎을 정도였죠. 그는 진정한 스타예요. 달리 표현할 수가 없어요."

"퀸 멤버들은 마치 이혼한 커플이 같은 파티에 온 것처럼 각자 있었어요. 존 디콘은 프레디가 어디에 있는지도 몰랐습니다. 하루 종일 브라이언 메이(Brian May, 1947~, 영국의 가수, 그룹 퀸의 멤버), 로저 테일러가 서로 이야기하는 것을 볼 수 없었죠."

스테튜스 큐오의 프랜시스 로시의 생각은 다르다. "나는 퀸이 해산될 상태였다는 의견에 찬성하지 않습니다. 그들은 잘 지내는 것 같았어요. 그들을 잘 알거든요. 멤버들은 각자 다른 점들이 있어요. 그들은 라이브 에이드에 집중하기 위해 뭉쳤습니다."

하지만 무대 뒤켠에서는 퀸이 곧 해체될 거라는 루머가 여전히 난무했다.

"그럴 조짐이 보였죠. 연주할 때는 그렇지 않았고요. 서로 다른 점들이 있었지만 집중해야 할 일이 있을 때는 그런 차이점들을 제쳐두는 충분한 인격을 갖췄습니다. 그들은 나가서 승리했습니다. 퀸에게는 사람을 깜짝 놀래키는 면이 있습니다. 라이브 에이드에서 기억되는 또 다른 것이요? 더 뒤의 차례에서는 사운드 문제가 있었고, 유투(U2, 1980년에 데뷔한 아일랜드 출신의 록 그룹)의 리드싱어 보노(Bono, 1960~, 아일랜드 출신의 가수, 그룹 유투의 보컬)가 진행 상황을 파악하지 못해서 그날의 연주 규칙을 지키지 않아 다른 멤버들을 당황시켰습니다. 그 후로 유투 멤버들은 그 누구도 보노와 상대하려고 하지 않았을 거예요." 버나드 도허티는 주장했다.

라이브 에이드에서 유투는 미래의 슈퍼스타로서 각인되는 큰 성과가 있었지만, 최악의 상황으로도 갈 뻔했다. 유투는 1984년에 나온 앨범 《디 언포게터블 파이어(The Unforgettable Fire)》에 수록된, 개성적인 스타일의 14분짜리 〈히로인 송(Heroin song)〉, 〈배드(Bad)〉의 연주뿐 아니라, 루 리드(Lou Reed, 1942~2013, 미국의 가수)의 〈새틀라이트 오브 러브(Satellite of Love)〉와 〈워크 온 더 와일드 사이드(Walk on the Wild Side)〉, 롤링 스톤스(The Rolling Stones, 1964년에 데뷔한 영국의 록 밴드)의 〈루비 튜즈데이(Ruby Tuesday)〉와 〈심퍼씨 포 더 데빌(Sympathy for the Devil)〉까지 조금씩 끼워 넣었다. 그래서 그들의 피날레였으며 전 세계적인 빅히트작 〈프라이드(인 더 네임 오브 러브), Pride (In the Name of Love)〉는 연주할 수 없었다. 관객들이 가수의 카리스마에 대한 리액션으로 앞쪽으로 몰려들 때, 유투의 리드싱어 보노는 그 속에서 쓰러져가는 어린 소녀를 발견했다. 행사 스태프들에게 구해주라고 신호를 보냈지만 그들은 알아채지 못했다. 보노는 무대에서 30피트 정도 뛰어내려 관객들 속에서 그녀를 구하고 그녀와 춤을 추었다. 여기에서 보노가 관객들과 얼마나 지혜롭게 교감하는지를 잘 알 수 있었다. 간단한 춤을 춘 후 키스로 마무리했고, 이것은 라이브 에이드에서 잊을 수 없는 사건이 되어 유투의 앨범을 다시 영국 차트에 올려놓았다.

도허티의 기억으로는 "그날 듀란듀란의 사이먼 르 봉은 가성으로 노래할 때 실수를 해서 기회를 날려버렸어요. 데이비드 보위의 경우 비평가들이 침을 흘리며 칭찬했죠. 필 콜린스는 웸블리와 제이에프케이(JFK) 두 곳에서 모두 공연했는데, 영국에서 공연을 마치고 콩코드를 타고 왔어요. 많은 사람이 그가 지치지 않기를 바랐지요. 특히, 제이에프케이에서는 급하게 재결합한 레드 제플린(Led Zeppelin, 1969년에 데뷔한 영국의 록 그룹)의 공연에서 드럼을 연주하기도 했습니다."

"퀸은 밥 겔도프가 원하는 것을 정확히 알고 있었어요. 나는 프레디 뒤에서 그의 어깨너머로 피아노 쪽을 향해, 몇 피트 떨어져서 약간 긴장하며 서서 지켜보았습니다. 지금까지 그렇게 대단한 공연은 없었어요."

"최고의 공연들이 마음속에 밀려왔습니다. 센세이셔널 알렉스 하비 밴드(The Sensational Alex Harvey Band, 영국의 록 밴드)의 글램 로커 알렉스 하비(Alex Harvey, 1935~, 스코틀랜드 출신의 가수)의 공연, 그룹 이언 듀리(Ian Dury, 1942~2000, 잉글랜드의 가수) & 블록헤즈(The Blockheads, 영국의 록 그룹)의 공연, 믹 재거(Mick Jagger, 1943~, 영국의 가수이자 작곡가, 그룹 롤링 스톤스의 리드 보컬)의 공연, 데이비드 보위의 뮤지컬 앨범 〈지기 스타더스트와 스파이더스(Ziggy Stardust and the Spiders)〉를 들 수 있죠. 프레디가 이들보다 더 우수한 점은 본능적인 스타의 자질, 즉 훌륭한 쇼가 어떠해야 하는지를 놀라울 정도로 잘 파악한다는 것이죠. 그는 공연의 천재들 모두를 떠올리게 합니다. 마치 먼저 연주한 아티스트들이 숨겨왔던 비밀들을 연구해서 자신의 장점으로 만든 마법사처럼요. 프레디는 우리 모두를 현혹시켰어요."

도허티는 퀸이 그날 단 하루 만에 새로운 역사를 만들었다고 생각하지 않았다.

"절대 아닙니다. 나는 헤드폰을 쓰고 워키토키를 가지고 있었어요. 그 당시에는 모바일폰이 없었어요. 나는 데이브 호간(Dave Hogan, 사진작가)과 리처드 영이 공연장에 있는지 걱정이 되었어요. 밥과 하비도 초조해했습니다. 나는 퀸이 잘 연주할 것이라 믿었어요. 관객들은 점차 열광했습니다. 무대 뒤의 모든 사람들이 퀸을 보기 위해 대화를 멈추었습니다. 참 이상한 일이죠. 평상시에는 없는 일이었어요. 퀸의 앞과 뒤에 누가 연주하는지요? 누구도 기억하기 힘들었어요. 내가 기억하는 건 프레디가 그날의 최고였다는 것입니다. 지금까지 가장 위대한 아티스트일 거예요."

《데일리 익스프레스》 지의 베테랑 기자 데이비드 윅은 프레디의 오랜 친구였다.

"나는 퀸이 준비할 때 프레디의 드레스룸에 입장이 허용된 유일한 기자였습니다. 그는 매우 느긋했고 무대에서의 공연을 원하고 있었어요."

"우리는 사람들이 노래를 통해 우리들과 공감하고 즐거운 시간을 보낼 수 있게 만들고 싶어." 프레디가 말했다.

프레디와 데이비드는 라이브 에이드의 취지에 대해 이야기를 나눴고 프레디는 어린 시절의 경험을 말하였다.

"인도의 영어 기숙학교에 다니면서 내가 많은 다른 아이들보다 더 행복하다는 사실을 처음으로 알았어. 어린 소년의 눈을 통해 인도의 가난한 사람들의 어려움을 알게 되었지."

"하지만, 내가 부자라고 해서 죄책감을 느끼는 건 아냐. 내가 아니더라도 상황은 그대로일 테니까. 항상 슬픈 마음은 들지. 라이브 에이드의 목적은 전 세계에 이러한 사실을 알리는 거야. 콘서트를 통해 사람들이 보고, 듣고, 희망으로 기부할 수 있도록 만드는 긍정적인 일을 하는 거야. 우리와 그들이라는 관점에서 각각 생각해서는 안 돼. 사람들이 굶주릴 때는 모두 하나로 뭉쳐서 문제를 인식해야 해."

프레디는 데이비드 윅에게 아프리카에서 수백만 명이 굶주리는 장면을 보면 TV를 꺼야 했다고 솔직히 털어놓았다.

"그런 사실을 보고 마음이 많이 혼란스러웠어. 마냥 보고 있을 수 없었지. 때때로 무력감이 느껴져. 라이브 에이드 참여는 내가 할 수 있는, 내 몫을 다하는 여러 일들 중의 하나야. 밥은 훌륭한 일을 했어. 하나의 발단이 되었기 때문이지. 누구나 하려는 마음은 있지만 실제로 모두의 힘을 모으려면 누군가 나서야 했으니까."

짐 허튼(Jim Hutton)에게는 라이브 에이드가 처음으로 구경하는 록 콘서트였기 때문에 그날의 감동이 더욱 각별했다. 라이브 에이드 직전에 프레디의 파트너가 된, 보잘것없는 미용사 짐 허튼은 프레디의 남은 날들을 같이했다. 6년 후에 프레디가 죽음을 준비하는 것을 짐이 돕게 될 줄은 아무도 몰랐다. 라이브 에이드가 개최되는 날, 짐 허튼은 프레디의 리무진에서, 프레디의 다른 반쪽의 신분으로 정중하게 콘서트에 모셔졌다. 퀸의 라이브 공연은 말할 것도 없고, 짐이 처음으로 가본 콘서트였다.

"솔직히 나는 모든 슈퍼스타들로부터 배척받았어요. 모든 멤버들은 자신의 트레이너가 있었어요. 로저처럼 와이프도 있었고요. 브라이언의 아이들도 있었죠. 프레디는 거기 있는 모든 사람들을 다 알고 있었죠. 프레디는 나를 데이비드 보위에게 데려갔어요. 전에 내가 헤어컷을 해준 적이 있었죠. 엘튼 존에게 '새로운 파트너'로 소개시키기까지 했어요. 프레디는 준비할 시간이 필요 없었어요. 집을 떠날 때 입었던 하얀 베스트, 낡은 청바지 한 벌 그대로 무대에 올랐죠. 운동화, 벨트, 화려한 부적도 착용했어요. 퀸의 순서가 되자 프레디는 보드카 토닉을 들이키고 말했죠. '해보자고.'라고."

"그에게 행운의 키스를 했어요. 프레디가 하자고 한 건 아니었지만요. 프레디가 피아노로 연주한 〈보헤미안 랩소디〉, 〈라디오 가가〉에서는 관객들이 일제히 함께 박수를 쳤죠. 〈해머 투 폴〉 다음에 프레디는 기타를 가지고 〈크레이지 리틀 씽 콜드 러브(Crazy Little Thing Called Love)〉를 불렀어요. 〈위 윌 록 유(We Will Rock You)〉와 〈위 아 더 챔피온스〉를 들을 때 나같이 단순한 사람에게는 천둥이 떨어지는 것 같았죠. 상상조차 할 수 없는 일이었어요. 그 후에 무대가 어두워지면서 프레디와 브라이언이 함께한 〈이즈 디스 더 월드 위 크리에이티드?(Is This the World We Created?)〉가 연주되었죠. 이 곡은 꽤 오래전에 녹음되었지만 라이브 에이드를 위해 특별히 만들어진 것 같았어요. 가사들이 행사의 목적과 무척 잘 맞았고 프레디의 노래는 굉장했어요. 프레디가 종종 그랬던 것처럼 눈물이 나더군요."

짐은 프레디가 사망하고 나서 19년 후인 2010년 1월에 암으로 죽었다. 그는 록스타 연인의 공연을 지켜보았다.

"프레디는 나에게 모든 것을 주었어요. 나를 놀라게 했죠. 공연이 끝나자 그는 기뻐했어요. '신이시여, 감사합니다. 드디어 끝났군요.'라고 말하며 보드카를 들이키고는 곧 조용해졌죠. 공연이 끝날 때까지 아직 시간이 남았지만 레전드 나이트클럽에서 열리는 뒤풀이 파티에 가고 싶어 하지 않았어요. 우리는 마치 오래된 커플처럼 가든 롯지로 돌아가서 텔레비전으로 아메리칸 레그[6]를 시청했어요."

그날 공연에는 프레디의 부모가 참석하지 않았다. 그들은 퀸의 영국 공연에는 종종 참석했지만 이번에는 집에서 관람하는 쪽을 선택했다.

"대단한 이벤트였어요. 말로 설명하기엔 너무 복잡해요. 우리는 관객, 공연

6 원문에는 'American leg'로 표기되어 있는데, 'American legion(아메리칸 리전)'으로 짐작된다. 미국 재향군인회(American legion)에서 15~17살의 청소년을 위해 후원해 주는 여름 야구 리그(American legion Baseball) 방송일 것으로 추측된다.

기획, 스타디움 그 모두에 압도되었습니다. 텔레비전을 보고 정말 자랑스러웠어요. 보미는 '우리 아들이 해냈어.'라고 했죠."

녹음과 전송 전문가의 관점에서 보았을 때 프레디의 공헌은 거의 센세이셔널한 수준이었다. BBC 방송 프로그램 〈디 올드 그레이 휘슬 테스트(The Old Grey Whistle Test)〉의 전 제작 책임자인 마이크 애플턴은 '황홀하다'고 표현했다. "이렇게 될 줄은 처음에 예측조차 못했어요. 의사들은 말렸죠. 감기 등 여러 가지 문제 때문에 목 상태가 너무 안 좋았어요. 하지만 프레디가 고집을 피웠어요. 결국 프레디와 유투의 보노는 그날의 가장 성공적인 연주자가 되었죠."

"모니터로 프레디를 보니 정말 흥미로웠어요. 그날 나는 숨 막히는 더위 속에 중계차량에서 생방송 중인 프로그램을 편집하며 하루 종일 지냈어요. 오후 5시부터는 웸블리에서 20분, 제이에프케이(JFK)에서 20분, 이렇게 돌아가면서 중계했어요. 제이에프케이에서 라이브가 좀 일찍 끝나면 웸블리에서의 인터뷰와 하이라이트를 내보내는 식으로요. 실제로 TV에서는 매우 흥미진진하게 방송되었어요. 정말 내가 하고 싶었던 일이죠. 프레디는 수수한 차림으로 등장해서 차분하고 조용하게 즉각 무대를 접수하고 순식간에 관객들을 사로잡았습니다."

"퀸은 한동안 앨범에서 특별한 임팩트를 남기지 못하고 예전만 못했죠. 하지만 라이브 에이드는 그들을 예전의 위치로 돌려놓았으며 음반 업계 전체에 활기를 불러일으켰어요. 전체적으로 음반 판매량이 늘었죠. 프레디는 그 전보다 더욱 중요한 인물이 되었어요. 그날은 감정적으로는 밥 겔도프의 날이었지만 음악적으로는 명백히 프레디의 날이었어요."

마이크 애플턴은 이후에 최고 해외 방송 프로듀서로서 바프타(BAFTA) 상을 수상했다. 공연의 스틸 컷 영상을 촬영한 데이브 호간도 애플턴과 같은 의견이었다.

"단 여섯 명만이 라이브 에이드의 공식 사진사였어요. 우리는 라이브 에이드를 기념하는 책 발간이 목표였기 때문에 어디든 갈 수 있었습니다."

"그날 프레디가 중요한 사람이란 건 누구에게나 분명한 사실이었어요. 하지만 무대에 오르기 전까지는 아니었어요. 그는 다른 대부분의 스타에 비해 신사답고 절제되게 행동했죠. 그가 무대에 오르기 전에는 그 누구도 그렇게 파워풀한지 알지 못했어요. 〈라디오 가가〉를 부를 때가 떠오르는 군요. 밝은 대낮에 이 모든 마술이 시작되었습니다. 함께 박수 치고 발을 구르는 팬들의 물결로 등골이 오싹할 정도의 전율을 느꼈습니다."

"우리에게 그것은 천국이었어요. 바로 모두가 원하던 순간이었는데 그가 훔쳤죠. 그날은 온통 환상적인 순간이었습니다. 보노가 스타로 발돋움했고 매카트니는 존 레논(John Lennon, 1940~1980, 영국의 가수, 그룹 비틀즈의 멤버) 암살 후 처음으로 라이브 무대에 섰습니다. 하지만 그날 프레디의 공연을 보았을 때 숨이 멎을 것 같았어요. 어떤 사람도 그렇게 해낼 수 없었죠."

록계의 진정한 스타 프레디는 세계를 먹여 살리기 위해 노래하고 춤췄다. 퀸의 이날 공연은 가장 스릴 있고, 역동적이며, 가장 오랫동안 기억될 만한, 톱스타 라이벌들을 능가하는 공연이었음이 이후에도 지겹도록 반복되어 회자되었다.

"특이한 건 카메라 헤드가 위로 올라갈 때 개가 휘파람 소리를 들을 때처럼 무대 뒤의 나에게 스릴이 느껴진 거죠. 그들은 쇼를 훔쳤어요. 다시는 그 명성을 잃지 않을 겁니다." 라디오 진행자 폴 감바치니(Paul Gambaccini)도 동감했다.

퀸의 멤버 브라이언 메이도 처음으로 그들의 프론트맨을 칭찬했다.

"우리는 모두 잘했어요. 하지만 프레디는 우리와 차원이 달랐습니다. 단지 퀸의 팬이 아닌, 전 세계의 모든 사람들과 교감했던 겁니다."

그 후에 브라이언은 퀸의 펨브리지 로드 사무실에서 성의껏 인터뷰를 했다.

"라이브 에이드는 프레디였습니다. 그는 유일했어요. 대부분 우리의 음악은 그를 통해 흘러나오죠. 간단히 넘겨버릴 수 없습니다. 그는 독창적이에요. 특별합니다. 우리는 퀸의 팬에게 연주하는 것이 아니라 모든 음악 팬에게 연주했습니다. 프레디가 진정으로 그의 모든 것을 걸고 한 공연이었습니다."

프레디가 리드싱어였던 704번의 라이브 공연 중에서 라이브 에이드는 가장 상징적이고 훌륭한 시간이었다. 20분도 안 되는 시간에 퀸을 입증하기 위해 줄무늬 소품, 반짝반짝 빛나는 장비, 연기, 안개와 그 밖의 여러 가지 효과들을 모두 보여 주었다. 해질녘도 안 된 그 시간에 말이다. 그들은 록계에서 그 누구도 도전할 수 없는, 명실공히 제왕이었다. 이제 퀸의 멤버들은 자신들 각각의 단순 합보다 하나의 그룹으로서 존재할 때 더욱 위대하다는 명백한 사실을 인정할 것이다. 그들은 가장 좋았던 시절이 벌써 뒤에 남겨졌다는 사실을 알 리가 없었다. 그들은 기쁨으로 하나 되었고, 솔로 활동을 보류하는 명분을 얻게 되었다. 그들은 프레디와 함께하는 빛나는 두 번째의 기회가 비극적으로 짧게 끝날 것임을 곧 알게 될 것이다.

02

잔지바르

지워버린 과거를 찾아가다

하인이 나의 시중을 들어주었다. 난 오렌지주스를 들고 곧장 해변으로 나가곤 했다.

프레디 머큐리

프레디는 출생 배경에 비밀이 많았습니다. 나에게 본명조차 말해주지 않았어요. 피부가 꽤 검은 편인 걸로 보아, 중동지역과 동아시아계가 섞인 것 같은데……. 알려지지 않은 지역이나, 최소한 부모님이 외국인인 건 분명했어요. 하지만 프레디는 그 사실을 부정했어요. 하지만 나쁜 의도가 있다거나, 인종 차별적인 그런 이유 때문은 아니었어요. 자신의 영웅 지미 헨드릭스를 얼마나 숭배했는지를 본다면 알 수 있죠.

토니 브레인스비(Tony Brainsby),

퀸의 첫 번째 홍보 담당자

프레디는 1970년대의 음악 팬들이 아프리카나 인도 출신의 록스타를 인정하지 않을 거라고 생각했을 수도 있다. 지금은 출신 배경이 전혀 문제되지 않는다. 오히려 많은 사람이 이러한 특별함을 이점으로 생각한다. 아티스트의 문화적·음악적 유산이 더 많이 섞이고 모호할수록 더 좋게 여기는 것이다. 하지만 그 당시의 상황은 지금과 달랐다. 프레디는 록스타라면 당연히 미국 출신이 이상적이라고 생각했을 수 있다. 캘리포니아(비치 보이스[The Beach Boys, 1962년에 데뷔한 미국의 그룹]), 뉴욕(루 리드), 플로리다(짐 모리슨[Jim Morrison, 1943~1971, 미국의 가수, 1967년에 데뷔한 그룹 도어스의 멤버]), 미시시피(엘비스 프레슬리[Elvis Presley, 1935~1977, 미국의 가수]), 워싱턴 주(지미 헨드릭스) 처럼 말이다. 리버풀(비틀즈), 런던(믹 재거와 롤링 스톤스의 케이드 리처드)도 멋진 장소였다. 화이트 앵글로 색슨이면 가장 좋고 블랙 아메리칸도 대체로 괜찮았다. 그 시절에는 뮤지션이 자신의 배경을 뚜렷이 밝히지 않는 것이 더 매력적이고 미스터리한 멋이 있었다. 그렇게 매스컴을 타려고 일부러 돈을 지불하기까지 했다. 프레디의 출생과 어린 시절에 대한 정보는 서로 다른 것이 많았고, 그래서 나는 직접 찾아 나서기로 했다.

나는 나이로비를 경유하여 다르에스살람(Dar es Salaam)행 비행기를 탔다. 다르에스살람에 도착한 후 보트를 타고 고기잡이 카누와 다우선이 파도에 흔들리는 항구를 가로질러 잔지바르(Zanzibar) 마을에 도착했다. 모든 것들이 이국적인 곳이었다. 나같이 단조로운 환경에서 태어난 사람으로서는 프레디가 왜 잔지바르를 감추려 했는지 이해할 수 없었다. 디너 파티에서 알리바바와 신밧드, 아라비안 왕자, 풍요로운 동양에 대한 이야기를 나누면서 으스대고 싶은 생각을 참기 어려웠을 텐데 프레디는 왜 그러지 않았을까? 분명히 이유가 있을 것이다. 잔지바르는 전혀 프레디답지 않는 매력적인 곳이었다.

잔지바르는 아프리카 남동쪽에 위치한 곳으로 지도상의 작은 점에 불과하다. 2개의 주요 섬인 운구자와 펨바는 유럽 허니문 여행지로도 유명하다. 잔지바르는 독일, 영국의 식민지였던 탕가니카와 합해져서 지금은 탄자니아 공화국이 되었다. 작은 영토인 잔지바르는 역사적으로 부패, 분열, 대학살에 시달렸다. 아시리아인, 수메르인, 이집트, 페니키아, 인도, 페르시아와 아랍, 말레이시아, 중국, 포르투갈, 네덜란드, 영국의 침략을 받았는데, 그 인생역전의 역사가 마치 《천일야화》를 읽는 것 같다. 특히 지금은 남이란 지역에 속하는 아랍계 오만인 출신의 시라즈 페르시아인과 잔지바르를 식민통치한 영국의 영향이 컸다. 이곳의 스와힐리 문명의 기원은 이슬람 초기까지 거슬러 올라간다. 1818년에 정향나무가 수입되면서 잔지바르에서 향료 산업이 시작되었다. 생강, 너트맥, 바닐라, 정향, 카다멈이 전 세계로 수출되었다. 아프리카행 항로의 대문인 이곳을 지나는 선교사와 수출업자들이 하렘, 궁중 음모, 황족의 사랑의 도피 이야기들을 전해주었다. 상아와 인신매매 거래가 횡행하는 곳으로 악명 높은 지역이기도 했다. 1897년, 잔지바르에서 노예 무역이 금지되기 전에는 1년에 5만 명의 아프리카인들이 노예로 잡혀 채찍질당하며 이 야만적인 시장을 거쳐 끌려갔다.

운구자의 해안에서는 술탄의 궁전, 녹슨 대포, 식민지 시대의 건물과 상인의 집 등을 볼 수 있는데, 일부는 오랫동안 재건축 중이며, 수리할 수 없을 정도로 허물어져가고 있었다. 뒤쪽의 좁은 골목에는 주택과 시장들이 미로처럼 밀집되어 있다. 이곳에 들어서면 프레디가 처음 18년간 살았던, 바다가 내려다보이는 스톤타운 아파트가 나온다.

1946년 9월 5일 목요일, 저르는 18세의 어린 나이에 잔지바르 국립병원에서 프레디를 낳았다. 그날은 파시족에게는 새해 첫날이었다. 왜소한 체격인 저르의 첫 아이가 아들이란 것은 축복받을 일이었다. 직장에 있던 저르의 남편 보미도 매우 기뻐했다. 프레디의 부모는 앞으로 먼 미래에 프레디가 어떤 삶을 선택할지에 대해 모른 채 더없이 행복해했다. 두 부부는 아이에게 어떤 이름이 좋을지 생각해 보았다. 파시족으로서의 선택은 제한적이었다. 파시족은 기원전 6세기 페르시아 때부터 일신교인 조로아스터교를 믿었다. 보미는 법에 따라 아이의 이름을 '파록'으로 정하였다.

"프레디가 태어났을 때를 생생하게 기억하고 있어요." 나는 샹가니 구에 살고 있던 보미 불사라의 조카인 페비즈(Perviz Darunkhanawala)를 찾아갔다. 그녀의 아버지 소랍지와 프레디의 아버지 보미의 가족은 8형제였다.

"프레디의 아버지와 나의 아버지는 인도 구자라트 주 뭄바이의 북쪽 작은 마을 불사라에서 태어나고 자랐어요. 뭄바이는 지금의 뭄바이예요. 그래서 불사라라는 이름을 갖게 된 거죠."

"두 형제들은 직장 때문에 차례로 잔지바르에 왔어요. 아버지 직장은 케이블 앤 와이어리스였어요. 보미는 영국 정부 고등법원의 회계사였죠. 보미가 잔지바르에 왔을 때는 미혼이었지요. 인도로 돌아가 뭄바이에서 저르와 결혼하고 다시 돌아왔어요. 그리고 프레디가 태어났죠."

"프레디는 작은 애완동물 같았어요. 아주 어린 아기였을 때부터 우리 집에 왔었죠. 숙모, 숙부는 프레디를 우리에게 맡기고 외출하곤 했어요. 조금 컸을 때에도 우리 집에서 놀았어요. 그는 개구쟁이 어린아이였어요. 내가 프레디보다 나이가 많아서 프레디를 돌보는 것을 좋아했어요. 프레디는 작고, 멋진, 사랑스러운 아이였어요. 프레디가 우리 집에 올 때마다 자고 가길 바랐지만 숙모, 숙부가 밤에 돌아오면 항상 집에 데리고 갔어요."

불사라는 엄격한 종교와 문화 속에서 상대적으로 세련된 사회생활을 즐겼다고 한다. 영국에서는 평균 수준의 공무원 월급이었지만, 이곳에서는 몇 명의 하인들과 프레디의 유모 사빈을 따로 둘 정도로 풍족하게 생활할 수 있었다. 그의 가족들은 남부럽지 않게 생활했으며, 기후도 좋았다. 1952년에 프레디가 여섯 살이 되었을 때, 여동생 카시미라(Kashmira)가 태어났다.

보미 불사라의 사무실이 있는 건물은 베이트 엘 아자이브(Beit-el Ajaib)라고 불리는 '경이의 집(House of Wonders)'이었다. 19세기 말에 술탄 바르가슈 빈 사이드(Sultan Sayyid Barghash)를 기리기 위해 건립되었으며, 동아시아에서 가장 높은 건물로서 울창한 식물 정원이 유명했다. 반란 후에 영국 함대의 폭격에도 무너지지 않고 보존되어 잔지바르의 주 박물관이 되었다. 보미는 직업상 식민지 바깥과 인도로 자주 출장을 다녔기 때문에 하나밖에 없는 아들을 멀리 떨어진 학교에 보내기로 결정을 한 것 같다. 또한 언제까지 집에서 교육이 가능할 것인지에 대한 염려도 있었다. 부모님은 조로아스터교였지만 파록은 5살 때 잔지바르의 기독교 계통 학교에 다니게 되었다. 선생님들은 영국 성공회교도의 수녀님이었다. 그는 다른 친구들보다 영리했고 색칠, 그리기, 모형 만들기를 잘했다.

"프레디는 유쾌하고 공손하면서도 신중한 소년으로 성장했어요." 페비즈는 기억했다.

"반짝거리는 눈과 얼굴에는 장난기 어린 표정이 생기곤 했죠. 그래서 가끔 더 멋있어 보였어요. 원래 말수가 많지 않았어요. 우리 집에 올 때도 그랬죠. 커가면서 프레디가 다른 친구들과 어울리느라 자주 만날 수 없었어요."

"어릴 때 프레디는 아주 행복했고 음악을 좋아했어요." 저르는 회상했다. "포크, 오페라, 클래식 등 모든 음악을 좋아했죠. 항상 쇼맨이 되려는 마음이 강했어요."

페비즈는 내가 프레디의 출생신고서를 아직 발급받지 못했다는 말을 듣고 깜짝 놀랐다. 관공서에서는 프레디의 출생신고서가 분실되었다고 했다. 몇 년 전에 한 아르헨티나 여성이 사본을 발급받아 갔는데 그 후에 원본이 없어졌다고 했다. 1946~1947년에는 기록물이 잘 보관되지 않고 서류들이 여러 군데에

뒤섞여 있었다고 했다. 주 사무소 뒤편의 카운터에서 직원이 캐비닛을 뒤져서 출생신고서 뭉치를 가져왔다. 한 묶음 정도의 서류들이 쏟아졌다.

"메흐타라는 내과의사가 프레디의 출생신고서 사본을 갖고 있을 거예요. 오만에 체류 중인데 다음 주에 돌아갈 거예요."

프레디 가족의 뿌리를 조사할 동안 프레디와 관련된 사람들의 반응은 결코 호의적이지 않았다. 페비즈의 딸 다이애나는 '프레디 머큐리(Freddie Mercouri)'에 관심 없다는 반응이었다.

"프레디는 내가 아기였을 때 잔지바르를 떠났어요. '불사라'라는 성도 버렸어요. 그는 우리처럼 살지 않았어요. 우리와 아무 관련이 없죠. 한 번 떠난 후에는 다시 돌아오지 않았어요. 잔지바르를 자랑스러워하지 않았죠. 우리와는 또 다른 삶을 산, 낯선 사람일 뿐이에요." 그녀는 얼굴을 붉힌 채 어깨를 으쓱거렸다.

다이애나와 같은 태도는 다른 곳에서도 볼 수 있었다. 불사라 가족이 살았다는 곳에 대해서도 뚜렷한 증거를 말해주는 사람이 아무도 없었고, 관심을 보이지도 않았다. 어떤 인도인 가게 주인은 이렇게 투덜거렸다. "난 아무것도 몰라요. 다른 사람도 마찬가지예요. 누군가 말해줘도 추측일 뿐이에요. 특히 관광 가이드들은 돈을 원할 뿐이에요. 남아 있는 게 아무것도 없는데 누가 알겠어요? 그때는 많은 사람이 갑자기 이곳을 떠났어요. 만약 말해주는 사람을 찾아내면 내게도 좀 알려 줄래요? 묻는 사람이 항상 너무 많아서 넌더리가 날 지경이니까요. 미국인, 남아프리카인, 영국인, 독일인, 일본인 등등. 이 지역 사람들은 프레디가 어떤 사람이었는지 잘 이해하지 못한다고요."

퀸의 순례자들에게 이 섬은 최종 도착지이다. 보통 전문적인 여행사들은 값비싼, 팬을 위한 여행 상품을 판매한다. 가수의 출생지를 찾아가고, 그곳에 있는 아름다운 경관의 레스토랑과 기념품 가게에서도 돈을 번다. 그런데 프레디의 경우 전혀 그렇지 않다. 자유 시민권, 공식적인 기록보관소도 없고 지역 박물관에는 감사의 글도 없다. 보통 명사의 집은 나중에 성지로 바뀌는 법인데, 프레디가 살았던 집조차 정확하게 알려지지 않았다. 조각상, 밀랍인형, 모형, 기념품 재떨이, 냉장고용 자석, 프레디가 그려진 엽서, 온도계조차 없다. 엘비스 프레슬리가 태어난 멤피스의 그레이스랜드와는 참 대조적인 풍경이다.

잔지바르에서 집으로 돌아왔을 때 마르셀라 델로렌지(Marcela Delorenzi)라는 아르헨티나인에게서 연락이 왔다. 자신을 부에노스 아이레스의 방송 진행자이자 기자라고 소개했다. 지금 런던으로 가고 있으며, 프레디의 출생신고서 사본을 주겠다고 했다. 나는 한 번도 본 적도, 찾은 적도 없던 사람에게서 아무런 대가 없이 프레디의 출생신고서 사본을 받았다. 마르셀라는 자신이 잔지바르에서 사본을 발급받았을 때 기록보관실에 있는 원본을 보았다고 했다. 프레디의 출생신고서 원본은 아마 큰돈을 목적으로 하는 개인 수집업자에게 넘겨져 어딘가에 있을 것이다.

2006년에 프레디의 60번째 생일을 기념하는 행사를 잔지바르에서 치를 계획이었지만, 무슬림 단체 UAMSHO의 극심한 반대에 휩싸였다. UAMSHO는 프레디가 이슬람 율법을 위반했으며 에이즈로 1991년에 요절할 때까지 공공연히 게이로서 거리낌 없이 살았다고 주장했다. 그들은 게이 관광객의 해변파티가 취소되어야 하며, 행사 참여를 위해 세계 각국에서 몰려드는 팬들에게 자신의 나라로 돌아갈 것을 촉구했다.

잔지바르에서는 2004년에 게이를 공식적으로 불법화했기 때문에 각국의 게이들에게 많은 비난을 받은 바 있다. UAMSHO의 의장인 압달라 사드 알리는 이 행사를 강행하면 불행한 일을 스스로 자초하는 것이라고 경고했다.

"동성애가 잔지바르에서 허용된다는 생각을 젊은 세대에게 심어주고 싶지 않습니다. 우리는 윤리를 보호해야 할 종교적 의무가 있습니다. 이슬람 율법을 어기는 행위는 중지되어야 합니다."

이슬람 율법을 떠나서, 프레디 가족에게는 오랫동안 중시해왔던 조로아스터교가 있다. 프레디는 부모와 여동생을 진심으로 사랑하고 존경했다. 가족들의 신앙인 조로아스터교가 동성애를 억압한다는 사실을 잘 알고 있었기 때문에 그토록 오랫동안 자신의 동성애적 성향을 숨겨왔는지도 모른다. "남자와 자는 남자는 악마이다. 이 남자는 악마를 숭상하는, 악마의 애인이다." 파시족에게는 동성애가 죄악일 뿐 아니라 악마 숭배이다.

전 세계 195개 국가 중 약 70개 국가에서는 성인들 간의 동성애가 불법이다. 그중 40개 국가에서는 남자끼리의 동성애만 불법이다. 1967년에 잉글랜드와 웨일스에서는 남자 성인 둘 간의 섹스가 합법화되었다. 스코틀랜드의 경우 1980년, 북아일랜드에서는 1982년에 합법화되었다. 1980~1990년에 게이 권리 보호 조직들은 이성애와 동성애가 동등하다는 동의를 이끌어 내기 위해 오랫동안 로비 활동을 했다. 현재 잉글랜드, 웨일스, 스코틀랜드, 북아일랜드에서 16세 이상의 연령에 한해 동성애가 허락되고 있다.

"프레디는 우리와 같은 방식으로 살지 않았어요." 그의 조카 다이애나가 말했다. "그는 우리와는 다른 삶을 살았죠."

잘 치장된 거짓말을 하기보다는 솔직하게 터놓을 때 더 결과가 좋을 수도 있는 법이다. 프레디는 가장 근본적인 이유들 때문에 아프리카의 고향을 저버렸다. 프레디의 마음속에는 '히러스(hiraeth)'가 있었을 것이다. '히러스'는 웨일스어인데 하나의 단어로 번역하기 어렵다. 고독, 상실에 대해 깊이 뿌리박힌 슬픔. 이런 감정들이 떠오르는 말이다. 프레디도 우리들처럼 이미 지나가버린 순수함을 애석해하고, 더 이상 닿을 수 없는 과거를 그리워하지 않았을까?

살면서 때로 우리는 지난날로 돌아간다. 그때의 장소들을 방문하여 과거의 추억을 머금은 물건들을 보면서 어른이 된 자신을 위로하곤 한다. 프레디는 다른 곳에서 공허함을 채워야 했을 것이다. 어떤 사람들은 프레디가 〈세븐 시즈 오브 라이(Seven Seas of Rhye)〉에서 과거와 화해했다고 한다. 이 곡은 1974년에 발표된 퀸의 첫 번째 히트곡이다. 대표적인 프로그레시브와 하드록 노래로서, 노랫말은 프레디가 어렸을 때 여동생 카시미라와 만들었던 판타지 동화에 바탕을 두고 있다. 페르시안적인 뿌리를 가진, 특히 '라이(Rhye)'에 대한 동화에 영감을 받아서 만든, 환상적인 여행을 떠나는 선지자 차라투스트라의 신비로운 이야기라고 할 수도 있지 않을까? 라디오2의 프로듀서이며 음악 기록 담당자, 음반 수집자인 필 스웬(Phil Swern)은 그럴 듯하다고 했다.

"여러 해 동안 인터뷰를 하면서 〈세븐 시즈 오브 라이〉가 잔지바르에서의 생활에 관한 게 아닐까 하는 그런 느낌이 들었어요. 잔지바르는 프레디의 마음에서 이미 떠났지만, 현실을 벗어나고 싶을 때는 항상 떠올리게 되는 그런 곳이죠."

프레디는 라디오 인터뷰에서 "그 노래의 주제는 내 상상력이 만들어 낸 것이다."라고 했다.

"노랫말과 곡은 판타지로 꾸며 만들었어요. 비현실적인 이야기예요. 나는 걸으면서 갑자기 영감을 받는 그런 작곡가는 아닙니다. 영감을 얻기 위해 사파리에 가거나 산의 정상에 오르는 그런 사람도 아니고요. 그냥 목욕하면서 떠올리게 되죠."

아무튼 '라이'는 반복적으로 회자되는 주제이다. 퀸의 초기곡 〈릴리 오브 더 밸리(Lily of the Valley)〉, 〈더 마치 오브 더 블랙 퀸(The March of the Black Queen)〉, 〈마이 페어리 킹(My Fairy King)〉들의 노랫말도 판타지적이다. 이 노래들의 매력은 대중들에게 광범위한 영향력을 끼치면서 지속적인 인기를 누린다는 점이다. 2002년 런던에서 처음 공연된 퀸의 초현대적인 주크박스 스테이지 뮤지컬 〈위 윌 록 유〉에서, 〈세븐 시즈 오브 라이〉는 반항적인 보헤미안이 글로벌 소프트 경찰의 지휘관인 카쇼기(Khashoggi)의 명령으로 기억이 지워진 후에 잡혀가는 장소로 설정되었다.

〈세븐 시즈 오브 라이〉가 사라지면, 요란한 살롱바에서, 오래전부터 전해오던 영국의 짧은 노래 〈오, 아이 두 라이크 투 비 비사이드 더 시사이드(Oh, I do like to be beside the seaside)〉가 흘러나왔다. 프레디가 한때 즐겁게 생활했던 잔지바르 해변에서의 생활, 야자수가 우거져 있고 깨끗한 산호초가 있는 모습에 대한 또 다른 암시가 아닐까? 맞는지 확인할 길은 없지만, 그가 가족의 종교적 규율을 파괴했기 때문에 고향에서 환영받을 수 없다는 점은 분명한 것 같았다.

03

판치가니

그의 학창 시절을 따라가다

나는 귀하게 자랐다. 부모님은 기숙학교가 내게 도움이 될 거라고 생각했다. 그래서 7살 정도 되었을 때 얼마 동안 인도에 혼자 남겨졌다. 내가 자라는 환경에 큰 변화가 일어난 것이다.

프레디 머큐리

프레디의 부모님은 프레디를 인도의 학교로 보냈어요. 난 프레디가 먼 곳으로 가게 되어 슬펐지만, 그 당시 잔지바르에는 프레디가 표준 이상의 우수한 교육을 받을 만한 곳이 마땅치 않았어요. 그때 마침 부모님이 펨바 섬으로 전근을 가게 되었는데, 펨바에도 프레디가 갈 만한 학교가 없었어요. 그래서 프레디의 고모 저르가 있는 뭄바이로 보내는 게 최선의 방법이라고 생각했던 거죠.

페비즈, 프레디의 사촌

나는 1996년 11월에 프레디의 사진 전시 시사회에 초대받아서 런던 로열 알버트 홀에 갔다. 프레디 사망 5주년 기념 행사였다. 행사장 안의 모든 사람들이 프레디, 퀸과 직접적으로 관련된 사람들이었다. 프레디의 청소부 아줌마 마지, 퀸의 첫 번째 매니저 켄 테스티(Ken Testi)에서부터 퀸의 사진작가 데니스 오레건까지 왔다. 프레디의 연로한 부모님도 참석했다. 내가 인사하자 부모님은 따뜻하게 맞아주었다. 프레디의 아버지 보미 불사라는 내 손을 잡으며 말했다. "전시된 사진들과 우리 아들을 기념하기 위해 이렇게 많은 사람이 온 걸 보니 놀랍습니다. 아들이 자랑스러워요."

전시회는 파리, 몽트뢰, 뭄바이 등 프레디와 관련된 도시들을 순회하면서 개최되었다. 런던 오프닝 후에 많은 기자가 프레디가 인도인인 혈통을 숨겼다는 이유로 '위대한 위선자'라고 보도했다. '뭄바이 랩소디', '인도의 스타'라는 헤드라인의 기사를 작성했다. 프레디를 영국에서의 '첫 번째 아시안 팝스타'라고도 했다. 프레디가 페르시안이라는 사실 여부에 대해서도 도마 위에 올랐다. 이러한 일들은 런던의 페르시아인 파시 커뮤니티에게 불쾌감을 불러일으켰다.

런던의 파시 커뮤니티 대변인은 발표했다. "우리가 9세기 이후로 페르시아에 살지 않았기 때문에 페르시아인이 아니라고 말할 수는 없다."

"파시족을 '인도인 조로아스터교인'이라고 부르지만, 우리는 '페르시안 조로아스터교인'이다. 우리는 7, 8세기에 이슬람교도의 박해를 피해서 인도로 피난 갔던 것이다. 인도로 이주했다고 해서 인도인이라고 할 수는 없다. 유대인이 2,000년 동안 팔레스타인에 살지 않았다고 유대인이 아니라고 할 수 있는가? 민족과 국적, 민족적 뿌리와 국가 시민권 간에는 큰 차이가 있다. 페르시안 파시가 고향이라고 부를 수 있는 곳은 없을지도 모른다. 하지만 우리의 마음속은 페르시아인이다."

프레디의 외모는 전형적인 페르시아인이다. 우리가 보통 말하는 인도인과는 다르다. 독특한 뻐드렁니만 봐도 금방 알 수 있다.

프레디는 인도가 독립되기 전에 태어났기 때문에 프레디의 부모는 공식적으로는 영국 국민, 영국계 인도인으로 기록되었다. 하지만 파시족은 스스로를 페르시아인이라고 주장했다. 프레디는 잔지바르에서 태어났기 때문에 잔지바르인이라고 알려졌다. 아시아인이라기보다는 아프리카인이라는 의견에는 논의의 여지가 있다. '영국의 첫 번째 아시안 팝스타'라는 의견도 무리한 해석이다. 왜 그의 가족들은 이러한 의견들에 대해 반박하지 않을까? 가족들의 태도는 가끔 이해할 수가 없다.

조용하고 부지런하고 가정적인 사람은 물질적이지 않고 자신의 운명에 만족한다. 불사라 가족은 적절하게 일을 처리하고 종교와 문화적인 의식, 규율, 제약 사항들을 잘 지킨다. 부모 모두 체격이 작고 체질적으로 예민하다. 프레디의 외모는 엄마 쪽에 더 가깝다. 특히 엄마 저르의 도톰한 입술, 활짝 핀 미소, 뻐드렁니를 물려받았다. 그는 사람들 앞에서 정중하고 친절하며 친화적인 편이었다. 프레디의 부모—보미(Bomi)와 저르(Jer)—는 전통을 지켜야 한다는 의무감이 강했으며, 자신의 위치에 따라 주어지는 의무를 다하려고 했지만, 보미가 프레디의 롤모델이거나 마초적인 영웅인 것은 아니었다. 프레디는 아버지의 직업을 따를 생각이 전혀 없었다. 저르는 프레디가 법 공부에 열중할 수 있도록 노력했지만, 사무실에서 하는 일은 프레디에게 아무런 흥미를 일으킬 수 없었다.

프레디는 연인 바바라 발렌틴(Barbara Valentin)과 짐 허튼에게 가족들이 내성적이고 속마음을 잘 드러내지 않아서 부모와의 신체적 접촉이 매우 적었다고 털어놓았다. 가족들이 잔지바르에서 함께 살 때도 아이들은 매일 유모 사빈이 돌봤다. 프레디와 카시미라는 부모에게 매 맞으며 자라지는 않았지만 그렇다고 부모가 아이들을 껴안아주는 일도 별로 없었다. 짐은 프레디가 어린 시절의 애정 결핍 때문에 커서 신체적 사랑에 과도하게 집착한다고 생각했다. 너무 자주

의미 없는 섹스 그 자체를 갈망했는데 섹스 없이는 사랑을 얻을 수 없기 때문이었다. 하지만 섹스는 결코 그가 가장 원하던 애정의 대체물도, 사랑의 증표도 아니었다. 프레디는 이런 면에서는 어린아이 같았다. 예를 들어, 고양이를 지나칠 정도로 어루만지고 쓰다듬었다. 자신이 그렇게 사랑받기를 원했던 것이다.

1955년 2월 14일, 8살의 프레디는 인도 판치가니의 세인트 피터스 영국학교에 입학했다. 그의 이름은 '파룩 보미 불사라(Farookh Bomi Bulsara)'였다. 그는 클래스 3반에 배정받았다. 세인트 피터스 학교에서 10년을 지내면서 집에서 보내는 시간은 일 년에 한 번 정도, 여름방학 한 달에 불과했다. 프레디가 부모에게 보내는 편지들은 공손했지만 감정이 드러나지 않은 내용이었다. 프레디와 부모의 관계가 소원했음을 알 수 있다. 꿋꿋하고 용감하도록 키워졌지만 집과 떨어져 생활하면서 상처받고 외로웠을 마음을 충분히 상상할 수 있다. 엄마, 아빠가 그리울 때 마음껏 전화를 이용하는 것도 힘든 시대였다.

"내가 태어났을 때 오빠는 6살이었기 때문에 오빠와 기껏해야 1년 정도 같이 지낼 수 있었어요. 하지만 나를 보호하는 오빠가 있다는 사실이 항상 자랑스러웠죠." 카시미라는 2000년 11월에 《메일 온 선데이》 지와의 인터뷰에서 밝혔다.

"오빠가 방학 때마다 집에 온 건 아니었어요. 뭄바이의 고모나 이모 집에도 갔죠. 이모 집에서 피아노와 그림을 배우기 시작했어요. 그 분야에 재능이 있었어요. 오빠가 집에 안 오면 속상했어요. 엄마와 아빠는 오빠의 학교 성적표를 보관해 두었죠."

8살의 프레디에게 집에서 학교까지의 여정은 힘든 일이었다. "프레디는 아빠와 배를 타고 푸나행 기차로 갈아타야 했어요." 페비즈가 회상했다.

"어린아이에게는 너무 길고 피곤한 여정이었죠. 뭄바이는 인도에서 가장 혼잡하고 산업화된, 발전한 도시였기 때문에 잔지바르에서 뭄바이까지 가는 배가 항상 있었어요. 친척이 살아서 종종 갔죠. 프레디는 방학 때 고모집에 갔는데, 고모 저르는 다른 친척 조카들도 잘 돌보는 훌륭하고 친절한 분이었어요."

판치가니는 인도 뭄바이에서 184마일 떨어진, 영국 식민시대의 전형적인 역이었다. 고풍스러운 방갈로, 공공기관, 파시족 거주지, 울창한 딸기 벌판으로 유명하다. 이 예스러운 식민도시는 영국의 식민통치 기간에 요양원과 리조트 용도로 개발되었다. 해변이 있는 평원, 울창한 숲, 크리슈나 강, 높은 고도, 철분이 풍부한 물, 화산토와 같은 환경 때문에 관광객의 안식처로 알려졌다. 많은 사람이 뭄바이에서 출발해서 4~5시간 드라이브를 하면서 몬순 기후를 벗어나기도 한다. 여기에서 걷고, 타고, 긴장을 풀면서 인도 평원의 먼지와 열기에서 벗어나는 것이다. 이곳의 영국식 기숙학교에 아이들을 보내기도 한다. 세인트 피터스 학교는 1904년에 판치가니에 설립되어 현재까지 운영 중이다. 전통적인 인도의 가치와 문화를 지지하고 가톨릭교와 조로아스터교처럼 다양한 종교에도 관용적이다. 학교의 모토는 '우트 프로심(Ut Prosim)', 뜻은 '다른 곳에 유용하게 쓰이는 나(That I May Profit)'이다. 학교의 상징은 불꽃 속에서 날아오르는 불사조이다. 불사조는 '희망과 갱생의 상징'으로 부리에 올리브 가지를 물고 있다. 교장선생님인 오스왈드 디 베이슨은 인도가 독립된 1947년에 이곳에 부임하여 1974년까지 교장직을 맡았다. 이 학교는 로큰롤을 드러내 놓고 과시하지는 않았지만, 관심 있는 학생들에게는 소극적으로 개방하고 있었다. 이 학교 출신의 유명인으로는 네팔 장군 빅토리 라나(Victory Rana), 자선가이며 사업가인 라비 푼자비(Ravi Punjabi) 등이 있다.

프레디가 이 학교에 오기 전에는 가족들의 신념에 따라 조로아스터교를 믿었다. 프레디는 8살 때 파시족의 나오조테(Naojote, Navjote) 의식을 치렀다. 기독교의 견진성사[7]처럼 소년과 소녀들에게 모두 의식이 행해지는데, 의식을 거

7 그리스도인의 마음속에 성령이 임하게 하는 기독교의 성사. 위키백과

행하는 방식은 유대교의 바르미츠바(Bar Mitzvah)[8]에 더 가깝다. 신체와 영혼의 정화를 상징하는 목욕을 하고, 흰 셔츠와 양털을 두른다. 신성과 영원을 상징하는 불꽃 위로 전통적으로 내려오는 기도문이 울려 퍼진다. 여기에서 불은 조로아스터교인에게 매우 중요하다. 어떤 조로아스터교 예배소에서는 불꽃이 수천 년 동안 끊임없이 타오른다고 한다. 조로아스터교 경전인 《젠드아베스타(Zendavesta)》에는 정해진 계명은 없고, 파시인이 살아가는 내내 노력해야 할 3가지, '좋은 생각, 좋은 말, 좋은 행위(Humata, Hukhta, Huvareshta)'가 있을 뿐이다.

프레디가 학교에 다닐 때에는 세인트 피터스가 판치가니에서 가장 좋은 공립 남학교였다. 케임브리지 대학의 O-레벨[9], A-레벨 시험을 목표로 풀타임 영어 교육이 이루어졌는데, 영어 교육의 성과가 뛰어났다. 인도 전역과 걸프만 지역, 미국, 캐나다 출신의 학생들이 들어올 수 있도록 6월 중순에서 4월 중순까지 수업이 이루어졌다. 인도의 기후를 고려하여 4월에서 6월 사이에 8주를 방학으로 정하였다. 크리스마스 시즌에는 2주일을 쉬었다. 세인트 피터스는 규율과 교육 환경이 엄격한 편이었다. 일주일에 수요일과 목요일 점심 때에만 따뜻한 물로 목욕할 수 있었다. 목욕은 레지던트 간호사와 당직의사의 도움을 받아서 학교 병원을 운영하는 메이트론이 관리했다. 학교 자체적으로 교회를 세웠는데, 학생들 각자의 종교를 존중해 주었으나, 일요일 예배는 의무적이었다. 선생님과 함께 동행하지 않으면 학교 밖으로 나갈 수 없었다. 이 모든 것에도 불구하고 이 학교는 점잖고 재미있는, 가족적 분위기와 학생들 각자의 역량을 키우는 곳으로 잘 알려져 있다. 프레디는 이 학교 학생으로서 가지는 특권의식과, 이런 것들이 부모님의 희생에 의해서 가능했다는 것을 알고 있었다.

프레디의 아버지는 영국 정부의 회계사로 근무하면서 그다지 많은 급여를

8 유대교에서 13세가 된 소년에게 행해지는 성인식

9 과거 잉글랜드와 웨일스에서 보통 16세가 된 학생들이 치던 과목별 평가 시험

받지는 못했고, 충분히 저금한 것도 아니었다. 보미와 저르는 하나뿐인 아들의 수업료 부담, 여동생 카시미라가 오빠와 떨어져 지내야 하는 점들 때문에 힘들어했다.

하지만 가족으로부터의 분리 불안감을 특권의식으로 떨쳐버릴 수는 없는 법이다. 어렸을 때 가족과 친밀했다고 하더라도 어린 나이에 집에서 수천 마일 떨어진 학교로 보내지는 건 끔찍한 일이다. 프레디는 두려움과 외로움보다는 밤에 이불을 덮을 때 껴안아주고 이야기를 들려줄 그런 것들을 갈망했을 것이다. 프레디의 재학 기간 후반기에 가깝게 지냈던 친구들은 프레디가 어떻게 부모에 대해 깊은 원망을 가지게 되었는지를 말해주었다. 프레디는 부모에 대한 이런 거부감을 극복하려고 필사적으로 노력하였다.

저르와 보미는 그때 자신들이 프레디를 위해 올바른 선택을 한 것인지 생각했어야 했다. 자신의 아들이 가장 좋은 출발을 할 수 있도록 하기 위해 경제적인 어려움을 감수해야 했음에도 불구하고, 수줍은 작은 소년을 그렇게 멀리 떨어진 학교로 보낸 건 큰 잘못이었다. 오랫동안 가족과 떨어져 있는 환경이 잘 자라는 데 도움이 되는 아이도 있다. 하지만 프레디처럼 예민하고—스스로 인정했듯이— 집착하는, 겨우 8살인 아이에게는 처음부터 견디기 어려웠을 것이다. 낯선 19명의 아이들에게 둘러싸인 기숙사 침대에서 밤에는 혼자 울먹였을 것이다. 아이들이 성장하는 데 가장 결정적이고 깊은 영향을 받는 시기에 '엄마-아들' 관계의 애정과 관심을 받지 못했을 때, 세상에 대한 관점과 기대감은 변할 수밖에 없다.

그는 빅토리 라나처럼 뜻이 맞는 남자친구들 속에서 위안을 찾았다. 데릭 브랑슈(Derrick Branche, 1947~, 인도 출신의 영국 배우)와도 친했는데, 그는 나중에 영화배우가 되려고 호주로 떠났다. 프레디가 라이브 에이드에 참여했던 1985년에 브랑슈도 영화 〈나의 아름다운 세탁소(My Beautiful Laundrette)〉에 출연했다. 백인과 아시아인 커뮤니티에서의 동성애, 인종차별주의 같은 이슈들을 다룬, 다니엘 데이 루이스(Daniel Day Lewis, 1957~, 영국의 영화배우) 주연의 코미디 드라마였다.

파랑 이라니(Farang Irani)도 프레디의 친구였는데 나중에 뭄바이에서 레스토랑을 경영했다. 브루스 머레이(Bruce Murray)는 런던의 빅토리아 철도역의 짐꾼이 되었다. 몇 년간 이 다섯 소년들은 떨어질 수 없을 만큼 친한 사이였다. 기숙사에서 서로 가까운 곳에서 자고, 끝없이 장난쳤다. 프레디는 방학 때나 학기 중 휴일에 저르 고모, 셔르 이모에게 갔지만, 부모와 보내는 시간은 드물었다.

"학교에서는 하라는 대로 해야 했어요. 맡은 일을 최대한 잘해내는 것이 가장 현명한 선택이었죠. 자신을 돌보는 법을 배우면서 난 빠르게 성장했어요."

이렇게 생의 마지막까지 진실을 숨겨두는 프레디의 진짜 성격이 형성되기 시작했다.

학교에서 괴롭히는 아이들로부터 스스로를 지키고 그들을 상대해야 한다는 것을 깨달으면서 프레디는 많은 것을 배우게 되었다. 또한 이름도 바꿔야겠다고 판단했다. '파록(Farrokh)'은 페르시아 식으로는 '파록(Farroch)'으로, 아프리카 식으로는 '파룩(Farouk)'으로 발음되었다. 하지만 선생님과 친구들이 듣기 좋은 영국식 이름으로 부르면서 한결 편안해졌고 나중에 '프레디'로 바뀌었다. 부모와 가족들도 반대하지 않았고 지금도 프레디라고 부른다. 나중에 여러 가지 이유로 성도 바뀌었다.

프레디는 열 살이 되면서 냉소적이고 다소 잘난 체하기 시작했는데 이런 성격은 없어지지 않고 계속되었다. 때로 고약한 성격이 튀어나오기도 했지만 불친절하거나 악의적이지는 않았다.

그는 전형적인 팀 플레이어가 아니었다. 체스, 스프린팅, 복싱, 탁구처럼 혼자 하거나 일대일로 하는 종목에서는 뛰어났다. 10살 때는 교내 탁구 챔피온이 되었다. 럭비와 축구처럼 단체 경기에서는 두각을 드러내지 않았다. 팀 경기이지만 크리켓은 즐겼다고 한다. 하지만 프레디는 나중에 이 사실을 부인했다. 자신의 하드록 이미지와 맞지 않다고 느껴서 그럴 수도 있다. 1958년, 12살 무렵에는 다재다능상을 받고 다음 해에는 성적 일등상을 받았다. 그는 여러 경기에서 리드 역할을 했으며. 선배가 만든 뮤지컬 〈디 인디언 러브 콜(The Indian Love Call)〉에서 독창을 하기도 했다. 프레디는 예술 과목을 좋아해서 자유 시간에 스케치와 그림을 그리며 많은 시간을 보냈다. 특히 셔르와 뭄바이의 할머니를 위한 그림을 그렸다. 특별활동 시간에는 음악에 빠져 지냈다.

1950년대 후반과 1960년대 초에 뭄바이에서는 동서양 문화가 조합된 코스모폴리탄적인 문화가 유행했는데, 웨스턴 팝과 록이 장악하는 분위기였다. 프레디는 클래식 음악, 특히, 오페라를 좋아했지만, 현대 음악을 더 좋아했다. 피아노를 계속하여 이론과 실기 모두 4등급까지 패스했고, 합창단 활동도 했다. 친한 친구들과 함께 최초로 '헥틱스(Hectics)'라는 밴드도 결성했는데, 부기우기 스타일의 피아노 연주로 곧 유명해졌다. 헥틱스는 학교 콘서트와 바자회에서 공연했다. 여학생들은 무대 앞에 서서 소리치며 흥분했다. 프레디는 그 시대의 팝 아이돌 엘비스 프레슬리, 클리프 리처드(Cliff Richard, 1940~, 인도 출신의 영국 가수), 팻츠 도미노(Fats Domino, 1928~, 미국의 로큰롤 피아니스트이자 가수)와 리틀 리처드(Little Richard, 1932~, 미국의 로큰롤 가수, 피아니스트) 스타일을 따라 하려고 열심히 연습했다. 하지만 그는 아직 프론트맨이 아니었다. 친구에게 양보하여 브루스 머레이가 헥틱스의 기타와 리드 보컬을 맡았다.

학교 친구들은 프레디가 전통적인 합창곡과 찬송가를 부르는 합창단에서 활동했다고 기억한다. 학교의 교회 봉사 공연에서 곡을 리드하기 위해 정기적으로 연습도 했다. 학교 친구이자 헥틱스 멤버인 데릭 브랑슈는 "프레디가 가끔 도시의 여학교와 함께 합창하기도 했습니다. 내 생각으로는, 프레디는 거기서

15살의 기타 바루차(Gita Bharucha)란 여학생을 좋아했어요."라고 했다.

들리는 바로는 프레디가 14살 때부터 성에 관심이 많았다고 한다. 그런데 프레디가 주로 소년들, 학교에 고용된 직원들과 만났기 때문에 프레디의 첫 번째 여자친구는 확실하지 않다.

기타 바루차는 "벅키(프레디)가 게이라고 생각한 적은 없었어요. 입증할 만한 건 아무것도 없어요. 담임선생님은 알지 모르겠네요. 프레디는 화려한 연주자였어요. 무대에서 그의 역할은 절대적이었죠. 연극에서는 언제나 여자 역할을 했어요."라고 했다.

기타 바루차는 결혼해서 이름을 촉시(Choksi)로 바꾸고 프랑크푸르트로 이사해서 인도 여행업자로 일하고 있다. 기타를 찾기는 쉽지 않았다. 그녀를 만났을 때 처음에는 프레디에 대해 말하기 싫어했지만 마침내 그녀가 허락해서 런던에서 만날 수 있었다. "1955년에 프레디를 처음 만났어요. 나는 판치가니의 김민스 학교를 다녔어요. 그 학교는 영국 프로테스탄트 선교기관에서 운영했죠. 1963년에는 판치가니를 떠났어요. 프레디는 10대를 판치가니에서 보냈어요. 우리는 친구였죠. 나는 뭄바이 출신이에요. 판치가니에서 엄마, 할아버지와 함께 살았기 때문에 기숙사 생활을 하지 않고 통학했어요. 세인트 피터스 학교의 학생들은 김민스 유치원에 와서 학교 표준 3부터 공부했어요. 우리는 몇 년간 같은 반이었어요. 빅토리 라나와 벅키도 같이 다녔죠. 뻐드렁니(bucktooth) 때문에 프레디를 '벅키'라고 불렀죠. 데릭 브랑슈는 다른 반이었어요."

"벅키와 나는 특히 친했어요. 그냥 친구 사이였어요. 손잡는 게 전부였어요. 우리는 3루페를 내고 자전거를 빌려 탔어요. 마하블레시와 호수에서 보트를 타곤 했죠. 집에서 파티를 하면 친구들도 점심을 먹으러 왔어요. 같이 산책하고 게임하고 그랬죠. 벅키는 휴업일 때도 가끔 우리 집에 놀러 왔어요. 매우 공손하고 매너가 좋아서 엄마와 할아버지가 무척 좋아했어요."

판치가니의 여학교 교장인 자넷 스미스는 그녀의 엄마가 프레디의 학교에서 예술 과목을 가르쳤기 때문에 세인트 피터스 학교에서 생활했다. 그녀는 프레디에게 분명히 동성애적 성향이 있었다고 했다.

"프레디는 친구들을 '달링'이라고 불렀어요. 좀 특이하게 들렸죠. 그때는 동성애가 평범하지 않았어요. 하지만 난 프레디가 동성애자였다는 걸 알았어요. 동성애가 좀 나쁠 수도 있는데 그게 프레디라면 그렇지 않았어요. 프레디 내부에 그런 점이 다분히 많았어요. 아이들이 놀려대곤 했는데 프레디에게 미안해요. 하지만 프레디는 신경 쓰지 않았어요."

프레디는 기타 바루차와 친하게 지냈지만 판치가니를 떠난 후에는 전혀 연락하지 않았다.

"정말 슬펐어요. 인도에서의 생활을 지워버리고 런던에서의 새 출발을 원하기나 한 것처럼 느껴졌죠."

10학년이 되면서 프레디의 성적은 떨어졌다. 학년말 시험에서 낙제까지 했고, 11학년이 되기 전에 학교를 떠났다. 프레디는 실제로 O-레벨을 이수하지 않았다. 자신의 동성애 때문에 혼란스러웠거나, 음악과 미술로 목표를 정한 것 등의 이유로 공부에 흥미를 잃고 더 거창한 목표를 세웠을 수도 있다. 다른 전기에서는 프레디가 O-레벨을 이수하고 영어, 역사, 예술 과목에서 매우 우수한 학점을 받은 뒤에 세인트 피터스 학교를 그만두었다고 적혀 있는데 사실이 아니다. 퀸의 멤버 브라이언 메이는 런던 임페리얼 대학교에서 물리학과 수학을 공부하여 물리학 학사 학위를 받았다. 그 후 천문물리학 박사과정에 들어가 30년 후에 학위를 취득했다. 존 디콘은 첼시아 대학[10]에서 전자공학을 전공하여 1등급 학위를 받고 졸업했다. 로저 테일러는 런던 병원 메이컬 대학에서 치의학을 전공했지만, 음악에 집중하기 위해 중퇴했다.

10 지금은 킹스 칼리지 대학에 속함

"프레디는 다른 멤버들과 비교했을 때 멍청이로 비춰지고 싶어 하지 않았어요." 공식적인 퀸의 전기 《애즈 잇 비건(As It Began)》의 공저자인 짐 젠킨스(Jim Jen Kins)가 설명했다. 그런 이유로 패스하지도 않은 O-레벨이 있다고 말했을지도 모른다. 그 당시의 시대적 상황에서는 이해가 된다.

프레디의 이모 셔르는 봄베이의 다다 파시 거주지에 있는 집에서 사랑하는 조카 프레디에 대해 말해주었다. 봄베이란 이름은 영국 식민지법의 유산으로, 1995년에 뭄바이로 변경되었다.

"프레디는 저르와 지낼 때에도 아침 먹고 우리 집에 와서 하루 종일 여기서 지냈어요. 그림을 굉장히 잘 그려서 저를 기쁘게 해주었죠. 8살 때에는 폭풍 속 두 마리의 말을 그려서 'Farrokh'이라고 사인해서 엄마 집에 걸어놓았죠. 프레디 엄마가 아직도 갖고 있는지 모르겠네요."

"하지만 프레디가 영국에 간 뒤로 다시는 인도에 오지 않았어요. 스스로를 영국인이라고 하고……. 인도보다 더 문명화된 라이프 스타일을 좋아했어요. 특히 영국의 사법제도를 좋아했어요. 정기적으로 연락이 되기는 했어요. 내가 도움이 많이 필요할 때, 눈 수술에 필요한 돈을 보내주기까지 했어요. 유럽 여행도 시켜준다고 했어요. 언제까지나 이 이모를 잊지 않았죠."

그 후에 셔르(Sheroo)는 메리 오스틴과 정기적으로 연락을 주고받으면서 프레디가 어렸을 때, 유명한 록스타일 때의 사진들을 교환하기도 했다. 영국에서 프레디의 '적들'로 인한 안전을 매우 걱정했다는 말도 했다. 종교, 특히 프레디가 죽기 전에 기독교로 개종했다는 루머에 대해서도 언급했다.

"모든 가족들이 그 뉴스 때문에 매우 힘들어했어요. 큰 충격이었죠. 가슴을 무너뜨리는 그 많은 거짓말들. 특히 프레디가 기독교인이 되었다는 루머에 넌더리가 났죠. 내가 아는 한 절대 사실이 아니에요."

알려진 것과는 반대로, 프레디는 1963년에 잔지바르로 돌아와서 세인트 조셉 수녀원 부속학교에서 남은 고등학교 생활 2년을 채웠다. 잔지바르의 경찰이었다가 나중에 택시 운전사가 된 본조 페르난데스는 이런 상황들을 잘 알고 있었다.

"가족, 여동생과 잘 지냈던 것으로 기억해요. 프레디는 참 잘 컸어요. 가족들 모두 매너가 좋았죠. 같이 하키와 크리켓을 하곤 했어요. 프레디는 특히 크리켓을 잘했어요."

"인도에서 학교를 그만두었다고 알고 있습니다. 하지만 프레디는 그 학교에 대해 일절 말하지 않았어요. 때때로 프레디는 방과 후에 창문을 뛰어넘어 바다에서 수영하는 걸 좋아했어요. 샹가니 거리의 스타치(Starhe) 클럽에서 수영하기도 했어요. 해변이 매우 깨끗한 곳이었죠. 남쪽의 품바(Fumba), 북서쪽의 뭉가프완(Mungapwanri), 남동쪽 반도 츠와카(Chwaka)까지 자전거도 탔습니다. 친한 친구 모두 함께 가기도 했습니다. 수영을 하고, 과자를 먹고, 코코넛나무에 기어 올라갔죠. 우리는 말썽꾸러기이긴 했지만 나쁜 아이들은 아니었어요. 술, 약물, 담배 이런 건 절대 하지 않았어요."

"짧은 파란색 바지에 흰 셔츠를 입은, 마르고 행복해 보이는 어린 소년의 모습이 아직도 눈에 선해요. 프레디는 항상 스마트하고 옷을 잘 차려 입었죠. 특히 티 하나 없이 깨끗한 흰 옷을 입었어요."

"잔지바르에서 영국으로부터의 독립을 요구하는 혁명이 일어난 후에 우리 모두는 잔지바르를 떠났어요. 프레디가 어디로 갔는지, 어떻게 되었는지는 전혀 몰랐습니다. 나중에 나와 프레디가 같은 시기에 영국에서 살았다는 걸 알게 되었죠. 프레디가 죽은 후에야 우리 친구들은 그가 세계적인 록스타라는 걸 알게 되었어요."

기타 촉시의 생각도 이와 유사했다.

"프레디가 죽은 후에야 그의 유명세를 알게 되었고 레코드를 샀어요. 프레디

음악을 매우 좋아하게 되었죠."

"프레디의 라이브 공연을 한 번도 본 적이 없어 후회됩니다. 학교 친구 중 한 명은 퀸 콘서트에 갔어요. 벅키를 보려고 무대 뒤로 갔죠. 어렵사리 직접 만나게 되었는데 프레디가 이 불쌍한 친구를 정면으로 보면서 '미안합니다. 당신이 누구인지 모르겠어요.'라고 했다고 해요. 우리와 더 이상 엮이고 싶어 하지 않는다는 것을 분명히 알게 되었어요. 과거를 숨기고 싶었겠죠."

프레디는 왜 과거를 숨기려고 했을까? 프레디는 자신의 존재를 자신의 음악과 무대 그리고 팬들에게서 확인받았을지도 모른다. 종교적인 이유로 자신을 외면하고 비난한 고향과 연결고리를 만들고 싶지 않았던 것인지도 모른다.

처음에 프레디는 자신의 노래를 보다 큰 무대에서 시험해 보고 싶었고, 고향이나 자신의 출신으로 인해서 평론가들에게 폄하되는 것을 원치 않았다. 영국이라는 거대한 문화적 대국의 힘으로 자신이 쓰는 새로운 역사가 가치 있게 평가되기를 바랐는지도 모른다.

죽기 전까지도 자신의 출신을 숨겼던 것은, 처음의 말과 일관성을 갖도록 더 부연설명하지 않았을 뿐, 의도적으로 숨기고 가린 것이 아니었다. 단 유명해질수록 프레디의 과거를 궁금해하는, 특히 프레디에 대한 모든 것을 궁금해하는 사람들이 많았을 뿐이고, 프레디는 고향에서 받은 자신의 영감들을 일일이 설명하고, 또 고향에 자신의 흔적을 남기는 것은 불필요한 일이라고 생각하고 시도조차 하지 않았을 것이다. 또한 프레디가 죽음을 준비하면서도 자신의 팬을 위해서 자신의 흔적을 남기지 않았던 것은 다른 아티스트와는 다르게 자신을 위대하게 대중 위에 세우고 그 자체를 즐기려는 것보다는, 프레디 스스로 자기 자신에 대한 만족이 자신의 음악과 성공을 평가하는 기준이었기 때문이라고 생각된다.

04 런던

영국, 새로운 삶의 공간을 만나다

나는 도시 사람이다. 이런 시골 공기와 소똥 같은 것들은 나와 어울리지 않는다.

프레디 머큐리

많은 사람이 익명의 도시 런던의 매력에 이끌렸다. 런던에서는 대중 속에 파묻혀 눈에 띄지 않을 수 있고, 뜻이 맞는 동지들을 어디서나 만날 수 있고, 비판적인 대중들이 있다. 런던은 멋지고 화려한 도시였다. 잔지바르는 프레디처럼 불안한 영혼들에게는 속박이 되었을 것이다.

코스모 홀스트롬, 정신과 의사

1950년대는 영국의 통치에 반대하는 국민주의가 약진하는 시대였다. 1947년에 인도와 파키스탄이 영국으로부터 독립했고, 1948년에는 버마와 실론이 독립했다. 1949년에는 중국에서 사회주의 혁명이 일어났다. 이 모든 사건들은 북부, 북동부, 동부 아프리카의 독립 운동에 큰 영향을 주었다. 잔지바르도 예외는 아니었다. 무역조합이 정치적인 당으로 재결성되었다. 1956년에 소수민족 아랍계와 시라지계가 잔지바르 국민당을 창당했다. 그 뒤에 아프리카 원주민 주도로 아프로 시라지(Afro-Shirazi)당이 결성되었다. 사회 전체적으로 파업이 거세게 일어나 공장을 가동할 수 없을 정도였다. 때마침 정향나무와 코코넛 농사가 흉작을 거두자 군중들은 저항운동의 물결 속으로 뛰어들었다. 1963년 12월에 영국으로부터 독립하여 술탄이 주도하는 입헌군주국이 유지되었지만, 블랙 아프리카 원주민들은 불균형적인 선거대표인단 구성에 분노했고, 급진적인 좌파 쿠데타가 거세게 타올랐다. 1964년에는 혁명으로 술탄국이 전복되어 압둘라(Jamshid bin Abdulla)가 권좌에서 물러난 후에 아프로 시라지당의 카루메(Sheikh Abeid Amani Karume)가 잔지바르 공화국의 대통령이 되었다. 수천 명의 사람들이 시가전에서 학살되어 거리는 피로 물들었다. 불사라 가족을 포함한 많은 사람이 여행가방 몇 개만을 챙긴 채 서둘러 잔지바르를 떠났다. 프레디 가족도 영국으로 피난 갔다.

"한참 후에 프레디가 유명해졌다고 들었지요. 우리 가족 중에서 이런 천재가 나오다니 정말 행복했어요. 우리는 자랑스러워했지만 프레디는 우리들에게 연락하지 않았어요. 카세트테이프조차 보내주지 않았죠." 페비즈는 슬퍼했다.

잔지바르는 혁명 후 1964년 4월에 탕가니카와 합병하여 현재의 탄자니아가 되었다. 잔지바르인은 느긋하고 평화롭고 관대한 국민이었다. 동성애에 대한 혐오만 제외한다면 말이다. 불사라 가족이 런던 하운 슬로우 자치구의 펠텀에 도착했을 때, 문화적 충격에서 쉽게 벗어날 수 없었다. 그곳은 런던에서 남서 방향으로 13마일, 히드로 공항에서 수마일 떨어진, 잘 알려지지 않은 지역이었지만 말이다.

카시미라는 아버지에게 영국 여권이 있었기 때문에 가족들이 영국으로 가는 건 당연한 선택이었다고 생각했다. 영국으로 가게 되었을 때 저르는 프레디가 '매우 신나지만 적응하기 쉽지 않을 것'이라 생각했다고 한다.

추운 날씨는 물론이고, 단조롭고, 질서 정연한 공항 부근의 교외지역은 불사라 가족이 기억하는 잔지바르, 뭄바이와는 판이하게 달랐다. 프레디의 가족들은 런던에서는 직위, 급여, 하인, 대저택을 누릴 수 없는 처지라는 사실을 깨달았다. 보미는 잔지바르에서 영국 정부를 위한 회계사였음을 입증하는 서류가 있었지만, 회계사 직업을 구할 수는 없었다. 보미는 '포르테'라는 음식공급업체의 출납원으로, 저르는 막스앤스펜서 지사에 보조 직원으로 취직했다. 저르는 프레디가 스타로 유명해진 후에도 얼마 동안 계속 이곳에서 근무했다.

"우리 외모가 워낙 눈에 띄어서 당황했어요." 카시미라는 그때 12살이었다. "프레디는 까탈스러웠어요. 말쑥하고 단정한 차림이었지만 머리카락은 뒤로 쓸어 넘기고 다녔죠. 다른 사람들은 긴 머리카락을 덥수룩하게 하고 다니던 때였지요. 내가 프레디 가족이란 걸 사람들이 알까 봐 항상 프레디 뒤에 서서 걸었어요. 그러다 프레디가 어느 시점부터 스타일을 바꿨어요. 거울 앞에서 머리 손질로 항상 많은 시간을 보냈죠."

"18살의 프레디는 자신이 원하는 스타일대로 맘껏 날개를 펴고 싶었지만, 부모에게 경제적으로 의존해 함께 살아야 했기 때문에 부모의 보호 아래 갇혀 있었죠."

"작은 마을에 사는 사람들은 정해진 규칙과는 다른 것들에 대해 쉽게 받아들이기 어려운 법이지요." 프로듀서, 작곡가, 멀티 악기 연주자이며 LA의 레코드 플랜트 회사 엔지니어인 제임스 세즈의 견해이다.

"웨스트버지니아에는 성자도, 강도도 수없이 많이 있어요. 프레디는 잔지바르와 인도에서 자라면서 이런 것을 다 알고 있었습니다. 이런 것들을 받아들이지 못한다면 도시로 나가야겠죠. 그래서 프레디가 런던으로 이사간 건 행운이었습니다."

프레디는 돈 벌고 독립하기에 충분한 나이가 되었지만, 저르와 보미는 프레디가 계속 공부하기를 원했다. 법이나 회계 쪽으로 아무런 경력이 없었던 것이다. 프레디는 학문적으로는 흥미와 재능이 없음을 스스로 인정한 대신 예술적 재능을 발전시켜 나갔다. 1966년에는 미술 과목에서 A-레벨을 받기 위해 아일스워스 칼리지에 다녔으며, 일링 미술대학으로 옮겨서 그래픽 디자인과 일러스트레이션을 공부했다. 프레디는 1969년 여름, 23살 때 졸업해서 그래픽 미술과 디자인 학위를 취득했다. 미래의 퀸의 멤버들이 이룬 학문적 특출함에 비해서는 초라한 성과이지만 말이다.

프레디는 학위 취득을 위해 미술대학에 들어갔으며, 졸업 후에는 자유로운 삶을 위해 일러스트레이터가 되어 돈을 벌고 싶어 했다.

"프레디는 자주 밖으로 나갔어요. 나가서 밤을 샐 때도 있었죠. 그것 때문에 엄마와 항상 다퉜어요. 엄마는 프레디가 학위를 취득하게 하려고 노력했어요. 하지만 프레디는 자신이 원하는 일을 할 것이라는 결심이 굳건했죠. 둘이 다퉈서 문이 쾅 하고 닫힌 적이 셀 수 없이 많아요. 하지만 프레디가 유명해졌을 때 엄마는 매우 자랑스러워했어요."

"이 시기에 프레디를 많이 알게 되었어요. 프레디는 내 숙제를 도와주었어요. 그리고 프레디가 스케치할 때 내가 모델이 되었죠." 카시미라는 회상했다.

프레디는 수업이 없을 때면, 히드로 공항의 조리 부서와 펠텀의 산업지구 창고에서 일을 하고 용돈을 벌었다. 같이 일한 동료들은 손이 여자같고 동성애자처럼 행동한다고 프레디를 놀려댔다. 그때마다 프레디는 자신은 진정한 뮤지션이며 지금은 당분간 좀 쉬고 있을 뿐이라고 반박했다.

당시 젊은 문화의 메카였던 런던은 화려함으로 가득했다. 팝이 붐을 이루는 전환기였으며 LP의 유행으로 싱글 마켓이 사라지기 시작했다. 댄스클럽의 매니저들은 로큰롤이 더 이상 대중들을 끌어모으지 못한다는 것을 깨닫고 스트레이트 댄스로 바꾸기 시작했다. 비틀즈가 여전히 전 세계적으로 가장 인기 있는 그룹이었으며, 롤링 스톤스, 애니멀스(The Animals, 1960년에 결성된 영국의 록 그룹), 맨프레드 맨(Manfred Mann, 1963년에 데뷔한 영국의 록 그룹), 조지 페임(Georgie Fame, 1943~, 영국의 리듬 앤 블루스, 재즈 가수, 키보드 플레이어)과 차트 경쟁을 벌이고 있었다. 우람한 체격의 웨일스 밸리 출신인 톰 존스(Tom Jones, 1940~, 영국의 록 밴드)가 막 부상하던 때였다. 샌디 쇼(Sandie Shaw, 1947~, 영국의 가수)와 페튤라 클락(Petula Clark, 1932~, 영국의 가수, 영화배우)이 영국에서 가장 인기 있는 가수였으며, 포크 붐이 다시 불기 시작했다. 조안 바에즈(Joan Baez, 1941~, 미국의 가수)와 밥 딜런(Bob Dylan, 1941~, 미국의 싱어송라이터)은 베트남 반전 운동에 적극적으로 참여했다. 도노반(Donovan, 1946~, 영국의 가수)은 딜런의 친구가 되었다. 엘비스 프레슬리, 피터(Peter), 폴 앤 마리(Paul and Mary, 1962년에 데뷔한 미국의 포크 음악 그룹), 더 버즈(The Byrds, 1964년에 결성된 미국의 록 밴드), 라이처스 브라더스(The Righteous Brothers, 1963년에 데뷔한 미국의 그룹), 소니 앤 셰어(Sonny and Cher, 1965년에 데뷔한 미국의 그룹) 등 미국인들이 영국에서 명성을 떨치던 시대였다. 캐시 맥거번이 진행하는 팝 프로그램 〈레디, 스테디, 고!(Ready, Steady, Go!)〉가 텔레비전 시청률을 장악하고 있었다.

패션 역시 붐을 이루었다. 메리 퀀트(Mary Quant, 1934~, 영국의 패션디자이너)와 안젤라 캐시(Angela Cash, 패션디자이너)가 디자인을 주도했다. 존 스테판(John Stephen)은 카나비 스트리트의 왕으로 군림했다. 카나비 스트리트는 전 세계 모드[11]의 센터였다. 영 패션도 자신만의 개성을 나타내기 시작했다. 더 후(The Who, 1965년에 데뷔한 영국의 록 그룹)는 황소의 눈과 유니언 잭스로 장식된 티셔츠를 입는 '옵 아트(Op Art)'를 유행시켰다. 존 레논은 항상 트위드 수트에 챙이 달린 모자를 쓰고 다녔다. 데이브 클락(Dave Clark, 1942~, 영국의 싱어송라이터이자 음악 프로듀서)—나중에 프레디의 친한 친구가 되었다—의 머스트 해브 아이템은 리바이스 청바지였다. 마르고, 허리가 가늘고 나긋나긋한 프레디는 크러시드 벨벳(Crushed velvet)과 끈으로 된 힙스터 바지를 좋아했다. 가죽과 스웨이드 재킷, 새틴, 실크, 꽃무늬 셔츠, 앵클부츠로 옷차림을 완성하였다.

프레디는 세계에서 가장 흥미진진한 도심부에 살면서 더 조급해지고 도전적으로 변해갔다. 그러면서 집을 나갈 경제적 여유를 갖기를 한층 더 갈망했다.

"프레디는 집시처럼 살았어요." 브라이언 메이는 회상했다.

"프레디는 이 모든 것이 지금, 즉시, 바로 문 앞에서 이루어지길 원했죠. 패션 부티크, 레코드 가게, 서점, 공연장, 술집, 클럽……. 트렌디한 켄싱턴 마켓과 비바(Biba) 백화점은 곧 그가 점찍은 장소가 되었습니다."

일링 미술대학 출신 중에는 더 후의 피트 타운센드(Pete Townshend, 1945~, 영국의 가수이자 기타리스트), 더 페이시스(The Faces, 1969년에 결성된 영국의 록 밴드)의 론 우드(Ron Wood, 1947~, 영국의 가수)[12] 등 유명한 졸업생들이 많다. 일링의 학생이었던 제리 히버트(Jerry Hibbert)는 일링이 진보적이고 실용적이어서 졸업 후 취업 준비에 도움이 되었다고 했다. 제리 히버트는 1968년에 옥스퍼드에서 일링으로 옮겨와 프레디보다 2년 아래 학번으로 다녔다. 곧 프레디를 알게 되어서 함께 음악에 대한 이야기를 많이 나누었다.

제리는 일링 미술대학에 많은 변화가 있었다고 기억했다.

"뉴욕의 광고센터 메디슨 애비뉴가 우리들의 라이프 스타일과 패션 스타일

11 깔끔하게 유행을 따른 복장을 하고 오토바이를 타고 다니던 1960년대 영국 청년들 집단의 한 사람

12 나중에 롤링 스톤스의 멤버가 되었다.

에 바로 영향을 주었죠. 우린 뉴욕의 광고처럼 차려입고 싶어서 짧은 헤어컷에 수트와 타이 차림으로 학교에 갔습니다. 왜냐하면 우리 미술 전공 학생들은 어디에나 볼 수 있는 히피들과는 뭔가 다르게 보이고 싶었으니까요. 완전 스타일리시했죠. 심지어는 걸을 때도 우리만의 방식이 있었어요. 우리는 학생회 학생들, 럭비선수들, 폭음하는 학생들과는 분명히 달랐습니다. 학교 식당은 사회적 교류의 장소였어요. 프레디—그 당시에는 아직 불사라였어요—는 우리와 같이 시간을 보냈죠. 스타일과 옷차림이 우리들 중에서도 뛰어났습니다. 그는 자신을 어필하는 방법을 잘 알고 있었어요."

"학교에서는 패션 감각을 더 기르라고 가르쳤어요. 항상 한 스텝 더 앞서라고 했습니다." 프레디는 말했다.

프레디는 곧 전공에 대한 흥미를 잃어버렸다. 성실히 공부하는 것에 싫증이 났고 자신이 좋아하는 일에 빠져들었다. 친구들과 지미 헨드릭스의 모습을 스케치하면서 시간을 보냈다. 지미 헨드릭스는 프레디에게 많은 영향을 준, 프레디의 우상이었다. 시애틀 출신의 아프리카계 미국인으로, 뉴욕에서 애니멀스의 베이스 기타 연주자 차스 챈들러(Chas Chandler)에게 발탁되었다. 챈들러는 비틀즈, 피트 타운센드와 에릭 클랩튼을 설득해서 그들에게 지미 헨드릭스의 공연을 선보였다. 곧이어 미치 미첼(Mitch Mitchel, 1947~2008, 드럼), 노엘 레딩(Noel Redding, 베이스)으로 구성된 지미 헨드릭스 익스피리언스(The Jimi Hendrix Experience, 1967년에 데뷔한 록 그룹)를 결성했다. 지미 헨드릭스는 펜더 스트라토캐스터(Fender Stratocaster)를 뒤집어서 연주했다. 기타를 등 뒤로 들어 올려 목 뒤에서 연주하고 이빨로 연주하는 등 숨 막히는 테크닉을 보여주었다. 특이한 방법으로 연주하는 뛰어난 기타리스트가 많지만 헨드릭스처럼 특출한 경우는 거의 없었다.

프레디는 지미 헨드릭스를 가리켜 '아름다운 사람', '쇼맨십의 달인', '헌신적으로 몰입하는 뮤지션' 등으로 표현했다.

"그가 연주했던 모든 곳을 찾아다녔어요. 로큰롤 스타가 갖추어야 할 그 모든 것을 갖췄거든요. 스타일뿐 아니라, 그 존재 자체에서 말이죠. 무엇이든 억지로 꾸밀 필요가 없었어요. 그냥 무대에 나타나서 바로 무대를 열광하게 만들었죠. 지미 헨드릭스는 내가 원하는 모든 것을 해냈어요."

프레디의 결심은 더 확고해졌다. 클리프 리처드, 엘비스 프레슬리, 리틀 리처드와 팻츠 도미노에 버금가는 뮤지션이 되려는 열망을 지녔던 그에게 지미 헨드릭스는 아메리칸 로커의 이미지를 재창조하게 했다. 나중에 프레디도 지미 헨드릭스처럼 관습에 도전하는 작곡, 음악 기법, 보컬 테크닉을 연출했다. 헨드릭스의 존재감과 충격적인 스타일은 관객들의 숨을 멎게 만들었다. 헨드릭스는 독창적이고 혁신적, 정열적이어서 관객들을 탈진하게 만들 정도였다. 프레디는 자신도 미래의 팬들에게 그렇게 해야겠다고 결심했다. 헨드릭스는 노래를 가리지 않는 편이었다. 심지어는 지루한 노래라도 자신만의 독특한 편곡으로 연주했다. 1986년에 부다페스트 라이브에서 프레디가 이런 똑같은 현상을 연출했다. 그는 〈헝가리 민속음악(Hungarian folk ballad)〉으로 수천만 명의 관객들을 눈물짓게 만들었다. 멜로디는 전혀 록 음악으로 들리지 않았지만, 프레디는 마치 의도한 것처럼 마음을 다해 노래를 불렀고 관객들의 마음을 빼앗았다.

켄싱턴에 있는 프레디의 방 벽에는 지미 헨드릭스 사진들이 덕지덕지 붙어 있었다. 프레디는 헨드릭스 스타일을 완성하는 데 집중했다. 검은색 또는 여러 색이 섞인 셔츠 위에 밝은 색의 꽃무늬 재킷, 색깔 있는 스키니 바지, 첼시아 부츠, 아담의 사과 모양으로 매듭지어진 시폰 스카프, 두꺼운 은반지 등……. 학교 친구인 그레이엄 로즈는 당시 프레디의 패션이 친구들과 다르지 않았다고 한다. "전체적으로 프레디는 조용한 아이였어요. 갑자기 발작적으로 웃긴 했지만요. 그럴 때는 큰 이빨을 가리기 위해 입 위에 손을 갖다 댔죠. 프레디는 대단한 녀석이었어요. 아주 부드러우면서도 신중했죠. 비열한 구석이라곤 없었어요. 프레디가 큰 성공을 거두었을 때 우리들은 매우 기뻐했어요."

제리 히버트는 프레디가 학교에서 두드러지지는 않았다고 했다.

"노래할 때 외에는요. 책상에 앉아서 노래하곤 했죠. 기숙사에서 1, 2년 넘게 내 옆 방에 있었어요. 팀 스타펠(Tim Staffell, 그룹 1984의 리드 보컬)과 마주 앉아 함께 노래를 불렀습니다. 참 이상했어요. 그 당시에 우리는 존 메이올, 에릭 클랩튼, 프리 크림(pre-Cream)의 블루스에 빠져 있었거든요. 우리는 우리끼리 서로 영향을 많이 받았어요. 예를 들어 에릭 클랩튼의 〈하이드 어웨이(Hideaway)〉에 관심이 없어지면 프레디 킹(Freddie King, 1934~1976, 미국의 가수) 공연을 본다거나 했죠. 프레디 불사라도 분명히 그랬어요. 그래서 친구와 화음을 맞추어 노래하는 모습이 왠지 좀 우스워 보였죠. 다른 누구도 하지 않는 걸 하니까 튀어 보인 거죠. 그렇다고 프레디나 팀이 곤란을 겪는 건 아니었을 거예요. 열심히 계속해서 함께 노래했어요."

"일러스트레이션 교육 과정을 마칠 때쯤 일러스트레이션에 질려버렸죠. 여기까지 이루긴 했지만 이 일을 계속 하고 싶진 않았어요. 통 마음이 가질 않더군요. 대신 음악으로 한판 승부를 보고 싶었어요." 프레디는 '모든 사람들이 스타가 되고 싶어 하는데 내가 잘해나갈 수 있다면 안 될 게 뭐야?'라고 생각했다.

제리 히버트는 프레디가 명성을 좇는 사람이라는 의견에 반대한다.

"그렇지 않아요. 프레디는 가장 멋지게 될 가능성이 충분한 아이였어요. 그가 게이였는지는 모르겠습니다. 그런 표시는 전혀 없었어요. 프레디는 조용하고 친절했어요. 엄마들이 '참 잘 자란 아이구나.'라고 칭찬할 만한 그런 청년이었죠. 자를 마이크 삼아 장난으로 노래했는데 그냥 웃으려고 하는 것이었죠."

제리와 프레디 둘 다 학교를 떠나자, 프레디는 이사하기 전에 같이 지냈던 사람들하고는 연락을 끊는 자신만의 규칙을 깨뜨리고 제리와 꽤 오래 우정을 유지했다. 제리는 프레디와의 지속적인 우정이 음악 때문에 가능했다고 설명했다. "나는 파티 장소나 다른 사람들의 집에서 블루스를 연주했는데, 프레디도 함께했습니다. 그때는 파티에서 녹음기를 틀기 전이었습니다. 음악이 필요하면 밴드를 불렀죠."

마침내 프레디는 제리에게 음악을 직업으로 하고 싶다는 꿈을 털어놓았다.

"졸업 후에 2년 정도는 밴드에 있었어요. 어느 날 프레디가 찾아와서는 밴드 일에 집중하겠다고 하더군요. 나는 그래픽에 전념하라고 했죠. 음악은 돈이 안 되니까 네가 잘하는 일에 집중하라고 말해주었어요." 하지만 프레디는 마음을 굳혔다.

"그 후에도 프레디를 만났습니다. 장비를 사서 프레디에게 팔았어요. 프레디는 레키지라는 그룹과 함께 학교에 공연하러 왔었어요. 내 생각에 레키지 멤버들이 정직해 보이지는 않았어요. 그 후에는 프레디와 연락이 끊겼습니다."

제리는 애니메이션 직업을 구했다. 비틀즈 장편 애니메이션 〈옐로 서브마린(Yellow Submarine)〉 제작팀과 함께 일했다. 그는 음악에 대한 흥미를 완전히 잃었다. "흥미를 잃으니까 음악의 모든 것이 싫어지더군요. 레코드 한 장 사지 않고 공연에도 안 갔습니다. 4년 정도 지나서 라디오 DJ가 퀸이라는 밴드를 말하더군요. 〈세븐 시즈 오브 라이〉가 첫 번째 히트곡이라고 했습니다. 괜찮더군요. 하지만 프레디 머큐리와 일링 미술대학의 프레디 불사라를 연결시켜 생각하지는 못했어요. 프레디가 갑자기 유명해진 거죠. 어느 날 신문 가판대 앞을 지나는데 《멜로디 메이커(Melody Maker)》 지 1면에서 프레디 사진을 보았죠. 맙소사! 프레디 불사라잖아."

제리는 나중에 우연히 프레디가 죽기 얼마 전 이루어졌던 퀸의 프로젝트에 참여했다. 하지만 대학 친구 프레디를 다시 만날 수는 없었다.

05 퀸

스마일, 퀸의 시작을 만나다

퀸에 대한 아이디어는 대학 시절부터 생각하고 있었다. 브라이언 역시 대학생이었는데, 내 아이디어가 좋다고 해서 우리는 힘을 합쳤다. 퀸의 초기 모습은 스마일 밴드에서 찾을 수 있다. 난 스마일을 많이 따라다녔고 우리는 친구가 되었다. 스마일 공연 때 내가 가고, 스마일 멤버들도 내 공연을 보러 오곤 했다.

프레디 머큐리

처음에 프레디는 완전히 괴짜였어요. 이빨을 드러내고 웃는 괴짜가, 자신이 갈망하던 판타지로 성장했어요. 백조 새끼가 우아한 백조가 된 격이죠. 어떤 밴드도 프레디 같은 가수를 위해서라면 베이스 기타와 드럼을 선뜻 내주었을 겁니다. 그 누구도 실제로 프레디와 겨룰 수 없죠. 데이비드 보위만이 유일하게 근접했다고 볼 수 있습니다.

데이비드 스타크(David Stark),
송링크 인터내셔널 출판업자, 롤 열혈 팬이자 드러머

팀 스타펠과 프레디 간의 2성 화음은 나이젤 포스터(Nigel Foster)가 참여하면서 3성 화음으로 바뀌었다. 〈헤이 조(Hey Joe)〉, 〈퍼플 헤이즈(Purple Haze)〉, 〈더 윈드 크라이즈 메리(The Wind Cries Mary)〉 등 영국 톱 10에 오른 지미 헨드릭스의 곡을 많이 불렀다. 세 친구들의 이러한 즉흥 연주는 재미로 하는 것처럼 보였지만, 이후 미래의 퀸 멤버들에게 자신들을 알리는 계기가 되었다.

팀과 프레디는 절친한 사이였지만, 팀과 친구들은 프레디의 가정환경을 어렴풋하게만 알고 있을 뿐이었다. 집에 초대받은 적이 없었기 때문에, 부모와 떨어져 살고, 부모와 맞추면서 같이 사는 걸 싫어한다는 인상을 받았다. 프레디의 부모는 영어를 거의 사용하지 않고, 자신들만의 문화, 종교, 언어를 고수한다든지 하는 터무니없는 소문도 돌았다. 실제로 프레디는 아기 때부터 영어를 말했다.

이 무렵 팀은 '스마일(Smile)'이라는 세미프로 밴드에서 활동하였고, 프레디는 스마일의 연습실에 찾아가기 시작했다. 스마일의 리드 기타리스트는 키가 크고 비쩍 마른 브라이언 메이였다. 브라이언은 명문 임페리얼 대학에서 물리, 수학, 천문학을 전공하고 있었다. 잘 알려지지 않았지만 브라이언과 프레디는 펠텀의 이웃이었다. 프레디와 달리 브라이언은 평범한 집안에서 자랐는데, 브라이언의 집은 불사라의 집에서 조금 떨어진 글래드스톤 애비뉴에 있었다. 학구적인 이 아이는 여섯 살 때부터 기타를 연주했다. 아버지 해럴드의 도움으로 못 쓰는 마호가니 벽난로와 오크나무를 잘라서 자신만의 기타를 만들었고, 피크 대신에 6페니 동전을 사용하여 기타를 연주했다. 브라이언은 나중에 전 세계에 그 기타를 가지고 다녔다. 브라이언도 프레디처럼 학교 친구들과 아마추어 밴드 활동을 했지만, 실제 콘서트에서 공연한 적도 없고 진지하게 생각해 본 적도 없었기 때문에, 이 시절에는 특별한 성과라곤 없었다고 한다.

브라이언은 고등학교 재학 중 친구들과 함께 지역 댄스 행사에 갔다가 같은 학교 학생인 팀 스타펠을 만났다. 팀은 무대 위에서 노래도 하고 하모니카를 연주하며 흥얼거리고 있었다. 브라이언은 팀에게 자신들의 밴드 '1984'에 들어올 것을 제안했다. '1984' 밴드는 트윅커넘의 세인트 메리 교회 강당에서 처음으로 공식적인 공연을 했다. 큰 가능성을 보였던 '1984'는 1967년에 임페리얼 대학에서 지미 헨드릭스 공연이 열릴 때 서포트 공연자로 고용되기도 했다. 몇 달 후에는 크로이돈의 톱 랭크 클럽 대회에서 우승했다. 프로로서의 가능성이 절반은 갖추어진 것이다.

"그룹 1984는 순전히 아마추어 밴드였어요. 밴드가 해산될 즈음에는 15파운드도 벌고 그랬지만요." 브라이언은 기억했다.

"독창성이 전혀 없었죠. 사람들이 즐겨 찾던 모든 버전들을 이상하게 뒤섞어 놓은 것에 불과했어요. 롤링 스톤스가 막 데뷔하던 때라서 롤링 스톤스와 야드버즈의 곡도 연주했죠. 나는 나 자신만의 개성을 찾고 싶어서 그 밴드에서 나왔어요."

밴드 멤버들에게는 공부에 전념하겠다는 핑계를 댔다. 브라이언이 그만둔 후에 '1984'는 해체되었다. 이후에 임페리얼 대학 학생이던 브라이언과 일링 미술대학 학생이던 팀 스타펠은 새로운 밴드를 구상했다. 그들은 일링 대학생인 크리스 스미스와 의기투합하여 오르간은 크리스 스미스(Chris Smith), 리드 보컬은 팀 스타펠이 하고, 리드 기타는 브라이언 메이가 담당했다. 드러머만 구하지 못했다.

로저 테일러는 베이비 블론드 헤어와 딥블루 눈빛의, 남자라고 하기에는 너무도 아름다운 청년이었다. 그는 노포크에서 태어났지만 트루로에서 자랐다. 그는 '조니 퀘일과 리액션(Johnny Quale and The Reaction)'이라는 밴드에서 드러머로 활동하고 있었다. 리액션은 지역에서 개최하는 '록과 리듬 챔피온십'

대회에서 4위를 했으며, 콘월 순회공연을 하면서 지지자 팬들을 끌고 다녔다. 조니 퀘일이 밴드를 그만두자 로저가 리드 보컬이 되었다. 밴드 이름을 '리액션'으로 줄이고 난 후 점점 유명해졌다. 1967년에 지미 헨드릭스 익스피리언스의 1집 앨범이 나오기 전까지 리액션의 음악 스타일은 소울 위주였다. 로저는 런던 병원 메디컬 스쿨에서 치의학을 전공하기 위해 그해 여름에 런던에 왔다. 로저는 셰퍼드 부시의 하숙집에서 지내게 되었는데, 거기에서 트루로 출신의 친구 레스 브라운(Les Brown)을 만났다. 레스 브라운은 로저보다 한 살 위로, 브라이언 메이처럼 임페리얼 대학 학생이었다.

로저는 일찍부터 록스타를 꿈꾸었지만 런던으로 오면서 리액션에서 쫓겨났기 때문에 새로운 밴드가 필요했다. 로저는 돈 주앙 스타일의 바람둥이로 소문나 있었지만 실제로는 수줍음이 많고 남자친구들과 잘 어울리고 인기도 많았다. 레스는 로저가 갈 만한 밴드를 알아봐주었다. 그해 가을 학기에 레스가 임페리얼 대학 게시판에서 브라이언과 팀이 낸 광고를 보면서 드디어 로저에게 기회가 왔다. 브라이언 연락처로 된 광고에는 진저 베이커(Ginger Baker, 1939~, 영국의 가수, 드럼의 마왕이라 불림)와 미치 미첼 스타일의 드러머를 구한다는 내용이 적혀 있었다. 진저 베이커는 그레이엄 본드 오가니제이션(The Graham Bond Organisation, 영국의 재즈/리듬 앤 블루스 밴드 그룹)의 뒤를 이어서 컬트 음악을 유행시킨 장본인이다. 그레이엄 본드 오가니제이션은 더 후와 녹음 작업을 함께했던 음악 그룹으로, 나중에 에릭 클랩튼의 밴드 '크림(Cream)'에 합류했다. 미치 미첼은 그룹 '지미 헨드릭스 익스피리언스'에서 드러머였다.

로저가 브라이언에게 연락하자, 브라이언은 로저에게 팀과 자신이 찾는 드러머에 대해 설명했다. 곧 브라이언과 팀이 어쿠스틱 기타와 봉고[13]를 가지고

13 보통 한 쌍으로 된, 손으로 연주하는 작은 드럼

로저의 하숙집으로 찾아왔다. 로저의 드럼 장비가 아직 콘월에 있었기 때문이다. 셋은 바로 임페리얼 대학의 재즈 클럽에서 연습에 들어갔다. 그들은 다른 아티스트의 곡을 연주했을 뿐 아니라 자신들만의 노래도 만들었다. 이렇게 해서 1968년에 그룹 '스마일(Smile)'이 결성되었다. 스마일의 초창기 음악은 민스트럴보다는 메탈 음악 쪽이었으며, 클래식한 음조와 함께 자신들에게 영향을 준 매우 다양한 음악들을 빌려왔다. 일부는 엘리자배단의 트루바로드, 일부는 몬스터 록……. 그런 식이었다. 스마일의 사운드 특징은 드라마틱한 드럼, 개성이 분명한 기타, 강한 리드 보컬과 인텔리전트한 하모니에 있었지만, 곡의 작품성을 깎아먹을 정도로 노랫말이 신통치 않았다. 전반적인 특징은 다층적이며 잘 다듬어지고 기막힌 연주 실력이었다. 하지만 이 모든 것들은 앞으로 만들어질 퀸의 음악에 비하면 아무것도 아니었다.

"일반적으로 스마일의 음악적 구성이 퀸과 같아요." 브라이언이 1977년의 인터뷰에서 밝혔다.

퀸의 화학적 결합—멤버들 간의 개성이 각자 너무 달라서 서로 다른 멤버들을 더 빛나게 보완해주는 화학 작용—이 스마일 시절에 이미 탄생되고 있었던 것이다. 브라이언은 무대 밖에서는 조용하고 젠틀한 타입이었다. 키가 크고 마른, 각진 모습이었다. 벨벳 판탈롱을 입으면 허리가 늘씬하고 나긋나긋한 태가 났다. 연주할 때 아무렇게나 늘어뜨린 검은 곱슬머리 사이로 빛나는 눈은 섹시함을 뿜어냈다. 찢어진 청바지의 팀 스타펠은 더 터프하고 매력적이었지만, 패션 감각이 뛰어난 편은 아니었다. 재미있는 걸 좋아하는 크리스 스미스조차 패션 감각이 좋은 편이 아니었다. 크리스는 멤버 중에서 유일하게 음악을 전공했다. 블론드 헤어의 로저는 섹시한 매력 못지않게 천성적인 드러머라고 할 수 있을 정도로 뛰어난 드러머였다. 그는 너무 예뻤다. 에너지, 열정, 한결같은 낙관성과 지혜로운 자세 때문에 추진력이 뛰어났다. 모두 행복하고, 희망찬, 걱정이라곤 없는 시절이었다. 브라이언과 프레디의 엄마들은 서로 "얘들이 정말 해낼까요?" 했다고 한다.

브라이언은 1968년 10월에 대학에서 우등으로 학사 과정을 마치고 영국 여왕이 수여하는 졸업증서를 받았다. 대학을 졸업할 때 이미 임페리얼 대학에서 석사과정을 허가받았다. 천문학자라는 원대한 계획 하에 박사 논문 주제를 '행성 간 티끌의 운동'으로 정했다. 여기에는 임페리얼 대학 안에서 콘서트 개최와 연습실 이용을 더 쉽게 하려는 의도도 숨어 있었다. 팀 스타펠과 크리스 스미스는 아직 일링 미술대학에 재학 중이었다. 로저는 치의과 대학을 중퇴했다. 이틀 후 이들은 브라이언의 졸업식에서 있었던 핑크 플로이드(Pink Floyd, 1967년에 데뷔한 영국의 록 그룹)의 공연에서 연주했다. 이 공연을 스마일의 데뷔 앨범으로 보기도 하는데 논쟁의 여지가 있다. 스마일은 티렉스(T. Rex, 1968년에 데뷔한 영국의 록 그룹), 예스와의 패밀리 공연 때에도 오프닝을 맡았기 때문이다.

1969년 2월에 스마일은 크리스를 멤버에서 빼기로 결정했다. 하지만 크리스는 음악적 견해 차이 때문에 스스로 그만두었다고 말했다. 며칠 후에 나머지 멤버들은 로열 알버트 홀에서 첫 번째 자선 공연에 참여했다. 전국 미혼모가정협회를 위한 기금 모금 행사였는데 DJ 존 필(John Peel)이 스마일에게 참여를 제안한 것이다. 조 카커(Joe Cocker, 1944~2014, 영국의 가수), 그룹 프리(Free)도 함께 출연했다.

이때 브라이언과 로저는 앞으로 35년 후에 그룹 프리의 리드싱어 폴 로저스(Paul Rodgers, 1948~, 영국의 가수, 그룹 '퀸+폴 로저스'의 보컬)와 함께 활동하리라고는 미처 예상하지 못했을 것이다. 브라이언, 로저, 폴 로저스는 그룹 '퀸+폴 로저스'를 결성하여, 1995년에 퀸이 발표한 《메이드 인 헤븐(Made in Heaven)》 이후 거의 15년 만에 첫 스튜디오 앨범 《더 코스모스 록스(The

Cosmos Rocks)》를 세상에 내놓았다. '퀸+폴 로저스'는 2번의 월드 투어도 호평 속에 성공적으로 치렀으며, 라이브 앨범, 2편의 라이브 DVD를 함께했다.

팀은 1969년 초에 스마일 연습실로 프레디를 데리고 왔다. 프레디와 스마일 멤버들은 곧 서로에게 끌렸다. 그때 프레디에게는 기량과 경험을 갖춘 뮤지션의 태(態)가 잡혀 있었다. 게다가 그는 뮤지션의 길을 향해 걷기로 굳게 마음먹은 상태였다. 브라이언과 로저는 프레디의 천연덕스러운 유머, 속사포처럼 뿜어내는 위트에 푹 빠져버렸다.

로저의 친구인 레스 브라운은 그처럼 강렬한 인상을 남긴 사람은 처음이라고 했다.

"프레디는 매사에 매우 열정적이었어요. 어느 날은 나를 방으로 끌고 가서 자신이 좋아하는 소울 음악을 듣게 했어요. 그 당시에는 아직 아무도 소울을 좋아하지 않았답니다. 프레디가 가톨릭 취향을 가지고 있을 거라고 짐작했죠."

곧 스마일의 공연이 예정되어 있었다. 프레디는 스마일의 스타일에 대해 솔직하게 의견을 제시하고, 공연 후에는 조언을 남겼다. 각 멤버들이 어떻게 앉고, 서고, 걸어야 하는지도 말하기 시작했다.

브라이언은 프레디가 거절할 수 없는 의견들을 내놓았다고 기억했다. "그때 프레디는 전혀 노래를 하지 않았고, 우리도 프레디가 노래할 수 있는지 몰랐어요. 그냥 록 뮤지션의 흉내를 낸다는 정도로 생각했어요."

프레디는 1969년에 일링 미술대학을 졸업했지만 풀타임 직장을 구하지 못했고, 그 자신도 그럴 생각이 전혀 없었다. 대신 로저 테일러와 함께 3층짜리 켄싱턴 마켓에서 '카스바(Kasbah)'라는 가판을 열었다. 그곳은 '데쓰 로(Death Row)'로 알려진 앤티크 제품 거래시장이었다. 가판 주인들은 대부분 열정적인, 실직 상태의 아티스트와 작가들이었다. 그들의 고객 중에는 마이클 케인(Michael Caine, 1933~, 영국의 영화배우), 줄리 크리스티(Julie Christie,

1941~, 인도 태생의 영국 영화배우), 노먼 위즈덤(Norman Wisdom, 영국의 가수)도 있었다.

처음에는 프레디의 작품을 팔았다. 주로 패션 관련 스케치 작품과 지미 헨드릭스를 데생한 작품, 일링 학생들의 작품들이었다. 프레디가 작성한 지미 헨드릭스에 대한 논문까지 팔았다. 지금에야 그 가치가 어마어마하지만 그 당시에는 아무도 값지게 생각하지 않았다. 이번에는 패션 제품을 팔기로 했다. 이국적인 스카프, 망토, 모피 숄 등 싸구려 물품이나, 자선 바자회에서나 내놓을 폐품 수준의 물건들이 엄청나게 부풀려진 가격으로 팔려 나갔다. 로저와 프레디는 낡은 실로 된 옷들을 잘 다듬어서 도매로 넘기는 데 전문가가 되었다. 바터시의 폐품 수집업자로부터 좀 먹은 모피 코트 한 박스를 50파운드에 사서 1벌당 8파운드에 팔기까지 했다.

"로저와 나는 어디서나 화려하게 치장하고 초특급 요령을 부리는 방법으로 팔아치웠지. 지금은 우리를 화려한 동성애 커플이라고 부르더라." 프레디가 친구 셀린드 데일리에게 보낸 편지에 이렇게 적혀 있었다.

팀 스타펠의 생각으로는 프레디와 로저가 시장에서 델보이[14] 식의 이미지로 보이기 위해 노력했다고 한다.

"둘 다 별나 보이는 걸 즐겼죠. 프레디는 자신의 동성애적 측면을 더 과장했고요. 하지만 누구도 그가 게이라고 말한 적은 없었어요. 명백히 드러낸 적은 없었습니다."

프레디는 이제 스마일 멤버들이 인정한 수행원이 되어서 연주하는 곳을 같이 다녔다. 스마일은 1969년 4월에 런던의 레볼루션 클럽에서 연주하다 머큐리 레코드의 유럽 지사장 루 라이즈너(Lou Reizner)를 만났다. 루 라이즈너는 데이비드 보위의 아메리칸 진출을 중개한 적이 있다. 그 후에는 로드 스튜어

14 영국 BBC의 TV 시트콤(1981~1991) <Only Fools and Horses>의 주인공

트의 첫 2개의 솔로 앨범을 제작해서 유명해졌다. 또 더 후의 록 오페라 〈토미(Tommy)〉의 오케스트라 버전과, 릭 웨이크먼의 〈저니 투 더 센터 오브 디 어쓰(Journey to the Centre of the Earth)〉를 제작했다. 그 자신은 시카고 출신의 전직 가수였다. 스마일은 미국에서만 싱글을 만들자는 제의에 즉시 사인했다. 머큐리 레코드사는 6월에 스마일의 음악 작업을 위해 소호의 트라이던트 스튜디오에 예약을 했다.

런던 웨스트엔드 중심지의 17가에 위치한 트라이던트 스튜디오는 1960년대 그룹 더 헌터스의 전직 드러머[15]인 노멀 셰필드(Normal Sheffield)와 그의 동생 베리의 아이디어로 1967년에 세워졌다. 셰필드 형제들은 오디오 엔지니어링과 최첨단 녹음 장치를 잘 갖추어서 톱 아티스트들을 트라이던트로 끌어들였다. EMI의 애비로드 스튜디오 수준의 편의시설들을 갖추었으며, 엔지니어들은 하얀 코트를 입고 일했다. 또 하나, 스타들을 끌어들인 물건은 전설적인 베히슈타인(Bechstein, 독일의 명품 피아노 브랜드) 피아노였다. 릭 웨이크먼이 이 피아노로 작업했으며, 폴 매카트니의 〈헤이 주드(Hey Jude)〉의 화음에는 베히슈타인 피아노의 공이 컸다.

가장 앞선 기술을 제공하는 이 스튜디오의 첫 번째 히트곡은 1968년 3월에 나온 맨프레드 맨의 〈마이 네임 이즈 잭(My Name Is Jack)〉이었다. 루 리드의 〈트랜스포머(Transformer)〉, 데이비드 보위의 〈더 라이즈 앤 폴 오브 지기 스타더스트(The Rise and Fall of Ziggy Stardust)〉 등 대중들에게 사랑받는 많은 작품이 이곳에서 녹음되었다. 릭 웨이크먼은 인 하우스 세션 키보드 연주자였다. 그는 데이비드 보위의 〈체인지스(Changes)〉, 〈라이프 온 마르스(Life On Mars)〉를 피처링했다. 트라이던트는 제임스 테일러(James Taylor, 1948~, 미국의 가수이자 작곡가), 해리 닐슨(Harry Nilsson, 1941~1994, 미국의 가수)과

15 원저에 'former drummer with Sixies group The Hunters'로 기재되어 있다.

같이 지속적으로 사랑받는 아티스트들도 환영했다. 1968년에는 7분이 넘는 〈헤이 주드〉를 녹음한 공로로 상까지 받았다. 〈헤이 주드〉는 영국 역사상 싱글 차트 1위 자리를 가장 오래 지켰다. 비틀즈의《화이트 앨범(White Album)》과《애비 로드(Abbey Road)》의 분량을 줄이는 작업도 트라이던트에서 이루어졌다.

스마일은 몇 개의 곡들을 녹음했지만 아직 한 개의 싱글도 나오지 못했다. 하지만 론도 탈렌트 에이전시와 계약해서 여름 내내 공연을 했다. 그해 8월에는 머큐리 레코드에서《어쓰/스텝 온 미(Earth/Step on Me)》가 발매되었지만 홍보 부족으로 흔적도 없이 사라졌다. 소속사에서는 스마일의 잠재력이 충분히 발휘되기를 원했다. 또 브라이언과 팀이 함께 곡을 쓴다는 것을 알고 있었기 때문에 앨범이나 EP[16]를 출시하려고 노력했다. 스마일은 엔지니어스 웨이에 있는 드 레이니 스튜디오에서 작업을 하게 되었다. 이곳은 비틀즈, 더 스톤즈, 더 후, 핑크 플로이드, ELO, 지미 헨드릭스 익스피리언스가 녹음한 곳으로 유명하다. 스마일은 프리츠 프레이어와 함께 2개의 새로운 곡을 만들고 1개의 커버[17] 작업을 했다. 그러나 EP는 발매되지 못하였다. 결국 스마일은 15년 후, 퀸이 유명해진 다음에야 다시 수면으로 부상하게 된다. 우여곡절 끝에 EP가 일본에서 발매되었지만 일본에서도 특별한 관심을 끌지는 못했다.

1969년 말, 스마일 밴드는 크게 낙심하여 해체되기 직전의 상황이었다. 팀 스타펠은 고되고 배고픈 생활이 걱정되어 스마일 밴드를 떠났다.

"나는 우리 음악을 뭔가 비뚤어진 시선으로 보기 시작했어요. 그때 제임스 브라운을 알게 되었고, 스마일에서 활동하면서 원래의 나의 음악 트랙이 완전

16 EP(Extended Play)는 싱글에 비해서는 좀 더 긴 음반이다. 일반적으로, EP에는 5곡에서 8곡 정도가 수록된다. 위키백과

17 곡을 가진 사람이 아닌 다른 사람에 의해 연주된 곡의 버전

히 변했음을 깨달았죠."

팀은 비지스(Bee Gees, 1967년에 데뷔한 영국의 3인조 밴드)의 드러머였던 콜린 피터슨(Colin Petersen, 1946~)이 험피 봉(Humpy Bong)이라 불리는 그룹을 구성하고 있을 때 거기에 합류했다. 험피 봉은 싱글을 한 번 내고 TV에 한 번 출연하고는 그대로 끝나버렸다. 그 후에 팀은 특수효과 직업으로 돌아섰다. 그는 TV 프로그램 〈토머스 더 탱크 엔진(Thomas the Tank Engine)〉의 기차 모형 제작자로 있으면서 라임라이트 불빛을 즐겼을 것이다.

한편 머큐리 레코드에서는 리드싱어가 없어진 스마일은 더 이상 밴드로서 활동하기가 어렵다고 판단했고 로저와 브라이언의 계약은 해지되었다. 로저와 브라이언은 절망했지만 그렇다고 포기하지는 않았다. 그들은 브라이언의 첫 번째 아내가 될 크리스틴 뮬렌(Christine Mullen)을 통하여 테리 이어돈(Terry Yeardon)을 만날 수 있었다. 테리 이어돈은 블랙번 클럽에서 DJ로 일했으며 런던 마블 아치에 있는 파이 스튜디오의 엔지니어였다. 지미 페이지(Jimmy Page, 1944~, 영국의 기타리스트, 그룹 레드 제플린의 전 멤버), 존 폴 존스(John Paul Jones, 1946~, 영국의 가수, 그룹 레드 제플린의 전 멤버)가 파이 스튜디오의 대표적인 세션 뮤지션이었다.

이어돈의 도움으로 밤늦게 파이 스튜디오를 사용할 수 있었다. 여기에서 스마일은 오디션 준비를 할 수 있었다. 이어돈은 이때 스마일이 다시 활짝 웃을 날이 올 것이라고 예상했다.

브라이언, 로저, 팀과 아이벡스(Ibex)라고 불리는 북부 출신의 밴드 멤버 2명이 반즈의 페리 로드에 있는 침대 1개짜리 숙소에서 같이 살았다. 헬렌(Helen)과 펫 맥코넬(Pat McConnell) 자매는 지역 술집에서 스마일이 공연하는 것을 보고 이들의 매력에 빠졌다. 좁고 습기 찬 그 방은 지금 생각해 보면 '보헤미안'적이었다고 생각할 수도 있다. 실제 그곳은 냄새 나고 지저분한 곳으로 대부분 마루에 깔린 더러운 매트리스 위에서 잤다. 여기에 프레디 불사라까지 룸메이트가 되었다.

06

프론트맨

프레디의 빛이 반짝거리다

브라이언과 로저에게 말했다. "왜 이렇게 시간을 낭비하고 있니? 좀 더 독창적으로 해봐. 감정을 팍팍 실어봐. 내가 스마일의 싱어라면 그렇게 하겠다."

프레디 머큐리

좀 더 과장되게 표현할 때 더 멋진 공연이 될 거야. 무대에 섰을 때는 완전히 다른 사람이 되어야 해. 무대를 떠나서도 여전히 똑같은 연주자는 아니라는 것을 확실히 하는 게 요령이야. 데이비드 보위는 이런 면에서 예술의 경지에 다다랐지. 실제로 매주 완전히 다른 사람이었거든. 프레디 역시 마찬가지였지. 프레디에게 안무를 맡기면 단 하나의 동작도 따라하지 못할 거야. 그의 쇼맨십은 본능적이거든. 그 자체가 예술이야. 연예인이 아니었다면 프레디가 무엇을 했을지 도무지 모르겠어.

릭 웨이크먼

지미 헨드릭스와 브라이언의 기타 연주에 매료된 프레디는 중고 기타를 구입했다. 팀이 프렛을 다시 달고 프레디에 맞게 맞춰주었다. 프레디는 기타 매뉴얼을 사서 배우기 시작했다. 그는 갑자기 자신만의 독창적인 곡을 만들고 싶은 마음에 기타의 코드가 어떻게 작동하는지 원리를 알고 싶었다. 처음에 곡을 만들 때는 다른 사람들과 마찬가지로 생경하고 조잡하고 고문 수준에 가까웠다. 하지만 곧 더 추상적으로 접근하기 시작했다. 그는 감정 밑바닥까지 깊이 파고 들어가 그 자신만의 경험을 넘어서서 인간의 보편적 주제를 찾는 곡을 만들었다.

한편, 프레디가 살고 있던 페리 로드의 룸메이트 아이벡스 멤버들은 리버풀의 아이벡스 멤버들과 런던에서 만나 함께 계약할 레코드사를 찾아다녔다. 아이벡스 멤버들은 마이크 베신(Mike Bersin, 기타리스트), 존 툽 테일러(John Tupp Taylor, 베이스 기타), 믹 미퍼 스미스(Mick Miffer Smith, 드러머)였으며, 켄 테스티가 로드 매니저였다. 아이벡스는 로드 스튜어트, 비틀즈, 예스의 히트곡들에 대한 커버 버전을 연주했으며, 보통 공연의 첫 곡으로 12년 전 엘비스 프레슬리의 빅히트곡 〈제일하우스 록(Jailhouse Rock)〉을 연주했다. 프레디는 아이벡스의 연주는 감동적이지만 수준 있는 보컬이 부족하다고 생각했다. 프레디는 스마일 밴드와 다니면서도 아이벡스의 연습장과 공연장에 나타나 가끔 마이크 베신과 함께 노래하곤 했다.

켄 테스티는 프레디가 전성기 때 했던 것과 같은 종류의 퍼포먼스를 했다고 기억했다. "스타가 되기 전에 이미 스타였죠. 뽐내는 공작새처럼 무대에서 의기양양했죠."

아이벡스는 리버풀을 기반으로 활동했다. 프레디는 아이벡스와 가끔 같이 공연했던 저프 히긴스(Geoff Higgins) 가족의 집에서 하숙했다. 히긴스 가족은 비틀즈 노래로 유명해진 페니레인에서 도브테일 타워라는 술집의 위쪽에 살았다. 프레디는 마룻바닥에서 잤지만 불평 한마디 하지 않았다. 이런 환경에서도 훌륭하게 처신하여 부모님을 자랑스럽게 하려는 것처럼 보였다. 저프의 엄마는 프레디를 좋게 보았다. “엄마는 프레디가 남부 출신이라서 발음이 정확하다고 좋아했어요. 프레디는 엄마에게 아주아주 친절했죠.”

아이벡스는 1969년 내내 영국을 돌아다니며 공연했지만 녹음하자고 나서는 레코드사를 찾을 수 없었다. 이때 믹 미퍼 스미스가 집에 문제가 생겨서 정규적인 수입이 필요했다. 그래서 아이벡스의 친구인 리처드 톰슨(Richard Thompson)이 미퍼를 대신해서 드럼을 연주했다. 새롭게 구성된 아이벡스의 공연은 형편없었다. 조명, 사운드, 장비 모두 제대로 되는 게 없었다. 마이크조차 기대에 못 미쳤다. 프레디가 프론트맨으로 나설 때는 언제나 여자 고적대장의 지휘봉처럼 마이크를 빙빙 돌렸는데, 마이크 아랫부분이 바닥으로 떨어져서 윗부분만 가지고 노래해야 했다. 프레디의 트레이트마크는 이렇게 탄생했다.

연예인으로서의 프레디와 프레디 불사라로서의 모습은 극단적으로 모순되었다. 프레디는 예정되지 않은 즉석 무대에서도 절대적인 신뢰를 보여 주었다. 제스처, 몸짓 하나하나가 화려하고 멜로 드라마 같이 열정적이었다. 하지만 무대에서 내려오면, 술집과 특별 객차의 주방, 찬장, 드레스룸 이런 데서 웅크리고 수줍어하며 몸이 드러나는 타이트한 옷을 입으려고 힘들게 낑낑댔다. 한 번 입으면 앉을 수도 없고 숨도 쉬기 힘든 꽉 끼는 옷들이었다. 몸집이 상대적으로 작고 가녀리며, 전형적인 미남이 아니었으며, 거무스름한 피부 때문에 눈에 잘 띈다는 것을 프레디 자신도 잘 알고 있었다. 그래서 앞머리를 늘어뜨려 검은 눈을 잘 안 보이게 하고, 웃을 때는 손을 입에 갖다 대어 뻐드렁니를 가렸다. 공연 후 팬들과 대화할 때는 타고난 부끄러움 때문에 오히려 더 좋은 인상을 주기도 했다. 말이 많은 편도 아니었다. 영어 발음은 근사했지만 속삭이는 듯, 주저하는 듯한 목소리로 말했다. 뻐드렁니 때문인지 혀 짧은 소리가 났다. 프레디는 처절할 정도로 정확하게 자신의 외모를 잘 알고 있었다.

친구들 속에서 긴장을 풀 때만 특유의 유머와 성격이 철저히 빛을 발했고 맘껏 웃을 수 있었다. 프레디는 자신의 출신 배경이 드러나지 않도록 온 힘을 다해 노력했다. 인사불성이 되도록 술을 마시거나, 정신이 나갈 정도로 약에 빠지는 습관은 아직 없었다. 단, 프레디는 처음 보는 사람들에게 자연스럽게 대하는 것을 힘들어했다. 심지어 자신이 여는 파티에서조차 아무리 행복하고 편안해도 물에서 나온 물고기처럼 어색해했다.

프레디는 아이벡스의 활동 근거지인 리버풀까지 왔다 갔다 하는 일과 생계유지, 다른 아티스트의 근거지에서 밀려나는 것들에 지쳐갔다. 그는 23살 생일이 지나자마자 아이벡스를 그만두고 런던으로 갔다. 하지만 마이크 베신과는 좋은 관계를 유지했다.

켄 테스티는 "아이벡스는 프레디 때문에 더 좋아졌어요. 그는 밴드에서 노래하고 싶어 했죠. 일종의 정략결혼이었어요. 우리는 모두 전문성이 부족했어요. 프레디에게 아이벡스라는 존재는 중고차예요. 힘들게 돈을 모아 샀지만 결국에는 더 좋은 차로 바꾸기를 원하는 그런……."

그 누구도 프레디가 그만둔 사실을 나쁘게 말하지 않았다. 그의 야망, 자유분방함, 욕망을 느끼고 배웠기 때문에 변함없이 그를 존경했다. 켄 테스티는 프레디와의 활동에서 일종의 교육 효과가 있었다고 한다. 프레디의 집념, 의지, 외골수적 기질, 누구보다 뛰어나고 싶어 하는 욕망을 느끼며 배운 것이다.

베신과 테일러는 리버풀로 돌아갔다. 톰슨은 런던의 음악계에서 완전히 사라졌다. 톰슨, 프레디가 빠진 채 나머지는 비좁은 숙소로 다시 모여들었다. 밴드 없는 프레디, 싱어 없는 로저와 브라이언. 그런데 그들은 왜 프레디에게 덥석 다가가지 않았을까? 로저의 친구 크리스 더밋(Chris Dummett)는 스마일 멤버들이 단지 농담으로 받아들였기 때문이라고 추측했다. 그래서 가끔 프레디를 놀리기도 했다. 물론 애정 어린 장난이었다.

프레디는 자신의 성 정체성에 대해 심각하게 고민하기 시작했다. 학교에서 사귄 젊은 여자친구 로즈마리 피어슨이 있었지만, 어떤 사람들은 프레디가 게이 남자를 만나는 데 지대한 관심을 보였다고 한다. 하지만 실행에 옮길 만큼 신뢰하는 게이는 없었다. 일링 미술대학의 한 친구는 프레디가 스스로 여자를 좋아한다고 생각했고, 자신이 게이임을 깨닫게 되기까지 많은 시간이 필요했다고 한다. 동성애에 관심이 무척 많았지만 자신을 동성애자라고 인정하는 데 지나치게 예민하고 두려움도 컸다고 한다.

또 다른 친구는 프레디가 반스의 게이 거주 구역을 정기적으로 방문했다고 한다. 그는 그 사실을 친구들에게 숨겼고 자신의 감정을 끊임없이 걱정했다. 그때쯤 프레디의 자기중심적이고 이기적인 성격도 나타났다. 까다롭고 화를 잘 내는 성격까지도 나타났다. 마치 마음속 싸움에서 본성이 이겨버린 것 같았다.

우리 모두에게는 어두운 면이 있다. 프레디는 기본적으로 친절하고 관대하며 신중한 인격을 갖췄다. 원하는 것을 얻기 위해 누군가를 이용하기보다는 다른 사람의 이익을 위해 대가 없이 베푸는 일을 행복해하는 것 같았다. 하지만 그의 가장 나쁜 점은 허영이었다. 프레디는 끊임없이 헤어스타일과 옷에 신경을 썼고, 지나치게 외모에 집착했다. 자신이 '전설'이 될 것이라고 끊임없이 되풀이해서 사람들의 신경을 건드리기도 했다.

외모에 대한 끝없는 집착은 말릴 도리가 없었다. 목구멍에 풀칠하기도 어려운 시절이었지만, 대중교통을 이용하지 않고 마지막 남은 동전 한 푼까지 털어서 택시비로 썼다. 친구들이 질릴 정도였다. 친구들은 프레디가 이다음에 무엇이 될지, 음악 비즈니스에서 과연 성공할 수 있을지 궁금해했다. 그래픽 디자인에 대한 재능이 뛰어났지만 결코 사무직에 정착하지는 않을 것이라는 걸 알고 있었다.

프레디의 생활 면면에서 안정성과 방향성이 부족했기 때문에 스스로도 자신이 보통 사람들과 같지 않다는 걸 알고 있었다. 하지만 한편으로는 돈을 벌어

먹고살아야 한다고도 생각했다. 펠텀의 집에는 언제든 돌아갈 수 있었지만, 실패해서 집에 기어들어가고 싶지 않았다. 가족들이 현재의 자신의 생활을 이해할 수 없기 때문에 결코 친구들을 집에 데려가지 않겠다고도 결심했다.

"부모로서 걱정은 되지만 아이들이 스스로 자신의 삶을 잘 이끌게 해야죠." 프레디의 엄마 저르는 말했다.

프레디는 일주일에 한 번 정도 저녁식사를 하러 집에 갔다. 저르는 항상 프레디가 좋아하는 '단삭(Dhansak)'을 만들어주었다. 단삭은 손이 많이 들지만 파시 공동체에서 인기 있는 인도 요리로, 페르시안과 구자라티 요리법이 합쳐진 것이다. 채소, 렌틸콩, 마늘, 생강, 여러 가지 향신료, 고기(주로 양고기), 호박 또는 박이 재료로 들어간다. 빈곤에 시달리던 그에게는 유일하게 푸짐한 식사였다.

1970년의 추운 날씨에 프레디가 자신의 작품집을 들고 런던 에이전시들이 늘어선 거리를 터벅터벅 걷고 있었다. 홀본의 챈서리 가에 살고 있는 오스틴 나잇이 그의 구직 포트폴리오를 손봐주기로 했지만, 오스틴에게서 전화가 오기만을 기다릴 수 없어서 프리랜서의 도움을 받아 구직 광고를 내러 갔던 것이다. 하지만 프레디는 스마일의 연습실과 콘서트에 같이 다니는 데 많은 시간을 보냈다. 프레디의 관심은 정규적인 직장을 구하는 것이 아니라 함께 활동할 밴드를 구하는 데 있었다. 리처드 톰슨, 마이크 베신, 튭 테일러, 프레디는 아이벡스 이름을 레키지(Wreckage)로 바꿨다. 일링 미술대학에서 레키지는 첫 번째 공연을 했다. 브라이언 메이, 로저 테일러, 프레디의 하숙집 친구들, 켄싱턴 시장 사람들이 공연을 보러 왔다. 브라이언과 로저는 이전까지 프레디가 프론트맨으로서 '뭔가 있는' 사람이란 걸 전혀 눈치 채지 못했는데, 이 공연에서 완전히 허를 찔렸다. 레키지는 음악적으로는 별로였지만 최소한 프레디가 관객의 눈을 끄는 자석 같은 존재임을 입증했다. 공연은 성공적으로 끝나서 레키지는 임페리얼 대학의 럭비 경기 후에 공연할 수 있게 되었다.

하지만 프레디의 마음은 계속 혼란스러웠다. 무언가 잘못된 것만 같았다. 즉시 유명한 레코드사와 3개의 앨범을 계약했어야 했다. 계약사를 찾지 못했더라도 레키지의 일반적인 음악 스타일과 야망은 프레디와 맞지 않았던 것이다. 프레디는 곧 밴드를 그만두고 브라이언과 로저 그룹이 불러주기를 기다리면서 '사우어 밀크 시(Sour Milk Sea)'라는 밴드의 오디션을 보았다.

〈사우어 밀크 시〉는 비틀즈의 《화이트 앨범》 작업 기간에 조지 해리슨이 만든 곡이다. 재키 로맥스가 녹음하여 1968년에 싱글로 발매되었다. 조지 해리슨, 에릭 클랩튼(기타 담당), 폴 매카트니(베이스 담당), 링고 스타(Ringo Starr, 1940~, 영국의 가수, 드럼 담당), 니키 홉킨스(Nicky HopKins, 1944~1994, 영국의 음악가, 피아노 담당)가 참여했다. 이 곡은 옥스퍼드의 세인트 에드워즈 공립학교 출신인 크리스 더밋과 제레미 루버 갤럽(Jeremy Rubber Gallop, 리듬 기타, 드러머 담당)에 큰 영향을 주었다. 크리스와 제레미는 밴드 이름을 토마토 시티에서 사우어 밀크 시로 바꿨다. 사우어 밀크 시는 길포드 시청에서 데뷔 공연을 가졌다. 사우어 밀크 시는 1969년에 프로로 전환했는데, 이 밴드에는 매력 포인트, 즉 '뭐라 말할 수 없는 좋은 것'이 부족했다. 이때 프레디 불사라가 나타나 리드싱어이자 프론트맨 오디션 장소인 도킹 교회 지하실을 뒤흔들어 놓았다. 물결치는 까만 머리카락과 멋진 벨벳 팬츠 차림의 프레디는 차분함과 스타일리시한 매력이 넘쳐났다. 프레디는 사우어 밀크 시의 멤버들보다 7살이 많았고, 외모도 그렇게 보였다. 프레디는 자신을 '프레드 불'이라고 소개했다.

'사우어 밀크 시'의 멤버 제레미 루버 갤럽은 카리스마를 높이 평가해서 프레디를 뽑았다고 했다. 제레미는 후에 그룹을 떠나 기타 교사가 되었다가 2006년에 췌장암으로 사망했다. "오디션에는 보통 실력이 형편없는 4~5명이 지원하기 마련이죠. 그런데 그날은 뛰어난 지원자가 많았어요. 프레디 말고도 2명이 더 있었어요. 한 명은 신의 목소리를 가진 흑인이었는데 외모가 프레디에 못 미쳤어요. 다른 한 명은 '여자 존 마틴(John Martyn)'으로 알려진 포크싱어 브리짓 세인트 존(Bridget St John, 1946~, 영국의 싱어송라이터)이었습니다."

프레디가 합류한 사우어 밀크 시는 옥스퍼드의 랜돌프 호텔 대연회장에서 세간의 이목을 끄는 공연을 했다. 연회장에는 처음 데뷔하는 드레스 차림의 연예인들이 참석했다. 루버 갤럽은 그날의 사운드가 훌륭하지 않았다고 인정했다.

"하지만 프레디는 공격적인 태도와 외모로 거기 있던 사람들을 확실히 휘어잡을 수 있었죠. 프레디는 뻐기기를 잘하고, 동성애적 취향과 자만심이 있었어요. 언젠가 한 번 우리 집에 와서 거울을 보더니 자신의 긴 머리카락을 찌르면서 '나 오늘 멋지지? 안 그래, 루버?'라고 말하는 거예요. 난 겨우 18살이었어요. 그렇게 재밌어 보이지는 않았죠."

프레디를 프론트맨으로 내세운 사우어 밀크 시에게 또 하나 중요한 공연은 1970년 3월에 옥스퍼드 헤딩턴의 하이필드 페리시 홀에서 개최된 '노숙자 숙소 마련을 위한 자선 공연'이었다. 《옥스퍼드 메일(Oxford Mail)》 지와의 인터뷰 기사에 프레디의 노래 〈러버(Lover)〉 가사도 함께 실렸다. "이렇게 좋은 걸 먹어본 적 없죠. 요거트 푸셔가 여기 있어요."로 시작하는 노래였다.

"프레디는 우리가 빨리 변할 것을 원했어요. 퀸에서 그랬던 것처럼 우리에게 전기 충격을 주었죠. 밴드 일 외에는 무척 조용했어요. 이상하게 조용하고 매너가 좋았어요. 수줍음도 있었고요. 제 엄마는 프레디를 좋아했죠. 그렇지만 나는 밴드 일을 그만두었어요."

제레미 루버 갤럽은 조나단 모리쉬(Jonathan Morrish)의 이복형제였다. 조나단은 CBS 레코드와 소니에서 일했고, 마이클 잭슨의 홍보 담당자이자 28년 지기 친구였다. 사우어 밀크 시가 옥스퍼드에서 공연할 때 조나단은 10대였다.

"프레디를 보고 있자니 마틴 피터스(Martin Peters, 1943~, 1960년대를 대표하는 멀티 플레이어 축구선수)가 떠올랐어요. 무슨 옷을 입든 화려한 쇼맨십을 보였죠. 그는 공연을 보는 모든 사람들에게 쉽고 명확하게 다가가야 한다는 점을 잘 알고 있었어요. 사람들은 이제 막 발전하고 있는 록 뮤직을 이해하기 힘들었죠. 프레디는 직관적으로 쇼비츠의 황금률—쇼를 창조하라—을 잘 알고 있었어요. 이것은 비틀즈의 매니저 엡스타인이 썼던 방법이죠. 단순히 노래만 불러서는 안 되고, 라펠 없는 재킷, 헤어스타일, 수줍은 듯한 미소 등을 갖춰야 한다는 거죠."

조나단은 마이클 잭슨이 죽을 때까지 친한 친구였다. 조나단은 프레디와 마이클을 모두 다 잘 알고 있었기 때문에 둘 간의 우정이 필연적이었다고 확신했다.

"이 사람은 음악가, 저 사람은 가수, 이렇게 단정할 수 없어요. 〈보헤미안 랩소디〉, 〈스릴러(Thriller)〉에서 프레디와 마이클을 보세요. 위대한 아티스트라면 다 가능하죠. 프레디와 마이클은 어떻게 하면 멀티플레이어가 되는지 본능적으로 알고 있었습니다. 프레디의 천재성은 노래에서만 나타났던 게 아니에요. 직접 가사와 멜로디를 만들었고, 만든 곡을 사운드로 나타내고, 청중들이 빠져들기 쉽게 유행에 맞춰 전달하고, 녹음하고, 무대에서 표현하고, 비디오로 만들고……. 이 모든 작업에서 그의 천재성을 읽을 수 있어요. 그 당시를 생각해 보세요. 1970년대에는 남자들이 화장을 하지 않았어요. 보습 크림 하나라도 바른다면 동성애자로 오해받아 쫓겨나던 시절이었죠. 그는 시대를 한 발짝 앞서 있었던 거예요."

밴드 이름을 정할 때의 여러 가지 대안들에 대해 잘못 알려진 내용도 많다. 브라이언과 로저가 어린 시절에 C. S. 루이스(C. S. Lewis)의 3부작 소설 《침묵의 행성 밖으로(Out of The Silent Planet)》를 읽었는데, '그랜드 댄스 해드 캄(the Grand Dance had come)'이란 구절을 연상하여 '그랜드 댄스(Grand Dance)'라는 밴드 이름을 제안했다는 설이 있다. 이 내용은 퀸의 공식적인 전기 《애즈 잇 비건》(1992)에 나와 있으며, 퀸과 머큐리를 다룬 많은 책에서도 반복적으로 등장하고, 퀸의 공식 웹사이트에까지 올라와 있다. 퀸 전문가 라이스 토머스(Rhys Thomas, 1978~, 영국의 배우)는 퀸의 다른 이름으로 '더 그랜드 댄스(The Grand Dance)', '더 리치 키즈(The Rich Kids)', '빌드 유어 오운 보트(Build Your Own Boat)'가 제안되었다고 했다. 브라이언은 2011년 3월, 《Q》 매거진과의 인터뷰에서 이렇게 말했다. "퀸이란 이름은 프레디의 아이디어였어요. '더 그랜드 댄스'로 하자는 의견이 있었는데 별로였어요."

《침묵의 행성 밖으로》는 C. S. 루이스의 첫 번째 소설로 3부작이다. C. S. 루이스는 그 후에 2편의 소설 《페렐란드라(Perelandra)》와 《그 가공할 힘(That Hideous Strength)》을 썼다. 《페렐란드라》에서는 금성의 새로운 에덴 정원에 관해 설명한다. 작가는 아담과 이브가 뱀의 유혹을 극복했다면 어떻게 되었을지를 상상하는데, '더 그레이트 댄스(The Great Dance)'를 직접 보면서 신비로운 경험을 하는 이야기가 나온다. 결과적으로는 C. S. 루이스의 책에 나온 구절은 'The Grand Dance'가 아닌, 'The Great Dance'인 것이다.

프레디는 한 단어가 더 좋다고 주장했다. 밴드 이름을 끊임없이 고민하면서, 주먹질도 더 자주 했다. 프레디는 강력하게 '퀸'을 주장했다. 다른 멤버들은 '퀸'에는 동성애적 암시가 있다고 비웃으며 경멸했다. 그 당시에는 게이라는 말 자체가 드문 시절이었다. 비록 프레디는 사망할 때까지 커밍아웃하지 않았지만 '올드 퀸(Old Queen)'으로 불렸고 그는 이 이름을 좋아했다. 그는 '퀸'에서 풍기는 양성성에 대해 깊은 호감과 동경심을 가지고 있었다. '퀸'이란 이름을 통해 무대에서 동성애를 지지하고 변명할 수도 있을 것이다. 브라이언과 로저는 '퀸'이란 이름의 이런 재미있는 면들을 곧 알아차렸다. 어떤 남자도 마초 또는 이성애자이거나 여자에 푹 빠지지 말란 법이 없는 것이다. '퀸'이란 단어 속에는 이런 아이러니가 포함되어 있었고 결국 그들은 그룹 이름을 '퀸'으로 정했다.

밴드 이름이 정해지자 프레디는 자신의 이름도 바꿨다. 불사라를 빼고 그리스 로마 신화에서 신들의 전령사인 '머큐리'로 대신했다. 로마 신화에서 머큐리는 헤르메스로 불리는데, 날개 달린 신발을 신고 뱀으로 휘감긴 지팡이를 들고 다닌다. 중국과 힌두 문화에서는 오래전에 액체 금속인 수은을 머큐리라고 불렀으며, 고대 이집트 무덤에서도 수은이 발견되었다. 머큐리는 태양과 가장 가깝고 달이 없는 행성인 수성의 이름이기도 하다.

왜 하필 머큐리라는 이름으로 바꿨을까? 퀸의 팬이자 《애즈 잇 비건》의 작가 짐 젠킨스는 이렇게 설명했다. "프레디가 1975년에 내게 직접 말했어요. 신들의 전령사의 이름을 따라 한 거라고요." 나에게도 프레디는 똑같이 말했다. TV 프로그램 〈파이어볼 XL5(Fireball XL5)〉의 마이크 머큐리를 따라 했다는 사람도 있는데 그건 확실히 아니라고 단언할 수 있다.

브라이언 메이는 "프레디는 〈마이 페어리 킹(My Fairy King)〉이란 곡을 썼는데 노랫말에 '나의 엄마 머큐리, 나에게 어떻게 하였나요?[18]' 이런 가사가 있어요. 머큐리는 '나는 머큐리가 될 거야. 이 노래에서의 엄마가 바로 내 엄마거든.' 우리는 '너 미쳤니?'라고 했죠. 인도인의 피부와 달랐기 때문에 불사라라는 인도식 이름을 바꾸는 것은 이해가 갑니다. 불사라라는 이름 속에 어린 불사라는 아직도 존재하지만, 대중들에게 그는 프레디라는 신과 같은 거죠."

프레디가 1970년경에 개명을 위한 단독날인증서를 작성해서 이름을 바꿨다고 하는데 그 증거는 찾아볼 수 없다. 서부 런던 큐의 국가기록원에 엘튼 존의 서류는 있지만 프레디의 서류는 찾아볼 수 없다. "개명한 사람의 10%만이 대법원을 거쳐 등록을 합니다. 등록을 해야만 공식적인 기록으로 남게 되는 거죠. 최근에는 개명자의 5%만이 이런 절차를 거칩니다. 그런데 이런 절차가 법률적 의무 사항은 아니에요. 누구든 원하는 대로 자신의 이름을 부를 수 있어요. 머큐리가 변호사를 통해 개명했다면 개명 서류가 작성되고 난 후에 그가 서류의 반을, 나머지는 변호사가 보관하고 있을 거예요."

18 실제 가사는 '나의 엄마 머큐리, 보세요. 그들이 나에게 어떻게 했는지를요. 나는 뛸 수가 없어요. 숨을 수도 없어요(Mother mercury mercury/look what they've done to me/I cannot run, I cannot hide.).'이다.

프레디가 심취했던 신화와 점성술은 퀸의 전설적인 로고를 디자인할 때 상당 부분 반영되었다. 제일 위쪽에는 날개를 펼치고 있는 불사조가 자리잡고 있다. '영원히 죽지 않는 불사조'는 프레디의 모교 세인트 피터스 학교의 로고에서 아이디어를 얻었다. 로고에는 멤버들의 별자리도 나타나 있다. 사자자리인 로저 테일러와 존 디콘, 게자리인 브라이언 메이, 처녀자리인 프레디 머큐리를 위해 사자 2마리, 게 1마리, 한 쌍의 요정을 포함시켰다.

이제 퀸은 데뷔 공연을 할 준비를 갖추고 1970년 6월 27일, 영국의 가장 남서쪽에 위치한 콘월의 트루로 시청에서 적십자 자선 공연을 가졌다. 공연은 로저 테일러의 엄마 윈 히친스가 주선했다. 마이크 그로스(Mike Grose)가 베이스 기타로 세 번 참여했다. 좌석은 절반 정도 찼다. 공연의 첫 번째 곡목은 레키지에서 불렀던 〈스톤 콜드 크레이지(Stone Cold Crazy)〉였는데 좀 평범한 곡이었다. 관객으로 참석했던 사람들은 퀸이 아직 치열함이 부족하고, 프레디의 동작도 잘 구성되지 않았던 것으로 기억했다.

로저 테일러의 엄마 윈 히친스는 프레디의 동작이 적절하게 이루어지지 않았다고 했다. 프레디의 동생 카시미라는 이 시절의 프레디가 퀸에게 매우 큰 기대를 했다고 한다. 퀸을 선택한 것은 완벽한 결정이었으며 반드시 성공할 것이라고 확신했다는 것이다.

적십자 자선 공연 후 7월 18일에 임페리얼 대학에서 한 번 더 공연이 이루어졌다. 이번에는 〈스톤 콜드 크레이지〉와 〈라이어(Liar)〉 단 2곡을 제외하고 전부 커버 버전이었다. 제임스 브라운과 리틀 리처드부터 버디 홀리(Buddy Holly, 1936~1959, 미국의 싱어송라이터), 셜리 바세이에 이르기까지……. 〈스톤 콜드 크레이지〉는 멤버 전체가 참여하여 노랫말을 바꿨다.

"관객들을 휘어잡고 퀸에 매료될 수 있도록 하기 위해서는 좀 더 헤비한 로큰롤로 나가야 했어요." 브라이언이 말했다.

베이스 기타를 맡았던 마이크 그로스는 베리 미첼(Barry Mitchell)로 교체되었다. 베리는 그해 여름부터 크리스마스까지 퀸과 함께 22회의 공연을 소화해냈다. 공연은 런던 대학, 리버풀의 유명한 카번 클럽, 교회 음악당 등에서 이루어졌다. 퀸은 아직까지 자신들이 원하는 베이스 기타리스트를 찾지 못하고 있었다.

로저 테일러는 생물학을 공부하기 위해 북부 런던 종합기술대학에 입학했다. 그는 학교에서 지원금을 받아서 빈궁한 생활을 어느 정도 보충할 수 있었다. 이제 교육을 더 이상 받지 않는 유일한 멤버는 프레디였지만 괴로워하지는 않았다. 퀸은 새로운 기분으로 충전하여 순회공연에 총력을 기울였다. 그해 9월, 브라이언이 힘을 써서 임페리얼 대학에서 쇼케이스를 열었고, 퀸은 런던의 수많은 공연 예약 담당자들을 초대했다. 몇 명이 관심을 보였지만, 투어를 제안할 만큼 깊은 인상을 남기지는 못했다. 명예와 성공을 좇던 퀸에게는 나쁜 소식이었다.

이 시기에 프레디에게 매우 충격적인 일이 벌어졌다. 그의 우상 지미 헨드릭스가 1970년 9월 18일에 사망한 것이다. 지미는 바로 전 해에 우드스탁 페스티벌에서 그 유명한 〈더 스타 스팽글드 배너(the Star-Spangled Banner)〉 연주로 세상을 떠들썩하게 했던 최고의 록 뮤지션이다. 지미 헨드릭스는 당시 뉴욕 그리니치 빌리지에 예술적 경지의 녹음 스튜디오 '일렉트릭 레이디'를 오픈하였다. 사망 직전, 8월 한 달 동안에 있었던 와이트섬 페스티벌에는 지미 헨드릭스의 공연 사상 가장 많은 60만 명의 관객이 찾아들었다. 지미는 노팅힐에 있는 여자친구 모니카 단네만의 호텔식 아파트 사마클란드에서 와인 토사물에 뒤범벅된 채 죽어 있었다. 지미가 살해되었다는 주장이 여러 해 동안 제기되었다. 가장 그럴듯한 사망 원인은 과음 후 진정제 베스파락스의 과다 복용이었다. 지미 헨드릭스 사망 후에 단네만은 자살했다.

프레디는 슬픔을 가눌 수가 없었고, 조의의 표시로 로저와 함께 운영하는 켄싱턴의 가판 문을 닫았다. 멤버들은 지미 헨드릭스의 사망일 직후에 임페리얼 대학에서 연습하며 즉석에서 〈부두 칠레(Voodoo Chile)〉, 〈퍼플 헤이즈(Purple Haze)〉, 〈폭시 레이디(Foxy Lady)〉 등 지미의 불후의 명곡을 헌정하는 연주를 했다.

한편 최고의 베이스 연주자를 찾고 있던 퀸 멤버들은 1971년 2월에 런던의 디스코 클럽에서 존 디콘과 운명적으로 만나게 된다. 존은 레스터 출신으로, 14살부터 밴드 활동을 해왔다. 첼시 대학에서 전자공학을 전공했으며 말수가 적었지만 예리한 리듬 감각과 끊임없이 생각하는 장점이 있었다. 앰프와 음악 장비들을 달인 수준으로 잘 다루었다. 그 역시 함께할 밴드를 찾고 있었다.

로저는 멤버들이 존을 처음 만났을 때를 회상했다. "우리 모두는 존에게 감탄했죠. 우리는 서로를 잘 알고 있었어요. 지나칠 정도로요. 존은 조용한 편이라 큰 무리 없이 서로 잘 맞출 수 있을 거라고 생각했어요. 무엇보다 음악 장비를 잘 다루는 능력이 결정적으로 작용했죠."

1971년 2월부터 퀸의 마지막 라이브 공연이 있었던 1986년 8월까지 퀸의 멤버는 변함없이 프레디 머큐리, 브라이언 메이, 로저 테일러, 존 디콘이었다. 이무렵 존은 아직 학생이었고, 브라이언은 논문 작성 중이었다. 로저와 프레디만이 퀸 밴드에 올인할 수 있었다. 그들은 1971년 7월 11일에 콘월의 '일레븐 데이트 투어(Eleven-date tour of Cornwall)'부터 8월 21일에 야외에서 진행된 현대음악 '트레제 페스티벌(Tregye Festival)'까지 장기간의 공연을 수행했다. 이어서 10월 6일 임페리얼 대학, 12월 9일 엡슨 스위밍 베스, 트윅커넘의 런던 럭비 클럽에서의 신년 이브 쇼 등 가을 학기에도 계속 활동했다. 한편 로저는 켄싱턴 시장의 가판대 일에 흥미를 잃었다. 처음에 신기해했던 감정도 한물갔고 품위 없는 일처럼 느껴지기도 했다. 로저는 프레디와 하던 '카바시'를 그만두고 알란 마이어(Alan Mair)라는 노점상과 같이 일했다. 프레디의 카바시에 대한 열정은 변함없었다. 그가 일에 깊이 빠져 숙달되어서가 아니라 사랑에 빠졌던 것이다.

07 메리

끝까지 기다려주는 사랑을 만나다

나와 사귄 사람들은 어째서 자신들이 메리를 대신할 수 없느냐고 물었다. 간단히 말해 '불가능'하다. 나에게 메리는 와이프였다. 결혼한 것과 마찬가지였다. 우린 서로를 신뢰하고 그것으로 충분한 것이다. 그 어떤 남자도 메리와의 관계처럼 사랑할 수는 없었다.

프레디 머큐리

스스로 깨닫는 과정이 매우 중요했을 거예요. 프레디는 남자를 사랑하면 안 되는 문화에서 자랐어요. 이런 경우 고통스럽지만 환경에 적응하려고 노력하기 마련이죠. 그렇기 때문에 동성애가 흔하지 않은 겁니다. 엘튼 존은 2번이나 노력했습니다. 억눌렀던, 게이 남자로서의 자신을 발견하는 도중에 여자친구를 만나기도 합니다. 때로는 여자친구가 필요해서, 때로는 주위의 기대를 만족시키기 위해서입니다.

폴 감바치니

살구색 머리칼, 녹색 눈, 갈색 속눈썹의 메리 오스틴은 디자이너 바바라 훌라니키(Barbara Hulanicki, 1936~, 폴란드 출신의 패션 디자이너)의 포스터를 그대로 가져온 듯한 모습이었다. 메리는 훌라니키의 켄싱턴 가게에서 일했다. 왜소한 몸매에 가녀린 뼈대의 메리는 키가 작았으며, 10대 스타일의 매력을 지녔음에도 불구하고 자신감이 부족했다.

퀸 앨범 《퀸 II(Queen II)》와 《시어 하트 어택(Sheer Heart Attack)》의 아이코닉 앨범 삽화 작업에 참여한 사진작가 믹 록(Mick Rock, 1948~, 영국의 사진작가)은 프레디와 메리의 관계를 잘 알고 있었다. "내가 프레디를 만났을 때 이미 메리와 살고 있었어요. 나는 둘 다 좋아했어요. 그 좁은 방에 잠깐씩 들러서 티타임을 함께했어요. 글램록의 인기가 한창이던 그 시절에는 메리같이 귀여운 숙녀가 최고였죠. 하지만 그녀는 자신의 특별함을 몰랐어요. 다른 사람 앞에서 자신을 드러내기 싫어하는, 다정한 매력녀였죠. 누구나 안고 싶어 하는 스타일이에요."

메리는 창백하고 수줍음이 많았으며, 땋은 머리 가닥은 탐스럽게 빛났다. 그녀는 자신과 이름이 같았던 가수 메리 홉킨(Mary Hopkin, 1950~, 영국의 가수)과 비슷했다. 메리 홉킨은 폴 매카트니가 발굴한 천재 여가수로, 〈도우즈 워 더 데이즈(Those Were the Days)〉가 빅히트했다. 둘 다 순수하고 접근하기 힘든 분위기이며, 여린 천성과 보헤미안 패션을 즐겼다. 가수 플리트우드 맥(Fleetwood Mac, 1969년에 데뷔하였으며 영국인과 미국인으로 구성된 록 그룹)을 따라 한 '스티브 닉스(Stevie Nicks, 플리트우드 맥의 보컬) 차림'의 여성들을 켄싱턴 거리에서 쉽게 볼 수 있었는데, 미디 드레스, 멕시 코트, 스웨이드 플랫폼 부츠, 시폰 스카프, 짧은 벨벳 체인 목걸이, 보라색 립스틱, 스모키 눈 화장이 특징이다.

저널리스트 데이비드 윅은 메리의 가정환경을 언급했다. "부모님 모두 말할 수도, 들을 수도 없었죠. 어려운 환경에서 자랐어요. 부모님은 수화와 독순술로 대화할 수 있었습니다. 게다가 가난했죠. 아버지는 벽지 바르는 데서 핸드 트리며 일을 했고, 엄마는 작은 회사에서 청소부로 일했어요. 하지만 프레디는 그런 일로 힘들어하지 않았어요. 자기 수준보다 조금 낮은 사람들을 더 좋아하는 편이었어요. 위험한 생각이었죠. 그는 예술적이거나 출신 배경이 별 볼일 없는 사람들을 좋아했어요. 예술적이고 즐거운 것만이 중요했죠. 웃고 즐기는 걸 무척 좋아했어요. 메리는 부끄럼이 많지만 프레디를 웃게 만드는 능력이 있었어요."

19세의 메리는 훌라니키의 매장에서 견습 비서로 일하는 동안 '홍보 담당', '비서', '판매 점원', '매장 매니저', '경영자' 등으로 다양하게 불렸다. 맡은 일이 무엇이든 수줍음 많고 대화하는 것 자체를 힘들어했는데, 유명한 패션점에서의 일은 넓고 조용한 집에서 자라온 젊은 여자에게는 익숙하지 않은 것이었다. 향수와 장식물로 가득 찬 가게는 특유의 향과 신기한 것들로 가득했다. 옷, 신발, 메이크업 용품, 주얼리, 가방, 아름다운 판매직 여성 등……. 음악 스타, 영화 스타들의 유행에 민감하고 오로지 믹 재거나 폴 매카트니만을 찾는 사람들로 북적였다.

그녀는 이곳에서 일하면서 런던의 록 공연에 자주 갔다. 브라이언 메이는 1970년 임페리얼 대학 공연에서 메리를 처음 보았다. 메리는 브라이언 메이의 이상형이었지만 브라이언은 데이트 신청을 하지 않았다. 서로 안부를 묻고 지내는 사이였지만 둘 사이에 사랑의 불꽃은 튀지 않았다. 우정 이상으로 발전하기는 힘들다는 것을 깨달은 것이다. 반면 브라이언으로부터 메리를 소개받은 프레디는 메리에게 반했다.

프레디와 메리는 서로에게 끌렸고, 둘 간의 관계는 평생 동안 계속된다. 메리는 첫 6개월 동안은 프레디를 피해 다녔다. 다른 남자와 심각한 관계는 아니었지만 데이트하기도 했다. 프레디가 자신의 여자친구를 좋아한다고 생각했기 때문이다. 어느 날, 공연이 끝난 후 메리는 프레디와 자신의 친구가 같이 있을 때 화장실에 잠시 다녀오겠다고 하고는 사라져버렸다. 프레디는 당황했지만 어쩔 도리가 없었다. 1970년 9월, 그는 메리의 24번째 생일에 데이트 신청을 했지만 메리는 바쁘다고 둘러댔다.

"난 아무렇지도 않은 척하려고 노력했죠. 사실 바쁘지는 않았어요. 하지만 프레디가 포기하지 않아서 결국 그 다음 날 데이트하기로 했죠. 프레디는 소호 마키 클럽의 모트 더 후플(Mott The Hoople, 1969년에 데뷔한 영국의 그룹) 연주를 보러 가자고 했어요. 그때는 돈이 없어서 멋진 저녁식사까지 누리진 못했죠. 모트 더 후플은 프레디가 성공한 후에도 거기에 다시 연주하러 왔었어요."

이 커플은 곧 불같이 타올랐고 그 어떤 남녀보다 중요한 관계가 되었다. 프레디와 메리는 여러 가지 면에서 공통점이 많았다. 둘 다 가족과 멀어졌고, 집으로부터의 독립을 강력히 원했다. 둘 다 다른 사람들에게 진짜 모습을 숨기려 했다. 겉으로 보기에는 얄팍하고 경솔하고 물질적이며, 오직 이 순간만을 위해 사는 스타일로 보였지만, 내성적인 본 모습을 감추고 있었다. 둘 다 매우 예민하고 과묵하며, 겉으로 보기보다 신중하고 사려 깊었다. 이들은 서로의 모습에서 스스로를 발견했기 때문에 더 강력한 유대감을 가질 수 있었다. 시간이 지날수록 대조되고 모순되는 면들을 보면서 서로에게 더 집착하게 되었다. 메리는 파리 한 마리도 못 건드리는 순한 영혼으로 보이지만, 가냘픈 겉모습 속에는 강함과 고요함이 있었다. 프레디는 메리의 이러한 점을 깊이 존경했다. 프레디 내부의 '위대한 위선자'가 메리의 이런 장점들을 제대로 받아들이지 못할까 두려웠을지도 모른다. 메리는 프레디의 부모가 펠텀에 사는 것을 알고 있었지만 한참 후에야 그의 부모를 만날 수 있었다. 메리는 불사라 가족들이 바라던 완벽한 며느리 상이었다. 가족들은 프레디가 그녀와 결혼해서 손자를 보기를 원했다. 그때는 프레디가 그럴 수 없다는 것을 그들은 알지 못했다.

해가 갈수록 프레디는 더 강해지기 위해 메리에게 의존했다. 섹스, 약물, 로큰롤로부터 통제불능 상태가 되거나 녹음과 투어 부담에 억눌릴 때마다 강하고, 믿을 만한, 언제나 너그럽게 모든 것을 받아주는 메리에게 돌아갔다. 메리는 프레디에게 항상 매달릴 수 있는 엄마와 같은 존재였다.

음악 홍보 담당자 버나드 도허티는 어떤 면에서는 메리가 프레디의 엄마였다고 말한다.

"메리는 매일, 매순간 프레디를 위해 있었어요. 프레디가 가는 곳에는 메리도 갔죠. 프레디도 당연히 메리에게 온 마음을 다했어요. 그녀는 어린 시절에 프레디의 부모가 남겼던 허전함을 완벽하게 채워주었습니다. 부모님은 그를 배에 태워 수천 마일 떨어진 학교에 보냈어요. 집에 돌아오는 데 60일이나 걸리는 먼 곳이었죠. 그때 그는 불과 8살이었답니다. 상상할 수 있겠어요? 프레디는 절대 이해할 수 없었을 거예요. 폴 매카트니가 '나의 엄마 메리가 와선 말했죠.'라는 노랫말이 있는 〈렛 잇 비(Let It Be)〉를 1970년에 불렀잖아요? 우연히도 메리와 프레디도 1970년에 만났죠. 〈렛 잇 비〉에서는 성모 마리아를 함축했을 거예요. 그녀는 동정녀였죠. 그런데 프레디도 결국에는 메리와 섹스를 하진 않았어요."

이때 프레디가 게이라고 찍혔기 때문에 메리에게 '다시 태어난 동정녀'라고 했을 수도 있다. "신화는 지켜졌죠." 버나드 도허티는 고개를 끄덕였다. "프레디의 마음속에서 메리는 완전체, 그의 모든 것이었죠. 메리가 존재한다는 것만으로도 프레디는 위안을 얻었어요."

정신과 의사인 코스모 홀스트롬(Cosmo Hallstrom) 박사는 메리가 프레디에게 엄마와 같은 존재였다고 확신했다.

"이상적인 엄마였지요. 그가 원했던 엄마의 모습을 그대로 나타냈죠. 프레디는 섹스에 지나치게 집착했어요. 누가 섹스 파트너이든 신경 쓰지 않았어요. 메리와의 섹스를 좋아했을 수도 있어요. 하지만 밖에서는 비밀리에 새로운 파트너와 섹스를 했죠. 이런 관계는 매우 위험하고 일시적이었어요. 하지만 그 후에는 다시 그녀에게 돌아갔어요. 그녀는 항상 그를 기다려주었고요. 그래서 그녀만의 남자로 지켜질 수 있었죠."

“그녀는 그를 엄마처럼 돌봐주었어요. 프레디의 좋은 면을 키웠고요. 그녀는 프레디의 근원적인 언덕이며 원동력이었어요. 프레디는 그녀와 있으면서도 나가서 다른 사람에게 추파를 던졌죠. 메리는 여자 가장처럼, 터무니없는 일을 참고 견디는 인고(忍苦)의 와이프였죠. 그러면서도 프레디의 기본적인 목적에 도움을 주었어요. 그런데 그가 저지른 죄악들은 아이러니하게도 창의성을 키웠죠. 행복한 사람이라면 창의적일 필요를 못 느껴요. 자신의 운명에 만족하고 말죠. 프레디는 끊임없이 고뇌했지만, 메리에게 느끼는 죄책감이 작업의 영감을 불러일으켰습니다.”

어떤 사람들은 메리가 프레디에게 느끼는 감정을 ‘엄마의 사랑’이라고도 했다. 프레디와 브라이언이 만든 《메이드 인 헤븐》 앨범에서 〈마더 러브(Mother Love)〉는 대표적으로 애절한 곡이었다. 이 앨범은 프레디가 1991년에 사망한 뒤 4년 후에 발매되었다. 프레디는 나에게 자신을 극단적인 사람으로 표현했다.

“난 부드러운 면이 있는 반면 딱딱한 면도 있지. 그 중간은 없어. 아기처럼 짓밟힐 때도 있지만 강할 때는 누구도 나를 괴롭히지 못해.”

프레디가 피해망상 때문에 괴로워하는 것을 메리 역시 잘 알고 있었다. 프레디는 누가 뒤에서 자신을 비난할지, 자신이 정말 조롱거리인지를 걱정했다. 이런 걱정들은 프레디가 죽을 때까지 프레디 내부에서 가장 횡폭한 악마로 남아 있었다. 프레디의 두려움이 전혀 근거 없는 것은 아니었다.

“솔직히 모든 사람들이 프레디가 어떤 면에서는 매우 뛰어나지만 그 외의 부분에서는 꽤 서투르다고 생각했어요. 아무리 글램록이더라도 좀 지나쳤다는 거죠. 나는 그때 프레디만 특별히 지나치다고 생각하지는 않았어요. 멤버 전체의 패션이 전체적으로 잘 구성되었기 때문이죠.” 오랫동안 퀸의 로드 매니저였다가 지금은 사진작가가 된 피터 레티 힌스(Peter Ratty Hince)가 말했다.

프레디는 콤플렉스 때문에 때때로 화가 날 수도 있었을 것이다. 도저히 설명할 수 없는 폭발적인 행동을 할 때가 있었는데, 그 때문에 불친절하고 잔인하다는 말까지 들었다. 완전히 위축되었다가 이유 없이 악의적인 말들을 쏟아내기도 했다. 그럴 때마다 메리는 프레디와 자신을 방어하는 발언을 하고, 미디어와 연예계 주변에서 이익을 노리는 자들의 말을 믿지 않는 식으로 대처했을 것이다.

메리와 프레디 간의 정신적 결속은 강했지만 육체적 관계를 무시할 순 없었다. 프레디와 메리의 섹스는 6년 동안 지속되었다. 이 커플은 일주일에 10달러를 지불하는 빅토리아 로드의 비좁고 초라한 단칸 셋방에서 함께 지내기 시작했다. 그곳은 런던 근교의 켄싱턴 하이스트리트와 조금 떨어져 있어서, 프레디가 일을 마치고 돌아오기 편했다. 지금 그 거리는 잉글랜드와 웨일스에서 부동산 값이 가장 비싸기로 유명하다. 평균 판매가가 640만 달러에 이른다. 2년 후에는 홀랜드 로드의 좀 더 큰 곳으로 옮겼는데, 필요한 시설이 다 갖춰져 있지만 습기를 감당하기 힘든 아파트였다. 이곳에서는 일주일에 9달러 이상을 지불했다.

"우리는 점점 성숙해갔어요. 프레디를 진심으로 좋아하기까지 3년이 걸렸죠. 그 전에는 그 누구와도 그런 식의 감정을 느낀 적이 없었어요. 난 프레디를 아주 아주 깊이 사랑했죠. 프레디와 있으면 안심이 되었어요." 메리가 데이비드 윅에게 고백했다.

"그를 알면 알수록 사랑하게 되었어요. 요즘 같은 시대에는 보기 힘든 사람이었죠. 우리는 서로를 진심으로 알고 신뢰했어요. 고의적으로 헐뜯거나 그런 적이 한 번도 없었어요. 언젠가 크리스마스에 반지를 주었는데 엄청나게 큰 박스 안에 들어 있었어요. 박스를 열면 그 안에 또 다른 박스가 있었어요. 맨 마지막의 작은 박스를 열자 이집트 풍뎅이 모양의 아름다운 반지가 있었어요. 행운을 상징하는 것이죠. 너무 다정스럽게 수줍어하면서 주었어요."

믹 록이 말했다. "어찌 됐든 메리와의 스위트홈에서는 모든 것이 아늑하며 매력적이었죠. 내가 놀러 갈 때 프레디는 항상 가운과 슬리퍼 차림이었어요. 앉아서 몇 시간 동안이나 얘기하곤 했어요."

메리는 프레디와 함께한 일상적인 생활에 대해서 말하기 싫어했지만, 드물게 인터뷰에서 구체적으로 밝힐 때가 있었다. 예를 들어 프레디는 한밤중이라도 악상이 떠오르면 침대 옆에 있는 피아노를 끌어당겨 작곡에 열중했다. 평범한 여자였다면 참기 힘들었을 것이다.

메리는 프레디의 성적 취향에 의심이 들 때는 우선 그 생각을 떨쳐버리려고 노력했다. 데이비드 윅은 메리에게 프레디가 게이라고 생각된 적이 없느냐고 물어본 적이 있었다. "우리가 어딜 가든 여자들이 열광하잖아요. 무대 밖에서도 프레디 주위엔 항상 여자들이 있어요." 한 번은 콘서트가 끝나고 여자들이 구름같이 몰려들자 메리는 '더 이상 내가 필요 없어.'라고 생각해서 그 자리를 떠났다. 프레디는 그녀가 가는 걸 보았다. "어디 가?", "지금은 내가 필요 없어. 모든 걸 가졌잖아.", "아니 난 네가 필요해. 함께 있어줘."

메리는 데이비드 윅에게 털어놓았다. "프레디는 나중에 밤늦게야 왔죠. '그래 이게 현실이야.' 하고 생각했어요."

"처음에는 프레디가 다른 여자를 만난다고 생각했어요. 나를 더 이상 원하지 않는다고 생각했죠. 그는 항상 핑계거리를 대곤 했어요. '녹화 중이야. 모두 컨디션 최고야. 그래서 늦을 거 같아.' 밤에 늦게 오는 것 외에 프레디가 잘못한 건 없었어요. 결국 어느 날 그가 내게 말했어요. '메리, 말할 게 있어.' 프레디에게 다른 여자가 있다고 확신했는데 다행히도, '나는 양성애자인 것 같아.'라고 했죠. 그래서 내가 말했어요. '아냐, 프레디, 양성애자가 아냐. 게이인 것 같아.'라고."

프레디는 좀 창피했지만 그 사실을 받아들였다고 한다. 프레디는 메리에게 자신의 삶에 함께해달라고 했다. 켄싱턴의 가든 롯지로 이사갈 때도 그녀에게 작은 집을 구해주었다. 욕실 창문으로 자신의 큰 집을 볼 수 있는 위치였다. 그 후 메리는 게이 친구들과 측근자로 구성된 프레디 대가족의 여자 가장 역할을 했다.

"프레디는 메리에게 자신의 생활을 오픈하고 정직하게 지냈어요. 가족의 종교, 문화 때문에 자신의 엄마와는 누려보지 못한 그런 생활을 할 수 있었죠."

믹 록은 프레디가 자신의 성적 취향이 이슈화된다는 사실을 알고 무척 흥분했다고 한다.

"커밍아웃하기 전에도 확실히 게이였어요. 하지만 완전한 게이는 아니었어요. 그 사실이 프레디를 고통스럽게 만들었죠. 이것 아니면 저것, 이렇게 확실해야 하는데 어중간한 상태였어요. 그는 여자도 사랑했어요. 그의 삶을 곰곰이 생각해 보면, 성적(性的)으로는 분명히 남성이었어요. 남자와 더 난잡한 성생활을 했지만 여자도 사랑했어요. 메리는 일생의 진정한 사랑이었어요. 감정적으로 가장 강하게 밀착되었죠. 프레디에게서 가장 아이러니한 점은 기본적으로는 게이지만 여자와 더 의미 있는 관계를 맺었다는 점입니다. 성적 취향이라기보다는 만나는 여자와의 관계가 어떤가의 문제죠. 메리와 프레디는 진정으로 사랑하는 관계였어요. 섹스가 감정과 영혼에서의 연대감만큼 중요하지는 않았습니다."

프레디는 곧 남자친구를 사귀었다. 하지만 메리와 함께했던 침대로는 절대 데려가지 않았다. 처음에는 조심스럽게 처신해서 표면적으로는 이성애적 가족 관계를 유지했다. 메리는 프레디가 하고 싶은 대로 하게 내버려두고 모른 체했다. 하지만 시간이 갈수록 그가 남자를 좋아한다는 사실이 더욱 명백해졌다.

메리는 프레디가 성적(性的)인 면에서 불편함을 느낀다는 걸 알았다고 한다. "하지만 나에게 그 얘기를 해주어서 안심이 되었어요. 솔직하게 말해주어서 좋았죠. 프레디는 진정한 자기 자신이 될 권리가 있다고 생각해요."

그녀는 좌절된 꿈으로 인한 슬픔을 극복하고 프레디와의 깊고 플라토닉한 우정을 이어갔다. 그녀는 프레디의 집사 역할을 하면서 조금이라도 그를 볼 수 있는 기회를 가질 수 있었다. 그녀는 자신을 관리인으로, 프레디는 그녀를 오랜 충신으로 불렀다. 메리는 이제 다른 남자친구를 자유롭게 만날 수 있었지만 사귀기까지 많은 시간이 필요했다.

메리는 프레디를 포기할 수 없어서 아이를 갖자고 말했다. 하지만 프레디는 고양이를 한 마리 더 키우는 게 낫겠다며 반대했다고 한다. 메리는 나중에 2명의 아들을 두었다. 프레디가 메리의 장남 리처드의 대부가 되어 주었다. 제이미는 프레디가 사망한 직후에 태어났다. 그녀는 많은 남자친구와 만났지만 실패로 끝났다. 프레디의 그림자가 그녀에게서 가시지 않아서일 것이다. 두 아이의 아빠인 인테리어 디자이너 피어스 카메론(Piers Cameron)조차 잠시 머무르다 가곤 했다. 피어스는 항상 자신이 프레디의 그늘에서 벗어나지 못한다고 느꼈다고 한다.

프레디는 수많은 남자친구와 계속 사귀면서 여자친구들과도 섹스를 했다. 메리는 프레디 인생에서 자신의 역할을 인정했기 때문에 이 부분을 받아들일 수 있었을 것이다. 메리와 프레디를 모두 아는 사람들은 어떤 여성도 메리를 대신할 수 없다고 믿었다. 그녀에게 자신의 집과 재산의 대부분을 남겼다는 사실에서도 잘 알 수 있다.

믹 록은 메리가 대단한 매력과 우아함을 지녔다고 했다. "잘난 체하지 않고 공격적이지도 않았어요. 내가 만난 최고의 사람들에 속하죠. 난 퀸이 성공해서 맨해튼으로 옮긴 후에 뉴욕에서 가끔 프레디를 만나 같이 돌아다니고 수다도 떨었어요. 나중에 런던에 있을 때에는 메리와 만날 때도 있었어요. 그때는 그녀를 이해할 수 없었지만 지금은 알겠어요. '내 인생에는 아빠가 있었고, 그 후에 프레디, 이제는 내 아들들이 있죠. 나는 이 남자들을 보살피기 위해 이 세상에 온 것 같아요.' 그게 이 세상에서 자신이 할 몫이라고 생각하는 것 같았어요. 이상하긴 하지만 이해가 갑니다."

믹 록은 프레디가 그녀에게 잘 대해주어서 마음이 놓였다.

"프레디는 독창적이고 즉흥적입니다. 모두 프레디를 다루기 힘들어합니다. 그는 그 무엇보다 음악에 매달렸어요. 만약 누가 조목조목 문제점을 거론한다면 걷잡을 수 없는 미치광이가 되었을 거예요. 프레디와 같이 일하고 같이 산다는 건 악몽 같을 거예요. 그는 멍청하지 않았기 때문에 자신을 잘 알았어요. 메리는 대부분의 사람들이 할 수 있는 그 이상으로 참고 살았어요. 그래도 프레디에 대한 사랑을 멈추지 않았죠. 지금도 마찬가지예요. 그녀는 자신의 인생을 그에게 바쳤어요. 프레디에게 준 것에 비하면 보답으로 받은 건 아무것도 아니랍니다. 확실해요."

메리는 프레디로 인해 발레, 오페라, 미술의 세계를 알게 되었고 정신적으로 더 풍부한 삶을 살 수 있었다고 했다. "개인적으로 나에게 정말 많은 것을 주었어요. 내가 그를 버릴 수는 없는 거죠. 영원히."

프레디는 어떤 것에도 편안해하지 않았다. 힘들 때마다 난리법석을 떠는 것뿐 아니라 집안의 모든 물건들은 꽃병조차 제자리에 정확히 놓여 있어야 했다. 그렇지 않으면 화가 나서 꽃병들을 밖으로 던져버렸다. 메리는 이 모든 것들이 프레디의 스타일이라고 했다.

"물건들이 자기 방식대로 있기를 원했어요. 그렇지 않으면 매우 힘들어했어요. 우리는 참 많이 싸웠죠. 프레디는 깔끔히 정돈된 걸 좋아했어요."

프레디가 죽은 지 한참 후에 메리는 프레디가 남긴 재산의 법적인 문제들을 마무리했고, 거대한 조지아 시대 풍의 집에서 다시 행복을 찾았다. 이번에는 런던의 사업가 닉(Nick)과 함께였다. 둘은 1998년에 롱아일랜드에서 결혼했다. 그녀의 아들들만이 증인으로 참여한 결혼식이었다.

"닉이 나를 받아들일 때 정말 용감했다고 생각해요. 닉에게 갈 때 나에게는 많은 인생의 짐들이 있었죠. 이제는 내가 가졌던 것들, 지금 가지고 있는 것들에 대해 감사할 수 있게 되었어요. 나의 삶을 영위하게 된 거죠."

메리의 친구 믹 록이 덧붙여 말했다. "메리가 거기에 그렇게 버티고 있었던 것을 비난하는 사람들이 있어요. 무슨 의도로 그랬는지 의심했죠. 그놈의 돈 때문에 거기 있었던 게 아니라고 자신 있게 말할 수 있어요. 내 목을 걸 수 있어요."

말하기 좋아하는 사람들은 돈과 관련된 시나리오를 만들기도 했다. 하지만 메리는 21년간 자신의 진심을 드러내지 않았다. 프레디에 대한 충성심을 분명히 말해주고 있다. 왜 그녀는 진실을 직시하고 새로운 생활을 시작하지 않았을까? 프레디가 없는 삶은 무의미하다는 두려움 때문이었을까?

"대부분의 여자들이 나가떨어져서 다른 남자를 찾을 그런 상황에서 꼭 붙들고 있었다는 것은 인내력과 연기력이 보통이 아니라는 거죠." 프레디의 친한 친구인 데이비드 에반스(David Evans)는 확신했다.

"그녀가 게이로 둘러싸인 환경에서 힘들어한다는 걸 느낄 수 있었기 때문에, 그녀에게 적응하려고 의식적으로 조심스럽게 행동했습니다. 메리는 프레디의 다른 여성들, 남자 애인들과 동급으로 취급될 수 없었어요. 그녀에게는 바버라 발렌틴, 아니타 돕슨(Anita Dobson, 1949~, 영국의 배우이자 가수, 퀸의 멤버 브라이언 메이의 부인), 다이애나 모슬리(Diana Moseley, 패션디자이너)처럼 영광스럽고 패기만만한 자신감이 없었어요. 그녀들은 프레디의 불같은 화에도 꿈쩍하지 않는 강하고 능력 있는 여성들이거든요. 메리는 정신적으로, 육체적으로 프레디의 실생활에서 동떨어져 있었어요."

메리가 피어스 카메론과 사귀기 시작하고 두 아들을 임신하자 프레디와 그의 친구들은 진심으로 기뻐했다. 하지만 피어스와의 관계가 오래 지속되지 못했어도 아무도 놀라지 않았다. 데이비드 에반스는 그녀가 여전히 프레디의 실생활의 일부로 남아 있다는 것을 부정할 수 없었다고 한다. 에반스는 메리가 '슬픔과 마음의 병이 복합적으로 찾아오는 상황에 매달려서 뻔히 회복 불가능해 보이는 현실'로부터 스스로 물러나주기를 바랐다.

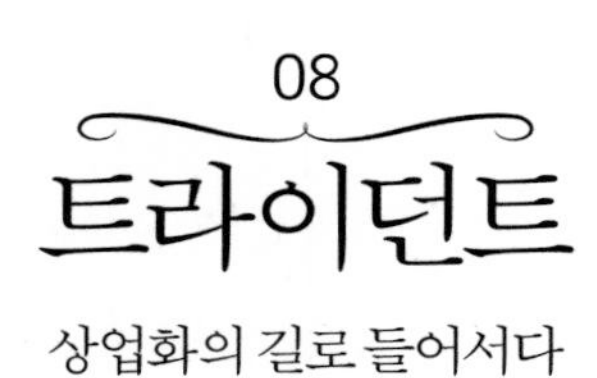

08 트라이던트

상업화의 길로 들어서다

특히 우리 같은 사람은 누군가를 신뢰하기가 참 쉽지 않다. 우린 아주 예민하고, 꼼꼼하고 까다롭다. 트라이던트와의 경험에서 많은 것을 배웠다. 이제는 우리와 같이 일할, 퀸 조직의 일원이 될 사람들을 정할 때는 매우 주의 깊게 선택한다.

프레디 머큐리

퀸은 테크닉 측면에서 많은 혜택을 받았어요. 처음 녹화를 할 때부터 트라이던트 스튜디오를 사용할 수 있었어요. 신출내기 스타터인데도 A급 스튜디오를 배정받은 유일한 밴드였죠. 최신 장비를 사용해서 그 당시에 16트랙까지 쓸 수 있었어요. 록 뮤직에서 유행하던 멀티트랙 기타 테크닉을 이용하여 사운드도 한층 더 발전시킬 수 있었습니다. 트라이던트 스튜디오를 이용하면서 브라이언 메이도 더 높은 수준으로 연주할 수 있었습니다. 퀸에게는 정말 중요한 기회였죠.

스티브 레빈(Steve Levine),

전설적인 녹음 프로듀서이며 휴브리스 레코드사 대표

1971년이 저물어갈 무렵에도 퀸의 상황은 나아지지 않았다. 브라이언과 존의 학업 스케줄이 있었지만 최대한 공연을 계속하려 했고, 계약 업체를 찾으려고 갖은 노력을 다했지만 찾을 수 없었다. 브라이언은 그때를 떠올렸다. "우리가 그간 공부하며 이루었던 걸 포기하는 한이 있더라도 밴드 일이 잘 풀리길 간절히 바랐습니다. 하지만 기회가 쉽게 오지 않았습니다. 솔직히 우리들 중 그 누구도 음반 계약을 하기까지 꼬박 3년이 걸리리라고 예상치 못했습니다. 정말 동화 속의 이야기가 아닌 현실을 깨달은 거죠."

프레디는 말했다. "퀸이 결성된 지 2~3년 동안 어느 시점에서 거의 해체 상태였어요. 도무지 풀리는 일이라곤 없었죠. 음악 비즈니스 시장에는 사기꾼들이 넘쳐나서 뜯어내려고만 했어요. 하지만 내부의 무언가가 우리를 견디게 해주었습니다. 우리는 많은 경험을 쌓아가면서 선과 악을 구분해낼 수 있게 되었어요."

프레디는 초창기 퀸에 대한 회의적인 평가에 강하게 반박했다. "어떤 의심도 있을 수 없어. 절대 아니야. 달링, 우리가 해낼 거라고 알고 있었다고. 모두에게 그렇게 말해주었지."

로저는 긍정적으로 생각했다. "처음 1~2년 동안에는 아무 일도 일어나지 않았어요. 열심히 했지만 발전이 없었죠. 하지만 우린 대단한 아이디어들로 가득했어요. 성공하기 위해선 이런 시기도 거쳐야 할 과정이라고 모두 느꼈습니다."

퀸은 훌륭한 재능과 멤버로 구성되었다는 확신을 가지고 런던의 모든 레코드사를 찾아다녔다. 기회가 있을 때마다 라이브 공연을 했으며, 대학의 콘서트는 가능한 모두 참여했다. 관객이 많을 때도 있었고 그렇지 않을 때도 있었다. 카리스마 레코드사의 사장 토니 스트래튼 스미스(Tony Stratton-Smith)는 일찌감치 퀸에게 관심을 보였고 계약 조건으로 2만 달러를 제안했다. 퀸은 축구에 미친 버밍엄 출신의, 프레디처럼 괴짜인 토니 스트래튼이 제시한 조건보다 더 좋은 계약을 못할 수도 있었다. 스트래튼은 과음을 즐기고 경주마를 소유한 전직 저널리스트 출신의 동성애자였다. 1958년 뮌헨 항공기 사고에서 그는 가까스로 살아남았다. 그 사고로 맨체스터 유나이티드의 어린이 축구단 벅스 베이비즈 단원 8명을 포함해 23명이 목숨을 잃었다.

토니 스트래튼은 1960년대 후반에 록 매니저이자 레코드 회사 사장이 되었다. 그의 조그만 사무실은 소호의 딘 스트리트에 있었다. 그는 1970년에 록 그룹 제네시스(Genesis, 영국의 록 그룹)와 계약했다. 몬티 파이튼(Monty Python, 영국의 희극 그룹), 피터 가브리엘(Peter Gabriel, 1950~, 영국의 가수), 린디스판(Lindisfarne, 영국의 록 밴드), 반 더 그라프 제너레이터(Van der Graaf Generator, 영국의 록 밴드), 말콤 맥라렌(Malcolm Mclaren, 1946~2010, 영국의 가수), 줄리안 레논(Julian Lennon, 1963~, 영국의 가수, 존 레논의 아들) 등의 앨범도 지원했다. 토니 스트래튼은 아티스트들의 꿈을 실현시켜주는 남자로 통했다.

퀸과 토니 스트래튼은 서로 노력했지만 계약이 이루어지지 않았다. 퀸은 자신들의 공연이 제네시스보다 저평가되었다고 생각했다. 스트래튼에게 2만 달러의 가치가 있다면 다른 곳에서 더 높게 평가될 수 있을 거라고 추측했다. 그래서 다른 레코드사를 만나 카리스마에서는 계약 조건으로 2만 달러를 제시했다는 이야기를 해 관심을 끌려고 했다.

프레디는 1974년을 회상했다. "데모 테이프를 만들었을 때 우리는 누가 사기꾼인지 잘 알고 있었어. 제2의 티렉스로 만들어주겠다는 놀랄 만한 제의가 많았지만, 우리는 곧바로 뛰어들지 않으려고 조심, 또 조심했지. 최종 결정을 하기 전에 모든 회사를 샅샅이 찾아다녔어. 누구나 쉽게 볼 수 있는 밴드로 취급받고 싶지 않았거든."

브라이언은 "우린 기본적으로 자부심으로 무장했죠. 어떤 의미에서는 일에 대한 확신이라고 볼 수 있어요. 누군가 형편없다고 말한다면 그 사람의 판단이 잘못된 거라고 믿었죠."라고 했다.

프레디는 퀸의 목표는 톱 상위이며, 그 외에 어떤 것에도 만족할 수 없었다고 했다. 달리 말하자면, 발전할 필요를 느꼈다고 할 수 있다. 그들은 자신들의 수준을 잘 알고 있었다.

프레디가 당시 런던의 가장 뛰어난 레코드 프로듀서로 알려진 존 앤서니(John Anthony)와 우연히 만났다고 알려졌는데, 의도적으로 접근했다는 표현이 좀 더 정확하다. 프레디는 음악성과 의상에 대한 다양한 영감을 얻기 위해 켄싱턴과 첼시를 돌아다녔다고 한다. 그는 토요일 오후에는 친구들에게 노점을 부탁한 후에, 특이한 의상을 입고 켄 하이와 킹스 로드를 돌아다녔다. 물 만난 물고기처럼 자신의 아이돌—그 당시에는 라이자 미넬리(Liza Minnelli, 1946~, 미국의 영화배우), 더 후, 레드 제플린, 데이비드 보위의 지기(Ziggy Stardust, 데이비드 보위가 만든 자신의 페르소나격 인물)—에 대해 들으려는 사람들에게 입심 좋게 큰 소리로 떠들고 다녔다. 갈수록 특이해지는 옷차림을 꾸미는 데 엄청난 시간이 걸렸다. "누구를 만날지 알 수 없는 거야."라는 말을 하면서 말이다. 그는 특별한 누군가를 만나려는 목적이 있었다.

프레디의 끈질긴 노력이 드디어 성공하였다. 존 앤서니와 프레디가 주말 저녁에 드디어 마주친 것이다. 프레디는 당장 초대를 받았고 퀸 멤버와 앤서니는 그의 아파트에서 만날 수 있었다.

앤서니의 명성을 감안할 때 대성공이었다. 존 앤서니는 더 라운드 하우스의 스피키시, 유에프오(UFO)와 같은 런던 클럽의 DJ 출신이었다. 그는 1968년에 예스의 데모 테이프 녹음 작업을 하고 나서 직업을 프로듀서로 바꿨다. 그는 스트래튼과 함께 카리스마 레코드 초창기의 주요 멤버였다. 일할 때 앤서니의 주문은 "400개의 잘못된 앨범들 중에서 하나의 앨범을 찾아라."였다.

앤서니는 1972년 3월 24일 금요일, 런던 남동쪽 포리스트 힐 병원에서 있었던 퀸의 공연에 트라이던트 스튜디오의 사장인 베리 셰필드(Berry Sheffield)를 데려갔다. 베리 셰필드는 노멀과 함께 트라이던트 스튜디오의 공동 대표였다. 그때까지 셰필드는 퀸의 노래라고는 5곡의 데모 테이프를 들었을 뿐이었다. 계약을 논의하기 전에 퀸의 라이브가 어떤지 직접 보고 싶었던 것이다. 특히 셜리 바세이의 명곡 〈헤이 빅 스펜더(Hey Big Spender)〉의 화려한 연주에 크게 감명받은 베리 셰필드는 그 자리에서 곧바로 계약서에 사인하기를 원했다.

존 앤서니는 트라이던트가 세계에서 가장 좋은 스튜디오라고 했다. "24시간 내내 예약이 잡혀 있어요."

셰필드 형제는 최근에 획기적인 마스터 플랜으로서, 트라이던트 오디오 프로덕션이라는 계열사를 만들었다. 트라이던트 소유의, 최첨단 장비를 구비한 스튜디오를 갖추고, 주요한 녹음 회사들과 미디어, 음반 배포에 관한 계약을 협상했다. 셰필드 형제는 그 시대 사람들을 쥐락펴락하는 영리하고 약삭빠른 비즈니스맨이었다. 비즈니스 마인드로 똘똘 뭉쳐서 밴드가 돈을 얼마나 벌어줄 수 있을지 주판알을 튕기곤 했다. 트라이던트와의 계약서에서 퀸이 미처 발견하지 못한 점은 자신들만의 계약이 아니라 패키지였다는 점이다. 즉 아일랜드 싱어송라이터 유진 웰리스(Eugene Wallace)와 헤드스톤(Headstone) 그룹이 자신들과 패키지로 계약 대상에 포함되었다. 이에 못지않게 놀라운 점은 퀸에 대한 관리 및 녹음과 관련된 전반적인 거래—매니지먼트, 생산, 녹음, 곡 발표—와 레코드 회사와의 협상까지도 트라이던트가 모두 맡아서 한다는 내용이었다. 일반적인 계약 관례는 아니었다. 각각의 계약에 따르는 부계약이 있긴 했지만 퀸의 모든 일은 트라이던트의 입장에 의해 컨트롤되면서 퀸은 안정된 활동을 할 수가 없었다.

퀸은 트라이던트와 계약하기 전에 8개월 동안을 심사숙고하다가 1972년 11월에 계약했다. 그동안 싱글 라이브 쇼에 출연하지도 않았다. 존 앤서니는 퀸에게 당분간 조용히 있을 필요가 있다고 했다. "연습에 집중하고 그 다음에 컴백하여 더 큰 공연에 나서야지."

퀸의 활동이 연기된 이유는 명확하지 않다. 시간을 끄는 법적 다툼이 있었던 것은 아니다. 그들의 상투적인 수법—더 좋은 기획사를 끌어들이기 위해 트라이던트의 제안을 활용하는—을 다시 썼을 수도 있다. 결국 퀸의 계약은 명목뿐인, 서툰 것이었다. 그들은 트라이던트와의 계약이 얼마나 불만족스러운지를 한동안은 알아채지 못했을 것이다.

트라이던트와 셰필드 형제에 대해 공평히 말하자면, 그들의 평판은 나쁘지 않았다. A급 아티스트가 이용하는 런던의 가장 좋은 스튜디오를 이용할 수 있도록 했을 뿐 아니라, 부정직한 비즈니스 거래자로 알려져 있지도 않았다. 퀸에게 시간과 돈을 투자하고 수익을 기대하고 거둘 자격이 있는 것이다. 브라이언만이 트라이던트가 퀸의 성공에 기여했다고 인정했다.

트라이던트와 퀸의 관계가 끝난 후에 프레디는 말했다. "트라이던트와의 매니지먼트 계약은 끝났어. 이제 정말 우리에게 어떤 힘도 행사할 수 없지. 다행이다."

하지만 다른 사람들은 트라이던트와의 계약이 퀸에게 유리하다고 생각했다. 아직 뜨지도 않은 밴드가 트라이던트의 스튜디오와 모든 편의시설을 사용할 수 있었으니 말이다. 프로듀서 존 앤서니와 그의 친구 로이 토머스 베이커(Roy Thomas Baker)가 양 날개가 되어 퀸의 데뷔 앨범 전체를 녹음했다. 로이는 음반 회사를 돌아다니면서 퀸을 홍보해 주었다. 하지만 겉으로 보이는 것만큼 좋은 것은 아니었다. 어떤 음반 회사도 관심을 보이지 않았기 때문에 굴욕감을 느꼈으며, 데이비드 보위나 엘튼 존처럼 돈을 지불하는 고객들이 사용하지 않는 시간에만 스튜디오를 이용할 수 있었다.

"데이비드 보위가 예정보다 몇 시간 일찍 끝나면 그때 스튜디오에 들어가 새벽 3시에서 7시까지 사용하는 식이었지요." 브라이언은 많은 작업을 그런 방식으로 했다고 말했다. "하루 종일 쓸 수 있는 날도 있었지만 주로 자투리 시간들을 이용했어요."

이런 식의 작업은 창의성을 발휘하는 데 거의 도움이 되지 않았다. 그런데 아이러니하게도 지금은 수집가들의 애장품이 된 곡의 녹음을 이때 하게 되었다. 프로듀서 로빈 케이블(Robin Cable)로부터 〈아이 캔 히어 뮤직(I Can hear Music)〉과 〈고잉 백(Goin' Back)〉의 커버 버전을 녹음하자는 제의를 받게 된다. 〈아이 캔 히어 뮤직〉은 필 스펙터(Phil Spector, 1939~, 미국의 음반 프로듀서이자 싱어송라이터)/엘리 그린위치(Ellie Greenwich, 1940~2009, 미국의 가수, 작곡가, 음반 프로듀서)가 작곡했으며, 비치 보이스가 불러서 1969년에 톱 10위권에 올랐던 히트곡이다. 〈고잉 백〉은 제리 고핀(Gerry Goffin, 1939~2014, 미국의 작사가), 캐롤 킹(Carole King, 1942~, 미국의 가수) 부부가 작사·작곡하여 그룹 더 버즈가 처음 불렀다. 보컬은 프레디가 맡고, 브라이언과 로저가 연주했다. 퀸은 그다지 많지 않은 돈을 받고 작업해 주었다. 퀸 멤버들은 곡이 형편없다고 생각했기 때문에 이것이 나중에 얼마나 가치 있는 음반이 될지 상상도 못했다. 계약서를 작성하지도 않았다. 따라서, 순진하게도 최종 작품에 대한 권리를 포기했다. 이 음반은 레리 루렉스(Larry Lurex)란 이름으로 EMI에서 발매되었다. 중요한 시간대에 방송되지 않았기 때문에 거의 팔리지 않았고 곧 떨이 창고로 보내졌다. 그 이후에 재발매되었는데, 지금은 누구나 탐내는 귀한 음반이 되었다. 음반이 재발매되었을 때는 퀸도 살벌한 레코드 업계를 잘 알 만큼 성장했기 때문에 음반에 대한 권리를 획득했다.

그해 여름, 힘든 비즈니스 환경 속에서도 퀸은 이를 악물고 첫 번째 앨범 작업을 계속해 나갔다. 그런데 퀸의 앨범을 맡은 2명의 프로듀서 중 존 앤서니의 주된 업무가 알 스튜어트(Al Stewart, 1945~, 영국의 가수)와의 레코드 작업이었기 때문에 퀸 업무와 병행하기가 쉽지 않았다. 그는 밤낮없이 계속되는 업무 부담을 더 이상 견디지 못하고 쓰러졌다. 의사는 EBV로 진단했다. EBV는 만성피로를 일으키는, 심신이 약화되는 병이었다. 앤서니는 휴가를 연장하여 그리스로 떠나고 로이 토머스 베이커만 프로듀서로 참여했다.

로이는 데카에서 수습 엔지니어로 일했으며 1969년에 트라이던트에 입사하였다. 프리의 〈올 라잇 나우(All Right Now)〉, 티렉스의 〈겟 잇 온(Get It On)〉 등을 작업에 참여한 경력이 있었다. 퀸과의 관계는 시험대와 같았다. 최종적인 앨범은 다소 만족스럽지 못했다. 앤서니는 그리스에서 다시 돌아왔을 때 로이가 정신분열증 질환이 있음을 알게 되었다.

"프레디, 브라이언과 함께 리믹스했습니다. 퀸 라이브 쇼의 에너지와 특별함을 나타내려고 노력했죠." 앤서니의 말이다.

리믹스와 튜닝 작업을 하면서 모든 사람들이 지쳐 떨어졌다. 프로젝트에 참여했던 엔지니어 한 명은 프레디에 대해 말했다. "타고난 슈퍼스타와 작업해 보세요. 신경이 곤두서고 안절부절못하게 되죠." 로이와 존 앤서니는 그때 레코드사를 돌아다니기 시작했지만 퀸에게 관심을 보이는 회사가 없어 당황했다. 모두 한결같이 퀸의 사운드가 예스나 레드 제플린과 너무 유사하다고 지적했다. 실제 앨범 작업에 참여한 사람들이라면 퀸의 사운드가 독창적이라는 것에 모두 동의하는데 말이다. 퀸은 아직도 자신들의 곡을 LP 음반으로 만들어 시장에 내놓을 회사를 찾지 못했다. 그래도 곡 발표[19]는 잘 진행되어 뮤직 퍼블리싱 기업 '비 펠드만 앤 컴퍼니(B. Feldman & Co.)'에서 맡는 것으로 정해졌다. 그동안 셰필드 형제는 잭 넬슨(Jack Nelson)을 영입했다. 그는 미국 음반 산업 경영

19 music publishing. 작사자, 작곡자는 뮤직 퍼블리싱 기업과의 계약을 통해 곡에 대한 저작권을 기업에 위임하고, 기업은 곡이 상업적으로 활용되었을 때 작사자, 작곡가에게 수익금을 보장해주는 역할을 한다.

진의 간부였다. 어려운 상황일수록 빛을 발휘하는 정열적인 스타일로서, 퀸이 음반 회사와 컨택할 수 있도록 주선해 주었다. 잭 넬슨은 퀸에게 큰 흥미를 느꼈지만 음반사와 경영진이 왜 관심을 보이지 않는지 궁금했다. 잭 넬슨은 자발적으로 퀸의 매니저 역할을 떠맡았다.

"1년 이상 걸렸어요. 모든 회사가 거절하더군요. 이름을 말하지는 않을 겁니다. 퀸을 거절했다는 사실을 스스로는 잘 알고 있겠죠."

"프레디는 키보드로 작곡했어요. 그는 정통적인 피아노 훈련을 받았어요. 매우 복잡하고 굉장한 재능꾼이죠. 브라이언은 로큰롤 기타리스트로서 영향력을 발휘했습니다. 믿을 수 없을 정도로 재능이 뛰어나죠. 산만하다가도 필요할 때는 집중하는 스타일이에요. 적외선 천문학 학위가 있어요. 존은 베이스 기타 플레이어였어요. 존이 있었기 때문에 강렬한 비트가 가능했어요. 전자공학을 전공해 최우수 학위를 받았죠. 드러머 로저는 학위가 2개예요. 퀸은 이 분야에서 가장 스마트한 밴드일 거예요. 성격도 완전히 제각각이었어요. 공항에 들어가면 한 명은 서 있고 한 명은 오른쪽으로, 또 한 명은 왼쪽으로, 나머지 한 명은 직진하는 그런 식이죠. 하지만 이러한 다양성이 모여서 엄청난 창조력을 만들어 냅니다. 중간에서 만나 목소리를 합치면 놀랄 정도죠."

멤버들은 각각 동등했다. 누구도 밴드의 리더를 자처하지 않았다. 집단으로 다른 사람들에게 나서기에는 모두 너무 똑똑했다. 밴드 초기에 로저는 브라이언과 공통점이 많다고 느꼈지만 나중에는 프레디와 더 가깝게 지냈다.

"우리가 항상 잘 지내지는 않았지만 서로를 필요로 한다는 것을 깨닫게 되었습니다." 로저가 2011년 3월, 《Q》 잡지와의 인터뷰에서 밝힌 내용이다.

브라이언은 모든 일에서 지나치게 신중하고 오랫동안 고민했으며, 내성적이고, 고집이 세고 잘 인정하지 않는 경향이 있었다.

"우리는 모두 상당한 콤플렉스를 가지고 있었는데, 그래서 여러 가지 방향에서 상호작용을 이룰 수 있었죠. 나는 로저와 어떤 면에서는 상당히 친해요. 오랫동안 밴드 생활을 같이 했기 때문이죠. 옛날이나 지금이나 형제 같아요. 음악에 대한 열망과 음악을 바라보는 관점에서는 매우 가깝습니다. 하지만 여러 가지 면에서 또 많이 달라요. 형제처럼 어느 정도는 사랑하고 미워하기도 하는 거죠. 프레디하고는 특히 곡을 쓸 때 생각이 비슷했어요. 여러 가지 근거를 대며 프레디를 설득해서 내가 원하는 소리를 내게 했던 그때가, 삶의 최고의 순간들이었습니다."

브라이언과 로저는 어떨 때 다투었을까?

"매사가 다 그렇죠. 음악에 대해서도 일단 구체적으로 들어가면 항상 논쟁거리가 생겨요. 음표 하나로 며칠씩 다투니까요."

존은 말수가 적은 편이었지만, 퀸 밴드의 돈 문제를 관리하는 데 많은 기여를 했다. 특히, 수입을 배분할 때 멤버 간 다툼의 소지를 없애는 데 기여했다. 싱글에 이름이 올라가 있으면 누구나 수익금을 받았다. 모든 노래에 대해 4명의 멤버가 똑같이 기여했다고 모두가 인정할 때에만 수익금을 똑같이 배분하는 방법을 써서 멤버들 간의 반감을 없앨 수 있었다. 프레디는 이러한 수익 배분 방식이 퀸이 정한 최고의 결정들에 속한다고 보았다. 가장 민주적일 뿐 아니라 불화의 소지를 없애주기 때문이다. 누가 얼마를 가지느냐의 문제로 옥신각신하다가 밴드가 해체되고 우정이 깨지는 경우가 많다.

프레디의 오랜 친구인 토니 해들리(Tony Hadley, 1960~, 영국의 가수, 보컬 담당)는 이 때문에 된통 혼이 난 적이 있다. 1999년에 그룹 스팬다우 발레의 멤버였던 토니 해들리, 존 키블(John Keeble, 1959~, 영국의 가수, 드럼 담당), 스티브 노먼(Steve Norman, 1960~, 영국의 가수, 기타 담당)은 곡을 주로 썼던 동료 게리 켐프를 고소했다. 음반 수익금이 공정하게 배분되지 않았다는 이유에서였다. 그들은 소송에서 졌고, 10년간 밴드 활동 소식을 들을 수 없었다. 그들은 2009년에야 재결합하여 투어에 나설 수 있었다.

퀸 멤버들은 모두 음악적 재능을 타고났으며, 각자 다른 다양한 능력과 서로를 보완하는 장점이 있었다. 프레디와 브라이언이 주로 곡을 썼지만 로저와 존도 퀸의 히트곡을 만들었다. 프레디가 만든 곡은 〈보헤미안 랩소디〉, 〈킬러 퀸(Killer Queen)〉, 〈썸바디 투 러브(Somebody to Love)〉, 〈위 아 더 챔피온스(We Are the Champions)〉이다. 브라이언의 곡은 〈타이 유어 마더 다운(Tie Your Mother Down)〉, 〈위 윌 록 유(We Will Rock You)〉, 〈해머 투 폴〉, 〈후 원츠 투 리브 포에버(Who Wants to Live Forever)〉이다. 〈라디오 가가〉, 〈원 비전(One Vision)〉, 〈잇츠 어 카인드 오브 매직(It's a Kind of Magic)〉, 〈디즈 아 더 데이즈 오브 아워 라이브즈(These Are the Days of Our Lives)〉는 로저가 만든 곡이다. 〈유아 마이 베스트 프렌드(You're My Best Friend)〉, 〈아이 원 투 브레이크 프리(I Want to Break Free)〉, 〈어나더 원 바이츠 더 더스트(Another One Bites the Dust)〉는 존의 곡이다.

홍보 담당자인 버나드 도허티는 퀸의 모든 멤버가 프론트맨이었다고 한다. "4명의 곡이 모두 히트하고 사람들의 환호를 받는 밴드는 많지 않아요."

폴 감바치니가 보기에 프레디와 브라이언은 완벽한 보완 관계였다. "서로 중복되지 않았습니다. 그렇기 때문에 질투할 이유가 없었고 서로를 높이 평가했죠. 각자의 역할에 대해서도 자유로웠습니다. 브라이언은 쇼맨이 아니었어요. 자신과는 다른 프레디가 있었기 때문에 더 편했던 거예요. 브라이언은 그냥 무대에 서서 기타리스트로서의 역할을 하고 나머지는 프레디 몫으로 남겨두었죠. 동시에 '기타의 신'이라는 평가에 안주하지 않고 더 집중해서 노력했습니다. 연주하는 모습을 보세요. 믿기지 않을 정도입니다. 프레디, 로저, 존이 쓴 곡들이 비교적 더 인기 있었어도 관대했습니다. 그룹 브레드(Bread, 미국의 4인조 록 그룹)만 하더라도 모두가 데이비드 게이츠(David Gates, 1940~, 미국의 록 가수, 그룹 브레드의 멤버였음)의 곡들이고 다른 멤버들은 인기가 없었죠. 하지만 브라이언은 프레디의 곡들이 성공해도 고마운 일이라고 생각할 뿐이었어요. 이런 점 때문에 조화로운 앨범을 만들 수 있었습니다."

1972년 11월에 트라이던트와 계약한 퀸은 더 피전트리 빌딩에서 쇼케이스 행사를 열었다. 더 피전트리는 첼시아의 킹스 로드에 위치한, 최신식 유행이 몰려드는 곳이었다. 1970년대에는 많은 밴드가 이곳에서 첫 번째 공연을 했다. 밥 겔도프도 라이브 에이드 캠페인을 킹스 로드에서부터 시작하였다. 퀸의 쇼케이스를 준비하는 모든 스태프들은 갖은 방법을 동원하여 음악 비즈니스 담당자에게 쇼케이스 지원을 부탁했다. 온갖 노력을 다했지만 관객이 많이 모이지는 않았다. 비참한 밤이었다. 장비들은 낡았고 퀸 밴드는 활력이 없었다. 단 한 명의 음반 제작 감독도 찾아볼 수 없었다.

크리스마스를 5일 앞두고 퀸은 소호의 워두 스트리트에 있는 전설적인 마키 클럽에서 공연할 기회를 갖게 되었다. 워두 스트리트는 옥스퍼드 가를 그대로 옮겨놓은 듯한데, 1962년 7월에 롤링 스톤스의 첫 번째 라이브 공연이 이곳에서 개최되었다. 그 공연에 같이 참가했던 스타들로는 야드버즈, 더 후, 지미 헨드릭스 등으로 면면이 화려했다. 그나마 엘렉트라 레코드사의 상품기획자 잭 홀츠먼(Jac Holzman)이 그날의 관객 중에서 유일한 희망이었다. 퀸의 매니저 잭 넬슨은 마키 클럽에서의 쇼케이스 전에 홀츠먼에게 퀸의 앨범 테이프를 주었다.

홀츠먼은 헤드폰으로 그들의 음악을 처음 들었다. "대단히 아름다웠어요. 모든 것이 담겨 있는 음악이었습니다. 책상 위에서 완벽하게 컷팅된 다이아몬드를 발견하는 느낌이었어요. 놀라 기절할 지경이었죠. 〈킵 유어셀프 얼라이브(Keep Yourself Alive)〉, 〈라이어〉, 〈더 나잇 컴즈 다운(The Night Comes Down)〉 등 모두 정말 대단한 곡들이었어요. 기초가 탄탄한, 제대로 만들어진 로큰롤 위에 가장 순수한 아이스크림을 얹은 것 같은 화려한 느낌의 곡들이었어요."

계속된 협의 후에 잭 넬슨은 홀츠먼이 쇼케이스에 참석할 수 있도록 준비했다. 그런데 쇼케이스에 왔던 홀츠먼은 실망스러웠다.

"런던에 가서 공연을 보고 끔찍이 실망했습니다. 테이프로 들었을 때의 파워를 무대에서 찾아볼 수 없었어요. 4~5페이지 정도로 내 생각과 제안 사항들을 써주었습니다."

마키 클럽 공연에서는 프레디의 동성애 연기가 아직 두서없었고 그 당시 대중들의 입맛에도 맞지 않았다. 홀츠먼은 그날의 라이브 공연에서 미국식 마초 스타일과, 눈에 확 들어오는 로큰롤을 기대했다. 발레 슈즈, 깃털 목도리, 레오타드[20]는 홀츠먼이 전혀 예상치 못한 것들이었다. 언뜻 보기에도 발레에서나 볼 수 있는 포즈나 몸치장은 테이프를 들으면서 이해한 것과는 맞지 않는, 어색한 연출이었다.

공연 후 얼마 지나지 않아 홀츠먼은 두 번째로 자신의 의견을 보냈다. 퀸의 음악은 다른 음악과 달리 특이한 점이 있으며, 점점 매력을 느낀다는 내용이었다. 퀸과 미국 엘렉트라 레코드사는 계약하기로 합의했다. 도어스(The Doors, 1967년에 데뷔한 미국의 록 밴드)처럼 유명한 밴드가 소속된 엘렉트라사와의 계약을 앞두고 있었지만 아직도 영국 음반 회사들은 퀸에게 관심을 보이지 않고 있었다. 한편 트라이던트사와의 관계는 여전히 좋지 않았다.

20 leotard. 무용수나 여자 체조 선수가 입는 것 같은 몸에 딱 붙는 타이즈

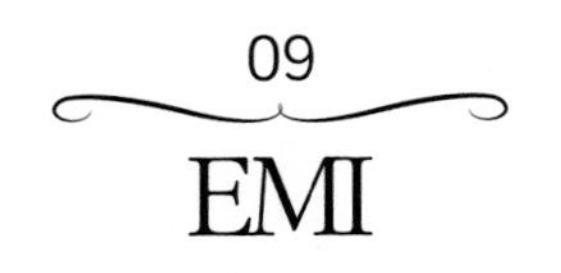

09 EMI

접힌 날개를 힘껏 펼치다

〈킵 유어셀프 얼라이브〉는 퀸을 알리는 데 매우 적절한 곡이었다.

프레디 머큐리

첫 순간에 말 그대로 '스타구나!'라고 알아차렸던 딱 두 사람이 떠오르네요. 필 라이넛과 프레디예요.

토니 브레인스비, 퀸의 홍보 담당자

1973년 1월, 숱한 좌절 끝에 퀸의 데뷔 앨범이 드디어 완성되었다. '퀸(Queen)'이라는 이름의 걸작이었다[21]. 2월에는 존 필의 프로그레시브 라디오쇼에서 퀸의 곡이 방송되었다. 그 시절에는 방송 계약도 하지 않은, 사실상 무명인 밴드의 곡을 라디오1에 내보내는 것 자체만으로도 쿠데타에 가까운 일이었다. 뜻밖의 행운도 따라주었다. 퀸의 뮤직 퍼블리싱을 맡았던 '비 펠드만 앤 컴퍼니(B. Feldman & Co.)'가 EMI 뮤직 퍼블리싱에 합병되어서, 자연스럽게 퀸은 EMI라는 대기업과 계약 관계를 맺게 되었다. 이로써 퀸은 큰 꿈에 한 발짝 더 가까이 다가설 수 있었다. "EMI는 1970년대에 레코드업계의 절대적인 존재였습니다." 앨런 제임스(Allan James)는 레코드업계에서 가장 유명한 기획자가 되기 전 EMI에서 일했다. 아티스트들에게 '더 맨 인 블랙(The Man in Black)'으로 통하는 앨런 제임스는 엘튼 존, 엘리스 쿠퍼(Alice Cooper, 1948~, 미국의 가수), 릭 웨이크먼, 킴 와일드(Kim Wilde, 1960~, 영국의 가수), 유리스믹스(Eurythmics, 1981년에 데뷔한 영국의 듀엣 그룹) 등 수많은 아티스트와 함께 일했다.

제임스는 "워너(Warner)와 CBS는 미국 기업이었어요. 파이(Pye), 데카(Decca)와 다른 영국 기업들은 이들에 비해 한참 뒤졌죠. EMI 맨체스터 스퀘어는 캐피톨(Capitol, EMI의 미국 계열사), 모타운(Motown, 미국의 레코드 제작사)과 같이 영국의 아티스트가 미국 기업들을 선택하지 않도록 거르는 역할을 했습니다. 비틀즈, 베라 린(Vera Lynn, 1917~, 1936년에 데뷔한 영국의 가수), 클리프 리처드 등 주요한 아티스트도 모두 EMI 소속이었습니다. 퀸 역시 EMI와의 계약을 열렬히 원했지요."

"EMI의 조셉 록우드(Joseph Lockwood) 회장은 프레디가 아이돌로 삼았던 동성애자였습니다. 동성애자에 대한 사회의 시선이 조셉 록우드 회장 시절

21 퀸의 데뷔 앨범 《Queen》의 발매 시기는 1973년 7월이었다.

보다 더 나아진 건 없었어요. 동성애자로 밝혀졌을 때, 조셉 록우드와 프레디는 판박이처럼 행동했어요. 처음 밝혀졌을 때 과대망상 증상이 있었습니다. 조셉은 수행원과 함께 EMI 리셉션 행사장을 헤치고 성큼성큼 걸어갔어요. 조셉의 펜트하우스로 곧바로 올라갈 수 있는 리프트가 항상 준비되어 있었죠. 리프트로 올라가면 이스츠 내외가 대기하고 있었습니다. 켄 이스츠(Ken East)는 1970년대 EMI의 상품 기획자였어요. 몸집이 크고, 대머리에 쉿소리를 내는 호주인으로, EMI에 오기 전에는 대형 트럭 운전자였죠. 그의 아내 돌리는 남편의 내조에 통달한 여자였어요. 큰 몸집에 못 말리는 엄마 스타일이었죠. 켄은 아티스트를 동경했어요. 그들과 어울리기 위해 갖은 노력을 다했죠. EMI는 동성애자로 넘쳐났어요. 켄과 돌리도 이런 상황들을 받아들였습니다. 우리는 모두 클리프 리처드와 저녁식사를 하러 밖으로 나갔어요. 소호 클럽 근처에서 장난을 쳤죠. 〈워터십 다운(Watership Down)〉의 등장 인물로 분장을 하고요. 프레디는 이렇게 노는 걸 무척 재미있어 했어요. EMI 입장에서는 퀸을 마다할 이유가 없었죠. 퀸이 가는 곳마다 EMI라고 쓰여 있어서 홍보 효과가 엄청났거든요. 그리고 퀸은 차별성과 지성, 창의성을 갖추었습니다. 퀸의 행동은 시대정신이 되었죠. 팬들이 원하는 것에 귀를 기울이고 그것보다 한 발짝 앞섰어요. 자신들이 무엇을 하고 있는지 잘 알고 있었고 EMI도 마찬가지였습니다."

퀸과의 계약을 주장한 사람은 EMI의 음악 제작 총감독인 주프 비저(Joop Visser)였다. 그룹 코크니 레벨(Cockney Rebel, 영국의 5인조 밴드)의 프론트맨이었던 스티브 할리(Steve Harley, 1951~, 영국의 가수이자 작곡가)는 주프 비저를 '사랑스럽고 위대한 네덜란드인'으로 기억했다.

"주프는 그 분야에서 성공할 만한 3개의 밴드를 발견하고 동시에 계약했습니다. 퀸, 파일럿(Pilot), 그리고 우리였어요. 우리와 3개의 앨범을 내기로 계약했습니다. 조건은 아무것도 없었어요. 정말 끝내줬죠. 이런 계약은 들어본 적이 없어요. 주프는 우리의 경력을 만들어주었고 우리의 삶을 바꿨어요."

"난 그때 23살이었는데 자신감이 가득했어요. 우리가 주프와 거래하고 있다니! 너무도 자랑스러웠어요. 누구도 나를 막을 수 없었죠. 주프는 사람들이 그를 따르고, 의견을 듣고 싶어 하는 그런 사람이었어요."

"나는 내가 하고 싶은 대로 하는 사람이에요. 노름도 좀 하고, 참을성도 없는 편이고, 자만심에 가득 찼죠. 하지만 주프를 화나게 할 수는 없었어요. 진심으로 주프를 좋아했거든요. 아마 내가 뭔가 실수를 해도 똑똑한 퀸이 알아서 피해 다녔을 거예요. 무대에서 프레디와 나는 연극적으로 과장된 행동을 하는 취향이 같았어요. 글램록이라고 할 수는 없어요. 우리 밴드나 퀸을 글램록이라고 부르지는 않습니다. 프레디가 프론트맨으로 있는 퀸은 연극적인 요소가 있습니다. 글램록이라고 입증하거나, 그런 맥락에서 볼 필요도 없습니다."

스티브는 사진작가 믹 록이 프레디, 데이비드 보위와 자신에게 연극적인 성향을 불러일으켰다고 했다.

"믹 록은 우리를 아주 혹독하게 밀어붙여서 많은 자극이 되었어요. 그는 항상 사람들을 끌어 모았어요. 어느 날엔가 데이비드 보위와 같이 일했던 믹 론슨(Mick Ronson)을 에지웨어 로드에서 조금 떨어진 내 집에까지 데려왔어요. 따뜻한 훈기가 있는 가정처럼 지내야 한다면서 말이죠."

"믹 록은 나와 퀸의 사진사였기 때문에 우리 모두를 잘 이해하고 우리의 창의성을 격려해 주었어요. 우리는 우리 같은 밴드가 이 음악 비즈니스를 뒤흔들어야 한다는 걸 알고 있었죠. 나는 마음속으로는 포크 싱어였지만 그때는 부정했어요. 화려한 분장이 그 시대에 맞는 거였거든요. 프레디도 똑같이 생각했어요. 프레디와 저녁을 먹으면서 여러 번 얘기해서 알 수 있었습니다. 퀸 멤버들—특히 프레디—도 나처럼 주프를 좋아했어요."

주프 비저는 퀸이 처음부터 마음에 들지는 않았다. 주프는 '머신 헤드

(Machine Head)' 월드 투어 후에 딥 퍼플의 보컬리스트 이안 길런(Ian Gillan, 1945~, 영국의 가수, 그룹 딥 퍼플의 전 멤버)이 그만두자, 딥 퍼플의 빈자리를 메울 밴드를 찾고 있었다. 주프는 퀸의 리허설 테이프를 보고 1972년 12월 20일에 열린 마키 클럽 공연에도 가보았지만 그다지 감명을 받지 못했다. 고칠 데가 많은 그룹이라고 생각했다.

1973년, 마키 클럽에서 또 한 번의 쇼케이스가 있은 후에 트라이던트와 EMI는 3개월간의 힘든 협상 끝에 마침내 퀸과 계약을 맺었다. 2010년에 브라이언과 로저가 더 유니버설 뮤직 그룹으로 옮길 때까지 퀸과 EMI의 계약은 38년간 유지되었다.

퀸의 공식적인 데뷔 싱글 〈킵 유어셀프 얼라이브〉는 데뷔 앨범의 오프닝곡이 되었다. 이 곡은 1973년에 나왔는데, 브라이언이 작사·작곡했다. 하지만 반응이 지지부진했다. 대대적인 홍보가 이루어지지 않았는데, 과장된 광고는 기회주의적이고 좋지 못하다는 인식이 우세하던 시대였기 때문이다. 프레디는 너무나 낙담해서 스스로 잘하고 있는 걸까 하는 의구심마저 들었다. 국영 방송 라디오1의 편집자 곡 목표에서 5번이나 거부되기도 했다. 그때까지는 라이선스를 받은 상업라디오 방송국조차 없었다. 싱글 〈킵 유어셀프 얼라이브〉는 차트권에 진입하지 못했다. 방송 시간에 곡을 내보낸 유일한 DJ는 앨런 플럽 프리먼뿐이었다. 앨런 플럽 프리먼(Alan Fluff Freeman)은 존 필이 '가장 위대하고 철저한 디스크자키'로 평가한 인물이었다. 앨런의 유명한 캐치프레이즈는 '바로 그거야.'였다. 그는 헤비 사운드, 프로그레시브 사운드의 싱글 곡들을 선정해서 새로 맡은 〈토요일 밤의 록 쇼〉에서 선보였다.

EMI는 단념하지 않고 퀸을 열성적으로 홍보했다. 당시에는 BBC TV의 컬트록 쇼 〈디 올드 그레이 휘슬 테스트(The Old Grey Whistle Test, OGWT)〉에 참가하는 것이 대중들에게 노출되는 최선의 방법이었다. OGWT라는 이름은 뮤직 퍼블리셔와 작곡가들의 모임인 틴 팬 앨리(Tin pan Alley)에서 유래되었다. 틴 팬 앨리에서는 처녀작이 나오면 회색 수트 차림의 도어맨들(Old Greys)에게 한번 들어보라고 준다. 도어맨들이 처음 들었을 때 노래가 좋아서 휘파람으로 멜로디를 따라 부를 정도이면 OGWT를 통과했다고 판단했다. 이 프로그램은 BBC의 다른 인기 프로그램과 달리 앨범 음악만을 소개했는데, 16년간이나 인기 프로그램으로 방송되었다.

LP에 담긴 퀸의 화이트 라벨 곡들이 OGWT 제작 부서에 아무것도 적혀 있지 않은 상태로 보내졌다. 담당자가 실수로 밴드 이름과 레코드 회사 이름을 적지 않았던 것이다. 누가 그 디스크를 보냈는지, 누구의 디스크인지 아무도 알지 못했다.

OGWT 프로듀서였던 마이크 애플턴(Mike Appleton)은 그때를 기억하고 있었다. "여러 지역에서 정말 많은 음악 앨범을 보냈던 때라서 대부분의 밴드들은 이 스튜디오에서 연주할 기회조차 갖지 못했습니다. 이 문제를 해결하기 위해 나는 필 젠킨슨(Phil Jenkinson)에게 우리가 받은 곡들과 어울리는 영상을 찾게 해서 영상과 함께 음악들을 방송했습니다. 이것을 뮤직 비디오의 시초라고 하는 사람도 있어요. 그런데 뮤직 비디오는 라이브 공연에 대한 관심을 떨어뜨리는 부정적인 영향을 주었다고 봅니다. 라이브 공연의 전성시대가 끝나고, 항상 똑같은 모습을 보이는 TV 프로그램이 그 자리를 대신했죠."

그럼에도 불구하고 음악과 영상을 내보내는 이러한 시도는 사람들에게 즐거움을 주었다.

"시청자들이 이것을 보려고 OGWT 채널로 돌리기 시작했습니다. 리틀 피트(Little Feat, 1971년에 데뷔한 미국의 록 밴드), ZZ 톱(ZZ Top, 미국의 록 밴드), JJ 케일(JJ Cale, 1938~2013, 미국의 싱어송라이터), 얼리 스프링스틴(early Springsteen), 레너드 스키너드(Lynyrd Skynyrd, 1973년에 데뷔한 미국의 록 밴드)의 노래들을 단골로 내보냈죠. 레너드 스키너드의 곡 〈프리버드(Freebird)〉의 신청이 쇄도했습니다. 우리는 만화, 추상영화, 실험적인 작품, 경품 행사 등 다양한 시도를 했습니다. 믿기지 않을 정도로 반응이 좋았어요. 어느 날 책상 위에 아무것도 적혀 있지 않은 화이트 라벨이 놓인 것을 보았어요. 그냥 무시할 수도 있었는데 한번 들어보았죠." 애플턴은 〈킵 유어셀프 얼라이브〉에 감동을 받아 방송하기로 결정했다.

"주위에 연락해서 누가 불렀는지 알아보았지만 아무도 몰랐어요. 그래서 필에게 그 곡을 틀고 '이 곡을 누가 불렀는지 아무도 모르는데 아는 분은 연락 주세요.'라고 방송에서 말하게 했죠. 필은 은빛 유선형 열차의 흑백 만화 장면을 배경으로 루즈벨트(F. D. Roosevelt, 1882~1945, 미국의 32대 대통령) 대통령의 얼굴이 나온 영상에 퀸의 곡을 틀었습니다. 그 장면은 1930년대에 정치 캠페인에도 활용되었습니다. 다음 날 EMI로부터 연락이 와서 퀸이란 걸 알게 되었고, 시청자들에게 알려 주었죠. 그 후에 시청자 문의가 쇄도했습니다."

퀸의 첫 번째 앨범은 1973년 7월 13일에 발매되었다. 퀸이 대성공을 거두었던 웸블리 스타디움에서의 라이브 에이드 공연까지는 아직 12년이란 세월이 필요했다. 앨범에 대한 호응이 없었고 비난하는 반응도 있었다. 특히 《뉴 뮤지컬 익스프레스(New Musical Express)》 지의 비평가 닉 켄트(Nick Kent, 1951~, 영국의 록 평론가이자 음악가)는 '오줌 한 양동이'로 심하게 표현하여 오랫동안 퀸과 좋지 않은 관계가 되었다. 하지만 이제 대중들은 퀸의 음악을 듣기 시작했다. 앨범은 17주 동안 차트에 올랐고 24위까지 상승하기도 했다. 퀸은 골든디스크 상도 받았다.

라디오1에서 한 곡 더 방송이 나갔지만 여전히 퀸의 노래는 잘 방송되지 못했다. 트라이던트는 퀸의 새로운 곡을 준비하고 기존의 곡을 업데이트하기 위해 세퍼튼 스튜디오에 사용 예약을 했다. 이제는 홍보용 필름도 제작할 때가 되었다. 트라이던트는 자회사 트릴리온과 함께 사업 영역을 비디오 분야로까지 넓혔다. 이번 홍보용 필름은 〈킵 유어셀프 얼라이브〉와 〈라이어〉의 홍보용 비디오 제작으로, 장차 최고의 영화감독이 될 마이크 맨스필드가 제작 지휘했다.

스캇 밀라니(Scott Millaney, 음반 프로듀서)는 그 당시에는 홍보용 비디오가 초창기였으며, 이는 음악 프로모션의 중요한 도구가 되었다고 한다. 레코드사들은 소속 가수들의 곡을 차트에 올리기 위해 뮤직 비디오 제작에 필요한 훌륭한 감독, 매력적인 장소, 특수효과를 찾는 데 돈을 쏟아 부었다. 스캇 밀라니는 역사에 기록될 훌륭한 팝 비디오를 제작했다. 버글스(Buggles, 1980년에 데뷔한 미국의 록 그룹)의 〈비디오 킬드 더 라디오 스타(Video Killed the Radio Star)〉, 데이비드 보위의 〈애시즈 투 애시즈(Ashes to Ashes)〉, 퀸의 〈아이 원 투 브레이크 프리(I Want to Break Free)〉가 모두 그의 작품이다. 스캇 밀라니의 회사 MGMM은 퀸의 비디오를 10개나 제작했다.

"홍보 비디오 비즈니스는 기교와 테크닉 위주라서 결국에는 큰 효과를 거두지 못할 겁니다. 하지만 1970년대에만 해도 아티스트의 커리어를 높이는 데 큰 영향력을 가진, 흥미진진하고 신선한 미디어였습니다."

스캇은 홍보 비디오를 성공적으로 제작하려면 3가지 기본 요소—곡의 멜로디와 가사, 라이브 공연, 아티스트에 대한 대중들의 이미지—가 갖춰져야 한다고 보았다. 이 3가지의 삼박자가 잘 갖추어져야 라디오에서 더 큰 효과를 거둘 수 있는 것이다. 아티스트들은 곧 라이브 공연을 꺼려할 것이다. 스타를 완벽하게 표현하는 데 라이브 공연이 비디오 녹화를 따라갈 수 없기 때문이다.

"해 뜰 때 촬영을 시작해서 밤중에 끝내는 경우도 종종 있습니다. 빡빡한 스케줄 때문에 아티스트들이 힘들어하죠. 우리 같은 회사는 상업용 비디오도 만들고 예술작품도 만듭니다. 나는 그때 최고로 창의적인 파트너가 있었어요. 우리는 MTV보다 2년 먼저 시작했어요."

퀸의 첫 번째 비디오 촬영 〈킵 유어셀프 얼라이브〉는 기대에 못 미쳤다. 스튜디오 환경이 만족스럽지 못했고 마이크 맨스필드와의 관계에도 불화가 있었다. 맨스필드는 퀸의 아마추어적인 제안들을 대부분 거절했고, 경험에서 나온 자신의 아이디어를 더 선호했다. 특히 프레디는 맨스필드가 퀸 음악의 포인트를 이해하지 못한다고 느꼈다. 맨스필드의 생각이 시대에 뒤처졌고, 너무 뻔한 것들이면서도 거만하다고 생각했다. 결국 촬영분을 어디에도 활용할 수 없어서 비디오 촬영이 포기되었다. 〈라이어〉 촬영을 할 때는 퀸의 멤버들이 맨스필드와의 작업을 거부했다. 퀸은 런던 브루어 스트리트 스튜디오의 브루스 고어스와 힘을 합쳐 자신들이 생각하는 아이디어들을 표현하고자 했다. 퀸은 DVD 콜렉션의 팸플릿에 '퀸 그레이티스트 비디오 히츠 1(Queen Greatest Video Hits 1)'이라고 썼다. 프레디가 쓴 곡 〈라이어〉는 영국이 아닌 북아메리카에서만 싱글로 발매되었다. 프로모션 버전이 DVD에 처음으로 포함되었다.

자신들의 작품을 완전히 컨트롤하고 창의적인 작업의 리스크를 충분히 감수할 수 있는 여유가 생기면서 바야흐로 퀸의 시대가 동이 트기 시작했다.

1996년의 인터뷰에서 퀸의 첫 번째 홍보 담당자인 토니 브레인스비는 퀸이 작품을 스스로 컨트롤하려는 집착이 심하다고 볼 수는 없다고 했다. "자신들 스스로가 무엇을 원하는지 항상 정확히 알고 타협이나 대체라는 건 있을 수 없었어요. 자신들이 어떤 관점에서 보는지에 대해 완벽할 정도로 명확했죠. 따라서 자신들의 생각과 다른 것과 어울린다는 건 무의미했습니다."

브레인스비는 아주 싼값에 영입되어 퀸의 홍보 업무를 담당했다. 그는 멋지고, 날씬하고, 말쑥했으며, 안경을 쓰고, 만다린 색상의 검은 재킷, 홀쭉한 바지, 첼시아 부츠 차림이었다. 1960년대의 포스트 스윙잉 식스티즈(post-Swinging Sixties)를 대표하는 튀는 이미지의 브레인스비는 록의 보증서와 같았다. 10대 때 소호 거리의 집에서 에릭 클랩튼, 롤링 스톤스의 브라이언 존스(Brian Jones,

1942~1969)와 같이 살았다. 잡지《보이프렌드(Boyfriend)》에 칼럼을 게재한 인연으로 TV 팝 프로〈레디, 스테디, 고!(Ready, Steady, Go!)〉리허설에도 고정 출연했다.〈레디, 스테디, 고!〉출연 경험은 광고회사를 론칭할 때 많은 도움이 되었다. 브레인스비는 퀸을 만났을 때 런던에서 가장 잘나가는 음악 홍보 담당자였다. 그는 풀햄 로드와 킹스 로드 사이의 에디트 그루브에 살았는데, 집은 항상 죽은 식물들과 록에 심취한 소녀들, 텔레비전 세트들로 가득 차 있었다. 우리도 브레인스비의 파티에 들렀다가 그 후에 며칠씩 회사에 안 나타나곤 했다. 브레인스비의 절친 믹 록은 웨딩 전문 사진작가로, 캣 스티븐스, 씬 리지(Thin Lizzy, 1971년에 데뷔한 아일랜드의 록 밴드), 모트 더 후플, 스트롭스처럼 유명한 아티스트가 고객이었다.

"트라이던트의 잭 넬슨 매니저를 통해 퀸을 알게 되었어요. 나는 원래 잘 모르는 사람의 일은 맡지 않습니다. 그런데 퀸은 다르더군요. 임페리얼 대학에서 그들을 보았습니다. 무대는 없고 댄스 플로어만 있었죠. 프레디가 하얀 망토인가? 그런 종류의 옷차림에 한껏 포즈를 취하고 있었어요. 그들의 방식이라고 하기에는 너무 거리가 있었죠. 하지만 프레디는 자체만으로 존재감이 상당했어요."

브레인스비는 프레디가 혼자서만 튀려 하지 않았기 때문에 그룹 내에서 멤버들 간의 관계가 좋았던 점을 칭찬했다. "프레디는 퀸의 리더가 되려고 나선 적이 한 번도 없어요. 퀸 멤버들도 록 뮤지션으로서는 보기 드물게 고학력이었죠. 그들의 존재가 생소하게 느껴질 수 있었습니다."

초창기에는 인터뷰 상대로 브라이언, 로저, 존보다는 프레디를 더 많이 활용했다.

"하지만 곧 멤버 하나하나가 동등함을 알 수 있었죠. 나중에는 프레디 대신 브라이언이 주로 인터뷰를 했습니다. 브라이언은 오래된 벽난로를 이용해서 기타를 만들었는데, 연주하기 쉽고 어려운 악보 작업도 가능했다는 얘길 곧잘 했어요. 로저는《잭키 앤 19(Jackie and 19)》같은 십대 소녀들의 잡지의 핀업 사진으로 나올 법한 미모입니다. 인기가 많지 않았을 때부터 퀸은 사진에 대해 까다로운 편이었습니다. 언론에 공개되기 전에 반드시 본인들의 허락을 받아야 했습니다. 특히 프레디가 사진에 민감했어요. 뻐드렁니 때문이기도 하고, 완벽주의자라서 그렇기도 합니다. 전형적인 처녀자리죠. 프레디는 멤버들과 관련된 모든 기호들을 포함해서 퀸의 로고도 만들었어요."

쿨하고 느긋한 성격의 브레인스비는 프레디에게 반했다.

"프레디는 스타일리시하고 별난 점이 많았어요. 한쪽 손가락에만 까만 매니큐어를 칠하거나, 새끼손가락 하나에만 매니큐어를 칠하기도 하죠. '달링', '마이 디어' 같은 동성애적인 말들이 오히려 유쾌하게 들리고 사람들을 즐겁게 하죠. 사람들을 주위에 모여들게 하는 힘이 있어요. 프레디와 있으면 지루함을 느낄 수 없죠. 사무실 여직원들도 모두 프레디를 좋아했어요."

"그때는 프레디가 메리와 살고 있었어요. 그의 섹스 라이프는 우리 모두에게 완전히 미스터리였죠. 프레디가 전혀 말하지 않았으니까요."

브레인스비는 퀸 멤버들과 친밀하게 지내지는 않았다. "고객과 너무 가깝게 지내는 걸 좋아하지 않습니다. 고객들을 베스트 프렌드로 오해하면 홍보 업무에서 가장 큰 실수를 저지르게 됩니다. 고객이 부적절한 요구를 할 수 있기 때문입니다. 골칫거리가 될 수 있죠. 그런 종류의 일들은 사무실 직원들의 몫으로 남겨두죠."

브레인스비는 로큰롤을 '변덕스럽고, 불안정하고, 감정적이고, 자존심 때문에 괴로워하는' 비즈니스로 보았다. 이 분야에서 일하다 보면 모든 록스타는 피해망상가이자 괴짜임을 자연스럽게 받아들이게 된다.

프레디의 장점은 사람들에게 호감을 사는 괴짜라는 점이다.

"프레디가 정말 존경스러워요. 다른 사람들이 상상할 수 없는 창의력을 분출합니다. 27살이었지만 자신에게 엄청난 창의력이 있다는 걸 스스로도 알고 있었어요. 그 나이에 밴드 활동을 시작하기는 쉽지 않죠. 자신이 치러야 할 대가를 알고 성공을 위해 필사적으로 노력해도 오랫동안 전성기를 누릴 수는 없다는 점은 분명히 실망스러웠을 것입니다."

프레디는 어린 시절부터 자신의 능력을 잘 알고 있었던 듯했다.

"자신의 창의력을 발산할 출구를 필사적으로 찾았습니다. 성공을 이루고 나서야 안심할 수 있었어요. 이를 악물고 노력했지만, 좋은 일만 일어난 것은 아닙니다. 성공을 위해서는 발로 차고, 싸우고, 울부짖고, 주먹을 날리고, 소리쳐야만 하는 그런 시절이 필요하죠. 그때 프레디를 만났습니다."

10 프레디, 브라이언, 로저, 존

넷이 모여 전설이 되다

일을 하다 힘들 때 객관적으로 보면 용의주도하게 잘 처리할 수 있다고 본다. 하지만 자존심만큼은 어떻게 할 도리가 없다. 나는 항상 우리 팀을 최고라고 생각해왔다. 거만하다고 들릴 수도 있지만 우린 원래 그렇다.

프레디 머큐리

다른 록 밴드와 퀸의 차이는 곡을 직접 쓴다는 겁니다. 세계적인 뮤지션이라면 몰라도, 지구촌 모든 사람들이 따라 부를 수 있는 주옥같은, 3분 30초짜리 명곡을 만드는 건 엄청나게 어려운 일이죠. 이 모두를 해낼 능력이 있다면 진정한 위너인 거예요. 퀸의 성공의 비밀은 여기에 있습니다.

제임스 니스벳(James Nisbet), 세션 기타리스트 퀸은 1973년 8월에 트라이던트 스튜디오로 돌아와 2집 앨범을 녹음했다. 브레인스비의 끈질긴 노력으로 퀸은 이제 상당히 알려졌으며, 스튜디오 이용 시간도 대낮에 정식으로 확보할 수 있었다.

그해 9월 13일에 BBC 라디오 방송을 녹화하기 위해 뮤직홀 '골더스 그린 히포드롬(At Golders Green Hippodrome)'을 예약했다. '골더스 그린 히포드롬'에서 녹화할 때 앨런 블랙(Alan Black)이 진행을 맡았다. BBC 프로듀서인 제프 그리핀은 이렇게 기억한다. "피터 스켈런(Peter Skellern, 1947~, 영국의 가수, 싱어송라이터, 피아니스트)이 보조 진행자였어요. 좀 이상한 조합이었죠. 퀸은 잘했어요. 프레디가 좀 신경질적이긴 했습니다. 당시엔 퀸이 일이 너무 많아서 당연했어요. 대중들의 반응도 좋았고 많은 관심을 보였죠."

이와 동시에 엘렉트라 레코드사에서 미국에서의 첫 번째 앨범을 론칭했다. 영국에서 이미 쓴맛을 경험했기 때문에 많은 기대는 하지 않았다. 하지만 놀랍게도, 미국의 DJ들이 '흥미진진한 영국의 신인 가수'라고 소개했고 방송도 되었다. 문의가 빗발쳤고 빌보드 차트에 83위까지 올랐다. 무명의 밴드로서는 특별한 일이었다. 브레인스비는 모트 더 후플 공연에서 퀸이 서포트 공연을 할 수 있도록 주선했다. 모트 더 후플의 리드싱어는 냉소적인, 곱슬머리의 이안 헌터였다. 그때 모트 더 후플의 앨범 판매량은 실망스러운 수준이었다. 해체 직전의 모트 더 후플은 매니지먼트를 자청한 데이비드 보위의 간청으로 1972년에 다시 모였다. CBS 레코드사와도 계약했으며 데이비드 보위가 곡을 쓰고 프로듀싱에도 참여한 〈올 더 영 덧즈(All the Young Dudes)〉는 히트 싱글이 되었다. 1973년에 〈올 더 웨이 프롬 멤피스(All the Way From Memphis)〉, 〈롤 어웨이 더 스톤(Roll Away the Stone)〉이 수록된 싱글이 '톱 20'에 올라 영국 투어에 나섰다. 11월 12일에 리즈 타운 홀에서 시작해서 크리스마스 직전에 런던의 해머스미스 오데온 공연으로 마무리하는 일정이었다. 브레인스비는 모트 더 후플에게 퀸을 소개하고 찬조금도 기부해서 퀸이 모트 더 후플의 공연에서 서포트 연주를 맡을 수 있었다.

무허가 방송국인 매버릭 라디오 캐롤라인은 1964년에 설립되었다. 그들은 레코드 회사의 독점에 도전하고 영국에서 BBC와 치열한 경쟁을 하는 것을 자신들의 의무라고 자칭했다. 토니 블랙번(Tony Blackburn, 영국의 DJ, 라디오 진행자), 마이크 리드(Mike Read, 영국의 DJ), 데이브 리 트레비스(Dave Lee Travis, 1945~, 영국의 유명 DJ, 라디오와 TV 사회자), 조니 워커(Johnnie Walker), 엠퍼러 로스크(Emperor Rosko, 1942~, DJ, 라디오 진행자) 같은 쟁쟁한 DJ들의 프로가 많이 방송되었다. 그런데 1967년에 무허가 방송국이 불법화되면서 캐롤라인의 전성기는 갑자기 끝났다. 혼수 상태였던 BBC 방송은 캐롤라인에서 유명했던 토니 블랙번을 앞세워 10대들을 위한 라디오1을 론칭했다. 그런데 라디오1은 라디오 룩셈부르크라는 복병을 만난다.

데이비드 키드 젠슨(David Kid Jensen)은 불과 18살의 나이였던 1968년부터 라디오 룩셈부르크에서 일했다. 그는 캐나다 출신의 DJ로, 자정부터 새벽 3시까지 〈키드 젠슨스 디멘션즈(Kid Jensen's Dimensions)〉를 진행했다. 이 프로그램은 가장 인기 있는 라디오 프로여서 영국 수상인 토니 블레어(Tony Blair)를 포함하여 다양한 팬층을 확보하고 있었다.

젠슨은 1973년 10월에 퀸을 처음 만났다. 퀸은 유럽 순회공연 중이었다. 벨기에의 펑크록 그룹 더 키드(The Kid)와의 라이브 쇼 공연을 앞둔 시점이었다.

"1968년부터 1973년까지 유럽에서는 라디오 룩셈부르크에서만 록과 팝 음악을 들을 수 있었습니다. 라디오1의 방송은 이른 밤에 끝나고 라디오2가 이어졌는데, 이때 많은 청취자가 라디오 룩셈부르크로 채널을 돌렸답니다. 우리는 주로 프로그레시브 사운드를 많이 내보냈습니다. 라디오 룩셈부르크는 까다롭지 않았기 때문에 모든 아티스트들이 출연하고 싶어 했어요. 지미 헨드릭스 사망 후 그의 여자친구를 만났는데, 지미가 우리 쇼를 매우 좋아해서 파티에서 돌아오면 우리 쇼를 들었다고 하더라고요."

"처음부터 퀸에게 빠졌어요. 〈킵 유어셀프 얼라이브〉를 처음 들었습니다. 난 기타 음악을 좋아했는데, 굉장한 에너지가 느껴지는 연주였어요. 존 디콘은 조용하고 믿음직한 베이스 플레이어, 브라이언 메이는 총명한 기타리스트, 로저 테일러는 대단한 드러머였죠. 록스타의 라이프 스타일을 최대한 즐길 줄 아는 타입이었습니다. 프레디 머큐리는 대단한 쇼맨이었어요. 퀸 멤버 중에서 가장 뛰어났죠. 뛰어난 녹음 실력과 획기적인 테크닉이 있었지만 처음에는 계속 거절당했어요. BBC의 라디오1에서 방송할 기회를 갖지 못했다는 걸 알고는 블로우업 클럽이라는 곳에서 그들이 작은 공연을 할 수 있도록 준비해두었어요. 블로우업 클럽은 중심지에 위치한, 객석 200개 정도의 소규모 클럽이었습니다."

"운 좋게도 클럽으로부터 사용 허가를 받았습니다. 관객은 10대 후반에서 20대 초반이었죠. 퀸은 스테튜스 큐오, 위시본 애쉬(Wishbone Ash, 1970년에 데뷔한 영국의 록 그룹), 그레이트풀 데드(The Grateful Dead, 1965년에 결성된 미국의 록 밴드 그룹), 캔드 히트(Canned Heat, 1967년에 데뷔한 미국의 록 그룹)와 함께 공연할 예정이었습니다." 라디오 룩셈부르크는 이 공연을 녹화하여 방송할 계획이었다. 그런데 장비에 문제가 있어 안타깝게도 녹화를 하지 못했다. 퀸은 초창기 시절이었는데도 매우 열정적이고 확신에 차 있었다.

"우리는 쇼가 끝난 후 팬들과 함께 프레디가 머무르는 에릭 맨스터 홀에 갔어요. 늦게까지 이런저런 얘기를 했는데, 프레디는 매우 수다스럽고 다정했어요. 난 퀸의 인간적인 면을 좋아합니다. 그때 나는《레코드 미러(Record Mirror)》신문에 퀸에 대한 기사를 썼어요. 퀸은 일부 비평가들에게 정면으로 반박했는데 그 점에 감탄했어요. 퀸이 오로지 섹스, 약물, 로큰롤에만 빠진 건 아니거든요. 오히려 퀸에게는 지성적인 분위기가 있었어요. 나와 나의 쇼를 도와준 퀸이 무척 고맙습니다."

퀸에 대한 관심은 점점 높아갔다. 모트 더 후플 투어에서 공연장은 팬들로 미어졌다. 프레디가 최소한 갈망하던 것들—관객, 찬사, 울부짖는 팬들—이 갖추어진 것이다. 하지만 음악 언론에서는 아직도 퀸을 '임금님의 새 옷'[22]에 지나지 않는다고 평가했다. 프레디는 언론의 이러한 평가에는 "엿이나 먹으라고 해, 달링."이라고 응수했다.

프레디가 언론의 좋지 않은 리뷰 때문에 분노하거나 좌절할 때 자주 토니 브레인스비가 받아줘야 했기 때문에, 어쩔 수 없이 팬 관련 업무는 토니가 신경써야 했다.

"언론의 평가가 안 좋을 때조차 프레디의 확신은 치솟았습니다. 하지만 프레디는 인터뷰를 의도적으로 피했어요. 결국에는 앨범 발매나 투어가 있을 때 외에는 다른 멤버가 인터뷰를 했습니다. 프레디가 인터뷰를 잘 하지 않자 더 미스터리한 이미지가 강해졌고, 그 덕분에 팬들에게 더 어필하기도 했습니다."

프레디는 퀸이 다른 밴드보다 빨리 유명해졌고, 톱스타의 역사를 새로 썼으며, 성공하기 위해 겪어야 했던 힘들고 좌절된 시간들을 간단하게 잊어버렸기 때문에 한층 더 언론의 표적이 될 수 있다는 점을 인정했다. 힘든 일을 겪은 후에 생긴 이러한 자기 기만적 생각들은 그래도 용서해줄 만하다고 했다.

"지난 한 달 동안 그 어떤 밴드보다 우리 이야기가 언론에 많이 오르내렸지. 어쩔 수 없어. 항상 좋은 평가만 받는 건 잘못이라고 생각해. 하지만 불공평하고 솔직하지 않은 기사들을 보면 괴로워."

데니스 오레건은 공식적인 사진사 자격으로 퀸의 월드 투어에 동행한 적이 있었다. 그는 록 사진작가 상도 받았는데, 첫 번째로 맡은 일은 해머 스미스 오

22 실제는 존재하지 않는데도 본인은 존재한다고 믿는 것

데온에서 삼촌의 카메라를 빌려서 데이비드 보위의 스냅사진을 찍는 것이었다. 데니스는 모트 더 후플 투어에서 프레디가 보여 준 리드싱어로서의 자부심과 확신에 대단히 놀랐다.

"지원 공연일 뿐이었는데도 미친 듯이 춤을 추고, 어떤 포즈를 취해야 할지 거듭 검토했어요. 프레디는 곡을 소개하는 사이에 관객들에게 말도 걸었습니다. 브라이언 메이의 연주는 환상적이었죠. 사람들은 메인 공연 못지않게 퀸의 공연을 보기 위해 갔습니다. 내 친구 조지 보드나는 말했어요. '저 멍청이는 자신이 누구라고 생각하는 거지?' 퀸을 이해하는 데는 1년 이상이 걸리니까 그렇게 말하는 건 당연하죠. 나는 존 필의 라디오 쇼에서 퀸의 음악을 들은 후에야 그들의 음악을 이해할 수 있었죠. 그 이후로 변함없이 퀸의 빅 팬입니다."

주프 비서는 모트 더 후플 투어 이후에야 비로소 퀸의 음악이 무서운 속도로 성공하기 시작했다고 평가했다. "자신들이 모트 더 후플의 쇼를 훔쳤기 때문에 투어 끝 무렵에는 모트 더 후플을 두려워했죠."

"연주의 대부분이 전자 악기 연주이다.", "센세이셔널 밴드이다." 등 한동안 언론의 반응도 좋아졌다. 모트와의 공연 인터뷰에서 프레디는 이렇게 답변했다. "모트와 연주할 기회를 갖게 되어 영광입니다. 투어가 끝날 때쯤 우리가 헤드라인을 장식할 것을 알고 있었죠."

퀸은 리버풀에서 그룹 텐씨씨(10cc, 1972년에 데뷔한 영국의 록 밴드)의 서포트 공연을 하면서 전환점을 맞이했다.

EMI는 퀸의 팬들이 보낸 메일과 사진 요청을 더 이상 감당할 수 없어서 업무를 트라이던트 스튜디오에 넘겼다. 트라이던트도 벅차 하던 차에, 1973년 말, 공식적인 팬클럽이 생기면서 문제가 해결되었다. 팬클럽은 콘월의 로저 테일러 친구들인 수와 팻 존스턴이 운영했다. 팬클럽 활동은 원활하게 이루어졌고, 퀸은 팬클럽과 긴밀한 관계를 유지했다. 팬클럽은 매년 퀸의 행사를 조직하고 주최하는 등 현재까지도 활발히 활동하고 있다.

앨범 판매가 순조롭게 이루어지자 EMI는 국제적인 캠페인을 벌이기 시작했다. 1974년 1월에는 오스트레일리아에서의 프로모션 행사를 준비했다. 그런데 여행을 앞두고 브라이언이 예방접종을 하다가 급성 괴저병에 걸려서 팔을 절단해야 할지도 모를 상태까지 악화되었다. 하지만 브라이언의 컨디션이 회복되어 계획된 여행 일정을 예정대로 진행하기로 했다. 그런데 이번에는 프레디가 시드니로 비행하는 동안 비행 공포의 불안감 때문에 거의 공황상태가 되었다. 귀의 감염으로 일시적인 청각 장애까지 와서 상태가 더욱 악화되었다. 프레디는 평생 비행 공포증이 없어지지 않았다. 불운이 따르는 것 같았다. 프레디와 브라이언 모두 공연에 참여했지만 미적지근한 상태로 진행되었다.

한편, 런던에서의 상황은 조금씩 나아지고 있었다. 영국의 음악 주간지《뉴뮤지컬 익스프레스(New Musical Express)》의 여론조사(NME Readers' Poll)에서 퀸이 신인 유망주 2위를 차지했다. 싱글 히트는 아직 없었다. 미국에서는 엘렉트라 레코드에서 2번째 앨범의 곡을 싱글로 발매했다. 하지만 발매된 지 얼마 안 되어 대중들의 외면 속에 자취도 없이 사라졌다. 영국의 EMI는 끈기를 가지고 싱글을 하나 더 발매하기로 했다. 1974년 2월 21일, '톱 오브 더 팝스(Top of the Pops)'에서 프로모션 방송 예정이던 데이비드 보위의 〈리벨 리벨(Rebel Rebel)〉이 미처 준비가 안 되어 TV 방송 펑크가 날 판이었다. 퀸은 이 기회를 놓치지 않고 발매하기 전의 〈세븐 시즈 오브 라이(Seven Seas of Rhye)〉를 내보낼 수 있었다. 퀸의 홍보 담당자 토니 브레인스비는 프레디가 자신들이 출연한 TV 프로그램을 보기 위해 옥스퍼드 가로 뛰어가던 모습을 생생히 기억했다. 당시 프레디에게는 아직 TV가 없었다.

〈세븐 시즈 오브 라이〉는 방송이 나간 주에 서둘러 발매되었고 판매량이 오르락내리락했다. 두 번째 앨범《퀸 II(Queen II)》는 순조롭게 판매되었으며, 퀸이 주역으로 나서는 최초의 영국 투어가 계획되었다. 3월 1일에 블랙풀에서 시작하여 4주 후에 북부 런던의 레인보우 극장에서 마지막 공연을 할 예정이었다. 레인보우 극장은 1930년대에 영화를 상영하기 위해 설립된 극장이었다. 지금은 2등급 건물로서 펜테 코스탈 교회로 이용되고 있다. 이곳은 음악적으로 중요한 장소이다. 지미 헨드릭스가 1967년에 처음으로 기타에 불을 붙이는 퍼포먼스를 선보였고, 비치 보이스가 《리브 인 런던(Live in London)》 앨범을 녹화했던 곳이다. 스티비 원더, 더 후, 핑크 플로이드, 반 모리슨(Van Morrison, 1945~, 영국 북아일랜드의 가수이자 작곡가), 라몬즈(Ramones, 1976년에 데뷔한 미국의 록 밴드), 데이비드 보위 공연의 앙코르가 울려퍼진 곳이기도 하다.

투어 연습은 일링 스튜디오에서 시작했다. 프레디는 한창 잘나가던 젊은 패션 디자이너 잔드라 로즈(Zandra Rhodes, 1940~, 영국의 패션디자이너)를 의상 담당으로 추천했다. 그녀가 마크 볼란을 위해 만든 과자를 보고 열정적인 투어 의상을 만드는 데 적격이라고 생각했던 것이다. 다른 멤버들도 흔쾌히 찬성했다. 하지만 EMI는 처음에 주저했다. 아무리 실크로 만든 박쥐 날개 모양의 튜닉 세트가 '대단히 퀸스럽다'고 하더라도 청구서에 적힌 5,000달러는 너무 큰 금액이었기 때문이다. 이즈음 프레디는 켄싱턴 시장의 노점상 일은 그만둘 때가 되었다고 느꼈다.

〈세븐 시즈 오브 라이〉는 블랙풀 공연 후 4일 만에 45위로 진입했다. 《퀸 II》 앨범은 평가가 엇갈리는 가운데 35위를 기록했다. 영국 투어는 여러 가지 사건들—국경 북쪽에서의 폭동, 스털링 대학에서 싸움이 일어나서 2명의 팬들이 칼에 찔리는 사건 등— 때문에 엉망이 되었다. 퀸 멤버들은 주방에 틀어박혀 숨어 있었고, 로드 매니저 2명이 다쳐서 병원에 입원하였다. 버밍엄 나이트 쇼는 모두 취소되어서 막대한 피해를 입었다. 음악 언론에서는 다시 퀸을 부정적으로 평가하기 시작했다. 이런 비판들은 3월 말, '아일 오브 맨(Isle of Man)' 공연 후에도 계속되었다. 그렇지만 퀸이 공들여 연출한 드라마틱한 스타일 때문에 공연 자체는 찬사를 받았다. 그런데 이번에는 퀸의 수행단들이 공연 후 흥청망청 즐기는 파티에 심하게 빠져들면서 문제가 되었다. 한편 관객들은 공연장에서 퀸을 기다리면서 〈갓 세이브 더 퀸(God Save the Queen)〉을 부르기 시작했다. 그때부터 퀸의 공연에서 이 세레나데가 계속되었다.

《퀸Ⅱ》의 인기는 점점 높아져서 앨범 차트 7위에까지 올랐고, 퀸의 첫 번째 앨범을 구입하는 팬들도 늘어났다. 첫 번째 앨범도 47위까지 오르자, 엘렉트라 레코드사가 이 앨범을 일본에도 발매해 뜨거운 반응을 일으켰다. 트라이던트, EMI, 퀸 멤버들도 일본에서 이렇게까지 뜨리라고는 전혀 예상치 못한 의외의 성과였다.

성공에는 늘 대가가 따르기 마련이다. 프레디는 참을성이 없어져서 아주 사소한 사고나 불편함도 참지 못하고 활활 타오르게 되었다. 직업의 특성상 브라이언도 인내력이 점점 줄어들었다. 고약하게도 서로의 성질을 긁고, 보통은 프레디가 참지 못하고 씩씩거리며 뛰쳐나가는 것으로 끝났으며, 다른 멤버들은 어깨를 으쓱거렸다. 할 일이 아직 많이 남아 있을 때 이런 식의 시간 끌기는 무의미했다. 세월이 흘러 퀸 40주년 행사 인터뷰에서 브라이언과 로저는 멤버들끼리의 갈등에서 프레디가 중재자 역할을 했다고 기억했다.

"프리마돈나라는 이미지와는 잘 안 어울리지만, 실제로 그는 대단한 외교관이었어요. 우리 사이에 다툼이 있을 때 보통 프레디가 정리해주었죠."

프레디에 의하면 퀸은 항상 사사건건—심지어는 숨 쉬는 공기조차도—에서 싸울 정도였다.

첫 투어에서 성공한 후 퀸은 자신감으로 가득 찼다. 이제 모트 더 후플 측에서 퀸에게 미국 공연의 지원 공연자로 참여해 달라고 요청했다. 미국 콜로라도 주 덴버에서 시작되어 뉴욕에서도 며칠 밤 공연하는 일정이었다. 프레디는 비행 공포증이 있었지만 그날을 무척 기다렸으며 출발일인 4월 12일에 가장 먼저 비행기에 올랐다. 엘렉트라 레코드사는 미국에서 그들의 도착 시기와 맞추어 예정보다 일찍 《퀸 II》 앨범을 발매했다. 퀸은 첫 번째 미국 투어의 기대감에 흥분되어 스릴을 만끽할 수 있었다. 미국에서 활발히 활동하는 아티스트들도 퀸에게 흥미를 가지게 되었다.

브라이언은 자신들이 대단한 밴드라고 생각은 했지만 반응이 정말 놀라웠다. 수많은 복장 도착 아티스트들, 뉴욕 돌스(New York Dolls, 1973년에 데뷔한 미국의 록 밴드), 앤디 워홀(Andy Warhol, 1928~1987, 미국의 미술가)……. 과거의 경험을 모조리 치워버리고 새로움을 창조하려는 사람들로 공연장은 가득 찼다.

그런데 뉴욕에서 브라이언이 다시 쓰러졌다. 호주에서 발병한 병이 아직 회복되지 않았던 것이다. 보스턴 공연이 취소되었다. 간염이 심해져서 나머지 투어를 모두 취소해야 했다. 브라이언은 실망감과 밴드의 위상을 추락시켰다는 엄청난 죄책감에 시달려야 했다.

브라이언이 아직 회복되지 않았지만, 귀국 후에 퀸은 웰치 록필드 스튜디오에서 3집 앨범에 수록될 곡들을 연습했다. 웰치 록필드는 1960년대에 세계 최초로 숙박시설을 갖춘 녹음 스튜디오였다. 모트 더 후플, 블랙 사바스(Black Sabbath, 1970년에 데뷔한 영국의 록 밴드), 모토헤드(Motorhead, 1975년에 결성된 영국의 록 밴드), 심플 마인즈(Simple Minds, 1979년에 데뷔한 스코틀랜드의 록 밴드), 아즈텍 카메라(Aztec Camera, 1983년에 데뷔한 영국의 그룹), 매닉 스트리트 프리처스(The Manic Street Preachers, 1989년에 데뷔한 영국의 록 그룹), 더 다크니스(The Darkness, 2003년에 데뷔한 영국의 록 그룹), 나이젤 케네디(Nigel Kennedy, 1956~, 영국의 바이올리니스트) 등 지난 40년간 유명한 아티스트들이 고객이었다. 1974년 7월 15일, 퀸은 다시 트라이던트로 돌아와서 프로듀서 로이 토머스 베이커와 함께 작업했다. '5번째 퀴니'로 불리는 로이 토머스 베이커는 1960년대 초에는 데카 레코드에서 엔지니어로 일했고 롤링 스톤스, 티렉스, 프랭크 자파, 에릭 클랩튼과도 함께 작업한 실력 있는 경력자였다. 나자레스(Nazareth, 1971년에 데뷔한 영국의 록 그룹), 더스티 스프링필드, 린디스판의 곡들을 녹음할 때에도 제작 지휘를 맡았다. 퀸의 3집 앨범 준비는 트라이던트 외에도 런던의 에어, 삼, 웨섹스 등의 스튜디오에서 나누어 작업을 했는데, 브라이언의 입원으로 작업이 중단되었다. 이번에는 십이지장 궤양이었다. 9월에 있을 미국 투어도 취소해야 했다. 브라이언은 의기소침하여 퀸이 다른 기타리스트를 찾을까 봐 노심초사했다. 하지만 퀸 멤버들은 자신들이 할 수 있는 부분을 먼저 녹음하고 브라이언의 기타 연주가 나중에 추가될 수 있도록 남겨놓았다.

이때 《퀸 II》의 판매량이 10만 장을 초과하여 음악가협회의 실버 디스크상을 받는다는 반가운 소식이 날아들었다. 수상을 기념하여 브레인스비가 런던의 로열 카페에서 엘리자베스 여왕을 닮은 여배우 재닛 찰스(Jeannette Charles, 1927~2015)로 분장하여 상을 수여하는 증정식을 연출했다.

퀸의 세 번째 싱글 〈킬러 퀸(Killer Queen)〉은 1974년 10월에 발표되었다. 이 곡은 같은 해 11월에 발매된 세 번째 스튜디오 앨범 《시어 하트 어택》에도 수록되었다.

프레디는 〈킬러 퀸〉이 고급 창녀의 이야기라고 했다. "난 교양 있는 사람도 창녀가 될 수 있다고 말하고 싶었다. 물론 이 곡을 나름대로 해석하고, 각자 좋을 대로 읽어 내는 것이 더 적절하다. 사람들은 퀸의 하드록 이미지에 익숙할 테지만 이 곡에서는 중절모, 까만 멜빵 차림의 노엘 카워드(Noël Coward)[23]가 노래하는 것처럼 생각될 것이다. 노엘 카워드가 이렇게 입었다는 건 아니고."

브라이언 메이는 〈킬러 퀸〉이 퀸의 터닝포인트였다고 말했다. "퀸의 음악을

23 영국의 극작가, 배우, 작곡가이다. 대표적인 연극 작품에는 〈소용돌이〉, 〈생활의 설계〉 등이 있다.

압축해서, 가장 잘 보여 주는 곡이에요. 성공의 증거가 절실히 필요한 때였죠. 우리도 성공을 위해 아등바등하는 다른 모든 밴드들처럼 돈 한 푼 없이 런던의 원룸에서 지냈거든요."

〈킬러 퀸〉은 영국 차트 2위까지 치솟았다. 1위는 데이비드 에섹스(David Essex, 1947~, 영국의 가수)가 차지했다. 그는 푸른 눈의, 여성들을 설레게 하는 외모였다. 1위 곡명은 아이러니하게도 〈고나 메이크 유 어 스타(Gonna make You a Star)〉였다. 운명의 장난인지 퀸의 다음번 영국 투어를 멜 부시 감독—그는 데이비드 에섹스 외에는 아무도 스타로 만들지 못했다—이 준비했다. 투어는 퀸의 그 어떤 공연보다 더욱 의욕적이고 공들여 준비되었다. 이제 창의적인 퀸 멤버들이 악보를 전적으로 맡았다. 《시어 하트 어택》 앨범은 음악계의 찬사를 받았고, 퀸의 세 앨범이 동시에 영국 차트에 올랐다.

《시어 하트 어택》 앨범의 커버 삽화는 《퀸 II》 커버에서 영감을 얻은 믹 록의 작품이었다. 프레디가 믹 록에게 요구한 것은 퀸이 무인도에 떨어져 있는 것처럼 표현하고 싶다는 것이었다. 믹 록은 멤버들의 얼굴과 몸통에 바셀린을 바르고 나서 스프레이로 물을 뿌렸다. 동그랗게 원을 지어 4명을 눕히고 위쪽에서 사진을 찍었다. 앨범의 콘텐츠도 앨범 커버만큼이나 쇼킹했다. 이 앨범을 두고 비평가와 팬들 모두 야단법석이었다.

킴 와일드는 그때를 떠올렸다. "1974년에 아빠가 《시어 하트 어택》을 사오라더군요." 킴 와일드는 로큰롤 싱어 마티 와일드의 딸이다. 〈키즈 인 아메리카(Kids in America)〉로 1980년대의 팝계에 센세이션을 일으켜서 단번에 차트 2위까지 오른 여가수이다.

"14살 때였어요. 팝에 흠뻑 빠져서 레코드를 사 모으기 시작했죠. 슬레이드(Slade, 1969년에 데뷔한 영국의 록 그룹), 스위트(Sweet, 영국의 록 밴드), 머드(Mdu), 엘튼 존, 마크 볼란, 베이 시티 롤러스(Bay City Rollers, 1974년에 데뷔한 영국의 팝 그룹)의 팬이었어요. 《시어 하트 어택》은 가장 신나는 앨범 중 하나였습니다. 나중에 아이튠즈(iTunes)에서 처음으로 다운로드한 앨범이기도 해요. 치솟는 듯한 프레디의 목소리, 화음, 유머를 좋아했죠. 브라이언의 기타 연주도 너무 좋은데, 강렬한 에너지와 열정이 느껴집니다. 로저 테일러는 나의 섹시 로망이었어요. 존 디콘은 멤버들을 결속하는 접착제와 같았죠."

10월 말에 시작된 영국 투어는 런던 레인보우 극장에서의 하룻밤 공연으로 피날레를 장식했다. 런던에서는 표가 이틀 만에 매진되어 11월 19일, 20일에 연장 공연을 해야 했다. 연장 공연은 후대를 위해 녹화되었다. 쫑파티는 스위스 코타지 홀리데이 인에서 비교적 점잖게 치러졌다. 프로모터 멜 부시는 투어 기간 동안의 모든 공연이 매진된 것에 보답하는 의미로 명판을 만들어주었다. 유럽 투어는 스칸디나비아, 벨기에, 독일, 스페인에서 11월 말까지 스케줄이 짜여 있었다. 앨범 판매량이 쑥쑥 올라서, 대부분의 공연 티켓이 매진되었다. 바르셀로나에서는 24시간 만에 6,000석이 매진되었다. 프레디는 첫눈에 바르셀로나에 반해 그 후에도 계속 드나들게 된다.

12월이 되자 퀸은 트라이던트의 부당한 대우를 더 이상 참지 않기로 결정했다. 《시어 하트 어택》의 성공으로 주급이 20파운드에서 60파운드로 올랐지만, 그 금액으로는 먹고살기에 충분하지 않았다. 트라이던트가 계약서에 구체적으로 명시된 로열티의 선지급조차 거절하면서 상황이 더욱 악화되었다. 존 디콘은 임신한 여자친구 베로니카 테즐라프를 위해 적당한 집을 사려고 트라이던트에 4,000파운드 대출을 신청했지만 거절당했다. 프레디는 새 피아노가, 로저에게는 소형차가 필요했다. 트라이던트가 현금 지급에 관한 모든 요청들을 단호히 거절하면서 퀸과 트라이던트 간에 팽팽한 긴장 관계가 계속되었다. 이런 문제들의 매듭을 풀 수 있는 전문 변호사가 필요했던 시점에 로펌 '하보텔과 루이스' 대표인 헨리 제임스 짐 비치(Henry James Jim Beach)와의 인연이 시작되었다. 짐 비치는 1978년부터 지금까지 퀸의 변호사로 일하고 있다. 퀸과 트라이던트 간에 9개월에 걸친 협상이 이루어졌다. 당연히 트라이던트에서는 퀸을 놓아주지 않으려고 했다.

1975년 1월 18일, 존 디콘은 베로니카와 결혼했고 나중에 6명의 아이를 두게 된다. 퀸은 2월 5일에 미국 투어를 시작했다. 그런데 미국에서는 비평가들이 퀸을 레드 제플린과 비교하려 들었다. 프레디는 목 상태가 악화되어 비악성 종양이 생겼다. 의사들은 3개월 정도 활동을 중단해야 한다는 처방을 내렸지만, 다음 날 워싱턴 공연을 강행하여 깊고 풍부한 목소리를 뿜어냈다. 그런데 어느 순간 좋아졌던 목 컨디션이 다시 악화되었다. 콘서트를 취소할 수밖에 없는 상황이 온 것이다. 지금까지 프레디의 몸과 목소리가 견디기에는 너무 많은 무대 공연을 소화해야 했기 때문이다. 투어와 녹음을 벗어나 회복을 위해 휴식의 시간이 반드시 필요한 시점이었다.

한편 미국 투어 중에 흉폭한 돈 아던(Don Arden)과 만났다가 가까스로 피한 일도 있었다. 돈 아던은 전직 나이트클럽 가수이자 코미디언이었다. 어려움에 빠진 트라이던트와의 계약 해지 건을 자신이 잘 해결해 퀸의 매니저가 되기를 원했다. 쇼비즈니스 매니저인 돈 아던은 스몰 페이시스(Small Faces, 1966년에 데뷔한 영국의 록 밴드), 이엘오(ELO, Electric Light Orchestra, 1971년에 데뷔한 영국의 록 그룹), 블랙 사바스의 매니저이자 에이전트로 유명했다. 자신이 원하는 협상이 이루어지지 않을 때 폭력으로 해결하는 것으로도 잘 알려져 있었다. 계약에 사인하게 하려고 아티스트를 위층 창문에 매달았다는 유명한 이야기가 전해진다. 그의 딸 샤론은 블랙 사바스의 프론트맨 오지 오스본(Ozzy Osbourne, 1948~, 영국의 가수)과 결혼했다. 퀸이 록계의 알 카포네, 돈 아던의 컨트롤을 받았다고 상상해 보라. 그들 중 누구라도 이렇게 오랫동안 아티스트 생활을 지속할 수 있었을까?

11 랩소디

설명할 수 없는 전율을 전하다

〈보헤미안 랩소디〉는 오랫동안 꼭 해보고 싶은 곡이었다. 그 전에 앨범들을 만들 때에는 그렇게 많은 생각을 쏟지 않았다. 하지만 4번째 앨범 정도 되니까 '해낼 거야.'라는 의지에 찬 나 자신을 느낄 수 있었다.

프레디 머큐리

〈보헤미안 랩소디〉는 여러 가지 면에서 신기원을 이루었어요. 진정으로 음악사에 새로운 발자취를 남겼습니다. 이런 곡들이 몇 개 있습니다. 텐씨씨의 〈아임 낫 인 러브(I'm Not in Love)〉는 완벽한 음향으로 유명하죠. 언제 들어도 데이지 꽃처럼 신선해요. 비치 보이스의 〈굿 바이브레이션즈(Good Vibrations)〉는 여러 번 들어도 처음 들을 때처럼 훌륭한 사운드예요. 필 스펙터의 〈비 마이 베이비(Be My Baby)〉의 전주곡을 들으면 춤추고 싶은 마음이 절로 들죠. 훌륭한 음악은 하나같이 그 시대의 취향을 잘 나타냅니다. 좋은 곡이 있을 때 음반도 잘 만들어집니다. 곡과 음반 생산을 전혀 별개의 것으로 볼 수는 없어요. 음반 없이 노래를 듣는다고 하더라도, 우리 머리에서 떠오르는 건 어느 정도는 녹화된 음반을 통해 나오는 소리니까요.

스티브 레빈, 레코드 프로듀서

퀸은 1975년 4월에 '비틀즈 마니아'의 나라인 일본으로 투어를 떠났다. 3,000명이 넘는 팬들이 히스테리할 정도로 열광하며 하네다 공항에 몰려들었다. 많은 팬이 직접 만든 배너와 퀸의 디스크를 흔들었다. 일본에서는 이미 〈시어 하트 어택〉과 〈킬러 퀸〉이 1위에 올랐고 연주회 좌석은 매진되었기 때문에, 이러한 폭발적인 반응은 이미 예상되었다. 프레디는 손을 흔들고 행복하게 미소 지으며 당당하게 행동했다. 한 기자가 프레디에게 일본에서는 뻐드렁니를 숨기지 않아도 되니 고향에 온 것 같지 않느냐고 장난스럽게 묻기도 했다. 프레디는 팬 부대의 열기를 느꼈을 뿐 아니라 일본이란 지역 자체에 흠뻑 빠져들었다. 고전적이고, 모국에서 멀리 떨어진 곳이었기 때문에, 잠자고 있던 그의 이국적인 감각에 불을 붙이기에 딱 좋은 곳이었다. 일본의 전통, 문화, 테크놀로지에 기반한 라이프 스타일 등 모든 것에 매력을 느꼈다. 그는 곧 일본 도자기, 그림 등 예술작품의 열렬한 수집가가 되었다.

일본이란 나라와 프레디는 공통점이 많았다. 프레디처럼 일본도 모순투성이였다. 일본은 복잡하고 다면적인 국민성을 가졌기 때문에 오래전부터 그의 호기심을 불러일으켰다. 수천 개의 섬 이름—홋카이도, 혼슈, 규슈, 시코쿠 등—은 마법의 단어처럼 들렸다. 프레디는 점잖고 절제력 있는 일본인에게 끌렸다. 일본은 수 세기 동안의 봉건적 압제에서 생존하여, 제2차 세계대전부터는 이처럼 차분하게 성장하였다. 프레디는 일본에 관한 무엇이든 관심을 가지고 뛰어들었다. 스시와 사케를 마음껏 먹고 인형, 실크 기모노, 일본 술도 몹시 좋아했다. 외국 사람들이 나쁘게 생각하는 대중목욕탕과 찻집(kage-me-yaya)도 즐겨 찾았으며, 게이샤와도 어울렸다. 긴자에서 카바레를 운영하는 아름다운 여장남자 아키히로 미와(Akihiro Miwa)와도 친구로 지냈다. 프레디가 처음 아키히로 미와를 찾아간 후에, 미와는 프레디에게 헌사하는 의미에서 퀸의 노래를 연주했다.

피터 프리스톤은 프레디가 관광지로 생각한 유일한 곳이 일본이었다고 했다. "일본의 모든 것을 소비하려고 열중했어요. 하지만 그 외의 다른 나라들은 투어 중 숙소에 불과했죠."

그는 일본 투어의 처음과 맨 마지막에 공연한 도쿄의 니폰 부도칸 홀에서 느낀 팬들의 열광을 잊을 수 없었다. 여러 명의 스모 레슬러들이 보디가드로 나섰지만 히스테리하게 열광하는 10,000명의 10대 소녀들을 제지하지 못했다. 프레디가 오프닝 쇼 도중에 잠시 진행을 중단하고 안전을 위해 숨을 깊이 들이쉬면서 차분해질 것을 간청할 정도였다.

일본 투어를 마치고 영국으로 돌아오자 굿 뉴스와 배드 뉴스가 기다리고 있었다. 굿 뉴스는 짜증날 만큼 변덕스러운 영국 미디어로부터 아이보 노벨로(Ivor Novello) 상을 받고, 벨기에 황금사자 상을 수상한 것이었다. 모두 《킬러 퀸》의 공로로 받은 상이었다. 아직도 트라이던트와의 계약 문제가 해결되지 않았다는 것은 배드 뉴스였다. 트라이던트의 대표 셰필드는 이제껏 신생 밴드인 퀸에게 20만 달러 이상을 투자했다. 《시어 하트 어택》에 투자한 액수만 해도 3만 달러 정도였다. 지금에 비교하면 적은 금액이지만 이 당시에는 큰돈이었다. 이제 퀸이 유명해졌으니까 셰필드 입장에서는 이익을 보아야 마땅했다. 하지만 아직도 적자 상태에서 벗어나지 못했다. 유일한 방법은 더 많은 곡을 쓰는 것이었다. 이 과정에서 멤버들 간에 긴장감이 돌아 서로에게 불만을 터뜨리기 시작했다. 퀸이 곧 해체될 것이라는 루머는 이런 분위기에 불을 지폈다. 하지만 멤버들은 곧 분별력을 찾고 다툼을 중지하기로 했다. 결국 트라이던트와의 계약을 끝낸다는 조건으로 일시불로 10만 파운드를 지급하고 앞으로 만들 6개 앨범 로열티의 1퍼센트를 트라이던트에 지급하는 것으로 합의했다. 퀸에게 그만한 돈이 있었던 건 아니다. 하지만 이제 그들은 EMI, 엘렉트라 등과 새로운 계약을 할 수 있게 되었다. 퀸 멤버들은 지금까지 친구들의 도움으로 근근이 생활해왔다. 1975년 8월에 퀸은 헤리퍼드셔에서 집을 렌트하여 네 번째 앨범《어 나잇 엣 디 오페라》를 준비했다. 앨범의 제목은 막스 브라더스(Marx Brothers, 미국의 코미디언 가족, 치코, 하포, 그루초, 제포의 네 형제)가 출연한 코미디 영화에서 따왔다. 그러고는 다시 록필드로 돌아가 〈보헤미안 랩소디〉를 녹음할 스튜디오를 구했다. 브라이언은 처음 〈보헤미안 랩소디〉를 시작할 때부터 프레디의 머릿속에 모든 것이 이미 계획되어 있었던 것 같다고 했다.

〈보헤미안 랩소디〉는 아카펠라로 시작하고 피아노, 기타, 베이스와 드럼이 이어졌다. 곡 중간에 오페라를 본뜬 간주곡이 나오다가 마지막에 록으로 끝났다. 처음에는 이 곡을 정말 할 수 있을까 걱정스러웠다. 퀸 멤버들은 녹음 작업을 하면서도 프레디가 곡의 각 부분을 어떻게 연결할지 도대체 이해할 수 없었다.

이 곡에 등장하는 인물들이 누구인지 확실치는 않다. 고전적인 캐릭터에서 찾아보면 스카라무슈(Scaramouche)는 〈코미디 델 아르떼(commedia dell'arte)〉의 광대이다. 갈릴레오 갈릴레이(Galileo Galilei)는 천문학자이다. 피가로(Figaro)는 보마르셰의 〈세비아의 이발사(The Barber of Seville)〉와 〈피가로의 결혼(The Marriage of Figaro)〉의 주인공이다. 이 오페라의 곡들은 파이젤로, 로시니, 모차르트가 작곡했다. 비엘지밥(Beelzebub)은 기독교에서는 '사탄'과 동일시된다. 아랍에서는 '파리의 왕', '하늘나라의 왕'을 뜻한다. 노랫말 중에서 '비스밀라(Bismillah)'는 아랍에서는 신의 이름으로 '가장 자애롭고 가장 자비로운'이라는 뜻으로 쓰인다.

나는 1986년에 부다페스트의 호텔 스위트룸에서 프레디에게 〈보헤미안 랩소디〉의 스카라무슈가 프레디 본인이 아닌지를 물어보았다. 프레디는 자신이 만든 곡 〈잇츠 어 하드 라이프(It's a Hard Life)〉에서 울고 있는 광대 팔리아치를 힌트로 주었다. 갈릴레오 갈릴레이는 16세기의 천문학자, 수학자, 물리학자, 현대과학의 아버지로 분명히 브라이언을 상징했다. 비엘지밥은 파티광 로저가 확실했다. 나는 부끄럼이 많은 존에게서 고양이 피가로—오페라에 나오는 인물은 아니지만 1940년의 디즈니 만화영화 〈피노키오〉에 나오는 턱시도 입은 고양이—를 떠올렸다.

프레디는 고양이를 좋아했다. 그렇지 않을 수도 있지만 어쨌든 프레디는 곡을 어떻게 해석하든 모두 받아들였다. 〈보헤미안 랩소디〉의 뜻에 관해서도 전혀 말하지 않았다. DJ 친구인 케니 에버렛(Kenny Everett, DJ, 라디오 진행자, 코미디언)에게도 "닥치는 대로 운율을 맞춘 넌센스"라고 말할 뿐이었다. 하물며 나에게 말할 리가 있겠는가?

녹음 과정—특히 실제 테이프에 목소리를 계속 덧입히는 작업—이 끝없이 계속되면서 비용도 많이 들었다.

"사람들은 〈보헤미안 랩소디(보랩)〉에 전설적인 스토리가 담겨 있다고 생각하는데, 빛을 비추어서 음악 테이프를 뚫어져라 봐보세요. 프레디는 갈릴레오 이야기도 매번 바꿨어요. 그중 몇 개는 우리도 기억이 안 나요." 브라이언의 말이다.

런던의 사름 이스트와 스콜피오 스튜디오에서 다른 녹음을 추가하는 오버더빙이 시작되었다. 이 작업에도 고충이 잇따랐다. 아티스트였지만 지금은 더 후의 공식 웹사이트를 관리하는 프레디의 친구 로버트 리는 이 스튜디오에서 작업에 참여했기 때문에 잘 기억하고 있었다. "프레디는 내 룸메이트의 친구였어요. 그래서 금요일 아침이면 같이 포토벨로에 가서 앤티크 쇼핑을 하곤 했죠. 프레디의 취향은 흠잡을 데 없이 훌륭했어요. 엄마에게 드릴 선물을 찾고 있을 때 프레디가 권해준 중국 판화를 아직도 갖고 있어요. 엄마가 돌아가신 후 다시 보관하고 있거든요."

"존 신클레어(John Sinclair)—지금은 예수살렘에서 랍비로 살고 있다—는 사름 스튜디오의 대표였어요. 〈보랩〉의 믹싱 작업을 했죠. 24곡에 대해 메가믹스[24]

24 노래를 메들리와 리믹스를 같이 한 형태. '리믹스'는 원본 음악을 새로운 형식으로 만드는 방법이다.

작업을 했는데 정말 힘들었어요. 그 많은 음향 조정기의 모든 신호가 정확해야 했는데, 정말 까다로운 작업이었죠. 많은 시간을 들여 아무리 노력해도 잘되지 않았어요. 그러다가 갑자기 기적처럼 마지막에 가까스로 성공했죠. 아드레날린 분비로 주체할 수 없을 만큼 긴장되었지만 매우 행복했어요. 그때 갑자기 불이 꺼지고 존 신클레어의 여동생 질이 촛불로 장식된 큰 케이크를 들고 나타났어요. '프레디, 생일 축하해. 해피 버스데이 투 유!' 모두 같이 축하해 주었죠."

앨런 제임스는 〈보헤미안 랩소디〉가 6분이란 시간에 모든 것을 바꿔놓았다고 했다. 24개의 아날로그 트랙 머신을 사용하여 녹음된, 여러 파트들을 한 번에 덧입히는 방식은 당시에는 매우 특별한 방식이었으며 절묘하게 〈보랩〉이란 역작을 만들 수 있었다. 녹음 기술이 발달된 지금도 어떻게 〈보랩〉을 만들 수 있었는지 믿기 어려울 정도로 경탄스럽다. 덧입히기를 한 번 할 때마다 사운드 질이 떨어지기 때문에 성공이냐 실패냐는 한 끝 차이인 것이다. 그런데도 그들은 엄청난 성공을 이루어냈다.

프레디 머큐리와 엘튼 존 간에 공통점이 정말 많다는 사실은 잘 밝혀지지 않았다. 1975년에만 해도 16년 후 프레디의 마지막 순간에 그의 손을 잡은 친구가 엘튼 존일 것이라고 아무도 생각할 수 없었다.

그들은 1960년대 말에 처음 만났다. 프레디는 서레이 리치몬드의 크로대디 클럽에서 노래하는, 무명의 피아니스트 공연을 보았다. 이 클럽은 최고 수준의 미국 블루스 공연을 주최하고 롤링 스톤스를 후원한 곳으로 유명하다. 영화제작자 조지오 고멜스키(Giorgio Gomelsky, 1934~, 영화 제작자, 음악 매니저, 작사가)가 1962년에 세웠는데, 원래는 리치몬드 철도역 건너편 호텔에 자리잡고 있었다. 야드버즈와 에릭 클랩튼의 합동 공연, 레드 제플린과 로드 스튜어트의 초창기 공연이 모두 크로대디 클럽에서 이루어졌다. 프레디도 이곳에서의 공연을 간절히 바랐다. 일주일에 10달러를 벌기 위해 일링 미술대학의 야간 수업에서 누드모델을 시작했던 프레디가 꿈꾸던 곳이다.

프레디와 엘튼 존 간에는 묘하게도 닮은 점들이 있었다. 둘 다 소년 시절에 엄마를 많이 찾았다. 외로움을 타고 예민했으며 어릴 때부터 피아노 레슨을 받았다. 엘튼 존도 프레디처럼 '레지날드 케네디 드와이트(Reginald Kenneth Dwight)'에서 '엘튼 허큘레스 존(Elton Hercules John)'으로 이름을 바꿨다. '허큘레스'와 '프레디'는 그리스 로마 신의 이름이다. 엘튼 존도 스타덤에 오르기까지 긴 시간이 걸렸다. 둘 다 특이한 외모였지만 색다른 스타일로 발전시켜서 대중에게 어필할 수 있었다. 엘튼 존은 별난 안경, 플랫폼 부츠, 깃털과 가장자리 장식으로 꾸며진 옷차림으로 뛰어나지 못한 외모를 가릴 수 있었다. 프레디와 엘튼 모두 성적 취향을 밝히기를 혼란스러워했다.

제임스 세즈(James Saez)—마돈나(Madonna, 1958~, 미국의 가수), 레드 제플린, 라디오헤드(Radiohead, 1993년에 데뷔한 영국의 록 밴드), 레드 핫 칠리 페퍼스(Red Hot Chili Peppers, 1984년에 데뷔한 미국의 록 밴드)와 함께 일했던 LA의 프로듀서, 엔지니어—는 엘튼 존과 프레디의 예술성의 단서는 성적 취향에 있다고 믿었다.

"1970년대는 그 누구도 동성애자라고 밝힐 수 없는 시대였어요. 엘튼 존이 자신을 위해 페르소나를 만들었다고 보면 돼요. 엘튼은 분장과 연극적인 언행으로 가득 차 있었죠. 이런 딜레마를 조절하고 마음을 터놓고 얘기할 누군가가 필요해서 프레디와 친해졌다고 할 수 있어요. 파룩(프레디)도 비슷한 갈등이 있었어요. 프레디가 강하고 카리스마, 열정을 갖춘 것 같아도 실제로는 연약하고 순수해 보였어요."

엘튼과 프레디는 모두 여자친구가 있었다. 독일 출신의 레코딩 엔지니어 레나테 블라우엘(Renate Blauel)은 1984년에 엘튼 존과의 결혼 생활이 실패하자 마음에 상처를 입었다. 엘튼은 1988년에 자신이 게이라고 공개하고 2005년에 동성 애인인 영화제작자 데이비드 퍼니시(David Furnish, 1962~, 캐나다 출신의 영화감독)와 결혼했다. 지금은 재커리 잭슨 레본 퍼니 존이란 이름의 아들이 있다. 재커리는 크리스마스에 대리모에게서 태어났다.

프레디와 엘튼은 성격적으로 충돌이 없었기 때문에 우정으로 발전할 수 있었다. 프레디는 엘튼 존을 오래된 좋은 친구라고 불렀다. "난 그를 깊이 좋아해. 엘튼은 정말 전설적인 인물이야. 엘튼은 나에게 할리우드에서 유일하게 가치 있는 여배우와 같지. 그는 로큰롤의 연구자야. 처음에 만났을 때 정말 놀라웠어. 보자마자 잘 지낼 수 있는 그런 사람이었지. 엘튼은 〈킬러 퀸〉을 좋아한다고 했어. 그렇게 말하는 사람은 누구나 나의 백서(white book)에 포함되지. 내 블랙리스트(black book)는 지금 초만원이야."

그들은 비극적인 면에서도 닮은 점이 있다. 데이비드 퍼니시가 제작한 TV 다큐멘터리 〈울화와 왕관(Tantrums & Tiaras)〉에서 정신분석학자는 엘튼 존에 대해 이렇게 말했다. "엘튼 존은 중독자였어요. 심각한 강박증이 있었어요. 보통 술에 중독되지 않으면 약물에 중독되죠. 약물이 아니면 음식이고, 음식이 아니면 섹스예요. 섹스가 아니면 쇼핑이고요. 그런데 엘튼은 이 다섯 가지 모두에 중독된 것 같습니다." 엘튼은 용기를 내서 이러한 소견이 방송에 나가도록 허용했다. 그러자 대중의 지지가 쇄도했다. 이것은 프레디가 명성과 마음의 안정에 타격을 받을 40대에 보게 될 가상의 거울 이미지와 같았다.

1975년, 프레디는 스코틀랜드 출신의 존 레이드(John Reid)를 만나게 된다. 그는 페이즐리에서 태어나 26살의 나이에 이미 레코드 기획자의 지위에 올랐다. 4,000만 파운드를 관리하는, 권력에 굶주린 실력자였다. 남자 양복점에서 일하다가 직업을 레코드 홍보 분야로 옮기면서 음악 비즈니스계에 발을 내디뎠다. 야심가였던 존 레이드는 신분 상승을 했으며 대중의 인기가 높은 사람들과 친분 관계를 맺었다. 존은 엘튼 존의 연인으로 5년 정도 동거하기도 했으며,

불과 21세에 그의 매니저가 되었다. 엘튼 존은 6년간 세계적인 히트곡들을 낸 후에, 반 은퇴 상태로 지내면서 자신만을 위한 '로켓' 레코드사를 내고 존 레이드에게 경영을 맡겼다. 로켓 레코드는 퀸의 매니지먼트를 맡으면서 급격히 성장했다. 퀸은 레드 제플린, 더 후, 텐씨씨의 매니저들을 놓고 고민하다가 최종적으로 존 레이드를 선택했다. 퀸은 그때 트라이던트에 지급할 10만 파운드가 필요했는데, 존은 EMI에 가서 로열티를 미리 받는 방식으로 이 문제를 간단히 해결했다.

존 레이드 역시 성 정체성 때문에 괴로워했다. 그는 1976년에 십대였던 사라 포브즈와 약혼했다. 그녀는 로켓 레코드 사무실의 홍보 담당자였으며, 영화감독 브라이언 포브즈(Bryan Forbes)와 여배우 나넷 뉴먼(Nanette Newman, 1934~, 영국의 영화배우)의 딸이다. 사라는 존 레이드와의 힘들었던 인연을 용케 이겨낸 후, 배우 존 스탠딩(John Standing, 1934~, 영국의 영화배우)과 결혼했다. 존 레이드와 엘튼 존의 비즈니스 관계는 28년간 지속되었지만, 결국에는 험악하게 끝났다. 2000년에는 엘튼 존이 레이드의 업무 과실을 이유로 수백만 달러의 고등법원 소송을 시작하였다.

엘튼 존은 존 레이드에게 〈보헤미안 랩소디〉가 확실한 실패작이 될 것이라고 비관적인 전망을 했다. EMI와 음악 업계도 우려의 목소리를 냈다. 라디오 방송국에서는 왜 하필 6분짜리 싱글을 내려는지 의문을 표시했다. 심지어 베이시스트 존 디콘조차도, 사적 의견이긴 했지만, 〈보헤미안 랩소디〉는 퀸의 가장 큰 오류가 될 것이라고 걱정했다. 이 곡은 록 역사상 출발부터 가장 불안한 곡이었다. 곡의 위대함을 이해한 사람조차도 나서서 녹음하려 들지 않았다.

무엇이 프레디의 상상력에 불을 붙여서 이 노래를 만들게 했을까? 이 곡은 높이 솟는 고음에 퇴폐적이기도 하고 고통과 환희가 넘쳐흘렀다. 바로크와 발라드, 몬스터 록의 요소들을 기타, 클래식 피아노, 오케스트라 편곡, 합창, 오버더빙을 반복하면서 결합하는 것이 조화를 이루기 어려워 보였다. 듣기조차 괴로울 수 있다.

라디오2 프로듀서이자 레코드 콜렉터인 필 스웬은 "아무리 놀라울 정도로 혁명적이고, 엄청난 곡이라도 6분간 듣는다는 건 지루해요."라고 했다.

"곡 전체의 규칙성이 놀라워요. 까무러칠 정도로 훌륭한 연주예요. 6분간의 연주에서 기존의 룰을 모두 깨트려 버렸어요. 이렇게 긴 곡으로는 비틀즈의 〈어 데이 인 더 라이프(A Day in the Life)〉(5.03분), 레드 제플린의 〈스테어웨이 투 헤븐(Stairway to Heaven)〉(8.02분), 지미 웹(Jimmy Webb, 1946~, 미국의 가수이자 작곡가)과 리처드 해리스(Richard Harris, 1930~2002, 아일랜드 출신의 영국 배우이자 가수)의 〈맥아더 파크(McArthur Park)〉(7.21분)가 있어요."

폴 감바치니는 기존의 틀에서 벗어난 관점의 변화라고 해석하였다.

"〈보헤미안 랩소디〉, 〈맥아더 파크〉, 〈헤이 주드〉 〈라이트 마이 파이어(Light My Fire)〉, 〈아메리칸 파이(American Pie)〉처럼 긴 명곡들이 이미 만들어졌기 때문에, 일반적인 곡 길이인 3분 30초로는 사람들의 열광을 기대하기 어려워요. 하지만 누구도 그런 수준까지 더 나아가려고 하진 않아요. 이런 작품들은 그냥 높은 수준의 예술적 작품으로 기억하면 되는 거죠. 돈 매클린(Don Mclean, 1945~, 미국의 가수)은 8분 30초짜리 〈아메리칸 파이〉를 싱글로는 만들지 않았어요.[25] 과연 가능한 일인지 상상할 수 없었기 때문이죠. 레코드 회사에서 그 곡을 둘로 쪼갰어요. 돈 매클린은 순수 아티스트였기 때문에 그 곡의 히트를 예상하지 못했죠. 〈아메리칸 파이〉는 분명 명곡이었지만, 하나의 긴 앨범 트랙의 녹음일 뿐이었습니다. 〈보헤미안 랩소디〉도 마찬가지로 1975년의 《어 나잇 엣 디 오페라》 앨범의 마지막 곡이었습니다."

"곡은 물론 프레디가 썼지만 브라이언의 훌륭한 기타 연주, 로저의 높은 드럼

25 8분 30초 분량의 〈아메리칸 파이〉는 처음에 레코드판으로 발매될 때 싱글로 제작되지 않고 다른 곡과 함께 실린다. 레코드사에 의해 4분 길이만 실리고 나머지 절반은 삭제된 채로 수록된 것이다. 그 후에 대중의 요구에 의해 나머지 절반이 B 사이드에 실리면서 〈아메리칸 파이〉 싱글 1, 2가 발매되어 미국에서 1위, 영국에서 2위에 오른다.

음, 존이 모두 기여했습니다. 나중에 모두 각자 곡을 썼듯이, 각자의 장점을 환상적으로 펼쳤기 때문에 하나의 그룹으로 활동하는 데 도움이 되었다고 생각해요."

프레디의 오랜 친구인 케니 에버렛, '에브(Ev)'는 머시 사이드 출신으로 비틀즈의 친구였다. 룩셈부르크 라디오 방송국의 진행자로 일했다가 라디오1의 DJ, 〈케니 에버렛 비디오〉와 〈케니 에버렛 TV 쇼〉의 진행자, 코미디언으로 성공했다. 그는 1989년에 HIV(에이즈 바이러스) 진단을 받고 HIV 합병증으로 1995년에 50세의 나이로 사망했다. 1966년에 팝 가수 레이디 리 미들턴(Lady Lee Middleton)과 결혼했으나 1979년에 이혼하면서 커밍아웃했다. 에버렛은 러시아 연인이었던 니콜라이 그리샤노비치(Nikolai Grishanovitch)에게 감염되었다고 알려졌다. 니콜라이는 게이 클럽에서 여러 명에게 HIV를 전염시킨 것으로 악명이 높다. 러시아 적색 군대 군인이었던 그는 스스로도 HIV에 걸렸고, 프레디에게 병을 옮긴 사람들 중 한 명으로 가끔 거론된다. 이외에 전직 CBS/Sony 홍보 담당자였던 로니 피셔(Ronnie Fisher)도 그중의 한 명이다.

폴 감바치니는 날짜를 계산해 보았을 때 니콜라이가 프레디에게 병을 옮기지 않았을 거라고 했다. "정부에서 처음으로 에이즈 경고 광고를 1987년에 내보냈는데 그 전까지는 니콜라이를 만난 기억이 없어요. 1987년 직후에 프레디가 니콜라이를 만났던 기억이 납니다. 프레디는 그에게서 HIV 초기 1~2년의 증상들을 보았어요. 감염부터 증상이 나타날 때까지 평균 10년이 걸린다는 점을 감안한다면 니콜라이가 프레디에게 옮기기에는 시기상 너무 짧아요.[26] 1970년대 후반에 저의 부모님이 프레디를 보고 너무 말랐다고 했는데, 그런 증상은 10년간에 평균적으로 나타나는 증상이거든요. 니콜라이로부터의 감염이 불가능한 건 아닙니다만, 그럴 거라고는 생각이 안 드네요."

"프레디와 니콜라이가 어디서 만났는지는 모르겠어요. 얼스 코트의 콜러허

26 프레디는 HIV로 1991년 11월 24일에 사망했다.

른일 수도 있어요. 프레디가 좋아하는 술집인데 프레디 집에서 걸어갈 수 있는 거리예요. 그곳에서 미국인이 HIV를 런던으로 처음 옮겼다고 알려졌죠. 그 미국인 주위 사람들은 모두 HIV에 걸렸어요."

에버렛과 프레디가 같은 게이와 만났고 음악 비즈니스를 같이 했기 때문에 두 사람의 활동 범위는 필연적으로 교차했다.

"케니 에버렛과 프레디가 연인 관계는 아니었을 거예요. 우리끼리는 서로 잘 알죠. 내가 그렇게 생각하지 않는 이유는 그들의 성적 페르소나가 너무 비슷했기 때문이에요. 물론 하룻밤 관계였을 수도 있어요. 하지만 그건 상상이 잘 안 되네요. 솔직히 말하면 둘 다 그냥 유치하게 장난치는 사이였어요."

에버렛은 〈보헤미안 랩소디〉가 싱글로 발매되고 처음으로 방송될 때 핵심적인 역할을 했다. 절대 방송되면 안 된다는 엄격한 주의와 함께 그에게 데모 테이프가 보내졌고 에버렛은 곡에 대한 자신의 의견을 프레디에게 보냈다. 에버렛은 〈보헤미안 랩소디〉를 높이 평가하여 주말 동안 14번이나 방송에 내보냈다. 대도시의 관심이 집중되도록 도왔지만, 에버렛이 이 곡을 전국적으로 히트하게 했느냐에 대해서는 논란이 있다.

디디(Diddy, 데이비드 해밀턴)는 1975년에 라디오1에서 매일 1,600만 명이 청취하는 데일리 쇼를 맡고 있었다. "방송 순서는 노엘 에드몬즈(Noel Edmonds, 모닝쇼), 토니 블랙번(오전), 조니 워커(점심), 그리고 오후에 내 차례였어요. 보통은 아바(ABBA, 1973년에 데뷔한 스웨덴의 4인조 그룹)나 비지스의 히트곡을 선택합니다. 하지만 가끔은 차트권 외의 곡들을 내보내기도 합니다. 10월에 잘 아는 레코드 홍보업자 에릭 홀(Eric Hall)이 찾아왔어요. 에릭이 〈보헤미안 랩소디〉를 들고 와서는 '이거 완전 괴물이야. 빅히트하겠어.' 하더라고요. 들어보니 지금까지의 팝과는 완전히 다른 혁신적인 곡이었습니다. 오페라적인 곡이었어요. 피부 속 깊은 곳을 찌르고 덮치면서 내 안에 파고들었죠. 듣다 보면 흥얼거리지 않을 수 없어요. 곡에 대한 반응은 엇갈렸어요. 토니 블랙번은 이해할 수 없는 곡이라 했죠. 누구나 이 곡을 좋아하지는 않는 것 같았어요. 당시 인기가 점점 떨어지고 있던 디스코 사운드의 'K. C. 앤 더 선샤인 밴드(K. C. and the Sunshine Band, 1974년에 데뷔한 미국의 팝 그룹)'의 〈댓츠 더 웨이 아이 라이크 잇(That's the Way I Like It)〉과 또 다른 곡들과 비교해 보았죠. 이런 곡들도 독창성이 있지만, 퀸은 매우 달랐어요. 예를 들어 더 스톤즈는 분명히 전통적인 록 밴드입니다. 그런데 퀸은 록 밴드였지만 기본적으로 로커라고 할 수 없습니다. 여기에 차별성이 있습니다."

"나는 프로듀서 폴 윌리엄스에게 말했고 〈보헤미안 랩소디〉를 자주 내보냈습니다. 싱글이 9주 동안 1위였고, 1976년 1월까지 100만 장 이상 팔려 나갔습니다. 전 세계적으로 수백만 장이 팔렸고 팝 사상 가장 위대한 곡이라고 할 수 있어요."

에버렛은 〈보헤미안 랩소디〉의 발매 전에 캐피털 라디오에서 그 곡을 끊임없이 내보냈고, 자신이 〈보랩〉을 세계에 알렸다고 주장했다. 그는 〈보랩〉을 위해 많은 지원을 했고 〈보랩〉이 히트한 공을 충분히 인정받았다. 하지만 그 당시에 캐피털 라디오는 라디오1의 런던 지역 방송국에서 독점하고 있어서 다른 곳에서는 아무도 청취할 수 없었다. 따라서 라디오1은 〈보랩〉 싱글을 세계에 알렸다고 인정받을 수 없다.

〈보헤미안 랩소디〉 싱글은 1991년 프레디의 사망 후 재발매되어 다시 5주 동안 1위 자리를 지켰다. 영국에서 싱글 사상 판매량 3위였으며, 세계적으로 판매 톱 순위권에 올랐다. 미국에서는 1976년에 9위였으며, 1992년에는 인기 영화 〈웨인즈 월드(Wayne's World)〉에서 〈보헤미안 랩소디〉에 경의를 표시하면서 다시 차트권에 올랐다.

록 방송의 거물인 토미 반스(Tommy Vance, 영국의 팝 라디오 방송인)는 캐피털 라디오, 버진 라디오, VH-1 록 TV에서 보랩을 'JFK 암살에 버금가는 록 음악의 충격'으로 표현했다.

"캐피털 라디오의 주말 록 쇼를 하고 있을 때 처음 들었어요. 그때 〈보헤미안 랩소디〉를 듣고 '팝송의 정신병원'이라고 생각했어요. 도무지 이해할 수가 없었어요. 테크니컬 측면에서는 엉망입니다. 우리가 알고 있는 관습이나 상업적인 형식을 전혀 따르고 있지 않아요. 꿈, 플래시백, 플래시 포워즈, 삽화, 전혀 연결이 안 되는 생각들이 계속될 뿐이에요. 연속성, 색상, 톤, 템포……. 이 모든 것이 뚜렷한 이유 없이 바뀌어요. 정확하게 오페라에서와 같아요. 하지만 의도는 주목할 만합니다. 궁극적으로는 낙관론이에요. 대단한 마술이에요. 뛰어납니다. 그래서 아직까지 현대의 아이콘으로 존경받는 것이지요. 대적할 곡이 없을 정도예요. 하지만 가사를 잘 뜯어보세요. 무슨 의미인지 도대체 모를 거예요."

하지만 오스카 작사가 상을 받은 팀 라이스(Tim Rice)는 다르게 생각했다. 그는 〈요셉 어메이징(Joseph and the Amazing Technicolour Dreamcoat)〉, 〈지저스 크라이스트(Jesus Christ)〉, 〈슈퍼스타(Superstar)〉, 〈에비타(Evita)〉 같은 뮤지컬 제작에 참여했으며, 1988년에 프레디가 바르셀로나 올림픽에서 몽세라 카바예(Montserrat Caballe, 1933~, 스페인의 성악가)와 부를 노래를 같이 쓰기도 했다.

"나로서는 프레디가 커밍아웃하는 노래로 이해됩니다. 로저에게도 말했어요. 〈보헤미안 랩소디〉를 초기부터 들었는데 그 안에 내포된 메시지가 명확히 떠올랐어요. 프레디가 '나는 커밍아웃하고 있어. 내가 게이라는 것을 인정해.' 하고 말하고 있거든요."

"처음부터 스스로 자신이 동성애자라고 인정하고 있었어요. 'Mama, I just killed a man…….' 자신의 목표였던 옛날의 프레디 이미지를 죽인 거예요. 'Put a gun against his head, pulled my trigger, now he's dead.' 처음의 이성애자는 죽었어요. 'Mama, life had just begun, but now I've gone and thrown it all away…….' 이건 내 의견이지만 맞다고 봐요. 그는 자신이 되려고 했던 이미지를 총으로 쏴서 죽였어요. 이제 그는 새로운 프레디로 살아가려고 노력하고 있어요. 아주 불확실하긴 하지만요. 하지만 완전 엉터리 해석은 아니라고 봐요. 'I see a little silhouetto of a man…….' 이 남자는 현재의 자신에게 시달리고 있는 프레디예요. 라디오에서 곡을 들을 때마다 이제까지의 자신을 따돌리고 새로운 프레디가 되려는 그를 떠올리게 돼요. 아마 그는 그렇게 하려고 하는 과정에 있었을 거예요. 프레디는 아주 뛰어난 작사가예요. 〈보랩〉은 의심할 여지없이 21세기의 가장 뛰어난 곡에 속해요."

그러면 프레디 스스로의 에코 부분은? 프레디는 설명을 단호히 거부했다. "모든 사람들이 의미를 알려고 하지만, 품위 있는 시인처럼 말하겠어요. '당신이 이 시에서 보는 그대로입니다.'라고요."

브라이언은 〈보헤미안 랩소디〉의 의미는 확실치 않다고 분명히 말했다. "우리도 몰라요. 만약 알아도 절대 말하지 않을 거예요."

"난 나의 곡들의 의미를 사람들에게 말하지 않을 거예요. 곡들의 의미를 밝히게 되면 어떤 면에서는 곡들이 망가집니다. 왜냐하면 위대한 노래의 훌륭한 점은 사람들이 노래를 들으면서 그 곡을 자신만의 개인적인 경험에 연관시키게 된다는 데 있기 때문입니다. 프레디는 자신만의 개인적인 문제들 때문에 힘들어했습니다. 그런 고민들을 노래로 표현했을 거예요. 그런 과정에서 재창조되는 자신을 보았을 거예요. 고민에 빠졌던 시간이 지나고 나서 노래로 표현하기로 마음먹었을 겁니다."

브라이언은 프레디가 메리와의 관계를 끝내고 동성애자로서의 새로운 삶을 시작함으로써 시대의 관습에 저항했다고 생각했다. 하지만 그런 생각을 하는 프레디 자신이 겁이 난 것이다. 특히 부모님에게 미칠 영향을 두려워했기 때문에 실행을 늦췄다. 커밍아웃을 하면 자신의 삶은 더욱 편해질 것이다. 케니 에버렛이 커밍아웃했지만 그의 팬들이나 와이프로부터 외면받지 않았던 것처럼 말이다.

사이먼 네이피어 벨은 프레디의 커밍아웃이 조지 마이클과는 다르다고 보았다. "마이클은 어쩔 수 없이 하게 된 것이죠. 마이클은 수준 높은 팝 가수일 뿐이에요. 록스타는 다르죠. 프레디가 커밍아웃을 해도 큰 반향을 일으키지는 않을 거예요. 이미 그의 모든 친구들에게는 알려진 사실이었어요. 알면서 모른 체하는 동성애 혐오자들의 위선을 자극하는 정도겠죠."

"프레디가 무대에서의 자신과 사적인 생활이 다르다고 강조한 진정한 이유는 파시족이 자신의 커밍아웃을 혐오할 것이라는 두려움 때문이었어요. 아예 처음부터 커밍아웃했더라면 게이 사회에서는 천천히, 시간을 오래 끈 그의 죽음을 이용했을 겁니다. 주디 갈란드(Judy Garland, 1922~1969, 미국의 가수이자 배우)처럼 엄청난, 비극적인 쇼 비즈니스로 만들었을 거예요. 프레디 자신은 그런 걸 즐겼을 수도 있습니다."

프랭크 앨런(Frank Allen, 1963년에 데뷔한 그룹 더 서처스의 베이시스트)은 〈보헤미안 랩소디〉가 과거의 페르소나를 죽이고 진정한 자아를 드러내는, 억압에서 벗어난 프레디의 우화라고 보았다.

"하지만 내가 말한 것과 완전히 다를 수도 있어요. 프레디에게 한 번도 물은 적이 없거든요. 〈보헤미안 랩소디〉의 실체에는 비교적 결백하고 더 직접적인 진실이 있을 거예요. 하지만 딱 부러지게 말해줄 정도로 난 똑똑하진 않고, 그저 아름답고 대단한 작품을 즐기는 것에 만족합니다. 서로 다른 시대들의 특징과 클래식한 분위기를 조합한 세트예요. 팝 역사상 그 누구도 경험하지 못했던 작품이었어요." 토미 반스가 지적했듯이, 〈보헤미안 랩소디〉의 가치를 입증한 것은 획기적인 노랫말, 끊임없이 두뇌를 움직이는 멜로디, 곡의 의미에 대한 수많은 추측, 전례 없는 방송 시간……, 이 모든 것이 아닌, 텔레비전이었다.

12 명성

프레디, 스타로서의 명성을 얻다

〈보헤미안 랩소디〉는 지금 판매되는 비디오 수준으로 관심을 끌었던 최초의 뮤직 비디오이다. 제작비는 5,000파운드 정도 들었을 뿐이다. 우리는 〈보헤미안 랩소디〉를 필름에 담아 사람들이 볼 수 있게 하자고 작정했다. 사람들이 어떻게 보고, 받아들일지는 예측할 수 없었다. 그냥 연극과 비슷한 형식이라고 생각했을 뿐이다. 우리는 비디오야말로 그곳에서 직접 공연하지 않아도 많은 나라의 사람들에게 같은 효과를 줄 수 있는 매체이며, 음반과 비디오의 동시 발매가 가능하다는 것을 알았다. 비디오 촬영이 빠르게 진행되었고, 음반 판매에 크게 기여했다.

프레디 머큐리

모든 위대한 아티스트에게는 역사에 남을 전성기가 있다. 프레디는 전성기를 오랫동안 준비해 왔다. 때가 올 것이라는 확신을 가지고 공을 준비했고, 공을 잡았을 때 놓치지 않았다. 이런 것을 잘 이해하고 있는 아티스트들은 모든 남성, 여성, 아이들의 감성을 건드리는 노래를 부른다. 그들이 전달하는 감성은 전 세계에 보편적이며, 사람들을 자극하여 항상 모든 사람의 마음속에 살아 있게 된다. 천재성이라는 마법은 이러한걸 감성을 만들고 전달해서 모든 사람들에게 중요한 의미를 부여하고 신나게 한다. 천재성을 혼자 가지고만 있는 것은 아무 소용이 없다.

조나단 모리쉬

레코드 홍보가 앨런 제임스는 〈보헤미안 랩소디〉의 가치를 영상으로 만들어 히트한 첫 번째 작품이란 점에 주목해 평가했다. "비틀즈 영상이 있었지만 싱글에 포함된 재밌는, 적은 분량의 필름에 불과했어요. 퀸은 자신의 틀을 깨트리려고 뮤직 비디오를 선택했죠. 마침내 이제 누구도 퀸이 별난 그룹에 불과하다고 무시할 수 없게 되었어요. 퀸은 음악 업계 전체를 완전히 다른 방향으로 이끌었죠."

〈보헤미안 랩소디〉의 비디오 감독은 브루스 고어스(Bruce Gowers, 영국의 방송 기획자이자 프로듀서)가, 제작은 존 로즈만 프로덕션의 렉시 고트프리(Lexi Godfrey)가 맡았는데, 불과 5,000파운드로 제작했다고 하니 DJ 토미 반스는 믿기지 않았다.

브루스 고어스는 〈보헤미안 랩소디〉로 명성을 떨쳤으며, 후에는 TV에서 〈아메리칸 아이돌(American Idol)〉의 제작 지휘를 맡았고, 각종 음악 프로그램과 코미디 스페셜의 프로듀서 디렉터[27]를 맡게 되었다. 그는 마이클 잭슨, 롤링 스톤스, 폴 매카트니, 브리트니 스피어스(Britney Spears, 1981~, 미국의 가수), 로빈 윌리엄스(Robin Williams, 1951~2014, 미국의 영화배우), 빌리 크리스탈(Billy Crystal, 1948~, 미국의 영화배우), 에디 머피(Eddie Murphy, 1961~, 미국의 영화배우) 등 유명한 스타들과 함께 작업했다.

브루스 고어스는 엘스트리(Elstree) 밴드의 공연 비디오를 제작하는 날, 처음으로 4시간 동안 〈보헤미안 랩소디〉의 뮤직 비디오를 만들기 시작했다. 토미 반스가 보기에 작업은 아주 창의적으로 이루어졌다. "예를 들어, 프리즘을 이용하여 영상 효과를 내기도 했어요. 그때는 전자장비와 컴퓨터를 쓰기 훨씬 전이었죠. 어디서 그런 아이디어가 나왔을까요? 브루스 고어스가 만들었지만 기본 콘셉트는 《퀸 II》(1974) 앨범 커버에서부터 나왔습니다. 《퀸 II》 앨범 커버는 멤버들의 머리만 있는 흑백의 황량한 느낌이었어요. 프레디는 두 손을 날개 모양

27 producer-director. 영화의 기획·입안에서 공개에 이르기까지의 제작과 연출을 겸하여 담당한다.

으로 해서 가슴 위에 얹고 있었어요. 사진작가 믹 록의 묘안이었죠." 브루스는 믹 록의《퀸 II》앨범 커버 이미지를 〈보랩〉에 맞게 발전시켰다.

"《퀸 II》앨범 커버는 정말 단순한 디자인의 게이트폴드[28]였죠. 밴드의 특성을 잘 나타내 줍니다. 나(믹 록)는 이 앨범의 아트 디렉터이자 사진작가를 맡았죠. 그때 마침 할리우드의 스틸 사진 콜렉터 존 코발(John Kobal, 1940~1991, 사진작가)과 친해졌어요. 그는 오스트리아 출신의 캐나다 영화사 연구자이며 작가로, 할리우드 황금기의 권위자였어요. 그는 사진 작업을 함께한 보답으로 자신의 콜렉션 중 몇 개를 프린트해서 주었어요. 그중 하나는 처음 보는 사진이었는데, 〈상하이 특급(Shanghai Express)〉에 출연한 여배우 마를레네 디트리히(Marlene Dietrich, 1901~1992, 독일 출신의 미국 영화배우)가 팔을 접고 검은 배경을 등지고 검은 드레스를 입고 있었죠. 아주 정교하고 절묘한 조명이었어요. 고개는 약간 기울어 있고 손이 공중에 떠 있는 것 같았죠. 그 즉시 매력적이고 미스터리하면서 고전적인 아이디어가 떠올랐어요. 여배우 대신 머리 4개 달린 괴물로 바꿔보았죠. 머리들이 원을 그려 빙 둘러싸게 했어요. 프레디에게 보여 주자마자 대찬성했고 다른 멤버들을 설득했죠. '내가 마를레네가 되다니! 정말 멋진 생각이야!'라고 말했어요. 멤버들의 요청 사항은 프레디가 해결해 주었어요."

"프레디는 오스카 와일드(Oscar Wilde, 1854~1900, 아일랜드의 시인이자 소설가)의 말을 즐겨 인용했어요. '지금은 위선적인 허세라고 손가락질 받아도 먼 훗날에 최고의 예술로 평가받을 수 있다. 위대한 작품은 가치를 인정받게 되어 있다.'라고요."

〈보헤미안 랩소디〉 뮤직 비디오의 커버는 고어스의 아이디어였다. 퀸 멤버들은 비디오가 홍보 도구로서뿐 아니라 그 효능 면에서도 매우 중요하다는 것을 잘 알고 있었다. 노래를 전적으로 라이브로만 채우는 것은 불가능했기 때문

28 gatefold, 종이로 만들어져서 펼치고 닫을 수 있는 케이스

이다. 고어스는 퀸의 과거 사진들을 보고 편집해서 더 좋게 꾸몄다. 토미 반스는 비디오의 장점을 전면에 앞세운 건 처음이었다고 설명했다.

"퀸이 초현실주의적인 프로모션용 비디오를 처음 시작한 밴드로 인정받고 있는데, 실제로는 1973년에 결성된 미국의 포스트 펑크록 밴드 데보(Devo, 1978년에 데뷔한 미국의 그룹)가 처음이에요. 퀸이 처음으로 '콘셉트' 형 비디오를 만든 것은 맞습니다. 영상에서 음악적 묘사가 완벽하게 이루어졌어요. 프레디가 대단한 사람이죠. 노래는 그렇다 쳐도 영상을 보면 어떤 노래인지 알 수 있었습니다. 항상 에코(메아리)가 있어서 청취자의 마음에 여운을 남겨요. 음악과 영상은 서로 떼놓을 수가 없어요. 음악을 들을 때는 반드시 마음의 눈으로 영상을 떠올리게 되는 거죠. 〈보헤미안 랩소디〉는 전 세계 어디서나 구할 수 있는 첫 번째 싱글이라고 말할 수 있습니다."

마이크 애플턴은 비디오가 OGWT 스튜디오에 도착했을 때의 감동을 떠올렸다. "정말 굉장한 콘셉트였죠. 마음을 뺏겼다고 할까요? 스크린에 집중하면서 프레디가 불어넣어준 감정들을 분명히 기억할 수 있었어요. 처음 느끼는 감각이었죠. 프레디는 〈보헤미안 랩소디〉에서 한층 성숙한 모습을 보였습니다. 갑자기 응석받이투성이의 음악 비즈니스에서 프레디만이 유일한 어른처럼 느껴졌어요. 퀸은 자신들이 어떤 음악 활동을 하고 있는지, 또 그러한 음악 활동력을 갖춘 젠틀맨임을 정확하게 알고 있었습니다. 그렇게 열정적인 밴드를 본 적이 없어요."

〈보헤미안 랩소디〉 싱글에 대한 토니 브레인스비의 첫 번째 반응은 '기괴하다'는 것이었다. "나뿐 아니라 모두 그렇게 생각했어요. 하지만 왠지 모르게 〈보랩〉을 좋아하게 되었죠. 내게는 하나의 터닝포인트였어요. 무명인사에 지나지 않았던 퀸을 그 시대의 가장 위대한 아티스트로 만들었다는 것에 충분히 만족합니다. 마치 아이를 낳은 아빠처럼 뿌듯했어요." 하지만 브레인스비의 이런 기쁨도 오래 가진 못했다. 퀸의 새로운 매니저 존 레이드가 브레인스비를 해고했기 때문이다.

존 레이드는 브레인스비가 홍보 인력으로 자신의 내부 사람들을 쓰려고 했기 때문에 더 이상 같이 일하기 힘들었다고 말했다. 나중에 브레인스비는 복귀하지만 퀸은 존 레이드의 로켓 레코드사와 함께 월드스타로 비상할 수 있었다.

1975년 11월 21일에 《어 나잇 엣 디 오페라》가 발매되고 론칭 파티가 있었다. 존 레이드는 퀸이 자신에게 어떤 이익을 가져다주었는지 잘 알고 있었지만, 지금 이 시기에 자신이 매우 운이 좋다는 사실에 대해서는 잘 모르고 있었다.

폴 감바치니는 직업적인 관계 외에도 퀸 멤버들과 사적으로 잘 지냈는데, 특히 프레디와는 평생 친구로 지냈다.

"록 뮤지션들은 이 세계에서의 비즈니스를 잘 이해하고 있습니다. 멤버 간에 베스트 프렌드 관계는 기대하지 않습니다. 멤버들끼리는 그저 잘 지내고 서로 존경하면 되는 거예요. 이런 여유 있고, 공평한 태도가 있어야 팀 내에서의 어려움을 이겨낼 수 있습니다. 프레디는 가장 친한 친구 중 하나죠. 문제의 핵심으로 곧장 파고들어요. 극단적이고 정직한 성격입니다. 사실 나는 프레디처럼 록 세계의 게이예요."

아마 프레디는 감바치니가 커밍아웃을 한 용기를 부러워했을 것이다. "한 번은 내게 이렇게 말한 적이 있어요. '언젠가는 인터뷰를 해서 다 말해버릴 거야.' 하고 말이에요. 처음 들어보는 말이었죠." 프레디의 난잡한 성생활이 자신과는 매우 다르다는 뜻이었다.

"프레디는 진짜 동성애자일 거예요. 누구에게도 솔직하게 말하지 않았지만 내가 보기에는 골수 게이예요. 나는 프레디처럼 위선적이지는 않아요."

《어 나잇 엣 디 오페라》 앨범이 발매되고 5일 후에 〈보헤미안 랩소디〉가 싱글차트 1위까지 올랐다. 이를 기념하여 크리스마스 투어를 가졌고 해머 스미스 오데온에서 크리스마스이브 공연을 했다. 이 공연은 OGWT와 라디오1에 모두 방송되었다.

3일 후에는 《어 나잇 엣 디 오페라》 앨범도 1위에 올라서 25만 장 이상 판매되어 플래티넘 기록에 다가서고 있었다. 그 후 수주일 만에 2배 이상 판매되었다. 미국에서도 56주간 차트에 올랐다. 1976년 새해에는 〈보랩〉으로 '아이보 노벨로'를 포함한 더 많은 상을 받았다. 구두쇠 존 레이드도 평소답지 않게 《사운즈(Sounds)》 잡지에 퀸의 성공을 축하하는 광고를 내보냈다.

이제 퀸은 유명한 록스타로서 두 번째 미국 투어를 준비했다. 지금까지의 투어 중에서 가장 힘든 일정으로, 게리 스티켈스(Garry Stickells)라는 새로운 투어 매니저의 가이드를 받았다. 게리 스티켈스는 유명 스타들의 매니저로, 지미 헨드릭스 익스피리언스의 로드 매니저, 투어 매니저였다. 지미 헨드릭스가 사망한 날에 게리가 함께 있었다는 주장이 있다. 비록 그 비극은 미스터리로 남겨졌고 그가 떠들고 다니는 일은 없었지만 말이다. 어찌 됐든 스티켈스는 이후에 퀸의 모든 투어에 함께했다. 미국 투어는 훌륭히 이루어졌고 공연 후 파티까지 완벽히 치렀다. 미국 투어 후부터 퀸은 '최고의 공연 그룹'이라는 이름을 달고 다녔다. 퀸이 공연하는 어디에서나 지역의 유력자, 유명인사, 파티 참가자들이 초대되었다. 프레디의 사망 직후 프레디에게 바치는 헌사 《더 쇼 머스트 고우 온(The Show Must Go On)》 책을 펴낸 저널리스트 릭 스카이(Rick Sky)는 뉴욕의 신성한 명소 메디슨 스퀘어 가든에서 열린 공연 성공 축하 파티를 떠올렸다.

"프레디와의 단독 인터뷰를 위해 뉴욕을 방문했어요. 한 무리의 토플리스 차림의 웨이트리스들이 큰 샴페인 술병을 들고 계속해서 손님들의 술잔을 채웠죠. 프레디는 하얀 베스트 차림에 샴페인이 담긴 플라스틱 컵과 담배를 들고 있었어요. 여유로워 보였죠. 그는 나에게 행복의 비밀은 최대한 삶을 즐기는 것이라고 했어요. '과도하게 추구하는 것이 내 본성이야. 나에게 지루함이란 질병과 같아. 내겐 위기와 모험이 필요해. 집에 들어앉아 TV나 보는 건 천성적으로 나와 맞지 않아. 난 확실히 성적으로 집착해. 누구와도 하룻밤을 보낼 수 있어. 하지만 이제는 가리게 되었어. 난 낯설고 재미있는 사람들에 둘러싸여 있는 게 좋아. 그럴 때 더 살아 있다고 느끼거든. 너무 반듯한 사람들은 지루해. 난 별난 사람들이 좋아. 난 원래부터 끊임없이 불안하고 몹시 긴장된 성격이라서 좋은 가장이 될 수 없어. 매우 감정적이고 극단적이라서 종종 나 자신과 다른 사람들을 망치게 되지.' 하고요. 나중에는 화가 난 듯이 '난 나 자신에 충실할 뿐이야. 난 비정상적으로 성에 집착해. 남자, 여자, 고양이, 그 무엇과도 잘 수 있어. 내 침대는 6명과 자도 편안할 정도로 아주 커. 난 어떤 방해도 받지 않고 섹스하는 걸 좋아해.'라고 말하기도 했어요."

프레디는 명성과 부를 통해 원하는 것을 탐닉할 수 있는 자유를 얻었다.

릭 스카이는 프레디가 앞뒤 가리지 않고 덤비는 성격이라고 했다. "완벽한 일대일 관계로 정착되기 위해서는 타협이 이루어져야 합니다. 우리 모두가 원하는 바예요. 프레디는 내게 '누군가와 친해질 때 마음을 반만 주거나 하는 건 내 스타일이 아냐. 어중간한 타협은 결코 하지 않아. 내가 가진 모든 것을 주지. 그게 나라는 사람의 방식이야.'라고 말했죠."

프레디는 미국, 특히 뉴욕에 큰 관심을 두었다. 다양한 인종이 밀집되어 있다는 점과 지하 게이 문화에 매료되었다. 낮에는 사치스러운 가게, 호텔, 살롱에서 허세를 떨다가, 밤에는 구도심 도축 거리의 자갈 깔린 거리를 배회했다. 지금은 고급스러운 지역이지만 그 당시에는 게이 클럽과 술집으로 악명이 높았다. 에이즈가 유행하던 1980년대 중반에 모두 철거되었지만, 그 당시에는 전국의 게이와 레즈비언이 몰려들었다. 1969년 6월, 경찰이 뉴욕 그리니치빌리지의 게이 클럽 '스톤월 인'을 단속하는 과정에서 일어난 스톤월 항쟁을 계기로 뉴욕에서 게이 해방 선언이 시작되었다. 그리니치빌리지 중심부 7번 애비뉴에서 멀리 떨어진 크리스토퍼 거리에 있는 초라한 '스톤월 인'은 훗날 게이의 요람으로서 유명해졌다. 스톤월 항쟁을 계기로 사회적으로 동성애가 공개됨으로써 게이 커뮤니티를 지원하는 산업이 합법화되었다. 섹스 궁전, 포르노 극장, 목욕탕, 가죽제품, 변태성욕자를 위한 밀실과 바가 우후죽순으로 생겨나서 낯선 사람끼리의 섹스를 부추겼다. 이때만 해도 성병이 심각하게 인식되지 않던 시기였다.

어느 날 밤, 믹 록은 프레디와 엔빌 클럽에 들렀다. 거기에서 프레디는 그룹 빌리지 피플(Village People, 1977년에 데뷔한 미국의 디스코 그룹)의 멤버 글렌 휴즈(Glenn Hughes, 1951~, 영국의 가수, 그룹 빌리지 피플의 전 멤버)를 처음 보았다. 빌리지 피플은 매우 유명한 디스코 뮤직 그룹이었다. 1970년대 후반에 미국에 대한 문화적 고정관념들—카우보이, 경찰관, 건설노동자, 폭주족, 북미원주민, 군인—을 떠올리는 〈YMCA〉란 곡을 히트시켰다. 프레디는 바에서 춤추는 폭주족 글렌 휴즈를 보자 처음에는 넋이 나간 것 같았다. 엔빌 클럽에 다녀온 후 프레디는 가죽제품과 남성 역할의 게이 이미지(=게이 클론) 차림을 즐겼다. 가죽제품의 착용은 오래가지 않았지만 1970년대의 그의 보헤미안 차림과는 완전히 다른 게이 클론 차림—짧게 깎은 머리, 억센 콧수염, 근육질의 상체, 타이트한 데님 진—은 오랫동안 유지되었다. 프레디의 이러한 외모는 실제로는 샌프란시스코의 '카스트로 클론(Castro clone)'으로 알려져 있다.

다른 지역에서 박해받은 동성애자들이 피난 오면서 샌프란시스코는 게이의 주 거주지가 되었다. 처음에 게이 복장은 동성애자만의 독점적인 아이덴티티로 인식되지 못했지만, 점점 동성애자의 완전한 코드로 발전했다. 게이 남자는 뒷주머니의 손수건 색상으로 성적 취향을 나타내기도 했다. 1970년대 후반에는 동성애자들 사이에 '행키 코드', '반다나 코드'가 유행했다. 손수건을 바지 뒷주머니에서 꽂거나, 벨트 고리 사이로 꿰었다. 손수건이 왼쪽에 있으면 상위에서, 오른쪽에 있으면 하위에서 섹스하는 것을 더 좋아한다는 표시이다. 색상에 대한 코드는 보편적이지 않았다. 뉴욕은 동성애자들이 정치적 승리를 한 곳으로 유명했다. 게이들이 커밍아웃을 하고, 조직화되었으며, 자신의 라이프 스타일과 운명을 스스로 결정했다. 뉴욕의 동성애 권리 운동은 뮌헨을 제외하고는 세계 어느 곳에서도 불가능한 극단까지 치달을 수 있을 것이라 생각될 정도였다.

"프레디는 뉴욕, 뮌헨에 비해 런던에서 더 조신하게 처신했어요. 뉴욕과 뮌헨은 모르는 사람끼리 섹스를 위해 하룻밤을 보낼 수 있는 도시죠. 나는 이런 곳에 관심이 없지만 프레디는 즐겼어요. 대중음악만큼이나 중요한 게 많은 곳이죠. 프레디는 뉴욕에 갈 때마다 정말 거침없이 지내는 것 같았어요. 하지만 그 시절에는 게이로 지내기에 그 어느 곳보다 힘든 곳이었죠." 폴 감바치니는 말했다.

프레디는 팝 칼럼니스트에서 잡지 발행인으로 직업을 바꾼 존 블레이크(John Blake)와의 토론에서 뉴욕의 난잡한 생활을 실토했다.

"뉴욕은 죄악의 도시야. 적당히 놀다 빠져나와야 해. 너무 오래 있으면 놔주질 않지. 최면에 걸린 듯 빠져들어. 난 매일 아침 8~9시에는 나와서 목 치료를 받았어. 그래서 아직까지 노래할 수 있는 거야. 뉴욕은 대단해. 뉴욕을 사랑해."

프레디는 난잡한 성생활에 대해서는 모호하게라도 인정했지만, 코카인에 관한 한 신중하게 침묵을 지켰다. 대부분의 나라에서 불법화되기도 했지만, 프레디 스스로 마약중독자로 불리는 것을 혐오했다. 프레디는 일단 결심을 하면 하룻밤 만에 약물 사용 습관을 중단할 수 있었다. 하지만 한동안은 섹스, 약물, 로큰롤에 빠져 지냈다. 프레디는 술과 코카인 과용이 성격과 성적 쾌감에 미치는 즉각적인 효과에 걸려든 것이었다. 코카인은 프레디의 자신감을 고조시켜서 대담하게 만들었다. 만약 프레디가 뉴욕에서 쇼핑과 섹스에 탐닉하는 것으로 바뀌었다면 그럴 여유가 있어서일 것이다. 그는 왈도프 아스토리아 타워, 버크셔 플레이스, 헴슬리 팰리스와 같은 호텔에서 지내기도 지루해져서 트윈타워와 엠파이어스테이트만큼 멋진, 맨해튼의 크라이슬러 빌딩이 내려다보이고 일급 보안 시설을 갖춘 아파트를 구입했다. 1번가와 서튼플레이스 사이의

43층짜리 소버린 빌딩에 위치한 아파트였다. 센트럴 파크, 블루밍데일 백화점, 카네기 홀과도 가까웠으며, 발코니에서 7개의 다리를 볼 수 있었다.

릭 스카이는 프레디가 클래식하고 세련되었지만, 슬럼가를 방문하는 것도 좋아했다고 했다. "그의 궁극적인 판타지는 오페라를 차용하는 것이에요. 그 점에서는 루돌프 누레예프(Rudolf Nureyev, 1938~1993, 러시아 태생의 무용수이자 안무가)가 프레디와 비슷해요. 누레예프는 고품격의 문화와 저급한 문화를 동시에 좋아하는 능력을 지녔죠."

프레디가 발레 댄서를 좋아해서 누레예프가 프레디의 켄싱턴 집에 방문했다는 루머가 있었지만, 프레디의 개인 비서 프리스턴은 이 사실을 부정했다. 프리스턴은 누레예프가 프레디의 런던 집인 가든 롯지에 온 적이 없다고 주장했다.

프레디의 난잡하고 퇴폐적인 성적 취향이 왜 생겼는지에 대해 설득력 있는 근거는 없다. 퀸 멤버들도 어깨를 으쓱할 뿐이었다. 세계적인 추세는 성의 자유를 허용하는 쪽으로 가고 있었다. 성적 취향은 전체의 한 단면일 뿐이다. 팬들은 자신들이 알고 있는 것들을 보고도 못 본 체하고 눈감아 주려고 했다. 스캔들이 날 때마다 흥분하는 건 미디어뿐이었다. 프레디는 보통 수준의 팬들이 흠모할 만큼 충분히 인텔리전트한, 극소수의 록 슈퍼스타였다. 보통 사람으로서는 결코 꿈도 꿀 수 없을 인생의 리스크를 경계를 넘어 추구하고 시도했다는 점에서 팬들은 프레디를 사랑했다. 프레디는 뛰어난 음악, 결코 잊을 수 없는 쇼를 통해 관객들에게 재미와 스릴의 대리 만족을 선사했다.

릭 스카이는 이렇게 말했다. "퀸은 우리들에게 자신들처럼 특권을 부여받은 느낌을 주었습니다. 다른 스타들과 비교했을 때, 퀸은 전혀 이기적이지 않았어요. 그들은 자신들처럼 우리도 멋진 시간을 즐길 수 있도록 항상 열망했습니다. 물질적인 부를 나누어주는 것 못지않게 정신적인 면에서 믿을 수 없을 정도로 관대하게 우리에게 베풀었다는 점에서 세계 최고의 록 밴드라고 말할 수 있습니다."

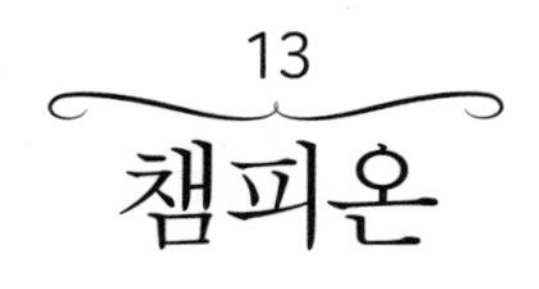

13 챔피온

열정과 노력이 날개를 달다

앨범 《어 데이 엣 더 레이시스(A Day at the Races)》에 수록된 마지막 곡은 일본어 노래 〈테오 토리아테(Teo Torriatte)〉이다. '우리 서로 떨어지지 말아요'라는 뜻이다. 아주 감성적인 곡이다. 브라이언의 베스트 곡 중 하나이다. 브라이언은 풍금과 기타를 연주했다. 앨범의 엔딩 곡으로 딱 좋은 멋진 노래이다.

프레디 머큐리

퀸의 음악에는 깜짝 놀래키는 힘과 에너지가 있어요. 음악 산업에 테크놀로지가 적용되면서 아티스트들은 아주 게을러졌어요. 피, 땀, 충동 이런 것들이 줄어들었죠. 하지만 프레디는 몸 안의 섬유질과 세포까지 동원하여 노래합니다. 요즘은 아티스트 한 명에 백댄서 18명이 동원되어야 해요. 이미 녹화분을 내보내고 립싱크나 동작만 하는 경우도 있어요. 하지만 프레디에게는 그런 게 없어요. 리얼 공연이죠.

리 존(Leee John), 이미지 컨설턴트

1976년 2월에 퀸의 4개 앨범이 모두 영국 차트 20위권에 올랐다. 퀸은 일본과 오스트레일리아에서 관객이 가장 많이 몰리는 프라임 기간에 라이브 일정을 잡을 수 있었다. 녹화와 공연 모두 성황리에 이루어졌고, 영국으로 돌아와서 다섯 번째 앨범 작업을 시작했다. 이번에는 로이 토머스 베이커와 원만하게 역할을 분담하고 퀸이 제작을 맡았다. 다섯 번째 앨범의 제목은 막스 브라더스가 출연한 영화 《어 데이 엣 더 레이시스》와 같았다. 3월에는 피처 필름[29]인 〈라이브 엣 더 레인보우(Live at The Rainbow)〉가 발매되었다.

5월에는 브라이언 메이가 크리시 뮬렌과 결혼했다. 6월 18일에는 존 디콘의 첫 번째 싱글 〈유어 마이 베스트 프렌드(You're My Best Friend)〉가 발매되었다. 이 곡은 존 디콘이 그의 부인 베로니카—존 디콘은 첫 번째 부인과 계속 결혼 생활을 유지한 퀸의 유일한 멤버이다—를 위해 쓴 향긋한 곡이었다. 존 디콘은 베이스 기타와 월리처 전자 피아노를 멋지게 연주했다. 이 곡은 빠른 속도로 10위권에 진입했다. 1,000개의 양초가 불을 밝힌 넓은 공연장에서 뮤직 비디오가 촬영되었다.

그해 여름, 스코틀랜드 페스티벌이 열렸다. 존 레이드도 후원했으며, 퀸은 에든버러 극장에서 2번 공연을 했다. 곧이어 카디프에서 야외 공연도 가졌다. 9월 18일, 지미 헨드릭스 사망 6주년 기념일에 퀸은 팬들의 성원에 보답하기 위해 런던 하이드파크에서 20만 명의 청중을 대상으로 무료 콘서트를 열었다. 버진 레코드사의 리처드 브랜슨(Richard Branson, 1950~, 영국의 기업인, 버진그룹 회장)도 공동 개최했는데, 그의 개인 비서 도미니크 베일런드가 로저 테일러에게 무심코 새 여자친구를 소개시켜주었다. 이 커플은 곧 풀햄의 호화스러운 서레이 맨션에서 신혼 생활을 시작했다.

29 일반적으로 장편 극영화를 의미한다. 오늘날 피처 필름이란 용어는 상업 영화관에서 상영하는 모든 장편 픽션 영화를 의미한다. 대개 90~120분 정도 길이이나 그보다 긴 영화도 드물지 않다. [네이버 지식백과] 피처 필름[feature film] (영화사전, 2004. 9. 30, propaganda)

1960년대 후반, 하이드파크에서 열렸던 제트로 툴(Jethro Tull, 영국의 록 그룹), 핑크 플로이드, 더 스톤즈의 공연처럼 화창한 날씨가 계속되었다. 이 공연의 서포트 아티스트로 나온 키키 디(Kiki Dee, 1947~, 1968년에 데뷔한 영국의 가수)는 존 레이드의 매니지먼트를 받고 있었다. 그녀는 〈돈 고우 브레이킹 마이 하트(Don't Go Breaking My Heart)〉를 엘튼 존과 듀엣으로 부르기로 되어 있었다.

"서펜타인[30]에 온 것을 환영합니다." 프레디가 흰색 점프 수트를 반짝이며 인사했다.

"〈타이 유어 마더 다운〉은 브라이언에게 중요한 곡입니다. 스튜디오에서 음반으로 녹음 작업을 하기 전에 하이드파크에서 먼저 공연하게 되었죠. 매우 거친 곡이었는데 아무튼 잘 불렀어요."

한편 풋내기 사진작가 데니스 오레건은 로켓 레코드사의 직원과 친해지는데 성공하여 그들의 도움으로 무대 뒤의 담 안으로 들어갈 수 있었다. 퀸이 무대 준비를 할 동안 꼼짝 앉고 있다가 공식적으로 사진 촬영을 할 수 있었다. 존 레이드의 친구이자 심복인 폴 프렌터(Paul Prenter, 퀸의 매니저)는 데니스를 보는 순간 맘에 들어서 쇼가 진행되는 동안 들어올 수 있게 허락했다.

"폴 프렌터가 처음으로 들어갈 수 있게 해준 때는 파리 공연이었어요. 난 무대 뒤에 있었는데 공연장 뒤에 작은 무대가 하나 더 있었죠. 곧바로 즉석에서 뭔가 일어날 것 같았어요. 작은 무대 앞에는 의자들이 죽 늘어서 있었죠. 다음 순간 10여 명의 여자들이 나타나 차례로 스트립쇼를 선보였어요. 그러고 나서 레즈비언 행위를 했죠. 그때에는 이런 것들을 문란하다고 생각할 때였지만 퀸의 파티 테마였어요. 그들은 항상 퇴폐적인 섹스를 찾아다녔죠. 지저분한 뭔가가 있었던 건 아니고 그냥 즐기기 위해서였을 뿐입니다. 섹스에 이렇게 열중하

30 London의 Hyde Park에 있는 S자 모양의 연못

는 모습을 의도적으로 연출하는 것 같았는데, 내 생각에는 프레디가 게이라는 소문을 덮으려고 그랬던 것 같습니다."

퀸은 인정하지 않았지만 프레디와 로저가 앞장서서 이런 파티들을 주도했다. 로저는 경쾌하게 말했다. "나는 스트립 클럽과 스트리퍼, 벌거벗은 여성들과의 파티를 좋아해요. 그러면 안 되나요?"

공연이 끝나면 모두 함께 즐기기 위해 뒤풀이를 하게 마련인데, 퀸은 공연 후에 함께 저녁식사를 하고는 각자의 시간을 가졌다. 데니스는 이 점을 가장 이해할 수 없었다. "리무진이 대기하고 있다가 공연이 끝나면 각자 공항이나 호텔로 달아날 준비가 되어 있었습니다. 한참 지나서 그들의 진정한 우정이 바로 그런 점에서 비롯되었다는 생각이 들었습니다. 서로 각자의 집단을 인정해주는 거죠. 서로 잘 어울리지 않는다거나 투어할 때 각자 다른 리무진을 탄다는 이야기들이 있습니다. 하지만 퀸 멤버들은 서로에게 빅뉴스가 있을 때는 그것을 인정해 줄 여유가 있어요. 프레디가 투어 버스를 타요? 절대 그런 일은 없습니다."

로저는 2011년에 《Q》 잡지와의 인터뷰에서 이렇게 해명했다. "투어할 때는 리무진을 각자 따로 이용하는 것이 가장 용이합니다. 리무진에는 2명 정도 탈 수 있는 공간이 있을 뿐이에요. 여자친구나 와이프, 다른 사람들을 동반한다고 생각해 보세요. 서로 말하지 않으려고 다른 리무진을 이용한다는 것과 아무 상관이 없습니다."

12월 10일에 새로운 앨범 《어 데이 엣 더 레이시스》가 발매되었다. 발매 전에 5,000장의 선주문이 이루어졌다. EMI에서는 스타일리한 프로모션을 위해 켐프턴 공원에 대형 천막을 치고 '어 데이 엣 더 레이시스' 장애물 경기를 후원했다. 음식과 술이 아낌없이 제공되었다. 트레멜로스(Tremeloes, 1963년에 데뷔한 영국의 록 그룹), 마말레이드(Marmalade, 1970년대에 활약한 영국의 록 그룹)의 라이브 공연에, 코미디언이자 영화배우, TV 스타인 그루초 막스(Groucho

Marx, 1890~1977, 미국의 배우, 막스 브라더스 중 한 명)의 축하 전보도 도착했다. 앨범의 반응은 이전 앨범에 비해 다소 실망스러웠다. 하지만 이 앨범에 수록된 프레디의 곡 〈썸바디 투 러브(Somebody to Love)〉 싱글은 영국 차트 4위까지 올랐고, 라디오 룩셈부르크에서는 계속 1위를 지켰다. 프레디는 이렇게 말했다.

"미칠 정도로 〈썸바디 투 러브〉에 집중했지. 아레사 프랭클린(Aretha Franklin, 1942~, 미국의 가수) 모드의 곡을 만들고 싶었어. 난 그녀의 초기 앨범 속 가스펠 분위기에 끌렸어. 화음의 접근 방식이 똑같게 들릴 수도 있는데, 막상 스튜디오에서는 아주 다르지. 화성, 음역이 다르니까."

1976년 크리스마스에는 퀸의 앨범이 1위에 오르면서 TV와 라디오 출연 요청이 쇄도했다. BBC에서는 1975년에 방송되었던 해머 스미스 오데온에서의 '휘슬 테스트(Whistle Test)' 콘서트를 계속 방영했다. 한편 프레디는 자신을 위해 특별한 크리스마스 선물을 마련했다. 마침내 용기를 내어 메리 오스틴과 자신에게 솔직해지기로 했고, 오랫동안의 연인 관계를 청산했다.

"7년의 동거 생활은 끝났지만 우리는 그 누구보다 더 가까워졌어. 연인 관계는 눈물로 매듭지었지만 우리 사이에 깊은 유대가 자라났지. 누구도 우리 사이를 갈라놓지 못해."

프레디는 감정이 개입되지 않는 섹스 파트너를 더 좋아하긴 했지만, 한편으로는 굳건한 관계에서만 가능한 위로와 안전을 사랑했다. 이러한 모순 때문에 프레디는 몹시 힘들어했다. 그들은 함께 지냈던 켄싱턴의 스태포드 테라스를 떠났다. 프레디는 메리가 살 집을 사주었다. 메리는 그의 헌신적인 조수이자 코디네이터로 남아서 15년 후에 프레디가 사망할 때까지 그를 보살펴주었다.

1977년에는 펑크록이라는 예기치 않은 장르가 등장했다. 펑크록은 사회체제에 반항하는 음악 조류로서 험악하고 분노하는 스타일을 추구했다. 퀸과 확연히 다른 록 음악으로, 섹스 피스톨즈(Sex Pistols, 1977년에 데뷔한 영국의 펑크 록 밴드)가 선두 주자였다. 도전 세력에 대처하는 유일한 방법은 공연이었다. 퀸은 3개월 동안 북미 투어에 나섰다. 서포트 연주자는 필 라이넛(Phil Lynott, 아일랜드의 록 뮤지션. 그룹 씬 리지의 보컬이자 베이시스트)이 만든 밴드 씬 리지였다. 프레디의 목 상태 때문에 공연이 취소된 서부 해안 지역 외에 나머지 지역에서는 성공적으로 끝낼 수 있었다.

"아직도 목에 혹이 있어요. 무례한 혹이 자라고 있어요. 때때로 목소리를 망치려고 하지만 그 순간 항상 내가 이긴답니다. 레드 와인을 마시면 나아집니다. 이 혹 때문에 문제가 발생하지 않도록 투어 일정을 짤 거예요."

프레디는 북미 투어 중에 27살의 요리사 조 파넬리(Joe Fanelli)와 사귀었다. 그는 프레디의 가든 롯지에서 전일제 요리사로 고용되기 전에는 여러 개의 레스토랑을 자유롭게 왔다 갔다 했다. 파넬리도 결국에는 에이즈에 감염되었다.

북미 투어 후 퀸은 유럽 투어에 들어갔다. 스톡홀름에서 시작했으며, 5월에는 영국 브리스틀 히포드롬부터 공연했다. 6월, 런던의 얼스 코트 공연의 둘째 밤에 엘리자베스 2세 여왕의 주빌리 펀드에 기부를 하고 왕관에 점등하는 스페셜 행사도 선보였다. 연기와 드라이아이스가 소용돌이치는 무대에 거대한 왕관이 솟아오르는 이벤트였다.

그러고는 유럽 투어가 끝나자마자 다시 스튜디오로 돌아와서 새 앨범을 준비했다. 이쯤해서 프레디, 브라이언, 로저와 존은 각자 솔로를 준비하고 있었다. 서로 다른 멤버의 앨범과 싱글에 게스트로 출연하기도 했다. 이제 퀸에게 명성과 운이 굴러들어왔지만 음악에 있어서는 여전히 최선을 다했다. 멤버 간에는 항상 건강한 긴장감, 경쟁의식이 충만했고, 스튜디오에 한발 앞서 나와서 서로를 자극했다. 음악에 대해 건설적인 논쟁이 많을수록 더 좋은 연주가 이루어졌다.

장차 프레디의 개인 비서가 될 피터 프리스톤은 '프레디에게는 감정적인 안정도 필요했지만 충돌과 대립도 필수적인 촉매'라고 생각했다. 이것은 완벽주의자 프레디에게 있어서는 어쩔 수 없는 선택이었다.

"프레디는 자신이 원하는 것을 정확히 알고 있었고, 원하는 대로 확실히 하기 위해서 화를 낼 준비가 되어 있었어요. 화를 내야 할 필요성을 알고 있었죠. 한 사람에게서 가장 큰 효과를 내기 위해서는 다른 밴드나 비즈니스가 반드시 관련되어야 했어요. 프레디는 자신이 꼭 필요한 사람이란 걸 다른 사람들도 다 알고 있다고 확신했어요."

〈위 아 더 챔피온스(We are the Champions)〉 싱글은 대중에게 가장 사랑받고 칭송받는 곡이다. 곡이 나올 당시에는 펑크록 칭찬 일색이었던 영국 언론으로부터 좋은 평가를 받지 못했지만, 영국과 미국 빌보드 차트에서 모두 2위까지 올랐다. 미국《레코드 월드(Record World)》지의 차트에서는 1위까지 기록했다. 앨범과 싱글로 모두 발매된 〈위 윌 록 유〉는 미국 풋볼 후원회의 공식 응원가가 되었다. 〈위 아 더 챔피온스〉는 프로야구팀 뉴욕 양키스의 공식 응원가와 필라델피아 농구팀 76-ers의 위밍업송으로 쓰였다. 이 두 곡은 35년 넘게 전 세계의 무수히 많은 곳에서 개최되는 스포츠 이벤트 행사에 사용되고 있다. 퀸은 그해 7월에서 9월까지 런던 노팅힐의 베이싱 스트리트 스튜디오와 웨섹스 스튜디오에서 여섯 번째 스튜디오 앨범을 준비했다. 베이싱 스트리트 스튜디오는 아일랜드 레코드사의 크리스 블랙웰이 설립했는데, 밴드 에이드의 〈두 데이 노우 잇츠 크리스마스?(Do They Know It's Christmas?)〉가 녹음된 곳이다. 그룹 섹스 피스톨즈의 자니 로튼(Johnny Rotten, 1956~, 영국의 가수, 그룹 섹스 피스톨즈의 멤버)이 피아노 위에 토한 곳으로 유명한 웨섹스 스튜디오는 하이베리 뉴파크에 있었지만 지금은 없어졌다. 우연의 일치였는지 퀸이 녹음했던 곳과 맞닿은 스튜디오에서 섹스 피스톨즈가 〈네버 마인드 더 볼록스(Never Mind the Bollocks)〉를 녹음했다. 어느 날 섹스 피스톨즈의 시드 비셔스(Sid Vicious, 1957~1979, 영국의 록 가수, 그룹 섹스 피스톨즈의 멤버)가 문으로 넘어가서 프레디가 공연에서 발레 포즈를 한 것을 두고 모욕적인 발언을 했다. 프레디가 음악잡지 《NME》의 토니 스튜어트(Tony Stewart)와의 인터뷰—헤드라인이 '정말 신경질적인 남자, 프레디'—에서 펑크록을 비난한 것에 대한 보복이었다. 프레디는 "폭군이시여. 우리는 최선을 다하고 있을 뿐이에요." 하고 답변했다.

퀸은 10월에 축음기협회로부터 브리타니아 상을 받았다. 협회원들의 추천을 통해 〈보헤미안 랩소디〉가 지난 25년간 최고의 싱글 녹음으로 인정받은 것이다. 또한 퀸은 여섯 번째 앨범 《뉴스 오브 더 월드(News of the World)》를 홍보했다. 이 앨범은 모두의 취향을 만족시키지는 못했지만 활기 넘치는 분위기를 느낄 수 있다. 앨범 슬리브[31]는 프랭크 켈리 프리어스(Frank Kelly Freas, 1922~2005, 미국의 일러스트레이터)가 만든 아주 큰 로봇으로 채워졌다.

한편 존 레이드가 퀸을 적절히 매니지먼트하기에는 시간이 부족했다. 퀸은 이제 엘튼 존에 견줄 만한 위치였기 때문에 자신들만을 집중적으로 관리해 줄 사람이 절실히 필요했다. 변호사 짐 비치가 다시 나서서 협상했다. 이번에는 다소 비용이 들더라도 원만하게 존 레이드 소속에서 빠질 수 있는 방법을 찾았다. 계약 기간 만료 전에 합의가 이루어졌다. 지금까지 발매된 퀸의 앨범에서 앞으로 창출될 로열티의 15퍼센트를 영원히 존 레이드에게 주기로 하고 존 레이드 소속사에서 나올 수 있었다. 퀸의 매일매일의 일정을 챙겼던 핏 브라운은 계속 남아서 퀸의 개인 매니저가 되었다. 존 레이드의 동료인 폴 프렌터도 퀸과 계속 일하기로 했다. 짐 비치는 법적인 일, 계약 관련 비즈니스 업무를 풀타임으로 맡기로 했다. 게리 스틱켈스는 퀸의 로드 매니저 업무를 맡았다. 이제 퀸 프로덕션이 만들어졌다. 곧이어 퀸 뮤직, 퀸 필름도 만들어졌다. 마침내 퀸 자신들

31 앨범을 싸고 있는 바깥쪽의 커버. '레코드 재킷', '앨범 재킷'과 동의어이다.

의 작업, 아티스트로서의 권리를 안전하게 보장받을 수 있게 된 것이다.

이번 일을 통하여 퀸은 여러 가지 면에서 터닝포인트를 맞이하게 된다. 비즈니스 관련 업무는 잘 처리되겠지만, 퀸은 선택의 교차로에 서게 된 것이다. 자신들의 열정과 열망대로 한다면 새로운 도전에 맞닥뜨리게 될 것임을 알 수 있었다. 퀸은 1977년에 2번의 미국 투어를 헌신적으로 준비했다. 첫 번째 미국 투어는 11월 11일에 오리건 주의 포트랜드에서 시작했다. 이 공연에서 프레디는 처음으로 〈러브 오브 마이 라이프(Love of My Life)〉를 라이브로 불렀다. 관객들도 따라 부르도록 이끌었는데, 이 곡의 따라 부르기는 이후에 퀸 라이브 쇼에서 중요 아이템이 되었다. 12월에 뉴욕으로 돌아온 프레디는 라이자 미넬리의 뮤지컬 〈디 액트(The Act)〉에 출연했다. 라이자 미넬리와 지미 헨드릭스는 오랫동안 프레디에게 영감을 준, 프레디가 가장 존경하는 아티스트로 알려져 있다. 뮤지컬 〈카바레(Cabaret)〉의 스타 라이자 미넬리는 1992년에 프레디 머큐리를 추모하는 공연에 참여하겠다고 승낙한 최초의 유명인사였다.

메디슨 스퀘어 가든 공연에서 프레디는 관객들의 앙코르를 받고 뉴욕 양키스 모자와 재킷 차림으로 다시 무대에 나타났다. 양키스 팀은 야구의 월드 시리즈 우승을 위해 고군분투했다. 프레디는 양키스의 신성한 플레이에 고개를 끄덕였고 팬들은 그의 반응에 환호했다. 프레디는 투어 활동을 하면서 이러한 제스처를 자주 사용했다. 같은 의미라도 여기서는 현지 언어, 저기서는 민속 가요, 국기로 안을 댄 망토용 영국 국기 등……. 이런 식으로 관객들과 마음의 교감을 나누었다. 때때로 어떤 제스처를 사용할지도 고심했다. 이것이 그가 관객에게 받은 것을 돌려주는 방식이었고 팬들은 그래서 더욱 프레디를 좋아했다.

1978년 1월에 프랑스 칸에서 'MIDEM 음악 박람회'가 개최되었다. 프랑스에서는 〈위 윌 록 유〉가 12주 이상 1위를 차지했다. 퀸은 고마움의 표시로 가장 유망한 록 밴드를 수상하는 라디오 시상식에 참석했다. 프랑스에서도 인정받는 순간이었다.

1978년은 세금을 피하기 위해 여기저기 오가면서 보낸 날들이 많았다. 퀸은 유럽 투어를 한 번 더 했고, 5월에는 5회 이상 영국에서 쇼에 출연했다. 그 후에는 몽트뢰의 마운틴 스튜디오에서 다음 앨범을 준비했다. 마운틴 스튜디오는 최고의 테크닉을 찾는 퀸에게 최상의 시설을 갖춘 곳이었다. 게다가 이 세상에서 가장 아름다운 안식처로서의 환경도 갖추어진 곳이었다. 아름다운 제네바 호수와 눈 덮인 장엄한 알프스는 숨이 멎을 만큼 아름다웠다. 브라이언과 프레디는 마운틴 스튜디오에 다른 멤버들보다 늦게 합류했다. 브라이언은 첫째 아이 지미가 곧 태어날 예정이었다. 프레디는 자신이 직접 설립한 구스 프로덕션에서 절친 피터 스트레이커(Peter Straker, 1943~, 자메이카 출신의 가수이자 배우)와 앨범 작업을 할 예정이었다. 자메이카 출신의 배우 스트레이커는 1975년에 런던의 레스토랑 프로방스에서 프레디를 만났다. 스트레이커는 자신의 매니저 데이비드 에반스와 함께였고, 프레디는 존 레이드와 저녁식사를 하고 있었다. 운명의 장난인지 데이비드 에반스는 존 레이드와 함께 일하는 사이였다.

"초라한 모피 옷에 까만색 네일, 흰색 신발과 머리가 기억나." 스트레이커가 데이비드 에반스에게 말했다.

"몸을 약간 앞으로 구부린 자세가 뭔가 독특했어. 특별히 부끄러움이 많았다는 점이 무엇보다 생생하게 남아 있어. 시선을 땅에 떨구고 있었는데, 모르는 사람에게 자신을 소개할 때는 항상 그러는 것 같았지." 그 후에 프레디와 스트레이커는 길거리에서 우연히 마주쳤다. 스트레이커는 1975년 11월, 자신의 생일 파티가 열리는 헐링엄 로드 자취집에 프레디를 초대했다. 파티의 주제는 '당신이 가장 좋아하는 모습으로 오세요!'였다. 프레디는 뾰족한 깃이 있는 옷을 입고 영화관에서 일하는 데이비드 민스와 함께 왔다. 파티에 초대한 사람에게는 자신이 좋아하는 모습으로 왔기 때문에 특이한 드레스를 입지 않았다고 말했다.

"함께 온 친구 데이비드 민스는 모엣 샹동 샴페인 대용량 병을 들고 왔어요. 그날은 좀 정신이 없었어요. 프레디에게 처음으로 내 앨범을 제작할 수 있겠냐고 물어보았죠." 프레디와 스트레이커는 점심 약속을 잡았다.

"그 후에 우린 친구가 되었어요. 뗄 수 없는 사이가 되었죠. 우린 죽이 잘 맞았습니다."

스트레이커의 엄마는 오페라 가수였다. 프레디와 스트레이커는 함께 초라한 술집, 클럽에도 가고 발레와 오페라도 보러 다니고, 런던 헐링엄 클럽에서 테니스도 함께 쳤다. 스트레이커는 매너 좋고 놀랍도록 사람들을 사로잡는 목소리를 가졌기 때문에 충분히 더 성공할 수 있었다. 그는 프레디에게 포스트 글램록과 보드빌리언 카메오 앨범을 만들어줄 것을 요청했다. 프레디는 스트레이커의 앨범 제작에 전 재산 2만 파운드를 투자하기까지 했다. 타이틀은 〈디스 원스 온 미(This One's On Me)〉이다. LP로 〈재키(Jackie)〉, 〈랙타임 피아노 조(Ragtime Piano Joe)〉 싱글을 발매했다. 양쪽을 다 아는 친구들은 프레디와 스트레이커를 '끼 있는 여학생들', '형제들'로 불렀다. 절대 연인 관계는 아니었으며 형제 관계였다.

피터 프리스톤은 스트레이커가 프레디의 심적 부담감을 풀도록 도와주었다고 했다. "그와 함께 있으면 항상 웃을 수 있었죠." 리 존이 말하길 프레디와 스트레이커 간의 깊은 우정은 오페라와 클래식에 대한 애정 때문에 가능했다고 했다. "나는 R&B와 재즈가 전공이라서 블루스와 아프리카 음악을 잘 몰라요. 프레디는 그러려면 오페라를 배우라고 했어요. 내가 아는 유일한 오페라는 림스키 코르사코프의 〈세헤라자데(Scheherazade)〉였거든요. 프레디의 조언으로 매주 새 오페라를 보러 갔어요. 〈돈 지오반니(Don Giovanni)〉에서 〈더 링(The Ring)〉까지 섭렵했어요. 감정이 북받치기도 하고 깔깔 웃기도 했어요. 정말 많은 것을 배웠습니다. 음악 박물관 모타운에 가서 일일이 살펴보기도 했어요. 많은 클래식 음악의 기원이 아프리카 음악이더군요. 프레디는 이미 알고 있었지만요. 아프리카 음악에는 독창적인 리듬감이 있습니다. 프레디는 나에게 발성 테크닉에 대해서도 알려 주었죠. 완전히 이해가 되도록 말이에요. 프레디와 스트레이커를 돌이켜볼 때 그 둘은 동등하게 서로 배우는 관계였어요. 친구로서 잘 맞았죠."

한편 브라이언과 프레디는 몽트뢰에서 로저, 존과 합류하여 레코드 작업을 진행했다. 그해 여름, EMI는 퀸의 앨범이 영국 수출 산업에 기여한 공로로 상을 받았다. 수상을 기념하여 EMI는 200개 한정으로 〈보헤미안 랩소디〉 블루 비닐 한정판을 찍었다. EMI 국제 업무 부서의 매니저 폴 왓츠는 원래는 앨범 《퀸 I》에서 볼 수 있는 퀸 고유의 컬러인 보라색과 금색을 나타내기 위해 밤색과 금색 슬리브로 결정했다고 한다. "그런데 공장에서 파란색으로 만들어 온 거예요. 일반적으로 한 번 찍을 때의 최소 수량이 1,000~1,500개인데 우리는 200개 한정이니까 바꾸기에는 수지타산이 맞지 않았죠."

퀸도, 상의 수여자인 여왕 폐하도 참석하지 않은 채, 1978년 7월에 셀프리지 호텔 코츠월드 스위트에서 시상식이 거행되었다. 그 시간에 퀸은 몽트뢰에서 로저 테일러의 29번째 생일을 축하하는 떠들썩한 파티를 벌이고 있었다. 〈보헤미안 랩소디〉 블루 한정판은 퀸의 가장 훌륭한 콜렉션의 하나이며 지금까지도록 팬들이 가장 많이 찾는 아이템 중의 하나이다.

퀸은 가능하면 세금을 많이 내지 않기 위해 여러 나라에서 나누어서 녹음 작업을 했는데, 이번에는 프랑스 니스의 슈퍼베어 스튜디오에서 진행했다. 녹음 작업 기간 중 프레디의 32번째 생일이 다가왔고 남부 프랑스 생 폴드방스에서 생일 파티가 열렸다. 이곳에는 롤링 스톤스 멤버인 빌 와이먼(Bill Wyman, 1936~, 영국의 베이시스트)의 스위트홈이 있다. 두 달 후에는 멤버끼리 더 후의 드러머였던 키스 문(Keith Moon, 1946~1978, 영국의 가수이자 드러머, 그룹 더 후의 멤버)의 죽음을 추모하는 자리를 가졌다. 키스 문은 메이 페어의 커즌 플레이스에 있는 해리 닐슨 아파트에서 수면제, 진정제 효과가 있는 클로메티아졸 과다 복용으로 사망했다. 같은 곳에서 4년 전에 마마스 앤 파파스(The Mamas & the Papas, 1966년에 데뷔한 미국의 팝 그룹) 그룹의 캐스 엘리엇(Cass Elliot, 1941~1974, 미국의 가수, 그룹 마마스 앤 파파스의 멤버)이 심장병으로 사망했다.

퀸은 〈팻-보텀드 걸스(Fat-Bottomed Girls)〉와 〈바이시클 레이스(Bicycle Race)〉를 동시에 싱글로 발표했다. 〈바이시클 레이스〉는 프랑스 투어 중 니스를 지날 때 떠오른 아이디어였다. 프로모션을 위해 런던 윔블던 스타디움에서 60여 명의 벌거벗은 여성들에게 유쾌한 분위기의 자전거 경주를 하게 하였다. 유쾌한 장면이 잇따랐다. 〈바이시클 레이스〉 싱글은 곧바로 11위까지 올랐으나 당연히 논쟁이 잇따랐다. 나체의 여성이 자전거를 타는 앨범 재킷이 모욕적이라는 것이었다. 그 후의 앨범 재킷에는 까만 팬티를 그려 넣었다.

10월에는 다시 미국 투어를 시작했다. 뉴올리언스에서 할로윈데이 밤에 앨범 《재즈(Jazz)》의 발매를 예고하는 행사를 개최했다. 미국 전역, 남아메리카, 영국, 일본에서 400명에 달하는 언론계의 인사들이 초대되었다. 연회장은 수증기와 잡초로 가득 찬 습지, 난쟁이와 여왕 차림의 사람들, 불 쇼를 선보이는 사람, 진흙에서 몸싸움하는 여자 레슬러, 스트리퍼, 뱀, 스틸 밴드, 부두교 댄서, 줄루 댄서, 창녀, 록 그룹을 쫓아다니는 그루피, 그로테스크한 복장의 사람들, 상상 불가의 불법적 행동을 하는 사람들로 가득 찼다. 퀸의 홍보 담당자 브레인스비는 참석자들을 통제하는 데는 전혀 신경을 쓰지 않았다.

"매우 거칠었어요." 브레인스비는 간결하게 언급했다. "우리는 공항에서 파티로, 파티에서 공항으로 왔다 갔다 했어요. 잠잘 시간이 전혀 없었어요. 내 인생에 이런 파티는 처음이에요. 저널리스트들은 끝날 때까지 파티장에 계속 있었어요. 프레디가 스트리퍼의 엉덩이에 사인을 하고 있었죠. 이건 내가 본 것 중 가장 얌전한 거예요. 여기서 본 걸 잊어버리려면 한 달은 걸릴 것 같아요."

미국에서는 누드 여성이 자전거 경주하는 사진의《재즈》앨범 재킷에 대한 반발이 시작되었다. 포스터에 대한 비난이 쏟아졌고 어떤 주에서는 포르노 사진으로 분류되어 금지되었다. 그 이후로는 팬들이 주문하는 형태로 판매되었다. 순전히 재미로 기획한 일에 수많은 반대 여론이 쏟아지자 퀸은 깜짝 놀랐다. 영국으로 다시 돌아왔을 때《재즈》앨범은 2위까지 올랐으며, 27주간 차트권을 지켰다. 이제 퀸은 톱1을 목표로 할 때가 되었다. 다음에는 어떤 앨범을 만들까? 퀸은 쉬지 않고 달렸다.

14
뮌헨
새로운 영감으로 음악을 변화시키다

나는 뮌헨을 좋아한다. 오랫동안 머물러도 이곳 사람들은 내가 주위에 있다는 사실조차 신경 쓰지 않았다. 내가 누군지 아는 친구들이 많았지만 그들은 나를 다른 사람들과 똑같은 방식으로 대하고 받아들였다. 휴식을 취하기에 정말 좋은 곳이다. 조용히 입 다물고 숨는 건 내 스타일이 아니다. 그렇게 된다면 화가 나서 미쳐버릴 것이다.

프레디 머큐리

그가 거리낌 없이 섹슈얼했다는 점이 신선하게 다가왔다. 그 당시에는 그런 사람이 거의 없었다.

캐롤린 코완(Carolyn Cowan),
프레디의 메이크업 아티스트

로저, 브라이언과 존은 가족의 일원으로서, 아빠로서 최선을 다하였다. 브라이언은 뉴올리언스에서 피치스라는 여성과 사랑에 빠졌다. 존은 영국의 지인들과 어울리기 시작했다. 로저는 항상 누군가의 삶 속에 영혼처럼 살아 있었고 파티를 즐겼다. 자정부터 아침까지 혼자인 적이 거의 없었다. 프레디는 이 모든 멤버들의 역동적인 생활을 능가하여 주저 없이 허리케인에 뛰어들었다. 퀸이 투어 중일 때는 결코 천사가 될 수 없다는 듯이, 프레디는 악의 화신 그 자체라고 할 정도였다. 1979년에 유고슬라비아에서 처음으로 공연했던 2번을 합하여 총 28일이라는 오랜 기간 동안 유럽 투어를 할 때마다 돈을 물 쓰듯 했다. 12번째 싱글 〈돈 스톱 미 나우(Don't Stop Me Now)〉는 음악 전문 잡지의 열광적인 지지를 받으며 1979년 1월에 발매되었다. 그 후에는 더블 앨범《라이브 킬러스(Live Killers)》의 투어 동안 녹음된 테이프의 작업을 위해 몽트뢰로 돌아왔다.

멤버들은 제네바 호수 기슭의 마운틴 스튜디오에서 작업하는 것을 무척 좋아했기 때문에, 회계사가 이 스튜디오를 인수하여 세금 문제의 부담을 줄이자고 제안했을 때 모두 뛸 듯이 기뻐했다. 마운틴 스튜디오의 엔지니어 데이비드 리처드(David Richards)도 퀸의 프로듀서로 합류했다. 〈바바렐라(Barbarella)〉, 〈데스 위시(Death Wish)〉, 〈킹콩(King Kong)〉, 〈한니발(Hannibal)〉, 〈붉은 용(Red Dragon)〉으로 유명한 영화제작자 디노 드 로렌티스(Dino De Laurentiis, 1919~2010, 이탈리아 출신의 영화제작자)의 초청으로, 공상과학영화 〈제국의 종말(Flash Gord)〉의 작곡과 사운드트랙 녹음에 참여함으로써, 퀸은 자신들의 또 다른 야망을 실현할 수 있었다.

일본 공연을 성황리에 마친 후에는 음악 프로듀서 조지오 모로더(Giorgio Moroder, 1940~, 이탈리아의 음악 프로듀서이자 작곡가)의 허브로 유명한 뮌헨의 뮤직랜드 스튜디오에서 여름을 보냈다. 세금 문제 때문에 해외에서 녹음을 진행하면서 조지오 모로더와 뮤직랜드를 공동 창업한 독일의 거장 라인홀트 맥

(Reinhold Mack, 독일의 음악 프로듀서, 사운드 엔지니어)과 같이 작업할 기회가 있었다. 마크 볼란, 딥 퍼플, 롤링 스톤스가 모두 뮤직랜드에서 녹음했다. 라인홀트 맥의 입장에서 퀸은 가장 어려운 상대였다. '멤버들이 제각기 '각자의 방식'으로 행동했으며, 그것이 그들의 신조였다. "나는 퀸에 비해 의사 결정을 빨리 할 수 있었죠." 맥과 퀸은 매우 편한 관계였다. "일본 투어 후 영국으로 귀국하기 전에 시간이 있어서 적절한 장소와 시간을 정해 프로젝트를 진행했어요. 처음에는 앨범을 목적으로 하지 않고 1~2주일간의 작업으로 시작했습니다.[32] 첫 번째 트랙에서는 〈크레이지 리틀 씽 콜드 러브(Crazy Little Thing Called Love)〉를 시도해 보았어요. 프레디는 어쿠스틱 기타를 집어들고 '서둘러! 브라이언이 오기 전에 이걸 써보자.'라고 했죠."

6시간 후에 곡이 완성되었고 나중에 솔로 기타가 추가 녹음되었다. "브라이언은 내가 텔레캐스터 기타를 쓰라고 한 것을 아직도 원망하고 있어요. 〈크레이지 리틀 씽 콜드 러브〉는 앨범으로 만들기 전에 싱글로 발매되어 1위를 차지했습니다. 이 작업을 통해 상당한 자신감을 갖고 퀸과의 관계를 두텁게 할 수 있었습니다." 작곡을 할 때에는 어렵게 진행되었다. "프레디와 브라이언이라는 2개의 진영이 있었어요. 프레디는 쉬웠어요. 우리는 비슷하게 생각했기 때문에 15~20분 만에 아주 뛰어난 결과물를 만들어 낼 수 있었죠. 브라이언은 훌륭한 아이디어로 시작했지만 사소한 디테일에서 헤맸습니다."

퀸이 뮌헨에 왔을 때 뮌헨의 모토는 '마음을 담은 국제도시'였다. 그들이 이 도시에 머무는 것은 심오하고 파괴적인 효과를 얻기 위해서였다. 특히 프레디는 모호함이 느껴지는 뮌헨의 특성이 주는 즐거움 때문에 더 중독되었다. 유럽 문화의 중심지에서 장기 투숙하는 사람이라면 누구나 풍부한 역사와 다양한 건축물, 즐길 거리에 푹 빠질 것이다. 뮌헨은 18세기 이후 문화적으로 번

32 이 작업은 나중에 《더 게임(The Game)》 앨범이 되었다.

성했으며, 바이마르 공화국 시기[33]에는 화려한 도시였다. 비가 많이 내리는 뮌헨은 최면을 거는 듯 모차르트, 바그너, 말러, 스트라우스, 작가 토마스 만(Thomas Mann, 1875~1955, 독일의 소설가이자 평론가), 표현주의 화가 칸딘스키(Kandinsky)를 유혹했다.

그런데 뮌헨이 프레디를 열광케 한 것은 게이 문화였다. 게이들이 모이는 곳은 '버뮤다 삼각지대'로 알려진, 작은 중심 지구에 몰려 있었다. 이 소수민족 거주지는 미국의 뉴욕, 샌프란시스코의 카스트로 구와 마찬가지로 유럽에서는 동성애자의 천국이 되었다. 뮌헨에서는 긴장을 풀고 편안할 수 있었다. 일거수일투족이 대서특필되는 일이 없었으며 공개적으로 어떤 일을 시도해도 될 것 같았다. 멤버 모두를 열광케 한 것은 뮌헨의 디스코 클럽이 그때 한창 전성기였다는 점이다. 일주일에 7일 밤을 흥청망청 지낼 수 있는 게이바가 넘쳐났다. 밤의 생활로 한순간에 타락의 늪으로 빠질 수 있는 클럽은 어둡고 떠들썩한 오첸가든, 슈가섁, 뉴욕과 프리스코 등 몇 군데로 한정되어 있었다.

버뮤다 삼각지대에서는 드러내놓고 게이 행동을 해도 다른 사람의 시선을 거의 끌지 못했다. 남자와 여자뿐 아니라 게이 모두 과도하게 향락에 빠지기 때문이다. 맥은 프레디가 이 모든 종류의 사람들과 어울리는 것을 즐겼다고 했다. "그는 결코 순수한 게이만의 세계를 좋아하지 않았어요. 속마음을 남에게 털어놓지 않았습니다. 앞뒤 재지 않고 생각 없이 처신하는 일은 없었어요. 사람들의 면전에서 동성애에 파고들지는 않았습니다. 그는 항상 남자, 여자, 게이가 모두 섞인 무리들 속에서 '모든 것에는 제자리가 있는 법'이라는 태도로 흠잡을 데 없이 처신했어요."

브라이언은 나중에 퀸의 공식적인 전기 《애즈 잇 비건》에서 "뮌헨은 우리에게 큰 영향을 주었어요. 거기서 정말 많은 시간을 보냈기 때문이죠. 투어 때와

33 바이마르 공화국 시기(1919~1939년)으로서 제1차 세계대전의 종전과 나치의 집권 사이의 시기

달리 그 지역 사람들의 생활에 섞여 들어갔어요. 대부분의 밤을 같은 클럽에서 보내곤 했죠. 슈가섹은 우리에게 정말 환상적인 곳이에요. 놀라운 사운드 시스템을 갖춘 록 디스코여서, 믹스 작업과 음악에 대한 우리의 관점을 바꿔놓았죠. 작업의 효율성이 꽤 좋지는 않았어요. 습관적으로 늦게 작업을 시작했고 피곤했습니다. 특히 나와 아마도 프레디에게는 치명적인 감정적 혼란들이 있었습니다." 맥은 프레디가 방탕한 생활에 언젠가는 싫증을 낼 것이라고 믿었다. "프레디는 자주 말했어요. '이런 생활들을 그만두어야겠어.' 하고 말이에요. 그는 24~25살 전에 이미 자신이 게이인지에 대해 심각하게 고민한 것 같습니다. 하지만 여성들을 사랑했기 때문에 게이가 되는 것을 포기했을 겁니다. 여성들과의 만남을 보았는데 여성들을 좋아하지 않는 게이 남자가 절대 아니었어요. 오히려 그 반대였죠."

프레디는 맥의 집을 자주 방문해서 맥의 부인 잉그리드(Ingrid)와도 친해졌고, 그들 자녀의 대부도 되어 주었다. 맥은 프레디가 가정의 안락함을 추구하는 성향과는 거리가 멀었지만, 가끔은 라이프 스타일을 완전히 바꿔서 결혼을 하고 아이를 갖는 것을 동경했다고 회상했다. 물론, 그 당시에 프레디의 생활에서는 특별한 의미가 없는 일들이었지만 말이다.

"프레디에게서 가장 큰 일은 가족을 갖고 평범한 삶을 누리는 것이었습니다. 한 번은 내가 미납 세금 때문에 스트레스를 받아 프레디에게 말한 적이 있었어요. 그러자 프레디는 '기껏 돈 문제야? 무슨 걱정이야? 맥, 당신은 내가 절대 가질 수 없는 가족과 아이들 모두를 가졌잖아?'라고 말했어요. 프레디가 우리 집에 왔을 때 가족 생활이란 어떤 것인지를 보고, 가족이 자신을 얼마나 행복하게 하는지를 알았다고 느낀 것 같았어요."

하지만 프레디는 다음해에 뉴욕에서 릭 스카이에게 연락하여 "원래 나는 매우 조급하고 중독적이어서 좋은 아빠가 될 수 없을 거야. 매우 감정적이고 극단적이어서 가끔 나와 다른 사람들에게 파괴적인 성향으로 비치기도 하지."라고 말했다.

프레디의 여동생 카시미라는 프레디가 좋은 아빠가 될 수 없다는 데 동감했다. "절대 그럴 수 없을 거예요. 그는 사람들이 버릇없이 굴도록 만들지만, 반대로 엄격하게 꾸짖지는 못해요."

맥은 프레디의 외로운 어린 시절을 알게 되었다. "프레디는 기숙사에 보내져서 많은 시간을 부모와 떨어져서 지냈다는 이야기며 자신의 어린 시절에 대해 내 둘째 아들 펠릭스에게 많이 해주었습니다. 아이들을 아주 좋아해서 우리 애들이 걷고 말할 수 있게 되면서 아이들과 사이좋게 잘 지냈습니다."

뮌헨에서 만들어진 퀸의 음악은 프레디가 받은 영감에 따라 방향이 바뀌었다. 브라이언은 설명했다. "우리는 다른 각도에서 접근했어요. 상상의 날개를 내려놓기보다는 기존의 고정된 아이디어들을 가차 없이 가지치기했어요. 주로 이런 작업은 프레디의 추진력에서 비롯되었죠. 그는 사람들이 우리를 더 이상 알 수 없을 정도로 많이 변해야 한다고 생각했어요. 리듬과 희소성 측면에서 그 누구도 할 수 없고 우리의 고된 연습을 통해 나올 수 있는, 이 분야의 최고를 지향했어요. 처음으로 데드라인 없이 녹음 스튜디오에 들어가서 우리 자신을 완전히 다른 상황에 놓이게 했습니다. 영국, 미국 때의 상투적인 방식들을 벗어났습니다. '변화를 시도하고 어떤 결과가 나오는지 보자.'고 생각했죠."

맥은 프레디의 스튜디오 기술, 즉각적인 창의력, 일에 대한 헌신과 열정, 속도와 재주를 쉴 새 없이 설명했다. 프레디의 단점은 집중하는 시간이 짧다는 것이었다. 노동집약적이고 오랜 기간이 걸리는 일에는 갑자기 흥미를 잃었다. 맥의 기억으로는 프레디가 90분 이상 집중하지 못했다고 한다. "〈킬러 퀸〉에서 피아노를 연주하는 프레디를 보세요. 종반부가 끝나지 않는 비트예요. 이것이 전형적인 프레디의 역량이죠. 그는 새로운 것, 다른 것을 사랑했어요. 나는 예외적으로 프레디와 잘 지냈어요. 그의 천재성을 좋아합니다. 음악을 이해하고 노래의 초점을 알아내는 데 정말 천재적이었습니다." 그들은 함께 퀸 사운드에 새로운 차원을 추가했다. 시대적 분위기를 매치하고 퀸이 새로운 차원의 창의성을 지향하도록 북돋아 주었다.

8월에 독일 실외 공연을 끝내고 프레디는 영국으로 돌아가 지적장애 아동을 위해 웨스트민스터 시에서 주최하는 로열 발레단의 자선 공연 리허설에 합류했다. 친한 친구인 로열 발레단 교장 웨인 이글링(Wayne Eagling)의 설득 때문이었다. 〈보헤미안 랩소디〉, 〈크레이지 리틀 씽 콜드 러브〉의 안무가 구성되었고 프레디는 라이브 보컬을 추가했다. 런던 콜로세움에서의 공연일 밤, 그들은 멋진 춤 실력으로 기립 박수를 받았다. 프레디는《런던 이브닝 뉴스(London Evening News)》의 팝 칼럼니스트 존 블레이크에게 "텔레비전을 통해서 발레를 보았지만 항상 즐겨 보았다. 그때 로열 발레단 이사회 의장인 EMI의 조셉 록우드와 좋은 친구가 되었고, 발레 공연 참가자들과도 만나기 시작하면서 발레에 매료되어 바리시니코프(Mikhail Baryshnikov, 1948~, 러시아 태생의 미국 무용수이자 영화배우)의 공연을 너무도 신나게 보았다. 누레예프보다, 어떤 누구보다 멋졌다. 마치 팬이 된 것처럼 경외심을 갖게 되었다."고 말했다.

프레디는 로열 발레단과 함께한 공연을 언급했다. "발레 동작과 스트레칭 등을 가르쳐주었어. 발레 단원들이 오랫동안 해왔던 일을 일주일 만에 배우려고 안간힘을 썼지. 까무러칠 정도였다니까. 연습 후 이틀 동안은 고통이 너무 심했어. 드디어 갈라쇼의 밤이 왔고, 입장할 때 멀 파크(Merle Parke, 발레리나)와 앤서니 도웰(Anthony Dowell, 1943~, 영국의 무용가) 그리고 모든 사람들을 뚫고 전투하듯 나가야 했어. '잠시만요. 갑니다.' 정말 터무니없었을 걸."

프레디는 〈보헤미안 랩소디〉를 노래하며 춤을 추었다. "뛰어오르기 동작이 굉장했어요. 내가 뛰니까 건물이 내려앉는 것 같았죠. 사람들이 잡아주었고 노래를 계속할 수 있었습니다."

전문적인 댄서가 될 생각이 없는지 물어보자 프레디는 "지금 하는 일에 매우 만족해. 발레 댄서가 되고 싶지만 난 지금 32세야. 갑자기 결정하긴 쉽지 않을 거야." 로열 발레단과의 공연 후에 프레디가 남자의 남자 역할을 한다는 소문이 돌았지만 프레디는 "오! 갓! 저들이 무엇을 원하는지 생각해 봐. 내가 '예스', '노'라고 간단히 답변해버린다면 별로 재미없어 할 거야. 아무도 더 이상은 물어보지 않을 걸. 차라리 사람들이 계속해서 물어보게 하겠어. 오! 이 모든 게 너무 지겹군. 각자의 프라이버시는 각자에게 맡겨둬야지. 엘튼 존은 그런 면을 잘 활용했지만 난 절대 그러지 않을 거야."라고 대꾸했다.

프레디는 나중에 저널리스트 친구인 데이비드 윅에게 로열 발레단과의 공연에 대해 농담으로 말했다.

"거꾸로 뒤집혀서 노래했는데, 정말 굉장했어. 온 신경을 집중해 날개를 단 채 떨고 있었어. 지구 바깥으로 던져지는 것보다 더 힘들더군. 하지만 난 도전을 즐기지. 믹 재거나 로드 스튜어트에게도 권하고 싶네. 공연하면서 가장 생생하게 기억나는 건 발레리나 멀 파크가 내 바지 끝자락을 무는 동작이었어. 정말 멋진 여성 무용수야."

발레 세계를 경험하면서 프레디는 곧 평생의 친구를 얻게 된다.

15 포브

평생의 친구이자 가족을 만나다

난 사람들과 마찰이 많은 편이라 잘 지내기 쉽지 않다. 하지만 당신이 만난 가장 멋진 사람이기도 하다. 나랑 같이 사는 건 아주 힘들 것이다. 나를 견딜 사람은 거의 없을 걸. 때로는 일부러 사람들을 힘들게 하려고도 한다. 나는 욕심도 많은 편이라서 내 방식대로 되길 바란다. 하지만 다들 그렇지 않나? 난 정이 많다. 알겠지만 퍼주는 스타일이다. 많은 것을 요구하지만 아주 크게 보답한다.

프레디 머큐리

나는 프레디의 요리사, 허드렛 일꾼, 웨이터, 집사, 비서, 청소부, 고민 상담가예요. 그와 함께 여행하면서 기쁠 때나 침울할 때나 늘 함께 있었죠. 필요할 땐 보디가드도 되었죠. 물론 마지막엔 그의 간호사였어요.

피터 포브 프리스톤

프레디가 발레 데뷔를 준비할 때 로열 오페라하우스 분장실에서 양복점 조수이며 의상 담당자인 피터 프리스톤을 만났다. 프레디는 처음부터 그에게 끌려서 즉시 '포브'라고 불렀다. 피터 프리스톤은 가수의 개인 비서 일을 시작하려던 참이었다. 그는 프레디가 생을 마감할 때까지 헌신적인 동료로 남았다.

"프레디는 로열 발레 갈라쇼에서 입을 옷 때문에 오페라하우스에 왔어요. 상냥하고 허풍이 강한 성격이었죠. 첫눈에 나를 맘에 들어 하는 걸 금방 알 수 있었어요."

"처음에 날 만났을 때 아주 멋있고 정중하게 대했어요. 프레디는 누가 괴롭히지만 않으면 항상 정중하다는 것을 나중에 알게 되었죠. 그는 오페라하우스에 경외심을 갖고 있었어요. 자신이 일상적으로 겪는 경험과는 다른 세계에 온 것 같대요. 이 바닥은 위계질서가 엄격해요. 그런데 프레디는 정반대였어요. 갈라쇼는 훌륭했어요. 무대에서 프레디는 당당하게 행동했어요. 〈크레이지 리틀 씽 콜드 러브〉, 〈보헤미안 랩소디〉를 노래했죠. 처음에는 가죽 옷을 입고 나왔고 댄서들에게 둘러싸여 뒤로 사라지더니 스팽글 장식을 하고 다시 나타났죠. 쇼맨 프레디에게 처음으로 반했어요. 그때까지는 퀸에 대해 듣기는 했습니다. 1973년에 패션 전문점 비바가 있는 레인보우룸에서 메리와 차 마시는 걸 한 번 보기는 했지만요. 머리를 여기까지 늘어뜨리고 여우털 재킷을 입었어요. 틀림없이 프레디였어요. 그가 거기 있는 것만으로도 공연을 보는 것 같았어요."

"뒤풀이 파티가 끝난 후 매니저 폴 프렌터와 함께 있는 프레디와 마주쳤어요. 셋이 서서 잠시 이런저런 얘기를 했어요. 그러고 나서 3주 후에 폴 프렌터가 나의 상사에게 퀸 투어 기간 중에 6주일간 의상을 담당할 사람을 찾는다고 전화했어요. 나는 바로 가겠다고 했죠. 지금까지 〈잠자는 숲 속의 미녀(Sleeping Beauty)〉와 〈백조의 호수(Swan lake)〉를 수천 번은 봐왔지만, 지금 그런 행운이 내게 찾아온 것이었어요. 그런데 어떻게 해야 할지 도무지 감이 잡히지 않더군요. 로열 발레단 단체를 위한 양복장이보다는 네 사람만을 위한 양복장이가 더 나쁠 것 없다는 생각뿐이었죠."

피터 프리스톤은 정규직을 그만두고 퀸과 6개월짜리 단기 계약을 했지만 곧 업무가 자신과 맞지 않다는 걸 깨닫고 영국 통신사에서 비정규직 전화 교환원으로 일했다. "퀸이 다시 영국 투어를 시작하면서 요청이 왔어요. 그 후로는 투어에 동행하지 않는 일을 했습니다. 퀸이 투어에서 돌아오면 사무실의 잡다한 일들을 처리했어요. 미국 투어 후에는 프레디만을 위해 일했어요. 아직도 투어 중에는 의상 담당 일을 해요. 하지만 그 외에는 프레디의 개인 비서죠."

우연한 기회에 프레디와 피터 모두 인도 기숙학교를 다녔고, 부모와 멀리 떨어져 있어야 했다는 것을 알게 되었다. 둘 간의 유대감이 깊어져 프레디의 경계심도 사라졌다. 프리스톤이 프레디에 대해 처음으로 알게 된 사실은 대립을 싫어한다는 점이었다.

"프레디는 절대 무례하지 않아요. 어떤 일이 생기면 일단 뒤로 물러서서 어떻게 되는지를 봅니다. 이런저런 가능성을 생각해 보는 거죠. 프레디와 메리는 자주 다퉜어요. 주로 사람들에 대한 기대 때문이에요. 사람들이 합당하게 행동하지 않기 때문에 프레디가 힘들어하죠. 어떤 일이 한 번 일어나면 프레디는 얘기합니다. 상대는 다시는 안 그런다고 약속하죠. 하지만 메리는 계속 되풀이합니다. 한 번 메리의 머리에 떠오르면 자신이 생각하는 방식으로 바로 해버리죠. 하지만 프레디의 계획과 맞지 않을 때 큰 다툼이 일어나는 겁니다."

피터는 저자세로 프레디의 의견에 맞추는 방법을 직관적으로 알아챘다. 프레디와 어느 시점에서 협상하는 것이 가장 적절한지에 대해서도 빨리 포착했다. 퀸의 거친 세계가 피터로서는 매우 낯선 영역이기 때문에 행보에 주의했다. 퀸의 권한에 압도당하거나 퀸 스스로는 당연시하지만 과도하다고 느낄 때가 몇 번 있었다.

"새로운 투어를 시작할 때마다 더 강력한 조명, 더 큰 사운드, 더 환상적인 세트들이 갖춰져야 했어요. 자신들의 모든 공연은 항상 전례 없는 것들이어야 했습니다. 단지 그 이유 하나 때문에 신나 했었죠. 몇 년 전에 웸블던에서 콘서트를 하는 마이클 잭슨을 이틀 동안 연달아 본 적이 있어요. 첫째 날과 둘째 날 공연이 정확하게 똑같았어요. 하지만 퀸은 완전히 달라요. 팬들이 공연에 가서 무엇을 얻을지 절대 알 수 없습니다. 미팅 행사에도 가장 돈을 많이 쓰는 밴드예요. 녹음 스튜디오에서는 시간당 돈을 지불합니다. 요즘 누구도 그렇게 하진 않죠."

퀸 멤버들 간의 관계는 매우 조화롭고 신중했으며 순조로웠다. 피터는 프레디의 개인적인 요구를 빨리 처리하는 일을 맡았다.

"항상 그와 함께 짐을 꾸리죠. 차를 준비해서 프레디를 태워요. 프레디에게 돈, 카드, 여권, 비행기 티켓이 있는지 확인합니다. 그리고 그를 비행기에 태워요. 아이를 돌보는 것과 똑같아요. 시간이 많이 듭니다. 난 항상 프레디와 같이 있죠. 비행기에서는 항상 바로 옆자리에 타요. 서로 의지하면서 함께한 시간들을 생각해 보면 우린 참 사이좋게 지냈어요. LA에서 녹음을 할 때에는 사람들이 항상 주위에 있었기 때문에 부담이 좀 덜했어요. 하지만 뉴욕에서는 프레디와 나만 있었죠. 프레디는 나의 고용인이면서 친구였어요. 두 가지를 구분하는 선이 딱히 정해져 있지 않았죠. 좀 지나고 나서는 경우에 따라 직관적으로 판단하는 능력이 생겼습니다. 프레디가 직원을 원하면 그 역할을 하고, 의지할 친구를 원하면 친구가 되어 주면 되는 거예요. 불만이 있으면 소리를 지를 때가 있어요. 우리 둘 다 그 이유를 알았어요. 그 후 그 일은 다시는 언급되지 않습니다. 프레디는 사람에게 원한을 품는 스타일이 아니에요. 그게 무엇이든지 간에 자신만의 방어 방법이 있어요."

끊임없이 순종하고 주인의 요구를 들어주는 것이 매우 힘들 때도 있는 법이다. 프리스톤은 자신을 하인이라고 생각했을까? 프리스톤은 부인한다.

“프레디는 내가 인도에서 하인에서 했듯이 ‘이거 해, 저거 해.’ 하지 않았어요. 무례하지 않았죠. 우리에게 급여를 주었지만, 프레디와 있을 때 우리 중 누구도 돈을 지불한 적이 없어요. 프레디는 누가 자신에게 식사나 술을 사줄 거라고 기대하지 않았어요. 우리가 술을 사준다면 프레디가 아주 좋아했겠지만, 현실은 그렇지 못했죠. 프레디가 술집에 갔는데 거기에 아는 사람 10명이 있으면 10명의 술값은 다 프레디가 지불하는 식이었어요. 그런데 프레디는 돈을 직접 몸에 지니지 않고 우리가 대신 가지고 있어요. 마치 왕족처럼요. 하지만 프레디가 나를 곤란하게 한 적은 없어요.”

뒤늦게 깨달았지만, 피터 프리스톤에게는 프레디, 퀸과 함께한 시간이 가장 운 좋은 시기였다.

“실제로 프레디와 살면서 돈을 벌어야 한다는 부담감이 없었어요. 음악을 창조하거나 압박감을 느끼지 않아도 되었어요. 항상 콩코드를 타고 여행 다니고 세계 어디서나 최고급 스위트룸에 머물렀죠. 프레디의 백지 수표로 제일 멋진 경매 하우스에서 쇼핑을 했습니다. 프레디가 누릴 수 있는 수준의 삶을 누린 거죠. 이러니 어떻게 나 자신을 하인이라고 생각할 수 있겠어요?”

프레디의 생이 끝날 때까지 상호 존중과 신뢰에 기반한 피터 프리스톤과 프레디 간의 견고한 우정은 지속되었다. 피터 프리스톤은 프레디가 사람을 쉽게 믿는 스타일이 아니었다고 한다.

“비교적 만난 지 얼마 되지 않은 사람이라도 신뢰하거나 전혀 믿지 않거나 둘 중 하나죠. 그는 푹 빠져드는 스타일이에요. 나를 만난 첫 해에 친구로 받아들였죠. 1989년인가? 크게 싸운 적이 한 번 있었어요.” 프레디가 자신의 병을 가든 롯지 외부에 알린 사람이 피터 프리스톤이라고 오해했던 것이다.

“하지만 오래 가지는 않았어요. 내가 프레디에게 ‘이곳에서 충분히 잘 지냈어. 이제 떠나야겠어.’라고 하자 프레디가 말했죠. ‘가지 마, 난 네가 필요해.’ 그

거야말로 프레디에게 가장 듣고 싶은 말이었죠. 서운했던 생각이 눈 녹듯 사라져서 계속 그곳에 머물렀습니다."

"우리 모두는 사실상 프레디의 가족이었어요. 나는 프레디를 위해서라면 뭐든 했어요. 단지 급여를 줘서가 아니라 프레디가 존경스러웠어요. 프레디는 저 위에서 내 마음의 지주가 되어 주었죠. 프레디를 경외했기 때문에 그를 위해 일한 건 아니고 프레디와 친구가 된 것만으로도 충분히 운이 좋다고 생각했기 때문입니다. 다른 사람을 위해 그렇게 일하진 않습니다."

프레디가 피터를 만났을 무렵에는 이미 무절제한 습관에 빠져 있었기 때문에 피터가 어떻게 언론을 피해 잘 관리했는지 궁금했다. 피터는 비교적 쉬웠다고 한다. 그들이 상상하고 생각하는 대로 내버려두면 된다는 것이다.

"록계에는 돈과 명예를 찾아 어디서든 나타나는 사람들이 있어요. 아무 일도 일어나지 않으면 일부러 만들어 냅니다. 세간의 이목을 집중하기 위해서죠. 프레디는 언론에 드러나지 않기 위해 각별히 노력했죠. 자신이 꼭 가야 하는 곳에는 갔지만 쇼 비즈니스 파티나 시사회는 싫어했어요. 다른 아티스트 공연에 가는 일은 아주 드물었어요. 자기만의 사생활을 원했어요. 음악은 직업이고 스튜디오는 사무실이죠. 사무실이 아닌 곳에서 일하는 걸 싫어했어요."

프레디가 앞뒤 가리지 않는 면이 있었지만 피터가 프레디를 무서워한 적은 없었다. 프레디 자신이 선택한 라이프 스타일이 정해져 있기 때문에 그것을 잘 파악해서 따라주기만 하면 문제될 것이 없었다.

"어떻게 보면 프레디도 시대의 산물이죠. 1980년대는 뭐든 가능했던 시대니까요."

1979년 10월에 프레디는 기분이 매우 좋았다. 브라이언 메이가 쓴 곡 〈위 윌 록 유〉, 프레디가 쓴 곡 〈크레이지 리틀 씽 콜드 러브〉가 담긴 퀸의 14번째 싱글이 음악계를 강타했기 때문이다. 〈크레이지 리틀 씽 콜드 러브〉는 영국에서 2위까지 올랐다. 이때 프레디가 오랫동안 고수했던 보헤미안 이미지가 가죽 차림의 스타일로 바뀌었다. 프레디는 무대에서 검은색이나 빨간색 가죽 바지에 마초를 상징하는 모자를 쓰고 공연했다. 하지만 오래지 않아 더 부드러운 이미지로 바꿔서 평범한 조끼에 진 차림을 선택했다. 프레디는 도전적인 이미지를 연출하는 데 집중했다. 이는 새로운 시대의 이미지와 잘 맞았다.

"정신없는 분장은 이제 그만둘 거야." 프레디는 선언했다. "우리 음악도 좀 더 캐주얼하게 갈 거야. 세상은 변했어. 사람들은 좀 더 직접적인 걸 원해."

퀸의 오랜 음악 활동에는 그만큼의 많은 수고가 따랐다. 퀸은 불안감과 피로감에 절어 있었다. 열정과 에너지가 고갈될 때마다 멤버들 간의 관계도 느슨해졌다. 나는 이런 모습을 종종 보아왔다. 음악이 더 이상 존재의 이유가 아닐 때가 있다. 브라이언, 프레디, 로저, 존도 계속 나이가 들고 있는 것이다. 이제 멤버들 하나하나가 소규모 기업이고, 처음 시작할 때와 다르게 많은 것에 대해 끝없는 책임을 져야 했다. 파트너들, 아이들, 집, 스태프들, 세계적으로 알려진 스타로서의 면모, 솔로 작업, 봉사 등……. 그들의 개성과 선호 또한 각각 달랐다. 로저는 록 슈퍼스타로서의 삶에 만족했다. 그는 각양각색의 스캔들로 신문의 지면을 장식했다. 브라이언은 처음에는 유명인으로서의 생활을 매우 싫어했다. 하지만 두 번째 부인이 될 여자친구—여배우 아니타 돕슨, 그녀는 쇼 비즈니스의 세계를 잘 이해해주었다—와 사랑에 빠진 후로는 만족해했다. 존은 프레디가 포기한 일상적인 가정 생활에 깊이 몰두했다. 가장으로서 만족하는 존의 생활 태도에 프레디는 상대적인 박탈감을 느꼈을 것이다.

퀸의 멤버들 중에서 인기에 가장 덜 민감한 사람은 놀랍게도 프레디였다. 프레디에게는 언제나 뮤지션, 연주자가 우선이었고, 록스타로서의 위치는 그 다음이었다. 그는 항상 완벽한 음악 녹음에 혼신의 힘을 기울였다. 매일 밤 공연의 화려함에 넋을 잃고 그 자신 못지않게 팬들을 위해서 최선의 노력을 다했다.

"프레디는 대단한 완벽주의자예요." 피터 프리스톤도 인정했다.

"곡을 설계하는 더 나은 방법이 없는지, 더 훌륭한 음조가 있는지 알아보느라 많은 시간을 보냈습니다. 그의 음악은 무엇보다 프레디 자신을 위한 것이었습니다. 다른 사람이 아닌 자신만의 완벽성을 추구했어요."

프레디는 '옳은 것', '중요한 것'에는 관심이 없었다. 그런 논의는 그에게는 잡담에 불과했다. 유명인 친구에게 잘 보이려고 하지도 않았다. 오히려 그들이 찾아오게 만들었다. 즐겁게 보낼 수 있는 사람만을 자신의 세계에 초대했다. 어설픈 스타들은 대중의 스타로 인정받고 잡지 헤드라인을 장식하려고 끝없이 안달하지만, 프레디에게는 그런 것이 가장 따분하고 불쾌하고 의미 없는 것일 뿐이었다.

"그런 험난한 곳에서 살아남다니 당신은 정말 강철 같은 정신줄을 가졌나 봐요." 하는 물음에 프레디는 대꾸했다. "성공하고 나면 그때부터 정말 어려워지기 시작하지. 비즈니스 이면의 논리를 배워야 하거든. 진짜 나쁜 놈들을 만나게 돼. 그 전에는 절대 알 수 없어. 정말 강해져서 그놈들을 떨어뜨려놔야 해. 로큰롤 도젬[34]과 같아. 누구나 자주 부딪치지는 않을 거라고 생각하지만 성공한 사람이라면 한두 번은 상처받게 되어 있어. 꼭대기에 올라갈 때까지 깨끗한 에스컬레이터는 없는 법이야."

큰 성공을 거둔 록스타는 꼭 자신들을 스타로 만들어준 팬들과 거리가 생기게 마련이다. 퀸은 이런 점과, 이로 인한 도미노 효과들을 명심하고부터 넓은 스타디움은 피하고 '더 크레이지 투어(The Crazy Tour)'를 할 때처럼 관객에게 친밀한 장소를 찾았다. 비록 슈퍼스타 그룹의 명성치고는 부족한 곳이긴 했지만 말이다. 1979년, '더 크레이지 투어'를 할 때 일부 콘서트홀은 녹음하기에 적절치 않아서 하비 골드스미스(Harvey Goldsmith)가 재녹음해야 했다. 퀸은 더

34 dodgenms, 전기 자동차(dodgem car)를 몰고 서로 뒤쫓아 가서 부딪치거나 하며 노는 유원지의 놀이 시설

블린—첫 번째 아일랜드 공연— 버밍엄, 맨체스터, 글래스고, 리버풀에서 공연했다. 프레디는 빨간색, 파란색의 무릎 패드를 하고 나타나서 에버튼과 리버풀 축구 팬들을 감동시켰다. 브라이튼, 런던의 리시움 볼룸과 레인보우 극장에서도 공연했다. 투어를 통해 관객들을 차분한 열정으로 이끌려고 노력하면서 멤버들도 처음으로 오랜 시간을 즐기면서 진행할 수 있었다. 이후 그들은 행운과 명성이 꿈에 지나지 않을 젊은 시절에 얼마나 멋진 공연을 할 수 있었는지를 생생하게 떠올릴 수 있었다. 브라이튼에서의 쇼가 끝난 후, 프레디는 별난 파티만을 좋아했다고 털어놓았다. "그저께 밤에 브라이튼에서도 파티를 열었지. 섹시한 여자들투성이였어. 모두가 그 분위기에 뛰어 들어 즐겼어. 이름을 말하진 않겠지만 파티 참여자들 모두 잘 골랐어." 프레디는 DHL 회사 안내원인 토니 바스틴(Tony Bastin)과 그날 밤을 함께 보냈다는 사실은 말하지 않았다. 토니는 처음으로 프레디가 오래 사귀었던 동성애 파트너였다. 그들은 불규칙적으로 2년간 만났다. 파티 참석자들은 프레디가 그날 동성애 파트너를 만났다는 사실을 아무도 알아채지 못했다. 피터는 안타까워했다. 금발머리에 미소 띤 얼굴의 토니 바스틴은 프레디가 평소 찾던 스타일이 전혀 아니었다고 한다.

"프레디는 전혀 토니 타입과 맞지 않아요. 프레디는 키가 작고 건강미 있으면서 백치미 있는 스타일을 좋아했죠. 프레디는 관계가 오래 유지되어 동성애를 안전하게 할 수 있기를 바랐어요. 프레디의 연인들은 모두 세련되지 못한 공통점이 있었죠. 프레디 자신이 시골 출신이긴 하지만 교양을 쌓아왔기 때문에 연인들도 닮아갔어요."

토니 바스틴은 고양이 오스카와 함께 프레디가 머무르는 스태포드 테라스로 이사했다. 퀸의 투어 때는 프레디의 숙소로 따라갔다. 그는 상류층 생활을 맛보았고 프레디는 그에게 비행기 1등급 좌석과 값비싼 선물을 했다. 하지만 토니는 전혀 고마워하지 않았다. 마침내 프레디는 토니가 자신을 이용한다는 것을 눈치 챘다. 심지어 토니가 금발머리의 남자와 어울린다는 소문까지 돌았다. 프레디에게 있어서 첫 번째 배신이었다.

데이비드 윅은 프레디가 크게 실망해서 토니가 누구와 사귀는지를 극단적으로 과도하게 추적했다고 한다.

"한 번은 프레디 친구들이 카르티에 팔찌나 차를 샀는데, 친구들이 현명하게 처신하지 못했어요. 스타의 친구들, 이런 사람들을 잘 알죠? 이들은 스타보다 더 큰 자존심을 갖고 있어요. 자신들도 스타 친구만큼의 능력이 있다고 믿기 시작해요. 돈을 대신 지불해주는 스타 친구가 있기 때문에 대접받을 뿐인데 말이죠."

프레디가 진정으로 믿을 수 있는 친구 관계가 아니라, 파트너를 바꿔가면서 조건 없는 섹스를 원한 이유를 짐작할 수 있는 부분이다. 결국 프레디는 토니 바스틴과의 관계를 끝냈다. 숙소에서 고양이 오스카와 짐을 빼고 비행기에 태워 곧장 돌려보냈다.

퀸은 새해를 맞아 15번째 싱글 〈세이브 미(Save Me)〉를 발매했다. 〈세이브 미〉는 영국 차트 11위까지 올랐다. 엘비스 프레슬리 풍의 곡 〈크레이지 리틀 씽 콜드 러브〉도 미국의 주요 차트에서 처음으로 1위에 올랐으며, 오스트레일리아, 멕시코, 캐나다, 뉴질랜드에서도 톱 상위권을 차지했다. 퀸은 새 앨범에 쓰일 공상과학영화 〈플래시 고든(Flash Gordon)〉의 사운드트랙을 준비하기 위해 뮌헨으로 갔다.

한편 1980년 초에 메리 오스틴은 프레디가 꿈에 그리던 집을 드디어 찾아냈다. 프레디에게 런던 로간 플레이스의 집 '가든 롯지'를 자세히 설명했다. 프레디가 좋아하는 켄싱턴 중심가 로열 버로의 좁지만 조용한 거주 지역이었다. 프레디는 단번에 가든 롯지에 반했다. 바깥은 높은 벽돌벽으로 둘러싸여 있고, 맨 위에는 격자무늬 철창이 올라가 있어서 사생활이 완벽히 보장될 수 있었다. 밖에서는 에드워드 시대 풍의 격자로 장식된 8개의 침대가 있는, 2층의 경사진 지봉만이 보였다. 우거진 풍경을 자랑하는 정원은 특히 멋졌다. 입구에는 이름 모를 다크 그린의 나무로 만든 문이 있었다. 전 세계에서 찾아오는 팬들이 글씨, 그림들을 그 문에 새겨 넣었다. 그 집은 호어 은행 집안가의 소유였다. '워어 하우스(Whore House)'로 이름을 바꾸고 터무니없이 높은 가격 50만 파운드 이상을 요구했는데, 그것도 모두 현금으로 요구했다. 공간이 둘로 나누어져 있어서 하나의 큰 집으로 재건축이 필요해서, 수년이 지나서야 비로소 '집'이라고 부를 수 있게 되었다. 프레디는 쉴 새 없이 가든 롯지를 자랑했다.

"그 집을 보자마자 반해버렸어. 30분도 채 안 되어 구입을 결정했지." 프레디가 팝 작가 니나 마이스코프(Nina Myskow, 스코틀랜드 출신의 저널리스트)에게 말했다. "그때 난 많은 변화가 있었던, 몹시 힘든 때였어. 1년간은 이사갈 수가 없었어. 가든 롯지를 '도시에 있는 시골집'이라고 불렀지. 런던 한가운데 있으면서 이렇게 넓은 부지에 외딴 곳이 있다니……. 한 달에 한 번은 건축가와 같이 가서 '이 벽을 허물면 어때?' 등의 아이디어를 쏟아내곤 했지. 그러면 주위 사람들은 한숨을 내쉬고 건축가는 죽을 만큼 힘들어하지. 지난번에는 맛있는 점심 식사 후에 술에 취한 채 갔었어. 집 꼭대기 층에는 정말 멋진 침대가 있거든. '똑똑똑' 노크하고 궁전 같은 스위트룸으로 들어갔어. '이 침실 위에 둥근 천장을 유리로 만들면 어떨까?' 하고 제안했지. 건축가는 잠깐 머뭇거렸지만 바로 펜과 드로잉 패드를 가지러 갔고 곧 작업이 진행되었어."

그는 《데일리 스타(Daily Star)》와의 인터뷰에서는 이렇게 말했다. "돈을 쓰고, 쓰고, 또 쓰고 싶어요. 얼마 전에 새 집을 샀습니다. 소버리와 크리스티에서 골동품을 사는 것도 좋아합니다. 때때로 카르티에에 가서 모조리 다 사버리기도 합니다. 내 낭비벽은 기분전환을 하려고 모자를 집어드는 여자들처럼 시작하죠. 돈 쓰는 일에 몰두하길 원합니다. 전력을 다해 일하고 그 다음엔 쓰고, 또 쓰는 거예요. 집으로 돌아와서는 '내가 무엇을 산 거지?' 하게 되죠. 하지만 결코 낭비라고 볼 수는 없습니다. 선물을 주는 엄청난 즐거움을 얻을 수 있거든요."

프레디는 《데일리 미러(Daily Mirror)》 지의 기자 레이 콜만에게 털어놓았다. "쉽게 사는 게 싫어요. 많이 쓰면 그만큼 많이 벌어야만 한다고 나 자신을 몰아세우죠. 술 마시고, 담배 피우고, 와인과 훌륭한 음식을 즐겨요. 햄버거 같은 건 다시는 먹지 않을 거예요." 그는 집에 집착하여 지루함을 덜 수 있었다. "지루함은 세상에서 가장 심각한 질병이죠. 때로는 미친 듯이 세상을 뛰어다니는 일보다 지루함 속에 더 멋진 무엇인가가 있을 거라고 확신하기도 합니다. 하지만 아직도 오랜 시간 앉아 있지 못하는 체질이죠. 난 에너지가 과열되어 있어요."

"사람들은 항상 다른 것을 주문해요. 사람들의 기준과 기대 수준도 점점 높아지죠. 내가 어디까지 변화하는지 말한다면 사람들은 놀랄 거예요. 다양성을 추구하는 것이 재밌게 사는 나만의 방법이에요. 책상에 앉아 책이나 읽으며 살 수 없는 이유이기도 하고요. 모든 게 끝나 버리고 다리에 붕대를 할 만큼 약해지면 그때는 이 세상의 모든 책을 다 읽을 수 있을 거예요. 나에게는 엔터테이너의 피가 흐르고 있어요. 흥행에 충실할 뿐이죠. 나에게 무대를 주세요. 사람들이 나라는 괴물을 만들었다고도 할 수 있어요. 하지만 사람들도 나의 엔터테인먼트를 보면서 살 수밖에 없을 거예요."

퀸의 16번째 싱글 〈플레이 더 게임(Play the Game)〉은 1980년 5월 30일에 발매되었다. 여자 팬들은 뮤직 비디오에서 손톱 솔 모양의 수염을 하고 나온 프레디에게 화가 나서 퀸의 사무실에 손톱 광택제 병을 투척했다. 팬들의 반발에도 불구하고 〈플레이 더 게임〉 싱글은 14위까지 올랐다.

퀸은 1980년 여름에 또 한 번의 미국 투어에 올랐다. 이번에는 46일간의 대장정이었다. 모든 공연 표는 매진되었다. 퀸의 9번째 앨범 《더 게임(The Game)》이 영국에서 발매되었고 음악계의 혹평을 받았지만 음악 차트 1위에 올랐다. 벤쿠버에서는 팬들이 면도칼과 칼날을 던졌다. 하지만 프레디는 콧수염을 고수했다.

존 디콘이 만든 곡 〈어나더 원 바이츠 더 더스트(Another One Bites the Dust)〉에서는 베이시스트인 존 디콘이 대부분의 악기—베이스, 피아노, 리듬악기, 리드기타, NB—를 연주했다. 신시사이저는 없었고, 나중에 로저가 드럼을, 브라이언이 기타와 하모나이저를 추가하여 8월에 발매되었다. 미국 빌보드 핫 100에서 1위까지 올라 5주 이상 정상을 유지했다. 아르헨티나, 과테말라, 멕시코, 스페인에서도 톱 상위권을 굳건히 지켰다. 영국에서는 7위까지 올랐다. 싱글이 총 700만 장 이상 팔렸으며 아직까지도 가장 잘 팔리는 퀸 싱글에 포함된다. 이 곡은 존 디콘이 디스코 그룹 칙(Chic, 1977년에 데뷔한 미국의 팝 그룹)의 〈굿 타임즈(Good Times)〉에서 영감을 얻어 만든 노래였다.

브라이언은 잡지 《모조(Mojo)》와의 인터뷰에서 "프레디는 목에서 피가 날 때까지 불렀어요. 그 곡을 특별하게 만들고 싶어 했죠."라고 했다.

《더 게임》 앨범은 예상을 뒤엎고 미국에서 첫 번째로 1위에 올랐다. 전석 매진을 기록한 뉴욕 메디슨 스퀘어 가든 공연을 마지막으로 길고 긴 미국 투어는 끝났다. 퀸 멤버들은 그해 9월, 32살의 나이에 토사물이 목에 걸려 죽은 채 발견된 레드 제플린의 드러머 존 보넘(John Bonham, 1948~1980, 영국의 가수이자 드러머, 그룹 레드 제플린의 멤버)의 사망에 충격을 받아 마음을 진정하기 어려웠다.

1980년 9월에 프레디는 키 크고 건장한 금발머리의 토르 아널드(Thor Arnold)를 만났다. 토르는 낮에는 간호사로 일하고 밤에는 맨해튼 도심에서 게이 생활을 즐겼다. 그리니치빌리지 근처에 살면서 그 지역 클럽에서 프레디를 알게 되었다. 연인으로서의 관계는 짧았지만 프레디와 마지막까지 친한 친구로 남았다. 둘 간의 우정이 지속되었던 이유는 무엇보다 토르가 프레디에게서 아무것도 바라지 않았기 때문이다. 순간적인 충동으로 비행기를 타고 프레디를 찾아갔을 때 그는 감동했다. 맨해튼의 다른 친구들인 조 스카딜리(Joe

Scardilli), 존 머피(John Murphy), 리 놀란(Lee Nolan) 모두 토르를 통해 만났다. 이 4명의 별명은 뉴욕의 '프레디의 딸들'이었다. 프레디가 뉴욕에 올 때는 언제나 함께 모여 즐거운 시간을 보냈다.

퀸은 10월에 간단한 휴가를 보내고 10번째 앨범 《플래시 고든(Flash Gordon)》의 사운드트랙을 다듬었다. 18번째 싱글 〈플래시(Flash)〉는 발매 준비를 마쳤다. 웸블리 아레나에서 3일간의 유럽 투어가 예정되어 있었다.

그리고 1980년 12월 8일에 존 레논이 사망했다. 퀸 멤버들은 심란한 마음 때문에 일에 몰두할 수가 없었다. 유명 인사는 너무도 공격받기 쉬운 존재였다. 존 레논은 뉴욕의 집 앞에서 마크 채프먼(Mark Chapmans)의 총에 맞았다. 존 힝클리 주니어(John Hinckley Jnr)는 조디 포스터(Jodie Foster, 1962~, 미국의 영화배우, 영화감독)의 관심을 끌려고 1981년에 미국 대통령 로널드 레이건(Ronald Reagon) 암살을 시도했다. 퀸도 결코 안전하지 못했다.

퀸은 웸블리 아레나 쇼에서 존 레논의 1971년 히트곡 〈이매진(Imagine)〉을 헌정했다. 프레디가 노랫말을 잊어버리고 브라이언도 코드 실수를 했지만 아무도 신경 쓰지 않았다. 충격과 상심으로 흐느껴 우는 팬들의 합창이 울려퍼졌다.

한편, 여기저기서 수상 소식이 이어졌다. 앨범 《더 게임》은 제작 부문에서, 〈어나더 원 바이츠 더 더스트〉는 록 공연에서 그래미상 지명을 받았다. 미국에서 〈크레이지 리틀 씽 콜드 러브〉와 〈어나더 원 바이츠 더 더스트〉 싱글이 1980년의 최고 판매량 5위권에 들었고, 〈어나더 원 바이츠 더 더스트〉 싱글은 350만 장 이상 판매되었다. 퀸은 1980년 연말에 일본에서 머무르며 신년 일정을 짜고 지금까지의 활동을 점검했다. 지금까지 앨범 450만 장, 싱글 2,500만 장 이상이 팔렸다. 그들의 수입과 주요 자산은 기네스북에 올랐다. 그들의 활동은 '더 크게', '더 훌륭하게', '가장 처음'으로 요약될 수 있다. 여기서부터 더 어디로 갈 수 있을까?

16

남아메리카

경이적인 기록을 세우다

우리는 남아메리카의 초대를 받았다. 남미에 멋진 음악을 선사할 4명의 건강한 청년들이 필요하다고 했다. 공연이 끝날 때쯤에는 땅 전체를 사들여 대통령이 되고 싶을 정도로 남미가 마음에 들었다. 우리는 오랫동안 남미에서의 빅 투어를 원했다. 하지만 비용을 생각하면 쉽게 결정할 일이 아니었다. 많은 사람이 준비하고 큰돈이 들게 마련이다. 생각 끝에 마침내 결정했다. '돈 생각 집어치우고, 합시다!'

프레디 머큐리

이쪽 업계의 사람들은 대중에게 사랑받기를 간절히 원합니다. 모두 작은 쇼에도 항상 불안해하죠. 멋지게 공연하고, 최선을 다해 관객을 기쁘게 하려 합니다. 자신이 하고 있는 일에 능숙한 것처럼 보이려고 애쓰죠. 우리는 항상 금이 간 바닥을 걷는 오리처럼 조심스럽고 불안해합니다.

프랜시스 로시

퀸의 곡들은 지구의 여섯 대륙 중 다섯 대륙에서 차트권을 지켰지만, 유독 남아메리카에서는 차트권에 들지 못했다. 아르헨티나와 브라질에서는 앨범 판매량이 많고, 가장 광적으로 숭배받은 밴드가 투어 예정이라는 잘못된 소문이 몇 년 전부터 돌고 있었다. 어스 윈드 앤 파이어(Earth, Wind and Fire, 미국의 음악 그룹), 피터 프램튼(Peter Frampton, 1950~, 영국의 기타리스트) 등 몇 명의 아티스트들이 남미를 찾은 적이 있다. 하지만 퀸이 준비하는 큰 규모로 공연한 전례는 없었다. 퀸은 아르헨티나와 브라질에 세계에서 가장 훌륭한 축구 스타디움이 있다는 점에 끌렸다. 축구가 거의 종교에 가깝게 숭상 받는 나라여서인지 공연장의 규모도 대단했다.

퀸은 록계의 톱스타였다. 1981년에 프레디는 이제 35살이 되었다. 많은 사람이 퀸 투어에서 한몫을 하려고 준비하고 있었다. 호세 로타(José Rota)가 총 기획 책임을 맡았다. 이 지역에서 영향력 있는 사업가인 알프레도 카팔보(Alfredo Capalbo)가 부에노스 아이레스의 벨레즈 살스필드 스타디움과 로사리오의 운동경기장에서 공연할 수 있도록 힘써 주었다. 퀸은 이 월드컵 경기장에서 공연할 수 있게 되어 무척 기뻤다. 브라이언은 내게 말했다. "퀸 공연의 관객들은 어느 한쪽 편을 들지 않는 축구 관객들이예요."

'사우스 아메리카 바이츠 더 더스트(South America Bites the Dust)'라고 명명된 이번 투어를 앞두고 프레디는 피터 프리스톤과 함께 뉴욕에 가서 아파트를 구입했다. 뉴욕 호텔 스위트룸에서 머물 때의 하루 숙박비는 1,000달러로 터무니없이 비쌌다. 남북 전망이 파노라마처럼 펼쳐지는 43층의 훌륭한 룸이었지만 세 달 정도 머무를 때는 프레디조차 부담스러운 비용이었다. 아파트를 구입하는 것이 더 경제적이었다.

"브루클린 브릿지 100주년 행사 때 프레디가 얼마나 들떠 있었는지 기억납니다." 피터 프리스톤이 말했다.

"우리는 발코니와 TV로 동시에 구경했어요. 아파트는 그레이라는 의원의 소유였는데 그레이의 미망인에게서 구입했어요. 집안 전체가 회색으로 장식되어 있었죠. 4개의 침실, 5개의 화장실과 서재들이 모두 남자 비즈니스 수트를 만들 때 쓰는 회색 소재로 덮여 있었어요. 식당 벽은 은색 새틴으로 장식되어 있었어요. 부동산의 디자인과 장식을 바꾸려는 열정이 남다른 프레디도 이번만큼은 구입 당시의 인테리어를 그대로 남겨두었죠."

프레디가 미국 동부 해안의 집을 고르고 있는 동안 퀸의 역사적인 콘서트를 준비하는 40톤의 장비, 조명과 사운드 장치가 미국에서 리우데자네이루로 옮겨지고 있었다. 20톤 이상은 제트 여객기 DC8에 실려서, 세계에서 가장 긴 비행 거리인 도쿄에서부터 부에노스 아이레스로 옮겨졌다.

1981년 2월 24일, 뜨거운 80도[35]의 부에노스 아이레스에 도착했을 때 '영웅 환영'이 무슨 뜻인지 이해할 수 있었다. 그것은 '과찬'이라고 생각했다. 적어도 도쿄에서는 '과찬'이 아니었지만……. 그런데 일본마저도 아르헨티나에서의 열광적인 분위기를 따라오지 못했다. 정부가 퀸의 투어를 허락했다고 발표했고 아르헨티나 언론은 퀸에 대한 뉴스로 도배되었다. 퀸의 도착에 앞서 수백만 명의 팬들이 공연을 하는 수도로 몰려들기 시작했다. 모든 사람들이 한꺼번에 공항으로 몰려든 것 같았다. 대통령 위임단과 경찰이 그들을 안내했다. 그날의 행사는 국영 텔레비전에서 논스톱으로 녹화될 예정이었다. 프레디까지 말을 잊을 정도였다.

"우리가 공항으로 들어섰을 때 믿을 수가 없었어요. 모든 안내 방송을 중단하고 우리의 음악을 방송하고 있었어요."

아르헨티나의 기자 마르셀라 델로렌지는 그때 15살의 팬이었다. "우리나라 최초의 대규모 록스타 공연이었죠. 그들은 믿기지 않는 혁명을 나라 전체에 촉

35 온도 단위가 패런하이트(Fahrenheit)로 추측된다. 80패런하이트는 섭씨 26.7도 정도이다.

발시켰어요. 언론에서, 라디오와 TV에서 한 달 동안, 24시간 내내 퀸에 대해서만 다루었죠. 투어 후에 우리나라의 록스타들은 완전히 새로운 접근 방식으로 이미지를 바꿨어요. 음악 시설, 라이브 공연의 모든 면에서 개선과 업그레이드가 이루어졌어요. 과거에는 받아들여졌던 모든 것들이 퀸과 비교하니 갑자기 한심해 보였죠. 이곳 아르헨티나에서 록 음악은 퀸 투어 전 버전과 퀸 투어 후 버전으로 나누어져요. 남미에서 퀸의 영향력은 엄청납니다. 칠레, 우루과이, 파라과이, 볼리비아에서 수많은 사람이 국경을 넘어 퀸 공연을 보러 왔어요. 부에노스 아이레스에서의 그날들은 기억 속에 영원히 간직되어 있어요."

마르셀라는 울먹이며 처음 프레디 머큐리를 만났을 때를 회상했다. "프레디는 부에노스 아이레스의 쉐라톤 호텔에 머무르고 있었어요. 나는 수많은 팬과 함께 퀸을 기다리고 있었죠. 퀸은 곧 공연할 스타디움의 기자회견실로 가야 했어요. 바깥에는 프레디를 기다리는 수많은 관객이 있었어요. 세상의 종말이라도 온 것처럼 소리치고 노래 부르고 있었죠."

"난 옅은 파란색 옷을 입고 있었어요. 호텔 로비의 엘리베이터 문이 열렸을 때 놀랍게도 프레디가 머리부터 발끝까지 나와 똑같은 색의 옷차림이었어요. 경호원들에게 둘러싸여 있었는데, 갑자기 프레디를 껴안고 싶은 충동이 일어나 그대로 돌진해서 프레디를 안아버렸어요. 그리고 프레디에게 편지를 주었어요. 편지 내용은 '머큐리가 아닌 프레드릭 불사라를 만나고 싶어요.'였죠. 기대하진 않았지만 내 전화번호도 남겼고요. 내가 그의 본명을 쓴 이유는, 나는 항상 프레디에게 양면성이 있다고 보았거든요. 선과 악, 흰색과 검은색. 프레디 불사라는 선, 흰색이었죠. 곧 내가 옳았음을 알게 되었어요."

"그때 경호원 중 한 명이 나를 밀쳤지만 항의하진 않았어요. 누군가 프레디를 공격할 수 있는 상황에 대비하는 건 필요하기 때문이죠. 하지만 난 명백히 프레디를 해칠 생각은 아니었어요. 단지 한 번 만져보고 싶었던 거죠. 나처럼 느끼는 사람이 수백만 명은 될 거예요. 퀸은 곧바로 호텔을 떠났어요. 브라이언만이 사인해 주었어요. 프레디가 차를 타고 떠날 때 내가 준 편지를 읽는 걸 보았어요. 순간 너무 행복했어요."

마르셀라는 프레디가 죽은 지 5년 후에 런던에서 나에게 프레디의 출생증명서 사본을 준 바로 그 소녀였다.

부에노스 아이레스의 벨레즈 살스필드 스타디움에서는 팬들이 오전 8시부터 줄지어 기다리고 있었다. 이미 매진된 3개의 쇼가 예정되어 있었다. 하지만 살인적인 더위 때문에 오후 10시까지 공연을 시작할 수 없었다. 마르셀라는 2개의 부에노스 아이레스 공연을 관람했다. 공연장에는 무장한 경호원들이 서 있었다.

"아르헨티나에서 이런 일은 처음이에요. 공연이 시작되면서 무대에 불빛, 연기와 함께 UFO 같은 것이 내려왔어요. 마술 같았어요. 소름끼치는 공연이었죠. 사람들은 말 그대로 흐느껴 울었어요. 경기장에는 인조 잔디가 깔렸고 안전에 극도로 신경을 썼기 때문에 어디에나 경찰이 깔려 있었습니다. 그 당시에는 비올라(Viola) 장군이 이끄는 극우파 군사정권의 시절이었거든요. 비올라 장군이 퀸에게 초대장을 보냈지만 로저는 가지 않았어요. 자신은 정부가 아닌 아르헨티나 국민을 위한 공연을 하러 왔다고 했지요."

그것은 매우 위험한 발언이었다. 아르헨티나는 비올라가 이끄는 군사정권의 수중에 있었다. 그해 7월에 총사령관 레오폴도 갈티에리(Leopoldo Galtieri)가 쿠데타를 일으켜서 비올라는 인권 위반으로 감옥에 수감되었다. 갈티에리는 1982년, 영국과 아르헨티나 간의 분쟁인 포클랜드 전쟁을 주도적으로 준비한 인물이다. 분쟁이 일어났을 때 퀸의 모든 음악이 방송 금지되었다.

마르셀라는 퀸이 아르헨티나에 다녀간 후 15년 만에 처음으로 민주주의를 되찾았다고 기억했다. "비슷한 일이 브라질에서도 일어났어요. 또 퀸이 1984년에 온갖 비난을 무릅쓰고 남아프리카 공화국의 선시티를 방문하고 나서 2년이 채 안 돼 인종차별정책이 폐지되었죠. 1986년에 헝가리 투어가 끝나고 곧 구정권이 무너지고 국민들이 열망하던 새로운 민주주의의 미래를 그릴 수 있었어요. 모두 우연의 일치라고 볼 수 있어요. 하지만 참 놀랍죠. 퀸이 가는 곳은 어디든지 자유와 평화가 찾아와요. 마치 퀸이 자유를 상징하는 것처럼 느껴져요."

프레디의 몸은 지금이 최고였다. 잘 발달된 근육은 태닝과 피트니스로 단련되어 보였다. 이제 프레디는 꽉 끼는 청바지와 흰색 조끼, 벨트 사이로 보이는 스카프로 무대의상을 바꿨다. 여전히 잘 다듬어진 두꺼운 콧수염은 뻐드렁니를 숨기는 역할을 했다. 5년 후 1986년의 마지막 투어까지 이 의상은 계속 유지되었다.

프레디는 에너지를 분출하며 무대 여기저기를 종횡무진했다. 관객들의 함성으로 귀청이 터질 것만 같았다. 데이비드 윅은 프레디가 관객들에게 마법을 거는 것 같았다고 기억했다.

"좋아요, Ok, Cantan muy bien(노래를 아주 잘했어요)." 프레디는 열광적인 관객들의 넋을 잃게 만들며 관객들을 칭찬했다. 아르헨티나 공연에서는 매우 특별한 한 곡이 관객들의 마음을 훔쳤다. 바로 프레디가 메리 오스틴을 위해 만든 〈러브 오브 마이 라이프〉였다. 스위트 발라드인 이 곡의 라이브 공연 녹화분이 1979년에 싱글로 남미에서 발매되어 아르헨티나와 브라질에서 1년간 1위를 차지한 적이 있었다. 팬들은 가슴에서 우러나오는 노래를 불렀다. 팬들의 영어는 완벽했다. 공연장에 조명이 꺼지고 갑자기 흔들리는 불빛의 바다로 채워졌다. 프레디는 피아노 앞에서 〈보랩(보헤미안 랩소디)〉을 소개했다.

마침내 사인회를 열고 합창곡이 울려 퍼지는 가운데 퀸이 무대를 떠났다. 퀸의 팬들이 많은 남미에서조차도 〈보랩〉은 라이브로 공연될 수 없었다. 부에노스 아이레스에서 프레디는 몇 번의 인터뷰를 했다. 아르헨티나에서《롤링 스톤(Rolling Stone)》만큼 잘 팔리는 잡지사《펠로(헤어), Pelo(Hair)》와의 인터뷰에서 멤버들이 각자 행동하는 이유를 설명했다. "함께 공연하고 녹음하는 퀸에 대해 사람들은 이상적인 이미지를 갖고 있어요. 하지만 퀸은 음악 그룹이지 가족이 아닙니다. 우리 모두 각자 하고 싶은 일을 합니다."

사실 아르헨티나 투어에서는 프레디를 사이에 두고 그를 수행하는 친구들 집단—피터 프리스톤, 조 파넬리, 짐 비치, 폴 프렌터, 프레디를 짜내고 있는 피터 모간(Peter Morgan), 짐 비치를 빼고는 모두 동성애자였다—과, 직원을 비롯한 나머지 집단(이성애자 집단)으로 나누어져 있었다. 두 집단은 무대 밖에서는 각자 생활했다. 투어를 공동 개최한 게리 스틱켈스는 로드 매니저와 공연 관련된 일을 하는 직원에게 급여를 주었다.

프레디는 여전히 개인 생활에서 갈등을 겪고 있었다. 피터 모간은 세간의 이목을 끄는 영국의 보디 빌더였다. 동성애 비디오가 제작되는 초창기에 주연으로 출연했다. 프레디와 한동안 자유분방하게 사귀다 부에노스 아이레스로 프레디를 찾아왔다. 하지만 부에노스 아이레스에서 아주 젊은 남자와 눈이 맞아 프레디를 배신했다. 프레디는 우연히 거리를 산책하는 피터 모간 커플을 보게 되었고, 그 후에도 2번이나 목격하고 나서 모간을 버렸다. 프레디는 한동안 일에만 전념했다. 그 다음 번 사랑의 배신자는 빌 레이드(Bill Reid)라는 미국인이었다. 뉴저지 출신의 땅딸막한 동성애자로서 맨해튼의 바에서 처음 만났다. 둘의 관계는 폭풍우가 몰아치듯 격렬했다. 프레디의 친구는 물리적인 싸움을 기억했다. 둘은 유리잔을 부수고 부끄러운 행동을 했다. 피터 프리스톤은 프레디가 레이드 때문에 뉴욕을 뜨게 되었다고 했다. 지속적인 만남보다 항상 새로운 파트너를 찾아 나서는, 더 안전한 선택을 하게 된 이유이기도 했다.

"새로운 파트너에게서는 강렬하고 감정적인 많은 순간을 겪게 돼요. 어찌 보면 창의력을 쥐어짜기 위해서는 이런 열정이 필요했을 거예요. 관계를 끝냈을 때의 큰 부담감이나 반대로 격렬한 감정의 고조를 필요로 했을 수도 있어요."

감정적인 갈등, 충돌이 그의 창의력을 높이는 역할을 한 건 분명한 것 같았다. 부에노스 아이레스에서 피터 모간으로 인해 분노와 상심을 겪은 후 훨씬 정열적으로 일에 집중했던 것이다.

투어에 대한 프레디의 생각은 어땠까?

"아르헨티나에 대해 많이 안다고 생각했어. 하지만 공연에서 보여 준 국가 전체의 리액션에 깜짝 놀랐지. 우리는 남미 투어를 오래전부터 원해왔어. 지난 수 개월간 정말 열심히, 쉼 없이 일했지. 퀸은 단순히 밴드라고 할 수 없어. 작업에 정말 많은 사람이 참여하기 때문에 투어에는 많은 돈이 드는 법이야."

명성을 얻고, 언론과의 트러블을 겪으면서 프레디는 거만해졌다. "그것 때문에 한동안 괴로웠는데, 알다시피 이젠 안 그래요." 그는 어깨를 으쓱거렸다.

프레디는 이제는 폐간된 잡지 《라디올란다 2000(Radiolanda 2000)》과의 인터뷰에서 아르헨티나 국민들에 대한 애정을 표현했다. "그동안 다른 나라 관객들의 리액션과 행동에 익숙했어요. 하지만 아르헨티나 팬들은 놀랍습니다. 다시 가고 싶군요. 내가 이곳에서 아이돌이라는 사실이 정말 자랑스럽습니다. 나는 전설이 되고 싶어요. 아시다시피 음악 작업은 모두가 공동으로 만들어 내는 효과예요. 퀸은 프레디 머큐리가 아니며, 퀸이라는 밴드입니다. 〈세븐 시즈 오브 라이〉, 〈킬러 퀸〉, 〈유어 마이 베스트 프렌드〉, 〈썸바디 투 러브〉(프레디와 그의 엄마가 좋아하는 곡), 〈보헤미안 랩소디〉 등. 이 모든 곡들을 기억하시죠? 내가 가장 사랑하는 곡들인 동시에 모두 퀸의 곡입니다. 제 개인만의 작업이 아니죠. 팬들은 퀸 멤버 모두가 힘을 합쳐 만든 결과물을 높이 평가한다고 생각합니다."

납치, 테러 등에 대비하기 위해 투어 중에는 안전에 만전을 기했다. 각 멤버들에게는 경호원과 통역자, 퀸과 함께 투어해온 영어권 안전 요원들이 배정되었다. 프레디는 자신을 대신해 산더미로 쌓인 팬레터에 사인해 주는 보디가드를 두게 되어 매우 기뻤다. 또, 그는 장난꾸러기 소년처럼 각 층마다 엘리베이터 문이 열리게 버튼을 다 눌러놓는 장난을 좋아했다. 엘리베이터를 기다려야 할 때에는 호텔 복도에서 팔 굽혀 펴기를 하거나 경호원과 함께 달리기 시합을 했다.

프레디는 모두에게 담배는 건강에 해롭다고 주장했다. 마침내 운전기사들의 흡연까지 금지했다. 운전기사들은 프레디 자신의 건강을 위해 금연 지시를 했다고 짐작했다. 그런데 놀랍게도 자신은 리무진에서 멘솔 담배에 불을 붙이는 것이었다. "다 자네들 건강을 위해 그런 거야." 프레디가 장난스럽게 말했다.

어느 날 밤에 프레디는 저녁식사를 위해 부에노스 아이레스의 레스토랑 '로스 애뇨스 로코스(Los Años Locos)'를 예약해달라고 했다. 경호원은 세간의 이목을 끌 수 있다는 점이 마음에 걸렸다. 프레디가 화장실에 혼자 가고 싶다고 하여 경호원이 바깥에서 기다리고 있었다. 프레디의 좌석이 2층의 남자 화장실 근처였기 때문에 화장실에 드나드는 사람들을 체크할 수 있었던 경호원은 마음이 놓였다. 그런데 20분이 다 되도록 프레디가 화장실에서 나오지 않았다. 무슨 일이 일어났다고 판단한 경호원이 화장실로 들어갔을 때 2명의 남자와 2명의 여자가 작은 문 하나에 대고 큰 소리로 떠들고 있었다. 누군가 문 안쪽의 자물쇠를 잠근 것 같았다. 그 안에 프레디가 있을 것이라고 추측할 수 있었다. 이 사람들은 프레디에게 문 열라고 소리치면서 겁을 주고 있었다. 그들은 프레디의 사인을 받으려고 했다. 프레디에게서는 반응이 없었다. 경호원들이 사람들을 쫓아내자 문이 열렸다. 그는 얼굴이 하얗게 질린 채 말했다. "네가 맞았어. 나는 화장실도 혼자 못가, 그렇지?"

벨레즈 살스필드 스타디움에서의 마지막 공연 전날 밤에 퀸은 퀸타 스타디움 회장인 세뇨르 페트라카(Señor Petraca)의 바비큐 파티에 초대되었다. 퀸 멤버들은 광대한 대지의 아름다움에 푹 빠졌다. 언론사 기자들이 나타날 때까지는 모든 것이 만족스럽게 진행되었다. 프레디는 언론 자체가 아닌 외국 기자들의 지루한 질문들에 짜증이 났다.

"기자들은 지난 10년간 늘 똑같이 어리석은 질문들을 해." 영어를 전혀 말하지 못하는 2명의 기자들—한 명은 《펠로(Pelo)》 매거진 소속—이 다가왔을 때 프레디는 화가 치밀었다. 프레디와 동시통역사는 기자들이 눈치 채지 않게, 되는 대로 즉흥적으로 대답했다. 프레디가 무의미한 말들로 대응하자 통역사는 기자들에게 생각나는 대로 적당히 말해주었다. 통역사가 인터뷰 후에 잡지를 보았을 때, 통역사가 지어낸 답변들이 그대로—마라도나(Diego Maradona, 1960~, 아르헨티나의 축구감독, 전 축구 선수)에 관한 기사만 빼고— 실려 있었다. 1978년 월드컵은 아르헨티나에서 개최되었는데, 아르헨티나는 이때 처음으로 트로피를 거머쥐었다. 아르헨티나에서 축구는 신성한 것이었다. 마라도나는 국가 차원의 신이었다. 퀸도 오래전부터 마라도나의 팬이었다. 브라이언이 내게 보낸 편지에 마라도나에 대해 이렇게 쓰여 있었다. "그에게는 특출함을 추구하는 정신이 느껴져요."

프레디는 부에노스 아이레스 지역, 카스텔라의 한 파티에서 마라도나를 만났다. 그는 마라도나에게 부에노스 아이레스에서의 마지막 공연 때 와달라고 요청했고, 마라도나는 흔쾌히 허락했다.

피터 프리스톤은 프레디가 축구 팬이 아니기 때문에 마라도나에 대해 잘 알지 못했다고 웃었다. "프레디가 아는 건 축구 선수의 허벅지가 럭비 선수보다 더 훌륭하다는 정도였죠." 그럼에도 불구하고 프레디는 이 젊은 축구 스타 때문에 즐거운 시간을 보냈다. 어느 정도는 동질감도 느꼈다. 둘 다 겸손하고 성공에 대한 열망을 멈출 수 없었다. 마라도나는 예정된 시간에 박수갈채를 받으며 무대에 올랐다. 등번호 10번의 팀 셔츠를 벗어 프레디의 '플래시(Flash)'라고 새겨진 티셔츠와 교환했다. 그러고 나서 '어나더 원 바이츠 더 더스트(Another One Bites the Dust)'를 소개하고 퇴장했다. 바비큐 파티에서 인터뷰했던 《펠로》 잡지의 기자는 프레디에게 마라도나와 셔츠를 교환한 행동이 선동적이지 않느냐고 물었다. 질문의 암시를 알아챈 프레디는 몹시 화가 났다. 그래서 단지 우정의 제스처에 불과하며 더 이상 아무 의미가 없다고 대꾸했다.

"관객들이 대수롭지 않게 생각하고 그 자체를 감상했다면 언론에서 어떻게 판단하든 난 걱정하지 않아. 내가 생각하는 대로 할 뿐이야. 언론에서 '선동적'이니, '잘못'되었다느니 뭐라고 갖다 붙이든 신경 쓰지 않아."

남미에서의 일정이 항상 스릴 넘친 것만은 아니었다. 눈 깜짝할 사이에 몰려드는 언론과 팬들 때문에 지치고, 환호하는 관객 사이를 헤쳐 나가는 데 생각보다 많은 시간이 들었다. 어디에서든 알아보는 팬들 때문에 호텔 스위트룸 외에는 조용하고 평화로운 곳이 없었다. 프레디는 평소보다 많이 자고 오후 2시 전에는 방을 떠나지 않았다. 드라이브라도 하라는 권유가 있었지만 프레디가 진정으로 좋아하는 건 먹고 쇼핑하는 일이었다. 수행단들은 매일 저녁에 다른 레스토랑을 예약하는 데 지쳤다. 그러다가 마침내 산책을 하다가 최소한 쇼핑이란 걸 할 수 있었다. 양말 25켤레, 똑같은 셔츠 10벌, 셔츠와 어울리는 20벌의 바지를 샀다. 경호원들은 왜 한 번에 그렇게 많이 사는지 궁금해했다. 프레디는 자신이 십대 때 어린이의 생활을 누려보지 못했고, 원하는 옷을 입을 기회가 없었기 때문에 그 시절에 대한 자신만의 보상 방식이라고 설명했다.

어떤 경호원은 프레디가 가끔 어린아이처럼 굴 때가 있었다고 했다. "부에노스 아이레스의 일본식 정원을 방문했을 때 그곳에 유치원과 좁은 길, 작은 다리가 있었죠. 프레디는 거기에 끌렸어요. 런던에도 비슷한 정원을 만들고 싶다고 했습니다. 사진 촬영을 한다고 폭포 꼭대기로 올라가더군요. 안내원이 보고 내려오라고 명령했죠. 나는 안내원에게 프레디가 누구인지 설명하고 내버려두라고 부탁했습니다. 프레디는 물고기 코이, 카프에게 먹이를 준 다음에야 내려와서 방명록에 2개의 사인을 남겼습니다."

그는 역사적인 아르헨티나 투어에서는 의기양양했지만, 브라질 리우에서 가장 유명한 마라카낭 축구경기장에서 공연할 수 없다는 소식에 낙담했다. 마라카낭 스타디움은 한 번에 18만 명을 수용할 수 있는, 세계에서 가장 큰 경기장이었다. 퀸의 브라질 공연 기획자는 기술적·법적·정치적 어려움에 직면했다. 리우데자네이루 정부에서는 마라카낭이 스포츠 경기, 종교적이고 문화적인 이벤트만을 위한 장소라는 이유로 공연을 허락하지 않았다. 전년에 교황님이 방문했으며 프랭크 시나트라(Frank Sinatra, 1915~1998, 미국의 가수이자 배우)도 공연을 했기 때문에 퀸은 공연 금지의 명분을 이해할 수 없었다. 어쨌든 투어는 진행되어야 하기 때문에 상파울루 남쪽의 모룸비 스타디움으로 대체했다. 그곳으로 13만 1,000명의 관객이 모여들었다. 단일 공연으로는 세계 최다 인원이었다. 다음 날 밤에는 12만 명이 모였다. 폭동에 대비하여 말을 탄 경찰이 경기장 주변을 둘러싸고, 무장한 사복 장교가 군중 사이로 지나다녔다. 아르헨티나 투어처럼 이곳에서도 영어를 할 줄 아는 사람이 거의 없었지만, 수십만 명의 팬들이 퀸의 성가 〈러브 오브 마이 라이프〉를 따라 불러서 감동적으로 울려퍼졌다.

이틀 밤 동안 25만 1,000명이 퀸의 라이브 공연을 보았다. 대부분의 아티스트가 자신의 모든 공연을 합해도 모으기 힘든 숫자였다. 퀸의 대표 변호사가 된 비즈니스 매니저 짐 비치에게도 큰 자랑거리였다. 짐 비치는 퀸의 '마이애미'라고 불렸다. 짐 비치가 브라질과 아르헨티나 양 국가에 5개월 동안이나 설득하여 퀸의 공연이 가능했던 것이다.

퀸은 7개월 동안 록 콘서트가 완전히 처음인 50만 명 이상의 사람들을 공연장으로 불러 모았다. 아르헨티나와 브라질에 오는 데 든 실제 비용이 엄청나서 이익은 매우 적었다. 하지만 프로모션들이 성공적으로 진행되었고, 아르헨티나에서의 마지막 주간에는 퀸의 10개 앨범들이 모두 10위권에 드는 경이적인 기록을 세웠다. 투어 전, 사람들은 남미 공연이 성공할 수 없다고 말했지만 퀸은 성공했다.

"팬들이 어떤 반응을 보일지 전혀 예상치 못했어요." 브라이언이 말했다. "하지만 이곳 팬들에게서 완전히 새로운 현상을 경험했습니다. 아르헨티나 팬들은 브라질보다 상대적으로 교양이 있었고 그들이 무엇을 기대하는지를 알 수 있었어요. 하지만 브라질의 팬들은 모든 것이 완전히 새로웠어요. 내 인생에서 가장 열광적이었던 순간은 바깥을 내다보았을 때 31만 명의 사람들이 우리를 기다리고 있었던 장면입니다."

아르헨티나와 브라질 공연에 대한 비판도 퀸을 자극시켰다. 도덕적인 측면에서 볼 때 아르헨티나처럼 변덕스러운 정치적 환경에서는 공연을 피해야 하는 걸까? 그들의 공연은 세계가 용납할 수 없는 정권을 지원하는 결과는 아니었을까? 짐 비치는 결코 후회하지 않았다. "그런 점까지 다 고려한다면 서유럽과 북아메리카 외에 퀸이 공연할 곳은 거의 없다고 봐야 해요." 프레디는 입을 다물고 어떤 말도 하지 않았다. 비판 앞에서는 당당한 침묵만이 가장 위력적임을 배웠기 때문이다.

"퀸이 그동안 편견에 의해 잘못 표현되어져서 멤버들은 모두 지쳤어요. 그래서 더 이상 말하지 않게 되었죠." 브라이언이 지적했다. "프레디를 만나보면 누구나 놀랄 거예요. 상상하던 프리마돈나가 아니기 때문이죠. 프레디와 우린 모두 매사에 긍정적입니다. 욕을 들을수록 일에 집중해서 좋은 쇼를 만들게 되죠."

17

바버라

다른 듯 닮은 연인을 만나다

바버라 발렌틴은 정말 멋진 가슴을 가져서 나를 매혹시켰다. 지난 6년간 사귄 어떤 연인보다 바버라와는 강한 유대감이 있었다. 그녀 앞에서는 진심을 말할 수 있었고, 아주 드문 일이긴 하지만, 어느 정도는 나 자신으로 돌아갈 수 있었다.

프레디 머큐리

모두가 미친 때였어요. 상상 가능한 그 어떤 것보다 훨씬 더 좋으면서 더 나쁘기도 한 시간들이었죠.

바버라 발렌틴

퀸의 《그레이티스트 히츠(Greatest Hits)》 앨범은 예정보다 늦어져 연말이 되어서야 발매되었다. 1981년 4월은 로저에게 매우 의미 깊은 날들이었다. 몽트뢰에서 2년 전부터 녹음하고 있던 솔로 앨범 《펀 인 스페이스(Fun in Space)》가 드디어 발매 준비를 마쳤다. 준비 과정은 매우 지치고, 늘 있는 작업으로 여겨질 정도로 오랜 기간이 걸렸다. 멤버들 모두 10년 동안 쉬지 않고 서로를 도와주었다. 하지만 멤버들 간에 논쟁을 피할 수는 없었다. 이렇게 열심히, 온 마음을 다하여 10년이 지나갔다.

"퀸의 포맷과는 다른 구성의 곡들이었어요. 작업을 다 마치고 나서도 끝났다고 느낄 수 없었죠."

다른 멤버들은 자신만의 작업을 위한 시간을 가졌다. 5월에 브라이언의 딸 루이자가 태어났고, 그 후에 브라이언은 몽트뢰에서 프레디, 로저, 존, 맥과 합류하여 앨범 《핫 스페이스(Hot Space)》를 준비했다. 조용한 몽트뢰에 7월이 오면 클로드 놉스(Claude Nobs, 1936~2013, 스위스 워너뮤직 디렉터)가 개최하는 재즈 페스티벌이 매년 개최되어 많은 사람이 방문했다.

"퀸이 마운틴 스튜디오를 구입할 즈음에 난(릭 웨이크먼) 몽트뢰 부근에 살았어요." 릭 웨이크먼은 그룹 예스의 앨범 《고잉 포 더 원(Going for the One)》을 준비하기 위해 1976년에 몽트뢰에 갔다. 거기서 퀸과 다시 함께 일하게 되었는데, 마운틴 스튜디오의 조수 다니엘르 코르민보에(Danielle Corminboeuf)와 사귀면서 부인 로스(Ros)를 떠났다.

"스위스는 아주 조용한 국가예요. 하지만 무엇이든 받아들이는 장점이 있어요. 다른 사람이 비밀리에 한 행동에 신경 쓰는 사람이 없어요. 스위스 언론도 마찬가지예요. 록 뮤지션이 생활하고 작업하기에는 더없이 좋은 장소죠."

"몽트뢰 중심가에 화이트 호스—우리는 블랑 기기라고 부르죠—라는 술집이 있어요. 마운틴 스튜디오에서 일하는 사람들이 주로 모이는 곳이에요. 나는 로저, 브라이언과 자주 갔죠. 프레디도 종종 나타났는데, 항상 프랑스 출신의 젊은 청년과 같이 왔어요. 아무러면 어때요. 아무도 뭐라 하지 않았어요. 퀸은 몽트뢰를 사랑했어요. 자신들의 스튜디오를 소유한 비즈니스적 측면도 있었지만, 원할 때는 언제든지 가서 머물렀죠."

"퀸 멤버들은 그때 진짜 게을러 빠졌죠. 하루에 수천 달러가 드는 스튜디오에 늘 지각했어요. 스키 타러 가서 안 오는 경우도 있고, 전날 밤에 취해서 침대에 늦게까지 누워 있기도 했어요. 존 앤더슨(Jon Anderson)과 나는 나와서 잠깐 곡을 쓰고 밥을 먹고 저녁 7시경이면 집으로 돌아갔습니다. 하루 종일 일하는 사람은 드물었어요. 스튜디오는 거저 돈을 버는 격이었죠. 지금은 그렇게 하지 않아요. 현대의 기술로는 침실에서 앨범 하나를 뚝딱 만들어 낼 수 있죠."

"몽트뢰에 살 때 데이비드 보위가 이웃이었어요. 어느 날 데이비드는 펍을 어슬렁거리다 퀸을 우연히 만나 저녁식사를 함께하고 스튜디오에 같이 갔죠. 그날 밤 역사가 만들어졌습니다."

몽트뢰 스튜디오의 엔지니어 데이비드 리처드는 예스의 앨범 작업에 참여하고 있었는데, 그 전에는 베를린에서 데이비드 보위의 1977년 앨범 《히어로즈(Heroes)》의 제작자 토니 비스콘티(Tony Visconti, 음반 제작자)를 도왔다. 데이비드 보위는 영화 〈캣 피플(Cat People)〉의 타이틀곡인 〈캣 피플(Cat People(Putting Out the Fire))〉을 만들기 위해 리처드와 함께 마운틴 스튜디오를 예약했던 것이다.

그날 밤을 브라이언은 '아주 아주 긴 밤'으로, 로저는 '매우 즐거운 밤'으로 기억했다. "그저 재미로 여러 사람의 노래를 연주했어요. 데이비드가 '우리 아예 곡을 하나 만들까?' 하고 말했죠." 이렇게 해서 그들의 공동 작품 〈언더 프레셔(Under Pressure)〉—초기에는 '거리의 사람들'이었다—가 탄생했다.

프레디는 순전히 엉겁결에 만들게 되었다고 설명했다. "함께 이것저것 해보다가 정말 자연스럽게, 아주 빨리 만들어졌어요. 모두 결과에 대만족이었죠. 완전히 새로운 곡이었어요. 우리는 항상 기발한 음악을 한다는 신념이 있었죠. 모두가 예상하는 상식적인 것, 틀에 박히거나 신선하지 않은 것은 절대 원하지 않았어요."

프레디는 데이비드와의 작업이 진정한 즐거움을 선사했다고 말했다. "데이비드는 대단한 능력자죠. 브로드웨이에서 〈디 앨리펀트 맨(The Elephant Man)〉 공연을 보았을 때 나도 연기를 하고 싶다는 생각이 솟구쳤을 정도예요. 먼 미래에는 몰라도 지금은 퀸과 함께할 여러 가지 프로젝트가 많아요. 우린 결코 그 자리에 머무르지 않을 거예요. 탐구해야 할 영역이 아직도 아주 많아요."

"정말 대단했죠. 생각해 보면 퀸에는 4명의 천재가 있는데, 데이비드도 우리 모두를 합한 것만큼 충분히 천재적이었어요. 점점 뜨거워진 열기로 나 자신만의 방식을 찾기 힘들었지만, 데이비드는 확실한 비전을 가지고 그 곡을 매우 아름답고 열정적으로 바꿔놓았어요."

2주일 후에 프레디, 로저, 데이비드 보위, 맥이 리믹스 작업을 위해 뉴욕의 유명한 파워 스테이션 스튜디오에 모였다. 브라이언은 리믹스 작업에서는 빠졌다.

파워 스테이션은 토니 베넷(Tony Bennett, 1926~, 미국의 가수), 에어로스미스(Aerosmith, 1973년에 데뷔한 미국의 록 그룹), 듀란듀란 등의 아티스트가 이용한 스튜디오였다. 웨스트 53번가에 있으며 원래는 발전소였다가 토니 본조비(Tony Bongiovi)에 의해 스튜디오로 리모델링되었다. 환상적인 음향시설로 유명하다. 본조비는 둘째 조카가 음악 비즈니스 일을 할 수 있도록 도와주었다. 스튜디오의 잡다한 일을 맡기면서, 공짜로 데모 테이프를 만들거나 노래 수업을 받도록 지원해 주었다. 프레디와 데이비드 보위의 일도 도와주게 했는데, 이 조카가 나중에 유명해진 스타 본조비였다. 그는 성을 존에서 본조비로 바꾸고 본조비(Bon Jovi, 1984년에 데뷔한 미국의 록 밴드)라는 그룹을 만들었다. 나중에 조카들끼리 다툼이 생겨 파워 스테이션은 아바타로 바뀌었지만 그 명성은 여전히 지켜졌다.

〈언더 프레셔〉 작업을 할 때 믹싱 데스크가 부러지자, 데이비드 보위가 곡 작업을 처음부터 다시 하기를 원하면서 분위기가 험악해졌다. 어느 시점에서 데이비드 보위는 곡 발매를 거절했다가 후에 번복했다.

시간이 흘러 30년이 지난 후에 브라이언은 〈언더 프레셔〉가 퀸에게는 중요한 곡이라고 했다. "데이비드와의 공동 작업, 아름답고 열정적인 콘텐츠 때문이죠. 그때 당시에는 데이비드와 같이 작업하는 데 어려움이 많아 리믹스 작업에서 빠졌어요. 하지만 지금이라면 같이 할 수 있어요. 언젠가는 내 스튜디오에서 조용히 앉아서 리믹스하는 일을 좋아할 거예요."

드디어 〈언더 프레셔〉의 싱글이 1981년 10월에 발매되었다. 데이비드 보위로서는 다른 아티스트와 함께 만든 첫 번째 곡이었다. 미국에서 29위, 영국 싱글 차트에서는 1위를 차지했는데, 〈보헤미안 랩소디〉에 이어 두 번째 싱글 1위였다. 10년 후, 프레디가 죽기 몇 달 전에 〈이누엔도(Innuendo)〉로 1위 자리를 되찾는다. 〈언더 프레셔〉는 1982년 5월에 발매된 퀸의 10번째 스튜디오 앨범 《핫 스페이스(Hot Space)》에 수록되었다. 래퍼 바닐라 아이스(Vanilla Ice, 1967~, 미국의 가수 겸 영화배우)가 퀸의 허락 없이 자신의 1990년 싱글 〈아이스 아이스 베이비(Ice Ice Baby)〉에 샘플 송으로 〈언더 프레셔〉를 이용했다. 또한, 나중에 쌍둥이 듀오 제드워드(Jedward, 아일랜드 출신의 가수)가 음악 경연 프로그램 〈디 엑스 팩터(The X Factor)〉에서 부른 데뷔 싱글이 되었다. 제드워드의 버전은 영국에서 2위, 아일랜드에서 1위까지 올랐다.

9월에는 프레디의 35번째 생일 파티가 열렸다. 20만 파운드나 쓴 사치스러운 파티였다. 피터 스트레이커, 피터 프리스톤을 포함한 프레디의 친구들은 뉴욕으로 향했다. 프레디가 파티 장소로 선택한 버크셔 플레이스 호텔은 이스트 52번가, 대각선으로 카르티에 상점의 맞은편 코너에 있었다. 5일 동안 샴페인 비용만 3만 파운드가 들 정도로 사치스러웠다.

피터 프리스톤이 전하는 말에 따르면 이랬다. "스위트룸은 엉망진창이었어요. 프레디가 큰 그래디올리[36] 더미에 대자로 누워 있었죠. 말 그대로 '파티'였습니다."

프레디는 생일 파티 후에 그로서는 드물게 언론 인터뷰를 했다. 젊었을 때와 다르게 자신이 어떻게 변했는지, 명성과 돈을 어떻게 생각하는지 등을 설명했다.

"난 쇼 비즈니스적인 성격을 혐오해요. 로드 스튜어트처럼 행동하고 대중들과 손을 잡을 수도 있지만 그 모든 것들에 관여하고 싶지 않습니다. 무대를 내려오면 거리에서 흔히 볼 수 있는 보통 사람이고 싶어요."

"난 변했어요. 데뷔 초에는 사람들이 날 알아보는 걸 즐겼어요. 지금은 아닙니다. 사람들이 나를 잘 알아보지 못하는 뉴욕에서 많은 시간을 보냅니다. 난 아마 부자일 거예요. 하지만 돈이 많아 허세를 부리고 거만을 떨던 시절은 오래전에 지나갔어요. 집이든 어디든 청바지에 티셔츠 차림이에요. 무대 밖에서는 이제 더 이상 날 꾸미지 않아요. 내가 무엇을 가졌고, 누구인지 확고히 잘 알고 있으니까요. 앞으로 퀸이 어떻게 될지는 예단할 수 없습니다. 하지만 항상 새로운 시도를 한다는 원칙이 지켜지는 한 퀸의 열정은 계속될 것입니다. 내일 내가 가진 모든 것을 잃는다면 다시 정상으로 돌아가기 위해 최선을 다할 거예요."

지금까지 프레디의 공언 중 가장 솔직한 말이었을까? 신중한 변화가 진행되고 있음을 확인해주는 말들일까? 아니면 전심전력을 다해 스스로를 확신하려는 것일까? 자신감 있고 스스로에게 만족한다는 사실을 세상에 보여 주기 위한

36 gladioli, 외떡잎식물 백합목 붓꽃과의 여러해살이 풀

얄팍한 위선에 불과하다고 보는 사람도 있다. 진심이었는지, 단지 희망사항에 불과했는지는 추측할 수밖에 없다.

생일 파티 후에 프레디는 뉴올리언스에 있는 멤버들과 합류해서 라틴아메리카 공연의 리허설을 시작했다. 두 번째 남미 투어는 첫 번째와 확연히 달랐다. 우선, 베네수엘라의 폴리에드로 드 카라카스에 3번의 공연을 하러 갔지만 전 대통령과 국민 영웅 로물로 베탕쿠르(Rómulo Betancourt)의 죽음으로 몇 가지 일정이 취소되었다. 다음으로 가게 될 멕시코 투어 전에 10일 정도가 남아서 그들은 마이애미로 갔다.

멕시코에서는 또 어떤 일이 있을지 누구도 장담할 수 없었다. 전염병, 정권의 타락, 신변의 위협, 공연 기획자의 체포에 볼케이노 스타디움 바깥에 있는 다리가 무너져 내리는 일까지 있었다. 첫 공연을 한 후에 많은 팬이 부상을 입었고 두 번째 공연은 취소되었다. 퀸은 푸에블로로 이동하여 이틀 밤 동안 공연하기로 예정되어 있었다. 이번에도 대 실패였다. 브라이언은 첫 번째 남미 투어를 기대하고 갔는데 위기의 순간에 가까스로 탈출했다고 전했다.

그해 초, 《뉴욕 타임즈(New York Times)》는 희귀한 증상을 보이는 피부암을 보도했다. 건강한 동성애자 41명이 이미 감염되었는데, 감염자 중 최소 9명은 원인 모를 면역체계 결핍 증상을 보였다. 면역체계가 약화된 사람에게 주로 나타나는 카포시 육종암은 그때까지 지중해 후예 중에서 나이든 남자에게만 나타났는데, 이제는 샌프란시스코와 로스엔젤레스에서도 발견되었다. 8월 말에는 그 숫자가 120명으로 증가하였으며, 대부분 뉴욕에서 발견되었다. 애틀랜타 질병관리센터에서는 카포시 육종암과 뉴모시스티스 폐렴, 카리니 폐렴이 미국에서 증가하고 있다고 발표하였다. 감염자의 90퍼센트 이상이 게이였다. 따라서 새로운 게이 전염병이 난잡한 동성애 성생활, 약물 남용과 관련이 있는 것으로 추측되었다. 이러한 질병은 처음에는 GRID(Gay-Related Immune

Deficiency)로 명명되었고, 수백만 명의 이성애 남자, 여자와 아이들도 감염시키는 것으로 나타났다. 특히, 혈우병 환자와 정맥주사로 약물을 흡입하는 경우에 감염이 많은 것으로 조사되었다. 마침내 병명이 '에이즈(AIDS, 후천성면역결핍증)'로 바뀌었고, 혈액, 혈액제제. 피하 주사기, 콘돔을 사용하지 않는 섹스를 통해 감염되는 것으로 확인되었다.

프레디는 처음에는 별로 관심을 기울이지 않았다. 퀸의 다른 일들에 몰두했기 때문이다. 퀸 활동 10주년 기념 앨범《그레이티스트 힛츠》, 프로모션 비디오 모음집《그레이티스트 플릭스(Greatest Flix)》, 마거릿(Margaret) 공주의 전남편인 로드 스노돈(Load Snowdon)이 그린 초상화 세트 등 10주년 기념품들이 다양하게 준비되었다. 또한, 몬트리올사에서 제작한 라이브 콘서트 영화에도 출연했다. 퀸은 1981년의 마지막 몇 주를 뮌헨에서 보냈다. 공식적으로는 세금 문제였지만, 또 다른 앨범을 준비할 계획이었다. 프레디는 아라벨라 하우스 아파트먼트 호텔에서 숙박했다.

"프레디는 하루, 이틀 정도만 머물렀어요. 그 호텔을 아주 싫어했거든요." 피터 프리스톤이 말했다. "뮤직랜드 스튜디오 위에 있는 호텔이었는데, 벽은 끔찍하게 보기 싫은 콘크리트 벽돌로 되어 있었고, 복도는 아랍 음식 냄새가 코를 찔렀습니다. 프레디는 처음에 그 지역 남자친구인 위니 커크버거 집에서 지내다가 좀 더 우아한 뮌헨 중심지의 스톨버그 플라자 아파트먼트 호텔로 옮겼습니다. 바버라 발렌틴을 만난 곳이죠. 바버라의 방은 프레디 방의 맞은편이었어요."

프레디는 피터와 함께 밤에 놀러 다니면서 뮌헨에서의 생활을 즐겼다. 하지만 퀸의 멤버들은 프레디가 일할 의욕을 잃은 것 같아 걱정스러웠다. 프레디는 스튜디오에 있는 것을 견디기 힘들어해서, 자신의 파트가 끝나면 나가버리곤 했다. 퀸이 뮌헨으로 온 후 프레디의 무절제하고 혼란한 생활이 계속되었다. 그는 난잡한 정사관계에 휘말렸다. 첫 번째 파트너는 '위니(Winnie)'로 불리는 윈프리드 커크버거(Winfried Kirchberger)였다. 공격적인 성격에 제대로 교육받지 못한, 알프스 티롤 출신의 레스토랑 경영자였다. 검은색 머리에 거친 콧수염이 눈에 띄는 사람이었다. 프레디의 친구들은 왜 프레디가 이런 허풍쟁이에게 끌렸는지 도무지 이해할 수 없었다. 지저분한 트럭 운전사 같은 자가 어떻게 프레디의 타입일 수 있는지 어리둥절해했다.

두 번째 파트너는 런던 클럽에서 만난 아일랜드 출신 헤어드레서 짐 허튼이었다. 프레디는 위니의 질투를 사기 위해 짐 허튼을 이용했다. 그런데 아이러니하게도 프레디와 짐의 관계가 더 깊어졌고 그는 마지막까지 프레디의 곁에 남았다.

세 번째 연인은 의외로 바바라 발렌틴이라는 여성이었다. 그녀는 오스트리아 출신의 전직 소프트 포르노 배우이자 모델이었다. 그녀는 '독일의 제인 맨스필드(Jane Mansfield, 1933~1967, 미국의 영화배우)', '브리짓 바르도(Brigitte Bardot, 1934~, 프랑스의 영화배우)'로 불렸다. 독일 컬트 무비 감독인 라이너 베르너 파스빈더(Rainer Werner Fassbinder)가 만든 《사랑, 증오 그리고 편견》의 등장 인물들로 자신의 이름을 지었다. 파스빈더는 다음 해에 37세로 요절했다. 수면제와 코카인 과다 복용 때문이었다. 그 역시 스캔들이 많았는데 그의 아내 중 한 명은 파스빈더를 '동성애자이지만 여자와도 사귄' 사람이라고 고백했다. 이런 점에서 파스빈더는 프레디와 공통점이 많았다. 어쨌든 프레디는 바바라와 동거에 들어갔다. 기이하게도 그때 프레디는 위니, 짐, 바바라 모두와 연인관계를 유지했다. 바바라가 말했듯이 '광란의 시간'이었다.

나는 1996년에 뮌헨의 바바라 발렌틴을 방문했다. 그녀와 프레디는 버뮤다 삼각지대 근처의 한스 작스 거리에 있는 3층 아파트를 구입했다. 온통 러그, 커튼, 벨벳 소파로 덮인 아늑한 곳이었다. 값비싼 그림, 소박한 바바리안 가구, 앤티크한 샹들리에로 장식되어 있었다. 찬장에는 그녀의 아이들, 손자들, 프레디의 사진들, 퀸과 프레디의 비디오와 CD로 꽉 차 있었다. 그녀는 이 비디오와 CD를 혼자서는 볼 수 없다고 했다. 안락의자에서 졸면서 함께 보았던 〈타잔〉도 있었다. 바버라는 프레디의 죽음 후에 이 아파트 때문에 퀸의 매니지먼트사와 길고 힘든 법적 소송을 겪었다. 그래서 너무 많은 것을 말하지 않으려고 자제했다. 그녀와의 인터뷰 허락을 받는 데에도 몇 달이 걸렸다. 그녀는 평생 3번 결혼했으며 61세에 뇌졸중으로 사망했다.

"다른 사람도 살아야 하니까……. 프레디에 대해 말하면서 다른 사람에게 상처 주고 싶지 않아요. 메리 오스틴을 그의 미망인이라고 칩시다. 지금까지 프레디에 대해 말하는 걸 모조리 거절해 왔어요."

내가 바버라를 만났을 때 그녀는 50대였지만 프레디가 반했던 외모를 그대로 간직하고 있었다. 건장한 뼈대, 큰 가슴이 매력적이었다. 결혼하면서 남작부인이라는 호칭도 얻었다. 바버라에게는 방 안을 가득 채우는 매력이 있었다. 오른쪽 귀에서 반짝이는 1캐럿 다이아몬드는 프레디의 첫 번째 선물이었다. 길거리에서 아직도 사람들이 돌아보게 만드는 미모였다. 욕심을 더 냈더라면 그녀는 프레디에게서 메리 오스틴 못지않은 소중한 존재가 될 수도 있었다. 그녀는 자신의 운명에 스스로 책임지고 강하며, 굳은 의지의 여성이었다. 프레디처럼 바버라도 모순덩어리였다. 강해 보이는 외모에는 예민하고 가냘픈 감성이 감춰져 있었다. 아마 프레디 인생에서 바버라에게 처음으로 있는 그대로의 자신의 모습을 보여 주었을 것이다. 프레디는 바버라의 개성과 행동에서 그녀를 메리 오스틴처럼 돌봐줄 필요성을 느끼지 않았다. 바버라는 프레디를 이해했다. 그녀 역시 다른 사람들이 무엇을 생각하든 신경 쓰지 않았다. 그녀가 사람들, 삶, 세상을 대하는 태도는 프레디에게 매우 신선하게 느껴졌다. 그녀는 남자 같은 여자처럼 행동했다. 프레디는 바버라의 맹렬함, 위풍당당함에 중독되었다.

둘은 서로의 영혼을 갈망했다.

바바라는 프레디와 함께하기 위해 배우 직업을 기꺼이 포기했다. 영원한 사랑에 대한 확신이 있었기 때문이다. 바바라는 퀸, 프레디 개인의 비즈니스에 관한 출장에 동행했다. 런던에서도 프레디와 자주 머물렀기 때문에 가든 롯지에는 그녀만의 침실도 있었다.

"사귀기 전에 뮌헨 클럽, 뉴욕 디스코 클럽에서 친구들과 나가는 프레디를 보았어요. 누구인지 어렴풋이 알고는 있었지만, 뮌헨에서는 록스타라고 대단하게 생각하지는 않아요. 아마 여기에서는 내가 더 유명했을 걸요. 프레디는 항상 친구들 무리와 같이 있었어요. 혼자만으로도 하나의 기업이었죠. 클럽에도 자신들만의 자리가 따로 있었어요. 그때는 모두 위니의 집에서 지냈어요. 위니와 프레디는 꽤 오래 사귀었죠. 그 사이에 몇 번 헤어지기도 했지만요. 정상적인 커플이라고 볼 수 없었어요. 질투심을 일으키려고 각자 다른 남자친구와 사귀었죠."

위니는 작은 시골 레스토랑 '세바스천 스텁 앤(Sebastian Stub'n)'을 운영했다. 식당을 찾은 손님들은 항상 음식 맛이 없다고 불평을 늘어놓았다. 레스토랑에 불이 나자 프레디가 비용의 일부를 지원하기도 했다.

"위니는 프레디의 불행 그 자체였어요. 서로 사랑한 것은 확실해요. 하지만 항상 다퉜죠. 연인들끼리 항상 다툰다면 가장 큰 비극 중 하나를 체험하는 것과 다를 바 없죠. 알잖아요? 위니는 아주 무식한 남자예요. 교육도 많이 받지 못했고, 그럴듯한 학교도 다니지 않았어요. 어쨌거나 위니가 항상 싸움을 걸었죠. 위니가 정말 프레디를 보고 싶어 한다고 느낄 때가 있어요. '넌 멍청한 로큰롤 스타. 어쩌라구? 난 위니 커크버거, 진짜 사나이야.' 그는 다른 사람이 보는 앞에서 프레디를 바보로 깔아뭉갰어요. 프레디는 위니가 두려워서 더 흠모했다고 할 수 있어요. 다른 사람에게는 쉽게 받아내는 찬사를 위니에게서는 결코 얻을 수 없었거든요. 그래서 더 열렬히 위니를 갈망했죠. 아마 위니는 프레디를 자기 옆에 두는 유일한 방법이 프레디를 똑같이 취급하고, 자신은 전혀 프레디를 원하지 않는 체하는 것이라고 생각하지 않았을까 싶어요. 어쨌든 그 방법이 통했어요. 프레디는 몇 번이고 그를 찾고 또 찾아갔으니까요."

"다른 남자와의 평범한 삶이 어땠을지를 깨달았을 거예요." 피터 프리스톤의 말이다. 한참 후에 둘의 관계도 끝났다. 프레디가 사라진 후 위니는 정신 이상 증세를 보였다고 한다. 에이즈 바이러스가 몸뿐 아니라 정신까지 망친 것이다.

"아파트에서 굶고 있는 위니를 발견했어요. 고양이는 살기 위해 자기 털을 먹고 있었죠. 나는 위니를 병원에 데리고 가 진료비를 대신 내주었어요. 하지만 도와주기에는 너무 늦었더군요."

위니, 프레디, 바버라 셋이서 어울려 다닌 적도 많았다고 한다. "어느 날 프레디와 클럽에서 술을 마시다 조용한 곳을 찾아 여자 화장실로 옮겼어요. 프레디는 잔지바르, 학교, 아빠, 엄마에 대해 말해주었어요. 아들이 게이라는 사실을 결코 받아들이지 않을 것이라는 얘기도요. 나중에는 부모님도 아셨을 것 같아요. 프레디의 마지막 시기에는 부모님과도 가깝게 지냈어요. 부모님은 메리를 좋아했고 메리가 프레디의 아기를 갖기를 항상 바랐다고 해요. 여동생 카시미라와 조카들 나탈리, 샘 얘기도 해주었어요. 이런 얘기는 친구들에게도 잘 하지 않는데 나와 있으면 쉽게 털어놓게 된다고 했어요."

사실 프레디는 부모님, 여동생, 그녀의 남편, 조카들과 어느 정도 거리를 유지했다. 그렇지만 결코 그들의 존재를 부정하거나 등을 돌리지는 않았다. 아주 가끔씩 만나기는 했지만 프레디가 항상 사랑하는 사람들이었다. 대중들의 눈으로부터, 자신의 제멋대로인 생활로부터 그들을 지켜야 한다고 생각했다.

프레디가 죽고 9년 후, 2000년 11월에 프레디의 처남 로저는《메일 온 선데이》와 인터뷰를 했다. "우리 가족은 프레디의 세계를 본 적이 없습니다. 가족 모임이 있을 경우에만 프레디의 집을 방문했어요. 프레디는 자신의 세계와 우리들을 엄격하게 구분했어요. 프레디의 집에서 아이들 생일 축하 모임을 가진 적이 있죠. 아이들을 위해 아주 큰 케이크와 부활절 달걀을 준비해주었어요. 프레디 자신에게는 아이들이 없었어요. 좀 특이한 삶을 좋아한다고 생각했죠. 하지만 프레디는 우리 아이들이 자라는 모습을 보고 좋아했어요."

프레디와 바버라가 뮌헨의 화장실에서 오랫동안 이야기를 나눈 날, 둘은 떨어질 수 없는 사이가 되었다. "프레디는 정말 많이 웃었어요. 손을 들어 뻐드렁니를 가리고요. 술에 취하면 손으로 가리지 않고 활짝 웃었어요." 바버라는 아슬아슬한 관계이긴 했지만, 뮌헨에서의 거리낌 없이 방탕한 생활이 즐거웠다고 했다.

"그렇게 사는 것이 최선의 방어였어요. 무엇에 대한 방어냐고요? 말할 수 없어요. 아주 많은 것들로부터의 방어였죠. 프레디와 나는 매일매일이 새로움의 연속이었어요. 우린 항상 여러 가지 이유로 부딪쳤어요. 하지만 결국에는 다시 사랑하게 되었죠. 상처받은 모습을 누구에게도 보이려고 하지 않지만 서로에게는 보여 주었어요. 사생활을 가족에게는 비밀로 한다는 공통점이 있었죠. 프레디는 부모님과 여동생에게, 나는 아이들에게 비밀로 합니다. 때로는 디스코에 빠져 있는 아들을 만나러 가야 할 때가 있었어요. 그는 '오 마이 갓! 디스코는 안 돼!'라고 말했어요. 이럴 때면 프레디와 내가 서로 두 번째 가정이 있는 것 같았어요. 우리는 항상 사생활을 사적으로 남겨두려고 했죠."

11월 26일은 위니의 생일이었다. 잠에서 깨었을 때 바버라, 프레디, 위니는 침대에 함께 누워 있는 자신들을 발견했다.

"우리 모두 몸에 아무것도 걸치지 않은 상태였어요. 월요일 아침 7시였는데 초인종이 울렸어요. 세금 경찰이 들이닥친 거예요. 프레디는 나중에 오라고 소리쳤죠. 경찰은 '열지 않으면 지금 문을 부수고 들어간다.'고 대답했어요. '빨리 일어나!' 다음 순간 경찰이 방마다 지켜 섰어요. 프레디는 가슴에 타월 하나 걸쳤을 뿐이었죠. 우린 꼼짝 않고 서 있었어요. 경찰이 아파트를 이 잡듯 뒤졌어요. 프레디가 말했어요. '화장실 가야 해.' 화장실 옆에 있던 경찰이 프레디를 알아보았어요. '프레디 머큐리네!' 프레디가 경찰에게 '내 여자친구에게 예의를 갖추면 당신을 위해 노래를 불러줄게. 이리 와서 샴페인 한잔하지.'라고 하자 경찰은 '8시도 안 됐어요. 죄송하지만 근무 중입니다.'라고 했죠. '좋을 대로 하셔. 어쨌든 내 노래를 들을 위인은 안 되는군.' 프레디가 말했어요."

바버라는 자신과 프레디는 의심할 여지없이 열정적인 사랑을 나누는 관계였다고 했다.

"그 말이 거의 맞을 거예요." 피터 프리스톤도 같은 생각이었다. "둘은 매우 가까웠어요. 나도 그녀를 아주 좋아했어요. 둘은 사회적 신분이나 명성에서 공통점도 많았죠. 바버라는 거리낌이 없는 성격이었어요. 그녀의 '받아들이든지, 싫으면 말고.' 하는 태도가 프레디에게는 매우 신선하게 다가왔습니다. 고급스러운 것을 좋아하는 취향도 비슷했죠. 바버라는 프레디에게 매우 중요한 존재였어요."

프레디는 바버라에게 메리 오스틴 얘기를 많이 했다. "프레디는 메리에게 결혼 약속을 한 적이 있어요. 프레디는 그것 때문에 죄책감을 갖고 있었어요. 자신이 한 말에 대한 약속을 꼭 지켜야 한다는 마음이었어요. 죄책감에서 벗어날 수 없었죠. 도대체 메리가 어떻게 프레디에게 죄책감을 갖게 했는지 궁금할 정도였어요. 게이로 밝혀진 건 프레디의 잘못이 아니에요. 그냥 그것이 인생이라고 생각할 수밖에요. 그는 메리를 실망시켰다는 마음을 극복할 수 없었어요. 프레디는 자신이 게이였던 적은 없다고 말했어요. 처음에는 아니었는데 변한 거죠. 게이로서의 생활에 완전히 반해서 그렇게 살기 시작한 거예요. 자신의 선택일 뿐 생물학적 문제가 있는 건 아니에요."

"완전히 맞는 말이에요. 프레디는 매우 감성적이었어요." 피터 프리스톤도 같은 생각이었다.

메리가 가끔 뮌헨에 머물렀지만 바버라와 가까워지지는 않았다. "메리는 나를 꽤 경계했어요. 그녀는 과묵했지만, 나에게 따뜻하게 대하지는 않았죠. 최소한 크리스마스 선물은 교환하는 사이였답니다. 프레디는 항상 진심으로 메리에게 가장 많은 관심을 기울였어요. 어느 날 메리가 런던에서 나에게 전화했어요. 프레디의 고양이 중에 하나가 죽었으니 그 소식을 프레디에게 알려 주라고 했죠. 서두르지 말고 적절할 때 전해주라고 했어요. 걱정되었지만 결국에는 그에게 털어놓았습니다. 프레디는 몹시 상심했고 당장 런던에 가겠다고 했어요. 말렸지만 결국 비행기를 탔죠."

바버라는 프레디가 동성애를 선택했다고 믿었다. "프레디는 '위대한 위선자(Great Pretender)'예요. 금단의 열매였기 때문에 선택한 거죠. 우리 둘은 가장 진정한 의미에서 연인이었어요. 우리는 정기적으로 섹스를 했어요. 물론 시간이 걸렸지만, 막상 섹스를 하자 온전히 아름답고 순결했어요. 난 지금도 프레디에게서 헤어 나올 수가 없어요. 프레디는 나에게 사랑한다고 했고 결혼 얘기도 나눴답니다. 물론 여전히 수십 명의 게이 친구들과 밤을 보냈죠. 난 개의치 않았어요. 이상하게 들리겠지만 사는 게 다 그런 것 아닌가요? 내가 원했어도 프레디의 그런 생활을 멈출 수는 없었을 거예요."

바버라는 프레디에게도 마음 쓰지 않는다고 말했다.

"프레디는 다정함과 애정을 찾아 여러 사람과 사귀었어요. 육체적인 관계를 위해서는 아니었어요. 프레디는 어린아이 같았죠. 그는 나에게 '바버라, 그들이 나한테 뺏을 수 없는 유일한 존재는 당신이야.'라고 했어요."

'그들'이란 거친 음악 비즈니스의 세계, 팬들, 바버라가 모르는 짐 비치까지

뜻했다.

"지금은 잘 안 믿기겠지만 그때 당신이 옆에 있었다면 이해할 수 있을 거예요. 가끔 그에게 말했죠. '달링, 당신에게는 거시기보다 더 멋진 게 많아요.' 프레디는 가끔 게이들과 자는 게 싫다고 말하기도 했어요. 그때까지 프레디에게 그의 능력에 대해 말한 사람은 아무도 없었죠."

바버라가 보기에 프레디의 정신 상태에 가장 치명적인 단 하나의 위협은 다른 사람에게 의존하는 점이었다.

"프레디는 1마르크와 1,000달러를 구별하지 못해요. 돈에 의미를 두지 않았으니까요. 비행기 타는 것과 엘리베이터에 갇히는 걸 몹시 두려워했어요. 혼자서는 어디에도—화장실도— 못가요. 프레디가 가는 곳에는 항상 무리들이 있죠."

"우린 둘 다 행복을 위해 열심히 노력했어요. 행복하지 않았으니까요. 당신은 술에 취하기도 하고, 큰 타격을 받기도 하고, 남을 따라 해 보기도 하고, 다른 사람을 깔아뭉개기도 합니다. 살기 위해 이 모든 것들에 몸을 던지지만, 부질없는 짓이에요. 결국에는 더 외로울 뿐이랍니다. 더 외롭고 더 공허해질 뿐이죠. 우린 둘 다 나빴어요. 서로를 동일시했죠. 결국에는 혼자일 뿐이에요. 어차피 우리 모두는 언젠가는 죽는 존재예요."

18 짐

죽는 순간까지 함께할 사랑을 만나다

지금 난 매우 행복하다. 솔직히 이보다 더 바랄 순 없다. 위안, 정말 좋은 말이다. 갱년기 증상은 아니니다. 이제 난 너무 열심히 노력하지 않아도 된다. 능력을 증명해 보일 필요도 없다. 짐과 난 서로 깊이 이해하는 사이이며, 지루하게 들릴 수도 있지만 우린 정말 훌륭하다.

프레디 머큐리

프레디는 '내 인생의 사랑(love of my life)'이에요. 지금까지 그와 같은 사람은 아무도 없었습니다. 그는 내게 항상 "네 인생을 찾아가야 해."라고 말했습니다. 난 알고 있죠. 내가 죽으면 프레디가 저쪽 편에서 날 기다리고 있을 거예요.

짐 허튼

존 트라볼타(John Travolta, 1954~, 미국의 영화배우) 주연의 영화 〈토요일 밤의 열기(Saturday Night Fever)〉에서 블루컬러 출신의 주인공 토니 마네로는 국민적 영웅이 되었다. 1977년에 상영된 이 영화는, 영국 최초의 록 저널리스트 닉 콘(Nik Cohn)이 작성한《뉴욕(New York)》매거진 기사를 바탕으로 한 스토리이다. 토니 마네로는 동네 디스코 클럽을 가혹한 현실의 피난처로 삼는다. 음악을 맡았던 그룹 비지스의 앨범은 줄곧 베스트셀러 자리를 지켰다.

뉴욕 시를 선두로 디스코 열풍이 시작된 것이다. 스튜디오 54, 르 자르딘과 레진에 가면 상상 속의 괴짜들을 만날 수 있었다. 플레이보이, 슈퍼모델, 스트레치 리무진, 샴페인과 코카인이 넘쳐났다. 디자이너 할스톤(Halston, 1970년대 패션을 주도한 미국의 디자이너), 구치(Gucci), 피오루치(Fiorucci)까지 볼 수 있다. 도시의 클럽은 성적 자유를 분출하는 장소였으며, 타락한 게이를 거울보다 더 잘 들여다볼 수 있다. 웨스트 43번가 르 자르딘과 레진에는 앤디 워홀, 비앙카 재거(Bianca Jagger, 1945~, 니카라과 출신의 배우이자 모델), 라이자 미넬리, 루 리드 등 가장 멋진 인사들이 모여들었다. 레진 바는 거울로 된 타일, 가장자리가 야자나무로 둘러진 하얀 소파를 내리쬐는 자외선, 물침대가 있는 옥상—여기서 타임 스퀘어를 응시하면서 불법화된 대마초, 약품 등을 사용했다—으로 유명했다.

이렇게 화려한 미국과 대조적으로 런던의 게이 문화는 아직도 가야 할 길이 멀었다. 그때까지 지저분한 몇 개의 술집과 지하의 좁은 카페 정도에 만족해야 했다. 1970년대 후반에 영국 왕실과 귀족의 계보와 문장을 기록하는 벅스 피라지(Burke's Peerage)에서 일하기 위해 제레미 노먼(Jeremy Norman, 클럽 운영자)이 케임브리지에서 런던으로 왔을 때는 이런 상황이었다. 제레미 노먼은 디스코 음악이 뉴욕의 게이들과 클럽에서 새롭게 유행한다는 것을 전해 듣고 직접 가보았다. 그러고 나서 르 자르딘에서 클럽 기획자 스티븐 헤이터(Stephen

Hayter)를 만나 런던으로 함께 돌아와 오울드 본드 스트리트에 엠버시 클럽을 론칭했다. 스티븐 헤이터는 곧 런던의 '밤의 여왕'으로 군림했다. 그는 멤버들끼리 여자 이름으로 부르는 퀸을 맹렬히 반대하는 스위스의 신문기사들을 금고에 보관하고 있다고 떠들고 다녔다. 스티븐 헤이터는 유명한 클럽 운영자 중에서 에이즈로 사망한 첫 번째 인물로 역사를 장식했다. 엠버시 클럽은 성적으로 모호한 판타지를 탐닉하는 장소였으며, 높은 인플레이션과 정부 부패에 환멸을 느낀 사람들의 마음의 도피처 역할을 했다. 클럽에 들어온 사람들은 특이하게 분장하고 춤을 추었다. 성 전환자, 록스타, 오페라 가수, 여장 남자, 유럽 국가의 왕관을 쓴 공주, 백만장자, 누드 잡지에 나오는 모델 등. 클럽의 웨이터들은 밝은 빨간색과 흰색 새틴의 짧은 옷차림이었다. 클럽 내부는 섹스, 코카인, 가스등, 드라이아이스, 은색의 디스코 불빛들로 채워졌다.

피트 타운센드, 믹 재거, 마리 헬빈(Marie Helvin, 1952~, 영국 출신의 미국 패션모델), 데이비드 보위는 다른 곳에서는 만날 수 없는, 이 클럽만을 찾는 유명인사들이었다. 사람들은 멋진 뉴 로맨틱 장식들에 끌려 블리츠 클럽에서 엠버시 클럽으로 발길을 돌렸다.

"헤이터의 파티에 참여하려고 다들 안달이 났죠." 데이브 호간은 회상했다. "프레디, 케니 에버렛, 런던의 게이 패거리들도 갔어요. 일단 한 번 갔다 하면 즐거움만 가득할 거예요. 단, 클럽에 들어갔을 때 사진 촬영을 하면 살아서 나오지 못하는 곳이죠." 엠버시 클럽은 제레미 노먼의 야심찬 프로젝트 '헤븐(Heaven)'에 비교하면 시제품에 불과했다. 나이트클럽 헤븐에서는 게이들의 입맛에 철저히 맞춘 음식들이 제공되었다. 헤븐은 트라팔가 광장에서 떨어진 곳에 위치했으며, 지붕이 아치형 구조물로서 넓이가 2만 1,000스퀘어에 달했다. 1979년에 문을 연, 세계 최초의 개방된 게이 클럽으로, 신문의 헤드라인을 장식할 정도로 세간의 관심과 대중들의 긍정적인 반응을 이끌어 냈다. 프레디는 이곳을 매우 좋아하여 빈번하게 찾았다.

“게이 맨들은 댄스 플로어에서 진정한 자유를 만끽하죠.”《노 메이크업: 동성애 생활의 솔직한 이야기(No Make-Up: Straight Tales From a Queer Life)》의 저자 제레미 노먼은 이렇게 생각했다.

“댄스 플로어에서는 성을 자유롭게 표현하고 우리끼리 단합할 수 있었어요.”

폴 감바치니는 프레디가 죽게 된다는 것을 알았던 1984년의 밤을 회상했다.

“프레디와 헤븐에 들렀을 때예요. 태도가 예전과 달라서 요즘 유행을 고려해서 행실을 바꿨는지 물어보았어요. 번쩍이는 문장 장식을 해서 그것도 물어보았죠. 그는 ‘무슨, 난 뭐든 바꿀 수 있어. 그런데 요즘 컨디션이 안 좋아. 뉴욕에서 많은 사람의 죽음을 이미 충분히 봐왔어. 나도 죽을 수 있어. 뉴욕에서 죽은 영혼들이 헤븐을 안전한 곳인 체하지 말라고 말해주고 있네.’라고 답했어요.”

프레디가 에이즈의 치명적인 위험을 알고, 자신은 죽을 준비가 되어 있다 하더라도, 다른 사람들이 자신 때문에 죽는 일이 없도록 스스로 조심하고 있었는지 몰라도, 폴은 전혀 눈치 채지 못했다.

“에이즈는 감염되어서 죽기까지 평균 10년이 걸려요. 프레디는 병이 알려지기 전에 이미 감염되었어요. 유흥, 실험의 목적으로 연구된 모든 형태의 섹스에서, 그때까지 반점 증상이 나타난 적은 없었어요. 음악 외에는 무척 문란했죠. 그런데 누군가와 섹스를 해서 사람이 죽을 수 있다는 사실이 갑자기 알려진 거예요. 모든 사람들이 도덕적으로 책임이 있어요. 어떻게 보면 대가를 치른 셈이죠.”

“프레디는 아마 에이즈를 감수하겠다고 결심했을 수도 있고, 절제된 생활을 해야겠다고 생각했을 수도 있어요. 뉴욕에서 에이즈가 전염병이 되었던 1983년만 해도 프레디는 건강하게 생활했어요. 하지만 라이브 에이드가 예정된 1985년 7월에 의사는 행사에 참여하지 말라고 권고했어요. 목의 염증 때문이었죠. 어쩌면 그때부터 증상이 나타나지 않았을까 생각됩니다.”

그때 프레디는 매주 수십 명의 남자와 자면서도 바바라 발렌틴과 사귀었다. 스스로 게이라기보다는 양성애자라고 생각했다. 하지만 폴은 이렇게 설명했다.

"동성애라는 개념은 1960년대에 독일 심리학자가 처음 만든 단어예요. 섹슈얼 스펙트럼은 매우 넓게 생각할 수 있어요. 이성애와 동성애 2개의 극단 사이에는 양성을 모두 사랑하는 사람들이 넓게 분포되어 있죠. 프레디와 바바라는 감정적으로 깊은 접촉을 유지했어요. 프레디가 여성보다 남성과 더 많은 섹스를 했지만 바바라와의 관계도 모순된 건 아닙니다. 프레디는 말년에 메리 오스틴을 회상했어요. 그녀는 그의 룰에서 벗어난 예외의 존재죠. 프레디가 육체적 욕망만큼 감정적 접촉도 갈망했음을 의미합니다. 그렇다고 프레디가 남자들을 사랑하지 않았다는 말은 아니고요. 메리는 그의 마음에서 쉽사리 특별한 위치를 차지할 수 있었죠."

프레디는 1985년에 헤븐에서 짐 허튼과 하룻밤을 보내면서 바바라와 위니를 모두 배신했다. 그 둘은 2년 전에 프레디 집 근처의 게이바 코파카바나에서 만났다. 그때 짐 허튼은 다른 남자와 사귀고 있었기 때문에 둘 사이의 관계에 진전은 없었다. 하지만 이번에는 초라한 이발사 짐 허튼이 싱글이었다. 프레디는 짐의 윤기 있는 검은 머리와 두터운 콧수염에 단번에 반했다.

짐 허튼과 위니 커크버거는 통통한 외모에 교육을 제대로 못 받은 점 등이 놀랍도록 비슷했다. 프레디는 짐 허튼에게 수작을 걸면서 프레디 무리에 끼어 달라고 설득했고, 짐은 피터 스트레이커, 조 파넬리와 함께 프레디의 무리가 되었다. 짐 허튼은 프레디와 밤새도록 춤을 추었고 새벽이 되어서야 프레디의 켄싱턴 집으로 돌아왔다. 그 후 세 달 동안 프레디에게서 아무 연락이 없었다. 프레디는 오스트레일리아, 뉴질랜드, 일본 투어 중이었다.

만남의 기억조차 잊혀질 무렵, 난데없이 프레디가 디너 파티에 초대한다는 연락을 해왔다. 짐은 그곳에서 피터 프리스톤을 보고 깜짝 놀랐다. 런던 옥스퍼드 가의 셀프리지 가게에서 함께 일한 적이 있었기 때문이다. 프레디를 인연으로 이렇게 다시 만나리라고는 상상도 못했다.

짐은 2010년 새해에 61살 생일을 3일 앞두고 폐암으로 사망했다. 그는 가장 프레디의 연인답지 않은 연인이었다. 짐은 아일랜드 가톨릭교 집안에서 태어났으며 부모님은 빵 가게를 운영했다. 좁은 집에서 자랐으며 주급 70달러를 받고 사보이 호텔 이용원에서 일했다. 짐은 예민하고 부끄러움이 많고 감정의 기복이 심했다. 고집도 셌다. 반면 평소에는 조용하고 술을 마시지 않으면 순한 편이었다.

짐은 프레디에게 빠져들었다. "그는 큰 갈색 눈에 아이같이 굴어요. 지금까지 내가 좋아했던 남자들하고는 완전히 달라요. 나는 건장한 다리의, 큰 체격의 남자를 좋아했지만 프레디는 화를 잘 내고 내가 만난 남자 중에서 가장 다리가 가늘어요. 프레디는 항상 성실하고 사랑스러웠어요. 그런 그가 나를 꼬신 거예요. 이미 많은 걸 성취했지만 표 나게 불안해 보였어요." 프레디는 사람들에게 각각 다른 점을 보여 주었고 누구에게도 자신의 전부를 보여 주지는 않았다. 이런 작업 방식을 보면 그가 사람을 못 믿는 성격이라는 것을 알 수 있다. 가장 친한 친구, 오랫동안 지속적으로 만난 파트너들이 프레디의 출신 배경, 신분, 부와 동등하지 못하고 뒤떨어진 사람들이었던 이유를 알 수 있는 대목이다. 자기보다 못한 사람이기 때문에 지배하고 명령할 수 있었다.

짐은 프레디가 위니의 질투심을 일으키려고 자신을 이용한다는 사실을 알았을 때 어떻게 해야 할지 몰랐다.

"짐은 줄에 매달린 인형 같았어요." 바버라가 말했다. "프레디는 짐에게 고약한 행동을 많이 했어요. 런던에 데리고 갔다가 다시 보내고, 때로는 하루 만에 이런 일이 벌어지기도 했어요. 짐에게서 이런 이야기를 많이 들었고 짐은 자주 울었죠. 짐에게 '프레디에게 대항해 봐. 안 된다고 말해 봐. 이용당하지 마.'라고 하니 그는 '알아요. 하지만 프레디가 좋은 걸요.'라고 했죠. 프레디는 짐을 원숭이처럼 부려먹었어요. 짐은 프레디가 시키는 건 무엇이든 했죠. 모든 것이 프레디에게 달려 있었어요. 참 안 되어 보이더군요. 프레디는 때때로 잔인했어요."

짐과 프레디의 관계는 더욱 깊어갔지만, 이벤트나 행사 때 동행하는 사람은 항상 메리였다. 프리스톤은 가까이에서 프레디의 연인 관계를 지켜보았는데, 짐과 프레디가 실제 연인 관계였음을 인정했다. "둘은 각자 자신만의 방식으로 서로 사랑했어요. 짐이 프레디와의 관계에 대해 쓴 책을 보면 다소 이상적으로 나와 있는데요. 짐은 일대일의 행복한 관계를 원했고, 프레디와의 관계 외에 짐에게 더 중요한 일은 없어 보였어요. 프레디는 짐의 삶 자체였어요. 사람들이 프레디에게 맞췄지, 그 반대의 경우는 절대 없었어요. 짐의 문제는 고집불통이라는 점이에요. 둘의 관계는 항상 오르락내리락 했습니다. 짐은 프레디가 내려가기를 원하는데 프레디는 짐이 올라오기를 원했죠. 하지만 짐 없이는 프레디가 말년을 그렇게 잘 보낼 수 없었을 겁니다. 짐은 그의 죽음을 옆에서 지켜보았죠. 많은 사람이 생각하는 것보다 프레디에게 짐이 더 중요한 존재였음을 알 수 있습니다."

더 이상 세금 문제 때문에 뮌헨에 있을 필요가 없어지자 프레디는 가든 롯지로 돌아왔다. 그는 가든 롯지에서 동거할 연인으로 바버라가 아닌 짐을 선택했다. 짐은 프레디와 8년 동거했다고 말했지만 실제로는 6년간 동거했다. 어쨌든, 바버라의 희망사항과 달리 프레디에게는 짐이 더 중요한 존재였음을 알 수 있다.

"프레디의 고양이, 물고기, 정원에는 짐이 적임자예요. 프레디는 가끔 무슨 일에나 화를 터뜨릴 때가 있어요. 한 번은 집에 있는데 프레디가 정원으로 뛰쳐나가 짐이 심은 튤립을 망쳐버렸어요. '불쌍한 식물들에게 뭐하는 거야?' 내가 말하자 '짐이 싫어, 아무 짝에도 쓸모없는 놈이야.'라고 했죠."

그렇지만 프레디와 짐의 사이에는 프레디가 다른 관계에서 찾지 못한, 메리조차 주지 못했던 무엇인가가 있었다. 바버라도 인정했다.

“가끔 짐이 하인 외에는 존재 가치가 없다고 생각했어요. 하지만 프레디는 그를 사랑했어요. 프레디가 누군가의 엉덩이를 걷어차고 싶을 때는 옆에 있는 짐을 걷어찼죠. 주위 사람들은 그 순간에 짐이 있어서 다행이라고 여겼습니다. 그들은 6년이나 같이 살았어요. 짐은 프레디의 마지막까지 함께했어요. 어쨌든 신에게 감사할 일이예요.”

한편, 미국에서는 빠른 속도로 에이즈 감염이 퍼지고 있었다. 곧 전 세계를 덮칠 기세였다. 대부분의 희생자들은 젊고 성생활이 활발한 게이 남자였다. 이들은 HIV(human immunodeficiency virus)로 명명된 질병으로 고통받고 있었다. 체중 감소, 몸 기능의 장애, 림프선이 붓는 증상, 헤르페스, 크립토 수막염 및 톡소 플라즈마증, 황달, 간과 비장의 비대, 경련, 면역력 결핍의 증세가 심해졌다. 면역 체계 파괴, 기력 쇠진, 대상포진과 밤에 땀에 흠뻑 젖는 증세가 새롭게 추가되었다. 목의 칸디다증도 증가했다. 어떤 경우에는 질염의 악화로 호흡곤란 증상을 보이기도 하였다. 환자들은 피해망상증, 기억 상실, 방향 감각 상실 증상을 호소했다. 미국 전체 환자의 반 정도는 뉴욕에서 나타났다. 25년 후에 이 병은 세계적인 전염병으로 퍼졌다. 알려진 백신이나 치료법은 없었다.

뮌헨에서 프레디의 병을 처음 알아챈 사람은 바버라였다. “프레디가 정말 조금씩 먹기 시작했어요. 스스로 ‘새처럼 먹고 싼다.’고 할 정도였죠. 유일하게 좋아하는 음식은 매쉬드포테이토를 곁들인 캐비어와 엄마가 직접 보내준 치즈 크래커였어요. 이탈리아, 인도, 중국 음식을 좋아했지만 정말 조금밖에 안 먹었어요. 무얼 먹든 보드카 스트리치나야를 곁들였죠.”

“프레디가 이유 없이 아프기 시작했어요. 한 번은 내 아파트에 있을 때 병이 나서 친구처럼 믿는 부인과 전문의를 불렀죠. 의사가 바로 왔는데 프레디가 헛소리를 하는 거예요. 갑자기 벌떡 일어나더니 심한 말을 해댔어요. ‘괜찮아. 잘 아는 의사야.’ 했더니 그가 ‘오 마이 갓! 믿을 수 없어. 내가 임신했단 말이야?’라고 했죠.

프레디는 퀸의 다른 멤버들 욕을 하기 시작했어요. 전에는 결코 그런 적이 없었어요." 나중에 프레디는 친한 친구 피터 스트레이커와의 사이가 틀어졌다. 수년 동안 이어온 관계였는데 한 번의 말다툼으로 다시는 회복할 수 없게 되었다.

"스트레이커는 광대처럼 재밌었어요. 프레디가 힘들 때 웃게 해 주었죠." 바버라가 말했다. "하지만 스트레이커는 어디 정착하질 못해요. 항상 친구들의 집을 떠돌아 다녀요." 결국 그는 런던의 짐 비치 빌딩에 집을 구했는데 화장실 수리가 필요했다. 타일, 욕조, 싱크대 등 모든 것을 새로 갈아야 했다. 프레디는 스트레이커에게 다섯 번이나 수리에 필요한 돈을 주었지만 매번 수리가 되지 않았다. 마침내 프레디도 화가 나 스트레이커와 영원히 헤어졌다. 이런 종류의 관계가 프레디에게는 매우 전형적으로 나타난다. 친구들에게 항상 주고 또 주었다. 하지만 결국에는 갑자기 관계가 단절되었다.

자신의 증세가 심각한 것을 알고 있었기 때문에 스트레스로 인해 이런 극단적인 행동을 하는 것 같았다. 프레디가 실토하지는 않았지만 바버라는 벌써 알고 있었다. 프레디가 1983년에 귀국했을 때 폴 감바치니의 의심이 맞다는 확신을 가졌다. 마침내 그녀가 더 이상 모른 체할 수 없는 날이 왔다. "프레디의 목구멍 뒤쪽에서 혹이 갑자기 쑥 자랐어요. 우리는 버섯이라고 불렀죠. 생겼다 없어졌다 했죠. 하지만 한동안 더 이상 없어지지 않았어요. 프레디는 자신이 몸 안에서부터 썩고 있는 것 같다고 말했어요."

"어느 날 밤이었어요. 나는 프레디와 그의 남자친구와 같이 누워 있었죠. 프레디가 기침을 심하게 했어요. 가끔 그랬죠. 상자에서 티슈를 뽑아내려고 일어서서 남자친구에게 몸을 기댔어요. 남자친구가 일어나면서 말했죠. '오 마이 갓, 침대에서 죽어가는 벌거벗은 록스타네!'라고요."

바버라는 뉴욕의 동성애자 질병 소식을 알고 있었기 때문에 프레디와 사귈 때쯤 프레디가 에이즈 바이러스 양성 반응을 보였을 것이라고 짐작했다.

"처음 만났을 때는 그 사실을 인정하지 않았거나 모르고 있었을 거예요. 1985년에 첫 번째 테스트를 받은 후에야 알게 되었을 거예요."

그녀 자신도 걱정되지 않았을까? 프레디가 자신을 위험에 빠뜨려서 화가 나지 않았을까? "아뇨. 난 그를 사랑해요. 혼자서 한 번 테스트한 적이 있었어요. 음성이었죠. 그게 다예요. 그 후로는 섹스를 하지 않아서 더 위험할 일도 없었죠. 더 이상의 테스트가 필요 없었어요. 우연히 프레디의 에이즈 감염 사실을 알게 되었죠. 어느 날 밤에 우리는 밖으로 나왔어요. 프레디가 화장실에 갔는데 어쩌다 손가락을 베었어요. 피가 많이 나서 도와주려고 하다가 내 손에도 피가 묻었죠. 그러자 프레디가 '안 돼! 내게 손대지 마! 만지지 마!'라고 말했어요. 그때 깨달았어요. 프레디가 내게 말한 적은 없었지만 알게 된 거죠. 그 전에는 짐작만 했었거든요. 프레디의 얼굴에서 검푸른 멍이 발견되었어요. 프레디가 TV쇼나 비디오에 출연할 때는 언제나 내 메이크업 도구로 없애주었어요. 프레디의 메이크업 담당자가 오기 전에요." 바버라와 프레디는 그 후에도 결코 에이즈에 대한 얘기를 꺼내지 않았다.

"프레디는 내가 알고 있다고 생각했어요. 자신은 오래 못 살 거라고 무심히 내뱉곤 했죠." 프레디는 누가 자신에게 에이즈를 옮겼는지 알아내지 못했다. 하지만 오래전 미국인 연인이었던 남자가 죽었을 때 "오 마이 갓, 이것이야."라면서 매우 걱정했다. 그리고 그 순간 앞으로 살 날이 얼마 남지 않았다는 것을 깨달았다. 바버라와 프레디는 섹스를 중단했다. 위니와 헤어지고 프레디와 성적 접촉을 한 유일한 사람은 짐이었다.

프레디는 1985년 말쯤 사랑하는 여인을 남겨둔 채 뚜렷한 이유 없이 갑자기 뮌헨을 떠났다. "1분간 우린 서로를 꽉 잡고 그 순간에 할 수 있는 모든 일을 했어요. 그 다음에 그는 떠났어요." 그녀는 울먹였다. "이해할 수 없었죠. 생일 카드를 보내고 전화도 했지만 아무 연락이 없었어요. 좋아요. 프레디가 끝내길 원한다면 끝난 거예요. 정말 아무 이유 없이 갑자기 우리 사이는 끝났어요."

프레디가 뮌헨을 떠나고 몇 달이 지났다. 바버라는 친구의 부티크 론칭 행사에 참여하기 위해 준비하고 있었다. 그때 '딩동' 하고 벨이 울렸다.

"짜증이 났어요. 그때 콜택시일 거라는 생각이 들어서 '갑니다.' 하고 외쳤어요. 하지만 아무런 말이 없었어요. 문이 열렸을 거라는 생각에 아래로 뛰어갔어요. 오 마이 갓. 프레디였어요." 그녀는 믿을 수 없었다. "헛것이 보인다고 생각했어요. 그 남자는 하얀 꽃을 들고 있었어요. '아냐. 그럴 리 없어.' 그 남자에게 다가가 밀어보았어요. '난 지금 부티크 오프닝에 가야 해. 지금 난 속고 있는 거야.' 이번엔 손을 대보았어요. 난 견딜 수 없었어요. 서둘러 부티크 오프닝 행사에 가서 부티크 대표, 여배우들과 사진 촬영을 하고 집으로 돌아왔어요. 그런데 프레디가 아직 거기 있는 거예요. 소파에 조용히 앉아서 TV 리모컨을 들고 있었어요. 우린 서로 안고 울고 울고 울고, 또 울었어요."

프레디는 몇 주일이 지나서야 바버라에게 털어놓았다. 그는 독일을 떠날 때 바버라와의 모든 관계를 완전히 단절하려고 결심했다. 새로운 삶을 시작하고 싶었던 것이다. 뮌헨에서의 일은 물론 바버라의 이름조차 그 누구도 뻥긋하지 못하도록 금지했다.

"내가 아는 사람들 100명 정도가 에이즈로 죽었지만 서로 그 이야기조차 꺼내지 않았어요." 프레디는 뮌헨에서의 모든 일들을 잊어버리려고 노력했다. 바버라를 포기하는 건 약물 습관을 없애는 것만큼이나 괴로운 일이었다. 만약 당신이 어떤 것에 중독되었는데 어느 순간 갑자기 그 습관을 끊는다고 생각해 보라. "프레디는 말했어요. '바버라, 난 거의 죽을 지경이었어. 전화기를 들어 당신의 전화번호를 돌렸다가 끊기를 몇 번이나 되풀이했는지 몰라.' 포브도 나중에 내게 말했죠. 나에 대한 모든 것이 프레디에게서 사라졌다고요. 집에서 사진을 떼어냈고 내 이름은 금기어였답니다. 나와 뮌헨을 떠올리는 모든 것은 다

없앴대요. 그 시절에서 벗어나고 싶었던 거죠. 더 조용히, 다른 삶을 살다가 아름다운 죽음을 맞고 싶었던 거예요. 하지만 나와 떨어질 수 없다는 걸 깨달았죠. 헤어지기를 원했고, 또 그러려고 노력했지만 도저히 견딜 수 없었다고 했어요."

바버라와 프레디는 다시 만났다. 하지만 섹스 관계는 더 이상 갖지 않았다. 바버라는 가든 롯지에 종종 들렀고 다시 함께 여행하기 시작했다.

"짐은 위니를 대신하여 프레디의 연인이 되었지만 바버라 때문에 복잡해졌습니다. 프레디와 바버라는 독일 언론에 정기적으로 기사화되기 시작했죠. 프레디는 바버라가 정보를 준다고 생각하게 되었어요. 나는 그랬을 거라고 믿지 않아요. 바버라를 영원히 매장하고 싶은 사람에 의해 생긴 루머가 아닐까요? 누가 알겠어요? 하지만 그때부터 프레디의 유일한 파트너는 짐 허튼이었어요."

프레디가 가든 롯지로 거처를 옮기자마자 짐은 자신의 집으로 돌아갔다. 그래서 프레디가 그를 찾아갔다. 짐은 그날을 기억했다.

"우리가 얼마나 함께할지 얘기해본 적은 없어요. 있는 그대로를 받아들였어요. 프레디는 내게 원하는 걸 말해보라고 물었어요. '만족과 사랑'이라고 말했죠. 난 이 모든 걸 프레디에게서 찾았어요." 프레디는 1987년이 되어서야 정식으로 에이즈 진단을 받았지만 프레디, 퀸 밴드와 그의 측근들은 1991년 11월, 프레디의 사망 전날까지 공식적으로 인정하지 않았다. 프레디는 짐에게 에이즈를 실토하면서 떠날 기회를 주었지만 짐은 거절했다. 둘은 '남편과 부인' 관계로 지내기로 결심했다. 집안에서 에이즈라는 말은 금지되었다. 짐은 1990년, 에이즈 바이러스 테스트에서 양성으로 판명되었지만 프레디에게 1년 동안 그 사실을 숨겼다. 하지만 짐의 사망 원인이 에이즈라는 소문은 사실이 아니었다. 브라이언 메이는 짐이 에이즈 합병증이 아니라 흡연 관련 질병 때문에 사망했다고 확신했다.

프레디는 퀸 멤버들에게 에이즈에 대해 털어놓지 않았다. 1989년 5월에 짐은 프레디의 죽음을 예감했다. 프레디가 스위스 록산느 근처의, 세계에서 가장 훌륭한 레스토랑으로 유명한 '지라뎃 엣 크리지에(Girardet's at Crissier)'에서 퀸 멤버들과 동료들에게 특별한 식사 초대를 했기 때문이다. 최상급의 와인과 식사가 제공되어서 프레디가 지불한 식사비가 수천 파운드에 달했다. 누구도 프레디의 병을 언급하지 않았다. 며칠 후에 마운틴 스튜디오 근처에 있는 바버라의 레스토랑에 같은 사람들이 다시 초대되었다. 이번에는 소박한 식사였다. 프레디는 오랜 고민 끝에 결심했다. 짐은 기억했다. "참석자 중에서 누군가 감기에 걸려서 질병에 대한 얘기가 오갔어요. 프레디는 그때까지 컨디션이 꽤 좋았어요. 그런데 갑자기 오른쪽 바지를 걷더니 의자 위에 다리를 올렸어요. 모두 종아리의 상처를 목격했어요. 충격적이었죠. '네가 병에라도 걸렸다고 생각하나 보지.' 프레디가 특유의 심드렁한 말투로 대꾸했어요. 어느 누구도 한마디도 하지 않았어요. 모두가 충격을 받았죠. 하지만 프레디는 다리를 곧 치워 버렸고 우린 화제를 다른 데로 돌렸어요." 브라이언은 최근의 TV 다큐멘터리에서 이 당시에 대해 똑같이 말했다. 이에 대해 짐이 말했다.

"뒤돌아보면 퀸 멤버 모두 프레디가 위중하다는 것을 알고 있었어요. 하지만 알고 싶어 하지 않았어요. 뭐라 할 말이 없었기 때문이죠. 프레디는 런던으로 돌아와 라디오1의 DJ 마이크 리드와 인터뷰를 했습니다. 프레디는 다시는 투어를 하지 않겠다고 말했어요. 이만하면 할 일은 다 했고 나이도 많이 들었다고 했어요. 실제로 프레디는 너무 쇠약해져서 투어가 무리였죠. 하지만 언론에서는 프레디의 말을 잘못 이해해서 프레디가 투어를 거부하고 나머지 멤버들과의 갈등을 조장한다는 기사를 실었죠. 말도 안 되는 소리예요."

짐과 프레디는 갈수록 더 다정해졌다. "프레디는 내 인생의 사랑이에요." 짐의 말은 바버라가 '프레디 같은 사람은 없었어요.'라고 한 말의 메아리처럼 들렸다. 피터 프리스톤에 의하면 그들은 프레디가 죽을 때까지 커플로 함께 살았지만 '정상적인 남편과 부인'이라고 볼 수는 없었다.

"프레디에겐 우리 모두 중요한 존재였어요. 하지만 짐에 대한 프레디의 마음은 이보다 더 특별했죠. 사실이에요. 생각해 보면 프레디는 메리, 조와 모두 섹스를 했어요. 나는 아니었죠. 그는 조와 메리에게 큰 죄책감과 책임감을 느꼈어요. 조와 메리의 삶이 자신 때문에 무너졌다고 생각했어요. 그래서 보상 차원에서 그들을 돌봤죠. 말도 안 된다고 생각할 수 있지만 그게 프레디의 방식입니다."

프레디와 함께 산 식구들은 피터, 포브, 짐, 조 파넬리였다. 포브는 개인 비서이자 시종이었다. 짐은 사보이 호텔에서의 헤어드레서 일을 포기하고 프레디의 정원사가 되었다. 조 파넬리는 '리자'라고도 알려져 있다. 프레디의 전 연인이며 가든 롯지의 요리사가 되었다. 미국에서 만났으며 둘 간의 불안한 연인 관계는 오래 가지 못했다. 피터 프리스톤은 가끔 뮌헨에서 프레디를 도왔다. 프레디와 피터는 뜨거웠다 차가웠다 해서 알 수 없었다. 그러다 오랫동안 섹스 관계를 갖지 않았다. 프레디와 함께 살지 않는 운전기사 테리 기딩스(Terry Giddings)와 급사 메리 오스틴에게도 급여가 지급되었다. 짐은 프레디의 식구들 중 유일하게 메리와 마찰이 있었다. "메리는 프레디를 절대 놔주지 않았어요." 짐과 피터 모두 같은 의견이었다. "메리는 프레디와의 관계가 끝났음을 절대 인정하지 않는 것 같았어요. 그녀에게는 프레디를 조종하는 힘이 있어요. 그녀는 아주 강하고 프레디가 무엇을 원하는지 확실히 알고 있었죠. 어떤 면에서는 프레디의 엄마 같은 존재였어요."

바로 그런 점 때문에 프레디는 그녀를 믿고 그녀에게 의지했다. 프레디는 메리와 동거할 때에도 연인이라기보다는 남매 관계에 가까웠다고 말했다. 프레디는 오래전부터 재산과 가치 있는 물건들의 대부분을 메리에게 남길 것이라고 공언했다. 프레디는 한 번 약속하면 그 약속에 집착하여 약속을 어기지 않는 그런 사람이었다.

19

브레이크프리

편견을 깨고 도전하다

세월이 흘러도 나의 음악이 여전히 사랑받을 수 있을까? 관심 없어! 그런 걱정일랑 안 할 테니까. 20년이 지나면 나는 이미 죽었을 텐데. 웬 미친 소리야?

프레디 머큐리

로큰롤에서 성공한 많은 사람이 앞으로의 결과들을 전혀 준비하지 않는다. 보통 돈을 벌면서 평범한 사람들의 삶과 동떨어지게 되고, 그때부터 돈으로 사람을 사기 시작한다. 진정한 자신의 실체와는 굿바이하고 술과 마약에 빠지곤 한다. 퀸은 이 모든 것들에서 매우 품위 있는 편이었다. 그럼에도 불구하고 몇 가지 큰 실수를 했다.

코스모 홀스트롬, 정신과 의사

프레디가 사생활을 더 우선시했던가? 퀸이라는 밴드 때문에 사생활을 희생했던가? 작업에 대한 프레디의 집착이 약해졌다 하더라도 브라이언, 로저, 존까지 그런 건 아니었다. 셋은 힘들지만 묵묵히 함께 걸었다. 필요할 땐 프레디가 합류했고, 그들은 퀸이 곧 해체될 것이라는 루머를 웃어넘겼다. 언론에서는 1983년 내내 '퀸 해체' 스토리를 게재했다.

진짜 속사정은 달랐다. 그들은 그동안 투어에서 힘을 소진했기 때문에, 순회공연을 하지 않고 각자 개인적인 목표를 이루기 위해 시간을 보내자는 데 모두 합의했던 것이다.

브라이언은 모두 각자 떠날 생각을 많이 했음을 인정했다. "하지만 우리 모두는, 자기만의 길을 간다면 무언가를 잃게 될 것임을 알고 있었어요. 얻는 것보다 잃을 게 많다는 거죠. 퀸으로 있을 때는 항상 의견의 불일치라는 게 있기 때문에 서로의 발전을 자극하게 돼요. 팀이 해체된다는 것은 자동차 바퀴를 잃는 것과 같아요. 우리 사이에선 재능이 균형을 이뤄요. 자기만의 방식을 고집했을 때 항상 해피엔드로 끝나지는 않습니다. 우리는 5년 동안 함께했고, 지금 해체되기엔 우리가 너무 나이 들었어요."

프레디가 말했다. "40살에 새로운 밴드를 결성한다는 걸 상상할 수 있을까요? 어리석은 짓이지. 안 그래요?"

"투표를 해서 모두가 만장일치인 시점이 올 것입니다. 그때는 퀸의 시대는 갔고 건설적이든, 창의적이든, 그 어떤 것도 남지 않았다고 본능적으로 느낄 거예요."

"내가 마지막으로 해보고 싶은 건 퀸 내부에서 실제로 한 번 밀어붙여보는 거예요. 차라리 한창 전성기였다면 떠나서 뭔가 새로운 일을 했을 겁니다. 우리 모두 같은 생각일 거라고 확신해요."

"개인적으로 쉬고 싶은 이유는 음악 활동에 너무 지쳤기 때문이에요. 정말로

긴 휴가가 필요하다는 생각이 들어요. 우리가 해체될 거라고 생각하지는 않지만, 대중들이 우리 음반을 더 이상 사지 않을 때 우리는 해체될 겁니다. 그러면 나는 스트립쇼 아티스트가 되거나 뭔가 다른 일을 하겠죠."

하지만 이러한 바람과 달리 무리한 일정이 잇따랐다. 1982년 4월에 6개의 앨범을 더 내기로 EMI와 계약했던 것이다. 퀸이 유럽 투어에 오르기 직전이었다. 퀸의 10번째 스튜디오 앨범《핫 스페이스(Hot Space)》가 1982년 5월에 발매되었다. 브라이언은 나중에 디스코 음악이 기대에 못 미친다고 암시하는 발언을 했다가 미국에서 엄청난 비난을 샀다.

"《핫 스페이스》는 실수였어요. 시기 선택이 잘되었다면 좋았을 텐데. 우리는 펑크를 너무 많이 가미했어요. 그래서 마이클 잭슨의 〈스릴러〉와 너무 비슷하게 돼버렸어요. 시기 선택이 잘못되었죠. 디스코는 정말 듣기 싫은 단어예요."

미국에서 퀸의 인기가 급격히 떨어지고 있었지만 퀸은 이를 무시하고 여름 투어를 단행했다. 메디슨 스퀘어에서 이틀 동안 공연을 진행했고, 보스턴에서는 1982년 7월 23일이 '퀸의 날'로 선포되었다. 9월에는 미국 TV 프로그램 〈새터데이 나잇 라이브(Saturday Night Live)〉와 〈엔터테인먼트 투나잇(Entertainment Tonight)〉 프로그램에 게스트로 출연했다.

1982년 11월에는 미국 엘렉트라 레코드사와의 계약 기간 중 마지막 싱글인 〈스테잉 파워(Staying Power)〉가 발매되었으나, 대중들의 관심을 끌지는 못했다. 재계약을 위한 협상은 복잡하고 소모적이었다. 특히 프레디는 엘렉트라와의 관계가 만족스럽지 않았다. 무엇보다 엘렉트라 레코드사가《핫 스페이스》의 비즈니스를 제대로 못했기 때문이다. 그리고 다른 앨범을 낼 준비도 안 되어 있었다. 엘렉트라와의 계약은 미국뿐 아니라 오스트레일리아, 뉴질랜드까지 효력을 발휘하게 되어 있었는데, 퀸은 엘렉트라사가 자신들의 능력에 비해 소극적이라고 느꼈다. 열띤 논쟁 끝에 엘렉트라와의 재계약을 거절했다. 엘렉트라 일본과의 계약도 끝났다. 그들은 이제 기로에 섰다. 재계약을 하지 않고 얻게 되는 자유의 대가로 100만 달러를 지불해야 했다. 짐 비치는 영국, 미국 컬럼비아에 회사가 있는 CBS 레코드사와 프레디 간의 일회적인 솔로 계약을 협상했다. 1983년 10월에 퀸은 EMI의 미국 계열사인 캐피톨과 계약했다.

프레디는 뮌헨에서 솔로 앨범 작업을 하면서 뉴욕으로 자주 놀러 갔다. 한번은 뉴욕에 놀러 갔다가 LA에 들러서 퀸 멤버와 만나 앨범 작업을 하고 마이클 잭슨을 방문할 기회가 있었다. 마이클 잭슨은 엔시노의 헤이븐 허스트에 네버랜드 맨션이 만들어지기 전, 튜더 왕조 풍의 집에서 살고 있었다. 입구에는 경호원이 지키는 탑이 있었다. 그리고 창문마다 꼬마 전구로 장식되어 있었다. 프레디는 마이클 잭슨이 오랫동안 퀸의 친구였다고 말했다. "항상 우리 쇼를 보러 왔어요. 우정도 점점 두터워졌죠. 나는 〈스릴러〉에 출연할 수 있었는데, 엄청난 수익금을 놓친 거죠."

마이클과 프레디는 오랫동안 같은 곡을 만들어보자는 궁리를 해왔지만, 같은 시간에, 같은 도시에서, 시간적 여유를 갖고 만난 건 처음이었다.

"나는 항상 마이클 잭슨 같은 뮤지션들과의 공동 작업에 많은 관심이 있었지. 우리는 드디어 3곡, 〈데어 머스트 비 모어 투 라이프 댄 디스(There Must Be More To Life Than This)〉, 〈빅토리(Victory)〉, 〈스테이트 오브 쇼크(State of Shock)〉[37]를 만들었지만 끝내지를 못했어. 모두 대단한 곡들이었지만 문제는 시간이었어. 우리 모두 너무 바빴으니까. 같이 있으면서 완전히 끝낼 충분한 시간이 없었지. 마이클에게 전화해서 내가 〈스테이트 오브 쇼크〉를 완성할 수 없냐고 묻기까지 했지. 하지만 나도 퀸에서 할 일 때문에 불가능했고 결국 믹 재거가 대신 인계받았지. 정말 창피한 일이야. 하지만 어디까지나 노래는 노래이고, 우리의 우정은 아직 남아 있는데 뭐가 문제 되겠어."

---

37 〈There Must Be More To Life Than This〉는 프레디의 첫 번째 솔로 앨범에 수록되었다. 〈Victory〉와 〈State of Shock〉는 '잭슨 5'의 1984년 컴백 앨범 《Victory》에 포함되었다. 〈State of Shock〉는 믹 재거와의 듀엣곡이다.

"프레디는 엔시노의 마이클 집에 있는 스튜디오에서 2개의 데모곡까지 만들었어요." 피터 프리스톤이 이를 확증해 주었다. "내가 거기 있었죠. 마이클과 비디오 게임까지 했었다니까요. 한 곡을 작업 중이었는데, 갑자기 욕실 문을 치는 소리가 들렸어요. 베이스 드럼 소리였죠. 둘 다 스케줄이 너무 빠듯했어요."

그 곡들을 프레디가 컨트롤하지 못하도록 하기 위해 잭슨 가에서 프레디를 배척했다는 의견도 그럴듯해 보이지만, 사실은 또 다른, 더 악의적인 이유가 곧 드러났다.

1983년 5월, 프레디는 런던에서 오페라에 열정적으로 빠져 들었다. 프레디는 코벤트 가든 오페라하우스에서 베르디의 오페라 〈가면 무도회(Un Ballo in Maschera)〉를 관람했다. 이탈리아 테너 가수 루치아노 파바로티, 관객들을 사로잡은 스페인 소프라노 몽세라 카바예 주연의 작품이었다.

"프레디는 항상 테너 목소리를 부러워했어요." 피터 프리스톤이 말했다. "플라시도 도밍고와 루치아노 파바로티를 좋아했죠. 그들의 오페라 콜렉션까지 가지고 있었어요. 엄청나게 열심히 오페라 공부를 했어요. 어느 날 내게 '파바로티 좋아해? 곧 오페라하우스에서 공연이 있는데 갈래?' 하더니 즉시 예매하더군요. 공연에서 파바로티가 가장 먼저 아리아를 불렀어요. 프레디는 정말 대단하다고 생각했어요. 다음은 50대의 프리마돈나 몽세라 카바예 차례였어요. 프레디는 파바로티를 보러 왔기 때문에 크게 신경 쓰지 않았어요. 그녀가 노래를 시작했고, 프레디의 입이 떡 벌어졌습니다. 파바로티의 존재도 잊어버릴 정도였어요. 그 후로 몽세라만을 바라보았습니다."

프레디는 공연에 푹 빠졌다. 특히 정열적인 리카르도와 아름다운 아멜라 간의 '사랑의 듀엣'은 매우 아름다웠다. 여자는 죄를 지어서 괴로워했지만 어쩔 도리가 없었다. 프레디는 이 스토리에 담긴 감정과 자신을 동일시했다. 그는 파워

풀한 카바예의 목소리에서 눈과 귀를 뗄 수 없었다. 공연 후에 프레디는 그녀의 맑은 목소리에 침을 흘렸다. "다양하고 완벽한 테크닉이야. 진정한 가수야." 프레디는 여러 번 되풀이해 말하곤 했다.

"내 인생에서 보았던 사람들의 행복한 순간 10가지를 말하라고 한다면, 그 중 하나는 코벤트 가든에서 몽세라의 공연을 본 프레디의 모습이에요." 폴 감바치니가 말했다.

"놀라움과 즐거움으로 가득 찬 프레디의 눈을 보았어요. 왼손으로 무대를 향해 제스처를 취하고 있었죠. 행복에 가득 찬 얼굴이었습니다. 프레디는 성공을 거두었지만 위대한 사람에 대한 존경심을 잃어버리지 않았어요."

그 순간, 프레디는 몽세라와 곧 듀오로 만나서 공연과 녹음을 함께할 것이라고는 전혀 알지 못했다.

휴식을 취한 퀸 멤버들은 다시 일하고 싶어졌다. 토니 리차드슨(Tony Richardson, 1928~1991, 영국의 영화감독) 감독이 존 어빙의 소설《더 호텔 뉴 햄프셔(The Hotel New Hampshire)》를 영화화하기로 결정하고, 로브 로우(Rob Lowe, 1964~, 미국의 영화배우)와 조디 포스터를 주연으로 캐스팅했는데, 그 영화에서 퀸이 사운드트랙을 맡기로 했던 계획이 예산 부족으로 취소되었다. 이 일을 계기로 멤버들은 다시 LA의 레코드 플랜트에서 뭉쳐 다음 앨범《더 웍스(The Works)》의 플롯을 구상했다. 레코드 플랜트는 1968년에 뉴욕에서 설립되었고, 지미 헨드릭스와 벨벳 언더그라운드(The Velvet Underground, 1967년에 데뷔한 미국의 록 그룹)가 음반 작업을 했던 곳으로 유명하다. 에디 딜리나가《더 웍스》작업의 보조 엔지니어였고, 맥이 공동 프로듀서였다.

에디 딜리나의 기억에 맥은 과묵하고 온순한 사람이었다. "그 점이 장점이라는 걸 나중에 알게 되었어요. 누구를 편들지도 않고, 퀸 멤버들, 매니저, 레코드 회사 간부들 간의 갈등을 조율하는 역할을 했어요. 맥은 스위스 출신이었는데 말다툼하는 걸 본 적이 없어요."

"맥의 이런 장점 때문에 퀸 멤버들은 서로 다른 솔로 녹음을 즐겁게 할 수 있었어요. 처음에는 협력하는 걸 반대했지만, 모든 멤버들이 자신의 곡 아이디어를 회의 때 가져와서 공유하고, 다른 멤버들은 각자의 파트를 오버 더빙[38]했습니다."

"퀸의 멤버들은 가장 멋지고 재능 있는 사람들이에요. 모두 교육받은 엘리트였고 각자 뚜렷한 개성이 있었죠. 로저 테일러는 매력적이고 패션에 일가견이 있었으며, 브라이언과 존보다 사교적이었어요. 브라이언은 스마트하고 지극히 정중하며, 기타 솜씨를 개발하는 데 온전히 집중했습니다. 작곡과 이론에 많은 지식이 있었고, 자신의 파트를 더 잘해내려고 오랜 시간을 스튜디오에서 보냈습니다. 존은 내성적이었어요. 다른 멤버에 비해 스튜디오에 많이 있지 않았어요. 하지만 필요할 때는 항상 들렀습니다. 프레디는 허풍 기질이 있었어요. 존재감이 대단했죠. 매우 드라마틱하고 화려하게, 배우 같은 억양으로 말했어요. 퀸의 록 오페라 스타일에는 프레디의 특성이 그대로 묻어나 있어요. 타고난 목소리를 갖고 있었죠. 대단한 작곡가이기도 하고요. 그의 목소리를 녹음할 때가 여러 번 있었는데, 멀티트랙 레코더로 곡을 변화시키는 속도로 복잡한 하모니를 넣어 노래하더라고요. 머릿속에 전체 구상이 이미 짜여 있었어요. 한 번에 완벽하게 불렀죠. 프레디에게 맞추기가 참 힘들었어요."

에디는 프레디가 게이 커뮤니티에 친구들과 놀러 다녔다는 사실을 알고도 놀라지 않았다. "웨스트 할리우드 보이즈타운 지역의 친구들이었어요. 전날 밤의 일을 가끔 자랑 삼아 얘기하기도 했어요." 에디는 자세히 말하려 하지 않았다.

프레디가 좋아하는 보이즈타운 클럽은 '더 마더로드'였다. 한 번 놀고 나면 프레디는 기분이 들떠서 바텐더 빈스의 품에 안겼다. 빈스는 크고 검은 피부에

---

38 원래 녹음된 위에 다른 녹음을 추가하는 작업

떡 벌어진 체격과 수염이 있는 남자였다. 이곳에서 프레디는 자신이 세계적인 록스타임을 잊을 수 있었다. 빈스와 프레디는 곧 떨어질 수 없는 사이가 되었다. 프레디는 투어 때 동행을 요청했지만 빈스는 정중하게 거절했다.

"프레디를 제외한 모든 멤버들이 스튜디오에 친구들이 방문하는 것을 극히 제한했어요. 그래서 방해받지 않고 작업할 수 있었죠."

그런데 어느 날 밤 퀸이 작업하던 스튜디오C에서 특별한 일이 발생했다.

"로드 스튜어트가 녹음하러 스튜디오A에 내려와 있었어요. 제프 백(Jeff Beck, 1944~, 영국의 기타리스트)도 스튜디오B에 있었죠. 스튜디오C도 작업이 끝나서 함께 있었어요. 로드 스튜어트와 프레디가 그랜드 피아노에 함께 앉아서 즉석에서 노랫말을 만들면서 전형적인 영국 코미디 식으로 각자의 신체적인 특징을 놀리고 있었어요. 프레디는 로드의 머리카락과 코를, 로드는 프레디의 뻐드렁니를 놀렸어요. 매우 히스테릭한 상황이었어요. 나는 흥분해서 앰프와 마이크로폰을 적절하게 세팅하는 데 집중하려고 필사적으로 노력했답니다. 제프 백과 브라이언은 기타릭을, 로드와 프레디는 보컬을 바꿨습니다. 카마인 어피스(Carmine Appice, 1946~, 미국의 가수, 드러머)는 로저 테일러와 드럼을 바꿔서 연주했어요. 퀸의 매니지먼트는 서로 바꾸어서 녹음된 테이프를 누구도 가져서는 안 된다고 다짐받았지만, 혹시라도 누출될까 두려워서 그날 녹음된 스튜디오 안의 모든 테이프들을 없애버렸습니다."

《더 웍스》 작업을 할 때 또 하나 기억할 만한 일은 프레디의 37번째 생일 파티였다. 그는 한때 엘리자베스 테일러 소유였던 스톤 캐니언 로드 하우스를 빌렸다. 프레디는 그곳을 별 모양의 백합꽃으로 가득 채웠다. 그는 옛 연인 조 파넬리가 요리를 담당하기를 원해서 그를 런던에서 불렀다. 조 파넬리가 도착했을 때 둘은 화해했고, 프레디가 좋아하는 대관식용 치킨, 참새우 크레올 등의 메뉴를 함께 짰다.

엘렉트라 레코드사의 여자 임원은 흰 셔츠에 블랙 슬랙스 차림의 레즈비언 웨이트리스를 불러주었다. 그녀의 게이 연인은 스톤 캐니언 하우스의 청소부였다.

"밖에는 파릇한 풀이 많이 돋아난, 훌륭한 정원이 있었어요." 에디는 엘튼 존, 로드 스튜어트, 제프 백, 존 레이드과 함께 참석했다. 수백 명의 하객들 중에는 모르는 얼굴들도 있었다. 그들은 대부분 프레디가 소중히 생각하는 무명의 친구들이었다. 그날 밤 프레디의 파트너는 바텐더 빈스였다.

"시종, 바텐더, 마술사, 클래식 연주자들이 동원되었죠. 훌륭한 시간들이었어요. 애프터 파티에 참석한 사람들은 내가 잘 어울리지 못하는 사람들—프레디의 게이 친구들—이었어요."

1984년 1월에 로저의 첫 번째 싱글 앨범 〈라디오 가가(Radio Ga Ga)〉가 발매되었다. 처음에는 제목이 '라디오 카카(Radio Caca)'였는데, 로저의 어린 아들 펠릭스가 화장실에서 "카카, 카카" 하는 것에 영감을 받아 로저가 만들었다고 한다. 이 곡은 영국에서 2위, 19개의 다른 나라에서는 1위에 올랐다. 이 곡은 퀸의 가장 스마트한 작곡 중의 하나이다. 단순한 가사 속에는 라디오가 사람들의 관심에서 멀어져간 세태에 대해 가볍게 터치한 비판이 숨겨져 있었다.

"〈라디오 가가〉가 서사적이었기 때문에 녹음, 홍보용 비디오의 이미지와 행사들도 모두 서사적이어야 했다. 따라서 예전에 만들어놓았던 〈보헤미안 랩소디〉, 〈플래시(Flash)〉 비디오의 프레임과 맞지 않았다. 팬의 도움으로 작업복을 입은 500명의 사람들이 런던 셰퍼튼 스튜디오로 와서 직선으로 늘어서 코러스 라인의 비트에 따라 박수를 치고 손을 흔들었다. 이런 장면은 다음 해 라이브 에이드 공연 때도 그대로 연출되었다. 지금까지 제작된 가장 비싼 홍보용 비디오였지만, 그만큼 가장 인상 깊은 비디오 중의 하나가 되었다.

데이비드 감독과 프레디는 많은 시간을 들여서 철저히 논의했다. "달링, 엘튼보다 잘 만들자고. 난 최고를 원해. 예산은 내가 어떻게든 해볼게. 짐 비치에게 보내면 그는 '아냐, 액수가 너무 커.'라고 할 거야. 그러면 내가 '넌 감당할 수 없어. 내가 알아서 할게.'라고 말할게."

데이비드 감독과 말렛 프로듀서는 〈아이 원 투 브레이크 프리〉의 비디오 제작도 맡고 있었다. 퀸 멤버들이 모두 여장 출연을 한 비디오였다. 또한 45초간 발레 장면이 포함되었는데, 드뷔시의 〈목신의 오후 전주곡(Prélude à l'Après-Midi d'un Faune)〉을 보고 떠올린 아이디어였다. 프레디는 로열 발레 단원들과 함께 춤을 추었다.

데이비드 감독은 프레디가 신나서 제정신이 아니었다고 기억했다. "프레디는 '달링, 우리가 여장을 하고 내 콧수염은 없애야겠어.'라고 했죠. 그래서 내가 말했죠. '안 돼. 콧수염은 없애지 마. 그게 포인트야.'" 프레디는 로열 알버트 단원들과 하루 종일 춤출 수 있었던 때를 그리워했다.

메이크업 아티스트이며 바디 페인터인 캐롤린 코완은 〈아이 원 투 브레이크 프리〉 비디오에서 출연자들의 보디 페인팅을 맡았다. 그녀는 이 작업을 하면서 프레디와 친해져서 이후에 몇 개의 비디오에서 함께 일하기로 했다.

"나는 평범한 메이크업 아티스트가 아니었고, 프레디도 평범한 록스타가 아니었어요. 그래서 일을 할 때 잘 협상할 수 있었어요. 우린 둘 다 아주 강했어요. 난 즉석에서 프레디의 기분을 가라앉힐 수 있었고, 프레디는 항상 나를 배려해 주었죠. 공생하는 관계였어요. 서로 좋은 관계였어요."

"분장실은 배우들만이 사용할 수 있어요. 배우들은 벌거벗기도 하고, 분장이 어떤지 서로 봐줄 수도 있어요. 따라서 서로 간에 강한 신뢰가 필요합니다. 나는 보디 페인팅을 아주 빨리 하는 편이에요. 배우들이 감기 걸리거나 지루해할 수도, 안절부절못할 수도 있기 때문이죠. 배우들은 남을 의식하는 사람들이에요. 그 순간을 잘 알아차려야 무리 없이 보디 페인팅을 진행할 수 있습니다."

"〈아이 원 투 브레이크 프리〉 때문에 라임하우스 스튜디오에 가서 퀸 멤버 모두와 즉시 일을 진행했습니다. 그 시절의 나는 술, 코카인, 마리화나에 찌들어 살았어요. 나도 프레디처럼 중독성이 아주 강했어요. 프레디도 알고 있는 것 같았어요. 긴 다크 헤어가 찰스 2세처럼 보였죠. 짧은 스커트에 롱부츠, 멋대로 하는 스타일이었어요. 퀸 밴드의 별난 성격이 나와 잘 맞다고 생각했어요."

"퀸 멤버 모두 〈코로네이션 스트리트(Coronation Street)〉 스타일의 여장 분장을 했어요. 대박이었죠. 어쨌든 그룹에서 프레디의 영향력이 아주 컸어요. 모든 일이 그날 다 조합되어 작품으로 완성되었어요. 발레 무용수들에게 뾰족한 왁스 귀를 만들어주어야 했는데 무용수들이 잘 따라주지 않아서 망쳤어요. 다시 다 만들어야 했죠. 작업이 잘 되지 않았어요. 그런데 프레디가 기껏 한다는 말이 '다른 종류의 콜라 없어?'였어요. 머리 꼭대기까지 화가 치솟았죠. 그날 약물을 했던 걸로 기억합니다."

"우린 예술작품을 만들고 있었기에 부담감도 그만큼 컸습니다. 그럼에도 퀸 멤버들과 잘 지냈어요. 그들은 피곤해하거나 지루해하지도, 진절머리를 내지도 않았어요. 광기와 자유와 향락주의를 여전히 사랑하고 있었어요. 그게 사는 재미였죠. 프레디의 에너지는 엄청난 창의력에 있습니다. 그리고 어떤 사람보다도 유머감각이 뛰어납니다."

하지만 〈아이 원 투 브레이크 프리〉 비디오는 미국에서 퀸의 명성에 큰 타격을 입혔다. MTV에서 여장이 너무 지나치다고 판단한 것이다. MTV는 1980년대에 음악 업계, 대중문화계에 영향력을 행사하여 특정 아티스트의 비디오를 방송에 내보내지 않는다는 결정을 하면 아티스트에게 치명적인 손상을 주었다. 장난으로 〈코로네이션 스트리트〉를 풍자한 내용이 모욕적이고 이해할 수 없다는 반응으로 나타났으며, 미국 팬을 잃는 결과를 초래했다. 몇 개 주에서는 아예 판매 금지되기까지 했다. 멤버들은 말을 잃었다. “예전에는 정말 진지하고 서사적인 비디오를 만들기도 했어요.” 로저가 말했다. “그래서 이번엔 좀 재밌게 나가자고 생각했을 뿐이에요. 대중들이 우리를 너무 진지하게 보지 않았으면 좋겠다고 생각했던 거죠.”

“미국 중산층에서는 프레디가 게이라고 생각했어요. 중산층은 아주 중요한 존재죠.” 저널리스트이며 EMI 홍보임원인 브라이언 사우쏠이 지적했다. “뉴욕이나 LA에서는 아티스트 행세를 할지 몰라도 켄사스에서는 안 될 걸요.”

한 고집 하는 퀸 멤버들은 자존심 때문에 미국 시장에 내놓을 다른 홍보 비디오 제작을 거절했다. 미국의 연예 전문 변호사였다가 음반 회사 대표가 된 피터 파터노는 문제가 있었다고 보았다. 그는 퀸의 열렬한 팬이었으며, 나중에 디즈니 할리우드 레코드사의 첫 번째 대표 자격으로 퀸과 계약하게 된다.

“미니스커트와 메이크업 때문에 많은 사람이 분노했어요. 《가가(Ga Ga)》에서는 미국 라디오 방송국을 크게 자극했어요. 한 목소리로 ‘퀸이 우리를 조롱한다면 그들의 음악은 절대 내보내지 않을 거야.’라고 했습니다. 퀸은 의욕을 잃었어요.”

미국에서 앨범 《더 웍스》는 23위를, 《가가》는 16위를 다투고 있었다. 파테르노는 덧붙였다. “물론 퀸의 이미지가 좋지 않은 때가 있었어요. 그 당시에 전형적인 하드록 팬은 여기 미국에서는 마초 가이였거든요. 하지만 퀸은 그런 이미지가 아니었어요. 그들은 여전히 위대한 음악을 만들고 있고 나도 팬입니다. 브라이언 메이의 〈해머 투 폴〉은 원자력에 반대하는 내용으로, 영화 〈하이랜더(Highlander)〉의 사운드트랙에 나왔어요. 놀랄 만큼 훌륭한 곡이었지만 미국에서는 전혀 관심을 끌지 못했어요. 미국에서 퀸은 내리막길을 걷기 시작한 것입니다.”

캐피톨 레코드사에서 독립 라디오 프로모터를 대상으로 소송을 진행했지만 도움이 되지 못했다. 프레디의 개인 비서 폴 프렌터의 수상한 태도도 문제되었다. 그는 프레디가 섹스와 약물에 빠져들게 한 책임이 있었다. 자신의 욕망을 만족시키기 위해 프레디를 부추겨서 점점 위험과 타락의 길로 빠지게 하는 것 같았다.

"그는 프레디에게 아주 나쁜 영향을 주었어요. 그렇기 때문에 퀸에게도 부정적이었죠." 로저가 말했다. 프레디와 그의 친구들은 프렌터와의 관계가 앞으로 얼마나 나쁜 결과를 초래할지 짐작조차 할 수 없었다.

한편 1984년 1월에 EMI는 앨범 《더 웍스》의 론칭을 준비하고 있었다. 미국에서의 반응은 미적지근했지만 《더 웍스》는 발매된 앨범 중에서 가장 많이 팔렸다. 퀸은 이탈리아에서 열린 산 레모 송 페스티벌에서 보이 조지와 컬처 클럽, 폴 영, 보니 타일러(Bonnie Tyler, 1951~, 영국의 가수)와 함께 출연했다. 베테랑 공연자들이 보기에는 서투르고 실패에 가까운 행사였지만 이탈리아의 본머스에서 며칠간 즐겁게 보낼 수 있었다. 브라이언과 로저가 무대 세팅과 관련해 사사건건 다투긴 했지만 프로모션하기에도 좋은 기회였다. 프레디는 페스티벌 기간 중 인터뷰를 하면서 마이클 잭슨과의 우정을 터놓고 얘기했다.

"마이클이 〈스릴러〉로 대성공을 거둔 이후에는 뜸했어요. 마이클이 자신만의 세계로 들어갔기 때문이에요. 2년 전만 해도 같이 클럽도 다녔는데, 이제는 자신의 성에서 나오려고 하지 않아요. 슬픈 일이죠. 마이클이 매사에 편집증이 있는 점을 이용하여 누군가 그에게 사기칠까 봐 매우 걱정이 됩니다."

존과 로저는 오스트레일리아와 극동부[39] 지역을 잠깐씩 들르는 프로모션 투어를 시작했다. 브라이언은 미국 로커 빌리 스콰이어(Billy Squier, 1950~, 미국의 가수)의 신곡 앨범에 게스트로 참여하기 위해 떠났다. 프레디는 뮌헨으로 돌아가 가끔씩 스튜디오에서 솔로 작업을 하면서 신나게 보냈다. 1984년 5월에

39 한국, 일본, 중국 등 동아시아와 동남아시아 지역에 있는 국가들

몽트뢰에서 개최된 로즈 도르 페스티벌에서 멤버들이 다시 모였다. 퀸은 8월부터 유럽 투어를 시작한다고 발표했다. 그러고 나서 로저는 솔로 작업을 하러 돌아가서 그 다음 달에 싱글과 앨범을 발매했지만 대중에게 외면받았다. 프레디는 뮌헨으로 다시 달려갔다. 6월에는 영국 음악에 기여한 공로로 노르도프 로빈스 음악 요법 단체에서 수상하는 '실버 클레프(Silver Clef)' 상을 수상하기 위해 멤버들이 런던에 다시 모였다.

7월에는 싱글 〈잇츠 어 하드 라이프(It's a Hard Life)〉가 발매되어 영국에서 6위에 올랐다. 《더 웍스》 이후 3번째 싱글 톱 10위권에 오르는 기록을 세웠다.

〈잇츠 어 하드 라이프〉는 마음이 미어지는, 비통한 프레디의 심정을 표현한 곡이다. 〈킬러 퀸〉, 〈플레이 더 게임(Play the Game)〉의 생기와 비극적 테마를 절반씩 재생한 듯하다. 곡의 도입부에는 오페라 〈팔리아치〉에 나오는 곡 〈의상을 입어라(Vesti la giubba)〉가 울려퍼졌다. 〈잇츠 어 하드 라이프〉를 만들 때에는 스모키 로빈슨을 염두에 두었다. 그룹 '스모키 로빈슨과 더 미러클'의 1967년 앨범 《메이크 잇 해픈(Make It Happen)》에 수록된 곡 〈티어즈 오브 클라운(Tears of a Clown)〉에 대해서, 스모키 로빈슨은 자신을 오페라 〈팔리아치〉에 나오는, 공허한 웃음 속에 상처와 분노를 감춘 광대 캐릭터로 비유했다. 로빈슨이 이러한 비유를 한 시기는 모타운의 캐롤린 크로포드를 위한 곡 〈마이 스마일 이즈 저스트 어 프라운(My Smile Is Just a Frown, Turned Upside Down)〉을 작곡하기 전이었다.

〈플레이 더 게임〉이 발표되자 프레디의 진정한 사랑이 누구인지 관심을 가졌던 것처럼 〈잇츠 어 하드 라이프〉도 그의 삶의 딜레마를 담고 있다는 말들이 돌았다. 그는 대부분의 사람들이 꿈꾸는 것보다 더 많은 물질적 부를 누리는 축복을 받았다. 하지만 그것으로 충분하지 않았다. 비틀즈의 곡 〈머니 캔트 바이 러브(Money can't buy me love)〉의 진정한 의미를 궁금해하는 사람들이 많았을 때, 폴 매카트니는 이렇게 해석했다. "그 곡의 숨겨진 아이디어는 물질적인 재산이 풍족해도 진정으로 원하는 것을 살 수는 없다는 뜻이다."라고 했다. 프레디는 이 말의 진정한 의미를 배웠어야 했다. 프레디는 자신이 감성적이고 로맨틱한 사랑의 결핍이라는 저주를 받았다고 느꼈는데, 이것은 친한 친구들 사이에서는 공공연한 비밀이었다. 친구들은 프레디를 오랫동안 봐왔고 여러 해 동안 불행한 관계가 계속된 프레디의 눈물을 닦아 주었다. 프레디의 곡에서 마음이 찢어지는 아픔이 나타나 있기 때문에 팬들도 잘 알고 있었다.

그룹 더 서처스(The Searchers, 영국의 팝 그룹)의 프랭크 앨런은 프레디의 곡 노랫말에서 프레디의 삶을 알 수 있다고 보았다. "〈아이 원트 잇 올(I Want It All)〉, 〈썸바디 투 러브(Somebody to Love)〉, 〈돈 스톱 미 나우(Don't Stop Me Now)〉에는 사랑에 대한 희망과 갈망이 나타나 있어요. 노랫말에는 곡을 만든 사람의 취향과 개성이 자연스럽게 나타나는 법이에요. 프레디는 자신의 성적 관계가 만족스러울 때는 세상에 자신의 마음을 더 터놓았어요. 감히 말하겠는데, 프레디가 여성과 사귈 때는 자신감이 한껏 높아졌어요. 대부분의 사람들이 양성애적인 면을 지니고 있습니다. 그러나 극소수의 사람만이 이를 받아들입니다. 아무리 자유로운 시대라 할지라도 이로 인한 범죄와 대가가 너무 가혹하기 때문이죠."

수백만 명의 대중이 프레디를 사랑했지만, 멀리 떨어져 있을 뿐 가깝게 지내는 친구는 매우 적었다. 프레디의 친구들은 그를 매우 필요로 했다. 프레디 자체보다 자신들의 욕망과 꿈 때문에 프레디를 우러러보았다. 물질적인 부와 자유로운 게이 생활은 프레디가 바깥 세상의 향기를 느낄 수 없게 막는 역할을 했다. 정신적인 허탈감이 자라는 사실을 숨기는 것이었다. 프레디는 마음속으로는 진정으로 특별하게 사랑할 누군가를 찾지 못할까봐 두려웠다. 그래서 메리에게 끈질기게 집착했을 수도 있다. 브라이언은 프레디가 〈잇츠 어 하드 라이프〉 작업을 할 때 지칠 줄 모르고 집중했다고 했다. “프레디가 만든 가장 아름다운 곡 중의 하나입니다. 마음에서 우러난 곡이었습니다.”

〈잇츠 어 하드 라이프〉 싱글의 화려한 비디오는 뮌헨의 팀 포프 감독이 제작하였다. 이 작품에는 바바라 발렌틴을 포함하여 프레디의 클럽 친구들이 많이 참여했다. 퀸 멤버들은 주름진 장식의 옷차림으로 출연했는데, 중세 시인 같은 분장 때문에 노골적으로 불만을 터뜨렸다. 프레디는 타이트한 스커트에 눈알 장식의 옷차림을 했다. 그는 다리에 심각한 부상을 입어 석고 깁스를 해야 했는데, 버뮤다 삼각지대의 바에서 공교로운 싸움에 휘말린 거라고 주장했다. 퀸은 항상 새로운 지역의 투어를 원했다. 그런데 바티칸에서는 퀸의 방문을 거절했다. 러시아인들은 퀸을 가리켜 ‘퇴폐적’이라고 표현했다. 중국, 일본, 한국은 퀸의 미개척지였다. 1984년 10월에는 분쟁지역인 남아프리카 선시티에서 12번의 공연을 하기로 했다. 선시티 투어는 정치적인 측면에서 퀸에게 부정적으로 작용했다. 보푸타츠와나 사막의 선시티 복합단지는 라스베이거스 스타일의, 정부에서 일부 재정 지원을 하는 소수민족 거주지로서, 인종 차별주의자들이 아직 많았다. 소수 인종인 백인이 특권을 장악하고, 가난한 흑인 원주민들은 초라한 흑인 지구에서 살았다.

영국 음악가협회는 협회원들의 선시티 공연을 금지했다. 인종 차별주의에 반대하는 아티스트들은 브루스 스프링스틴의 ‘이스트리트 밴드’ 멤버인 스티븐 반 잔트(Steven Van Zandt) 주도로 〈나는 선시티에서 공연하지 않을 거야(I Ain’t Gonna Play Sun City)〉란 곡을 만들어 인종차별주의에 반대하는 입장을 확실히 밝혔다. 이 곡의 싱글은 1985년 12월에 발매되었으며, 참여한 아티스트는 마일즈 데이비스(Miles Davis, 1926~1991, 미국의 음악인), 밥 딜런, 링고 스타와 그의 아들인 드러머 잭 스타키(Zak Starkey, 1965~, 영국의 가수), 루 리드, 잭슨 브라운(Jackson Browne, 1948~, 독일 출신의 미국 가수이자 작곡가), 펫 베네타(Pat Benatar, 1953~, 미국의 가수), 피터 가브리엘, 롤링 스톤스의 키스 리처드(Keith Richards, 1943~, 영국의 가수, 그룹 롤링 스톤스의 멤버)와 론 우드였다. 정치적 의도를 담은 곡이었기 때문에 미국에서 큰 히트를 누리지는 못했지만 오스트레일리아, 캐나다, 영국에서는 빅히트를 했다. 퀸은 망설이지 않았다. 〈아이 원 투 브레이크 프리〉는 아프리카 의회 운동주의자들의 공식적인 성가였다. 〈어나더 원 바이츠 더 더스트(Another One Bites the Dust)〉는 남아프리카 흑인 역사상 가장 많이 팔린 곡들에 속한다.

《더 웍스》 투어를 준비할 때 키보드 연주자 스파이크 애드니를 다섯 번째 멤버로 영입할 것인지에 대해 격렬한 논쟁이 벌어졌다. 거의 2년간 퀸 멤버들이 함께 참여한 라이브 공연이 없었다. 스파이크 애드니 영입을 둘러싼 논쟁 때문에 내키지 않았지만 리허설이 필요한 상황이었다. 그들은 최신식의 프로덕션, 사운드와 조명을 갖춘 뮌헨의 스튜디오로 갔다.

"퀸과의 리허설에서 처음으로 연주한 곡은 〈타이 유어 마더 다운(Tie Your Mother Down)〉이었어요. 그 다음은 〈언더 프레셔(Under Pressure)〉였고요. 그러고 나서 새로운 곡 〈아이 원 투 브레이크 프리〉를 연습했는데 잘 안 되었어요. 멤버들끼리 함께 연주해본 적이 없었던 것 같았어요. 그래서 내가 말했죠. '이건 이렇게 가면 되고…… 그때 존이 피아노 연주에 합류하고, 그 다음에 브라이언…….' 그때 프레디가 '이봐, 말로만 하지 말고, 어디 한번 해볼까?'라고 했어요. 모두 피아노 앞에 둘러섰고, 난 앞으로 잘할 수 있을 거란 확신이 섰습니다."

퀸은 버밍엄 전시 센터에서 3일 동안 공연을 했다. 이때 그룹 스팬다우 발레의 프론트맨 토니 해들리는 자신의 우상 프레디를 처음으로 만났다. 해들리의 목소리는 매우 힘 있고 다양해서 '젊은 프랭크 시나트라'로 불렸다. 아직 무명이었던 해들리는 프레디의 열렬한 팬이었다.

"난 퀸의 음악을 들으면서 자랐어요. 프레디는 세상에서 가장 위대한 프론트맨이에요. 퀸을 만나기를 몹시 바랐습니다. 스타를 만나러 무대 뒤로 가기 위해 어떤 일도 서슴지 않던 때였어요. 무대 뒤에서 퀸을 만났는데 정말 다정하고 정중했어요. 우리를 애프터쇼 파티에 초대해 주었어요. 레오니—토니 해들리의 첫 번째 부인—와 함께 갔는데, 프레디 옆의 보조 의자에 앉게 되었어요. 프레디가 '이리 와서 내 옆에 앉으면 돼, 달링.'이라고 했죠. 우리는 함께 이야기를 나누었습니다."

"퀸은 다른 누구보다 항상 더 재밌다고 느껴졌어요. 파티, 퀸의 음악과 멤버들의 개성…… 모든 게 거창했어요."

"그날 밤 무대 얘기를 나누면서 내게도 조언을 해주었습니다. '무대에서 변명이란 있을 수 없어. 사과할 필요도 없고. 관객들은 너를 보러 온 거야. 잘못할 때가 있어도 문제되지 않아. 넌 프론트맨이니까.' 난 스물세 살인가, 스물네 살인가에 잘나가는 밴드에서 노래했어요. 프레디는 록계의 귀족이었어요. 나 같은 사람에게 신경 쓸 이유가 없었죠. 하지만 프레디는 열심히, 자신의 지식과 경험을 말해주었어요. 그런 사람은 처음이었어요. 정말 고마웠어요. 프레디가 말했어요. '아티스트라면 누구나 자신이 잘해낼 수 있을지 의심하고 괴로워하지.', 내가 '당신도요?' 하고 놀라서 묻자 '난 특히 심하지.'라고 말했어요."

1984년, 프레디의 38번째 생일은 9월 5일에 제논 클럽에서 500명의 친구들과 벌인 파티에서 절정을 이루었다. 가장 호화스러운 케이크가 준비되었다. 그 주에는 《해머 투 폴》이 발매되었다. 프레디의 데뷔 솔로 싱글 〈러브 킬스(Love Kills)〉도 같은 날 발매되었다. 퀸 멤버들이 도르트문트에 있을 때 퀸의 앨범이 9개나 영국 차트 200위권에 진입했다는 소식이 날아왔다. 10월에는 퀸과 프레디의 친구들, 심지어는 메리 오스틴과 프레디의 새로운 남자친구 조 버트(Joe Bert)—톰 로빈슨의 밴드에서 베이시스트—까지 남아프리카 선티시를 향해 출발했다. 사막의 열기와 먼지 때문에 프레디의 목 상태가 악화되어 첫 공연은

2곡만 부르고 중지되었다. 다음의 5회 공연도 취소되었다. 총 12회의 공연 중 나머지 6번의 공연은 무사히 치렀다. 투어 후 런던으로 돌아와서 브라이언과 로저가 퀸의 입장을 설명하기 위해 음악가협회를 찾아갔다. 스파이크 애드니는 선시티 투어가 완벽한 축제였다고 기억했다. "퀸은 보지 못하고 귀가 먼 학생들을 위한 쿠트라와몽 학교의 기금 마련 행사에서 자선 공연도 가졌어요. 선시티 공연은 라이브 앨범으로 만들어져서 수익금은 그 학교에 전액 기부되었죠. 퀸의 선행이 매우 훌륭했기 때문에 왜 선시티 공연을 잘못이라고 비난받아야 하는 건지 이해할 수 없습니다. 퀸의 공연 후 2년 이내에 전반적인 정치적 상황이 바뀌었고 스타들이 그곳에 가기 시작했습니다."

영국 음악가협회는 퀸에게 큰 액수의 벌금을 부과하고 블랙리스트에 올렸지만, 결국에는 벌금 대신 자선단체에 기부하는 것으로 마무리되었다.

"우리는 전적으로 인종차별정책을 반대합니다." 브라이언이 말했다. "하지만 이번 투어를 통해 가교 역할을 했다고 자부합니다. 뮤지션들과 흑인, 백인들 모두 팔을 활짝 벌려 환영해 주었습니다. 남아프리카 밖에서만 비난받았을 뿐이에요."

스파이크 애드니는 퀸의 거만함을 인정했다. "맞는 말이에요. 그들은 거만해요. 하지만 대부분의 경우 그들의 의견이 맞기 때문이에요. 멤버들은 자신들이 모두 각각 공평하게 대우받고 있다고 믿었어요. 그래서 스스로에게 만족하고 퀸 스스로의 판단에 의존하게 되는 거죠. 하지만 퀸을 위해 일하는 사람들이 퀸을 대신해서 거만할 때 그들은 참지 못해요."

프레디는 뮌헨으로 돌아왔고, 퀸은 그해 12월에 처음으로 크리스마스 캐롤송 〈땡스 갓 잇츠 크리스마스(Thank God It's Christmas)〉를 완성했다. 이미 써먹은 장르를 버리고 새로움을 추구하기 위해서였다. 퀸의 27번째 싱글로서, 런던에서 제작되었지만, 프레디의 목소리는 독일에서 녹음되었다. 이 곡은 영국

20위권 진입에 실패했을 뿐 아니라 퀸의 앨범에서도 찾아볼 수 없었다. 하지만 이후로 매년 크리스마스 모음집에서는 들을 수 있었다. 한편, 크리스마스 시즌의 1위는 밴드 에이드의 〈두 데이 노우 잇츠 크리스마스?(Do They Know It's Christmas?)〉였다.

20 라이브

퀸이 전설이 된 무대에 오르다

현실을 직시해 보자고. 록스타라면 누구나 항상 스포트라이트를 받길 원한다. 그래서 대중 앞에 우리를 전시하는 거고. 터놓고 말하면, 우린 서로 도우면서 일하지만 다른 관점에서 본다면, 세계의 모든 사람들이 나의 관객이 될 수 있고, 전 세계에 동시에 방송할 수 있는 세상이다. 그게 바로 우리가 관객과 방송을 확보하려고 온갖 힘을 쏟는 이유다. 록스타는 이 사실을 절대 잊지 않지. 이런 걸 모르는 아티스트가 과연 한 명이라도 있을까?

프레디 머큐리

뮤지션에게는 연주만이 다가 아니다. 대중들은 무대 밖의 모습에도 관심을 쏟는다. 프레디에게는 최소한 3가지의 다른 모습들—무대 위, 무대 밖 그리고 이 두 지역 사이의 회색 공간—이 있다. 프레디는 음악으로 자신을 표현했고, 공연을 통해 모든 곡을 완벽하게 표현했다.

루이스 소야브(Louis Souyave),
데이토나 라이츠(Daytona Lights, 영국의 인디 팝 밴드) 밴드의 기타리스트

1985년 1월에 세계에서 가장 큰 규모의 록페스티벌 '투 록 인 리오(To Rock in Rio)'가 브라질 리우에서 8일간 개최되었다. 로드 스튜어트, 예스, 아이언 메이든(Iron Maiden, 1980년에 데뷔한 영국의 밴드), 데프 레퍼드(Def Leppard, 1980년 데뷔한 영국의 5인조 그룹), 오지 오스본, 조지 벤슨, 제임스 테일러 외에도 브라질의 유명한 아티스트들이 참여했다. 페스티벌은 퀸의 기대에 부응하기 위해 약속한 규모로 계획되었다. 충성스러운 퀸의 투어 매니저 스틱켈스가 페스티벌을 담당했는데, 퀸이 주 공연자로 초대받았을 때 필요한 계약을 진행했다. 퀸은 페스티벌 참여를 위해 1월 6일 일요일에 다시 남아메리카로 출발했다. 프레디 측 수행단은 메리 오스틴, 바버라 발렌틴, 피터 프리스톤, 폴 프렌터 외 경호원 1명이었다. 이 페스티벌에 이틀 동안 25만~30만 명의 팬들이 몰려왔다.

스파이크 애드니는 주요 이벤트에 참여했다. "퀸의 남아메리카 투어를 잘 알지만, 이번 페스티벌은 세상에서 가장 큰 규모였습니다."

스파이크 애드니에게는 프레디에 대한 측은한 기억 하나가 오래 남아 있다. "프레디는 남미에서 대형스타였어요. 신이었습니다. 퀸의 〈러브 오브 마이 라이프〉는 아르헨티나의 영원한 1위예요. 그들의 〈스테어웨이 투 헤븐(Stairway to Heaven)〉[40]이었죠. 그래서 프레디가 그곳에 한 번 가면 창살 없는 감옥에서처럼 생활해야 했어요. 맘대로 다닐 수 없었습니다. 무장한 경호원이 있어도 마찬가지였어요. 잠깐 한두 번씩 살짝 나가려 했지만 다 실패에 그쳤어요." 스파이크는 프레디의 인기를 외모 때문이라고 믿었다. "프레디가 머리를 밀고 콧수염을 기르자 전형적인 남미 미남 스타일로 변신했어요. 라틴계의 클라크 게이블(Clark Gable, 1901~1960, 미국의 영화배우)이라 할 수 있겠죠. 그 때문에 그를 숭배한 거예요."

리우데자네이루 서부의 바라 다 티우카 로모드로모(Barra da Tijuca

40 그룹 레드 제플린의 4번째 앨범에 수록된 곡

Rockodromo) 지역은 양쪽에 큰 분수가 있는 거대한 반원형의 무대를 갖추고 있다. 이벤트를 할 때에는 사람들이 분수의 물에 몸을 적시고, 폭우 때는 머드 목욕 체험을 할 수 있었다. 이곳에는 수천 명의 기자와 사진사들이 근무하는 큰 언론사가 있었다. 밤이면 할리우드의 첫 공연을 보도하듯이 서치라이트들이 하늘을 갈랐다. 특별 제작된 헬리포터[41]는 사치품이라기보다는 반드시 필요한 필수품이었다.

프레디는 헬리콥터를 몹시 무서워했지만 달리 방도가 없었다. 바라(Barra)까지 가는 모든 길은 며칠 내내 교통체증에 시달렸다. 공연 첫날밤에 영국 동부의 헤비메탈 기둥이었던 그룹 아이언 메이든 다음으로 무대에 오르기로 되어 있었지만 2시간이나 늦었다. 스파이크 애드니는 늦게 온 불가피한 이유를 특별히 찾을 수 없었다. 퀸이 도착했을 때 관객들은 거의 폭동 분위기였다.

"퀸이 입장할 때 짐 비치는 내가—피터 힐모어(Peter Hillmore, 칼럼니스트)— 무대 옆에 있을 수 있도록 도와주었어요." 이 행사를 일간지《옵저버(Observer)》지에 보도했던 칼럼니스트 피터 힐모어는 기억했다.

험악한 관객들이 마치 무대 위에까지 뛰쳐나올 것 같았다. 힐모어는 "브라이언이 나에게 상황을 살펴보라고 해서 무대에 잠시 오르자 수천 개의 얼굴들이 나에게 쏠렸어요. 모두 퀸을 향해 비명을 질렀죠. 프레디 머큐리의 위력을 느낄 수 있었습니다. 수천 명의 사람들이 오직 당신이 입을 열어 노래하기만을 기다리고 있다고 생각해 보세요. 두려움이 몰려왔어요. 만일의 사태에 대비하기 위해 지역 매니저들이 우르르 몰려드는 동안 얼른 무대 한쪽 구석으로 갔어요."

"그때, 거기서 나는 이 세상의 그 무엇보다 퀸에 머물면서, 프레디 머큐리가 되고 싶었습니다. 프레디가 손을 올리자 관객들이 노래하기 시작했어요. 손을 내리자 관객들은 조용해졌어요. 프레디의 영향력은 믿을 수 없을 정도였죠. 원

41 헬리콥터 발착장

자로에서 원자가 쪼개지는 걸 보는 것 같았어요."

힐모어는 프레디에게서 초인적인 힘을 느꼈다.

"사람들이 교통신호로 서 있던 차에서 내려 프레디의 리무진으로 몰려갔어요. '프레디 사랑해. 우리의 신!' 프레디와 퀸은 그 자체가 완벽히 돈을 뽑어내는 조직이었어요. 그들은 소지품 검사를 받으려고 짐을 풀 필요가 없었어요. 중량 초과도 퀸에게는 아무 문제가 되지 않았죠. 공항에서 서성이거나 면세 받으려고 줄을 서서 기다리지 않아도 돼요. VIP 라운지에, 일등석 비행기, 어떤 변덕도 다 받아주고 돌봐줄 누군가가 대기하고 있죠. 이러니 프레디 같은 스타가 사생활을 가질 리가 만무하죠. 평범한 모든 사람에게까지 프레디와 퀸이 미치는 영향력은 막강합니다."

《브라질리안 붑(Brazilian boob)》은 이날 일어났던 사태를 과장 보도했다. 프레디는 비디오 〈아이 원 투 브레이크 프리〉에서 입었던 여성 옷차림으로 무대에 서서 뽐내며 걷다가 관객들의 반응에 경악했다. 관객들이 처음에 깡통, 돌, 쓰레기를 던졌을 때 프레디는 관객들이 무대 공연을 비난한다고 판단했다. 골판지 조각이 프레디를 맞혔을 때 브라이언은 피했고 몇 걸음 뒤로 물러서서 로저와 같은 줄에 서 있었다. 하지만 프레디는 계속 무대 앞에 서 있다가 흥분하고 말았다. 프레디는 오해를 해서 관객들에게 악담을 퍼부었다. 많은 신문기자가 이 사태에 대한 현장 언론의 잘못된 기사를 그대로 보도했다. 현장 언론들은 반독재를 외치는 대중들에게 〈아이 원 투 브레이크 프리〉는 일종의 성가와 같은데, 여장을 하고 노래하는 로커에 의해 모욕을 당한다고 생각했던 것이다. 하지만 대중들이 분노한 이유는 다른 데 있었다.

데이브 호간은 자신은 잡지《메일 온 선데이》의 부록 잡지인《유(You)》에 보내기 위해 현장에서 스냅 사진을 찍고 있었는데, 이 사태가 '완벽한 오해'에서 비롯되었다고 썼다.

“일반적으로 그 정도의 대규모 공연에서 팬들은 무대와 가장 가까운 앞쪽으로 몰려들어요. 하지만 이번 경우에는 조직 위원회에서 무대를 너무 높게 만들어서 맨 앞에서도 공연을 제대로 볼 수 없었습니다. 그래서 관객들이 일어서서 퀸을 보려고 노력했어요. 그런데 안전요원들이 와서 사람들에게 손도장을 찍게 했습니다. 그때 프레디가 여자 가발을 쓰고 가슴을 달고 등장했어요. 그러자 팬들이 프레디를 보려고 다른 팬들의 어깨 목마를 타고 몰려든 거예요. 손도장을 찍던 경호원들도 팬들에게 제대로 대응하지 못했어요. 그러자 화가 난 팬들이 스타디움 운동장에서 돌멩이를 집어서 경호원들에게 던졌어요. 팬들은 프레디를 사랑했기 때문에 프레디에게 던지는 사람은 아무도 없었어요. 기사에는 여장에 분노한 팬들이 야유를 퍼부으며 프레디에게 돌을 던졌다고 작성되었는데, 아무리 특종을 잡으려고 상상력에 의존해서 보도기사를 작성한다고 해도 충분히 공정하게 썼어야 했어요. 프레디는 평소대로 했고 혼란스러운 폭풍 속에서 무대를 내려갔습니다. 그는 누구에게도 돌멩이질을 당하지 않았어요. 내가 보증할 수 있어요. 내가 그의 바로 앞에 있었거든요. 기자들이 자신들의 구미에 맞는 스토리로 꾸미는 데 진실이 방해가 되었던가 봐요?”

“프레디는 리우데자네이루 코파카바나 팰리스 호텔의 프레지덴셜 스위트룸에 머물고 있었어요. 술 한잔하자며 초대해서 빗줄기가 쏟아지는 진흙 길을 지나갔습니다. 프레디는 항상 ‘쇼는 계속되어야 해(The show must go on).’라는 태도였어요. 메리 오스틴이 프레디 왼쪽에, 남자친구가 프레디 오른쪽에 앉아 있었습니다. 우린 모두 리우에서 가장 대중적인 게이 디스코 클럽 ‘알라스카’에 갔습니다. 놀다 보니 새벽 4시였어요. 난 《익스프레스(Express)》 지에 기사를 써야 해서 좀 쉬어야 했습니다. 프레디가 어디 가느냐고 묻기에 일하러 호텔 간다고 했더니, ‘별 재미없었나 보네! 스티브, 데이브를 호텔로 데려다 줘!’라고 했죠. 프레디는 정말 매너 있고, 예민하고, 남을 배려할 줄 알았습니다. 그의 부모님, 여동생 모두 다 똑같습니다. 록스타에게는 걸맞지 않는 구식 영국학교 출신이었죠."

폴 프렌터에게는 프레디가 좋아할 만한 남자들을 발굴하는 역할이 맡겨졌다. 프레디의 호텔 스위트룸에서 함께 즐기기를 거절하는 사람은 거의 없었다. 사람들은 폴 프렌터의 일을 적절치 못하다고 생각했다. 그는 '택시 보이'로 알려진 남창을 찾는 일뿐 아니라 술과 코카인을 충분히 준비하는 일까지도 책임지고 있었다.

퀸은 뉴질랜드 투어를 위해 4월 5일에 오클랜드에 도착했다. 선시티 투어의 여파 탓이었는지, 인종차별 반대주의자들과 맞닥뜨렸지만, 솔로 싱글에 신경을 집중한 프레디는 중요하게 생각하지 않았다. 프레디의 두 번째 솔로 싱글은 영국에서 11위까지 올랐으나, 미국에서는 냉담한 반응에 그쳤다. 퀸으로서는 가장 심각한 두려움에 직면했으며, 미국에서 그들의 시대는 사실상 끝났다고 봐야 했다.

뉴질랜드 투어 때 프레디의 오랜 친구 토니 해들리의 등장으로 불상사가 발생했다. 그룹 스팬다우 발레의 리드싱어 토니 해들리는 2달간의 유럽 투어를 마치고 남반구(호주, 뉴질랜드) 공연을 위해 뉴질랜드에 머무르고 있었다. 그런데 공연 기획자와 문제가 생겨서 뉴질랜드 공연이 취소되었다. 토니의 매니저 스티브 대거는 토니에게 이럴 때일수록 사람들 눈에 띄는 일 없이 조용히 지내라며 엄격하게 관리했다. 하지만 토니는 이런 상황에 쉽게 적응할 수 없었다. 토니는 오랜 친구 프레디와 함께 술 한잔하러 바에 들렀다. 프레디의 제안으로 보드카를 마시면서 세상 돌아가는 이야기와 변화하는 로큰롤 경쟁 등에 대해 토론했다. 보드카를 말끔히 비우고 나서는 프레디의 집에서 와인을 마셨다. 프레디가 토니에게 "오늘 밤에 공연에 출연할래?" 하고 물었다. 토니는 "안 돼! 침입자가 되고 싶지 않아!"라고 했고 프레디는 "아냐! 대단할 거야."라며 로저와 존에게 전화해서 허락을 받아냈다. "브라이언이 문제야." 프레디는 브라이언에게 전화해서 온갖 정치력을 발휘해 설득했다. "토니가 오늘 밤 우리 무대에 출연하는 것 어때? 토니와 함께 〈제일하우스 록(Jailhouse Rock)〉[42]을 부를 거야. 오케이?", "브라이언도 완전 찬성이야." 프레디와 토니는 〈제일하우스 록〉 가사를 기억해내려고 노력했지만 반 정도 했을 뿐이었다. 토니는 프레디의 집에서 비틀거리며 나와 잠시 눈을 붙였다. "그날 밤 공연에 갔더니 사람들이 모두 '프레디에게 무슨 짓을 한 거야? 프레디가 지금 제정신이 아니야.'라고 했어요. '우린 술을 퍼마셨어.' 나의 말에 모두 인상을 찌푸렸어요. '프레디는 무대에 서기 전에 절대 술 마시지 않아.'라고 누군가 말했죠."

프레디는 최악의 컨디션으로 무대에 오를 준비를 했다. "모든 사람들이 레이스가 풍성하게 달린 아디다스 복싱 부츠를 신고 있었어요. 무대에서 뛰고 점프하기에 편하게 하기 위해서 부츠 끈을 다리 위로 한껏 잡아당겨서 맸어요."

"프레디는 무대 뒤편의 소파에 널브러져 있었어요." 프레디의 의상 담당 조 파넬리와 그의 조수 토니 윌리엄스는 낑낑대며 프레디에게 옷과 부츠를 입혔다. 프레디는 일어나 가려고 했지만 술기운 때문에 앞으로 나갈 수가 없었다. 하지만 무대에서 멘트가 나왔고 무대 옆에서 대기하던 프레디가 일어나 나갔다. 순간 "이런 멍텅구리들, 타이즈가 뒤집어졌잖아!" 하는 소리가 들렸다. 다음 순간 프레디가 딱정벌레처럼 다리를 위로 올린 채 등을 깔고 벌렁 드러누웠다. 토니와 조는 미친 듯이 달려들어서 다시 타이즈를 제대로 입히고 우당탕탕 계단으로 내려갔다. 프레디는 나는 듯이 뛰어서 간신히 시간에 맞춰 무대에 입장할 수 있었다. 스파이크 애드니는 처음 30분 동안 프레디가 '애드립으로, 지어내서, 엉망으로' 노래했다고 기억했다. 로저는 고개를 떨구었다. 관객들을 볼 면목이 없었다. 브라이언은 '저 바보, 여기서 뭐하는 거야?'라고 말하는 것처럼

42 엘비스 프레슬리가 1957년에 출연한 영화 〈제일하우스 록(Jail House Rock)〉의 타이틀곡

프레디를 쏘아보았다. 30분 정도 지나자 프레디는 점점 침착해졌고 그 후에는 놀랄 만큼 멋지게 소화해냈다. 토니 해들리가 오기 전에는…….

해들리의 매니저는 토니와의 전화에서 프레디와의 일을 전해 듣고 불같이 화를 냈다. 토니는 관객들을 마주하자 죽을 맛이었다.

"퀸이 공연하는 동안 무대 사이드에 서 있으면서 〈제일하우스 록〉의 노랫말을 기억하려고 온갖 노력을 다했어요. 프레디가 다가와서 4만 5,000명의 관객들 앞에서 스파이크의 피아노 위에 엎어진 것에 대해 씩씩거리며 말했죠. '해들리, 이 개자식.' 난 손바닥에 생각나는 가사를 쓰면서 바보같이 혼자 중얼거릴 수밖에 없었죠. 내 머리로는 도무지 가사가 떠오르지 않았어요. 마침내 프레디가 말했어요. '신사 숙녀 여러분, 토니 해들리를 소개합니다.' 관객들이 열광했고 난 달려나가 〈제일하우스 록〉이 아니라 〈투티 프루티(Tutti Frutti)〉를 부르기 시작했어요. 프레디도 '오! 좋아, 좋아!' 하면서 신나 했습니다. 브라이언은 '이 자식들, 뭐야?' 하는 반응이었지만 프레디와 나는 신경 쓰지 않았어요. 브라이언의 기타로 야한 동작도 하면서 내키는 대로 즐기면서 연주했습니다."

호주 멜버른 투어는 비교적 차분하게 진행되었다. 4월까지 시드니 엔터테인먼트 센터에서 4일간 공연을 한 후에 곧이어 일본에서 6회 공연을 했다. 일본에서 엘튼 존을 만나 프레디, 엘튼 존, 로저는 프레디의 솔로 앨범을 미리 축하했다.

"프레디와 나(엘튼 존)는 파티 장소 밖으로 나가 다음 날 아침 11시까지 이야기를 나누었어요. 퀸은 비행기 표가 예약되어 있었는데, 프레디는 '좀 더 늦출 수 없어?'라고 했죠."

시드니에서의 마지막 공연 날은 컬럼비아 레코드에서 프레디의 첫 번째 솔로 앨범 《미스터 배드 가이(Mr Bad Guy)》를 발매하는 날이었다. 프레디는 자신의 곡을 진솔하게 소개했다. 그룹 퀸으로서의 음악보다 더 화려하고 파격적이며 호소력 있는 곡들로 〈리빙 온 마이 오운(Living On My Own)〉, 〈데어 머스트 비 모어 투 라이프 댄 디스(There Must Be More To Life Than This)〉를 꼽았다. 슬픈 발라드 〈러브 미 라이크 데어스 노우 투머로우(Love Me Like There's No Tomorrow)〉는 바버라 발렌틴을 위한 곡이었다. 프레디의 솔로 앨범은 영국에서 6위까지 올랐지만, 미국에서의 반응은 끔찍한 재난 수준이었다. 〈아이 워즈 본 투 러브 유(I Was Born to Love You)〉의 순위는 양호한 편이었지만, 〈메이드 인 헤븐〉은 데이비드 맬럿 감독에 의해 강렬하고 흥겨운 비디오로 제작되었음에도 불구하고 존재감조차 없었다. 이 비디오에서는 커튼이 쳐진 정식 무대에서 발레 퍼포먼스를 했다. 프레디는 빨간색과 검은색 밴드를 몸에 감고 얇은 빨간 망토를 두른 채 커다란 바위 꼭대기에서 나타났다. 속이 비칠 듯 말 듯한 옷을 입은 발레 무용수들이 바위 위로 올라서려고 한다. 마지막에는 커다란 바위가 깨지고 그 속에서 아름다운 파란색의 지구가 나타난다는 스토리이다.

마침내 《더 웍스(The Works)》 투어는 대중들의 관심을 끄는 데 성공했다. 브라이언은 오스트레일리아에 남아 가족과 휴가를 보냈다. 존과 로저는 로저의 새로운 집을 수리했다. 프레디는 한걸음에 뮌헨으로 달려가서 연인들과 떠들썩하고 유쾌한 날들을 보냈다.

"우리는 엉망이었어요." 그룹 스테튜스 큐오의 프랜시스 로시는 1985년 7월 13일에 열린 라이브 에이드에서 큐오의 첫 번째 연주를 떠올리며 말했다.[43] "우리는 정말 형편없었죠. 솔직히 말해 전혀 리허설 없이 참여했어요. 행사의 중요성과 전 세계의 관객이란 점 등에 대해 충분히 이해했더라면 미리 준비했을 겁니다. 물론 퀸은 투어 직후에 참여했지만 리허설을 통해 최대한의 능력을 발휘했습니다."

43 라이브 에이드 웸블리 공연은 스테튜스 큐오의 〈Rockin' All Over the World〉로 본격적으로 시작되었다.

"데이비드 보위는 잘했어요. 그 외에는 내 기억에 특출한 사람은 없었어요. 보노는 무대에서 뛰어내렸죠. 말할 필요도 없이 그날은 퀸의 날이었어요. 명심해야 할 것은 그 당시에 그 누구도 라이브 에이드가 어떤 결과를 초래할지 제대로 인식하지 못했다는 것입니다. 벼락출세한 아일랜드 녀석 밥은 자기가 무엇을 할 거라고 떠들고 다녔는데 결국 해내더군요. 정말 교묘하게도 우리가 그 행사에 참여하는 것에 대해 완벽하게 자부심을 갖도록 만들었어요. 하지만 우리는 스타예요. 너무 확대 해석할 필요는 없어요. 그날의 일일 뿐이죠."

"우리가 그날 웸블리 스타디움에 도착했을 때 프레디는 내가 생각들을 바로잡도록 도와주었어요."

"아티스트들이 대기하는 곳으로 가서 이것저것 얘기했죠. 난 게이에 대해 아무런 감정도 없어요. 어떻게 그럴 수 있겠어요? 게이 조카가 2명이고 게이 아들도 한 명 있어요. 갑자기 프레디가 나에게 장난으로 목 누르기를 했어요. 정말 세더군요. 우리는 함께 웃었죠. 프레디와 이야기하면서 나의 뇌에 많은 정보가 물 흐르듯 지나갔어요. 왠지 급성장하는 교육을 받는 느낌이었죠. 얼어붙는 느낌이라고 할까요? 난 그를 응시했어요. 프레디는 내가 아는 가장 강한 사람이었어요."

"많은 사람이 동성애자(homosexuals)—애매하지 않은 'faggots'이란 말을 더 좋아해요—는 싸울 줄 모른다고 생각합니다. 이렇게 생각하는 얼간이들은 군대에서 게이를 받아주지 않는 이유에 대해 TV와 교황님의 말을 전적으로 믿는답니다. 왜 게이들이 얼마나 많은지 생각하지 않을까요? 음악 비즈니스 업계는 게이들로 넘쳐나요. 난 동성애자들이 더 재미있고 함께 일처리하기도 쉽다는 걸 알게 되었어요. 릭(파르핏)은 예전에 과장되게 행동했어요. 우리 모두 그랬어요. 난 가끔 게이들이 적응력이 더 뛰어나다고 생각해요 그들은 처음에 서로 잘 어울려야 하기 때문이죠."

"라이브 에이드에서 프레디보다 뛰어난 사람은 없었어요. 그는 자신이 누구인지, 그 시점에서 무엇을 해야 하는지를 정확하게 알고 있었어요. 라이브 에이드 공연일은 명백히 그들의 날이었어요. 폴 감바치니는 '특출한 일을 하려면 서로간의 신뢰가 확실해야 한다.'고 했어요. 퀸이 라이브 에이드 무대에서 열창하고 있을 때, 난 무대 뒤편에서 TV와 라디오 방송국 사람들과 인터뷰하고 있었어요. 모든 아티스트들이 자기들끼리 얘기하는 걸 멈추고 무대 쪽으로 돌아다봤어요. 퀸이 쇼를 훔치고 있었죠. 프레디는 카메라맨과 야한 춤을 추고 있었어요. 미리 리허설을 하면서 준비한 춤이었습니다. 그는 완벽히 프로였어요. 우리는 '오 마이 갓, 라이브 록 공연만큼이나 훌륭하네!'라고 생각했어요. 퀸이 최고였습니다. 누가 무대에 올라와 있는지 생각해 보세요. 믿을 수가 없었죠. 드디어 퀸 순서가 끝났습니다. 퀸의 날이었어요. 바로 우리 눈앞에서 퀸이 재탄생되고 있었죠. 놀랍습니다. 프레디는 가장 위대한 프론트맨이었어요."

퀸은 라이브 에이드의 찬사에 고무되어 자신들을 다시 돌아보았다. 뛰어난 성과를 위해 멤버들끼리 서로 잘 보듬어 여기까지 왔다. 하지만 언제까지 무제한으로 계속 무대에 오를 수는 없을 것이다. 점점 쇠퇴해져 간다는 리스크가 있을 수 있다. 전설적인 위치로 남으려면 좀 더 일찍 은퇴해야 하는 법이다. 각 멤버들은 모두 솔로 활동도 병행했지만 아직까지 프레디만 약간 성공했을 뿐이었다. 이제는 라이브 에이드를 통해서 각자 떨어져 활동하는 것보다 밴드로 뭉치는 것이 더 좋은 결과를 낼 수 있다는 점을 인정하게 되었다. 퀸은 다시 함께 가보기로 결정했다. 라이브 에이드가 그들에게 두 번째 기회를 준 것이다. 어떤 록스타도 그런 기회를 놓치고 싶지 않을 것이다. 퀸은 1986년에 가장 열정적으로 유럽 투어를 완수했다.

프레디가 좋아하는 뮌헨의 클럽 헨더슨에서 프레디의 39번째 생일 파티가 열렸다. 모두 흑백의 여장 차림으로만 참석해야 한다는 콘셉트였다. 파티 비용이 5만 파운드나 들었다. 그 파티는 〈리빙 온 마이 오운〉 비디오 제작도 겸해서 이루어졌다. 바버라 발렌틴, 잉그리드 맥(Ingrid Mack, 라인홀트 맥의 부인) 등 300명의 지인들이 초대되었다. 비디오에 출연한 많은 엑스트라는 런던에서 왔으며 여장 차림이었다. 단, 프레디는 할리퀸 타이즈에 견장 달린 군인 재킷과 흰 장갑으로 꾸몄다. 메리 오스틴은 세인트 트리니언 학교 학생 차림이었다. 브라이언은 마녀, 피터 프리스톤은 집시 차림이었다. 결국 〈리빙 온 마이 오운〉 비디오는 쾌락적·환각적으로 표현되어 미국에서는 상영되지도 못했다. 영국에서는 싱글 50위까지 올랐다.

바버라 발렌틴은 파티를 위해 음식도 흑백으로만 준비했다. 프레디가 좋아하는 까만색 캐비어와 으깬 감자, 그랜드 피아노 모양의 케이크, 크리스털 샴페인 큰 병들이 제공되었다. 샴페인을 옷 안에 숨겨서 가져가는 사람들도 있었다. 발렌틴은 사람들이 모두 프레디에게서 훔쳐가려고만 한다고 한숨지었다. "생일 선물 컨테이너 2개를 왕창 잃어버리기까지 했어요."

한편, 크리스토퍼 램버트 주연의 영화 〈하이랜더(Highlander)〉의 러셀 멀케이 감독과 퀸은 영화 음악을 만들기로 약속했다. 그런데 싱글 〈원 비전(One Vision)〉이 발매되자, 언론에서는 라이브 에이드의 성공을 이용하여 10위까지 올랐다고 비난했다. 퀸은 몹시 분노했다. 작곡자였던 로저에 따르면, 〈원 비전〉은 1963년 링컨 추모일에 있었던 마틴 루터 킹 목사의 유명한 연설에 착안하여 만든 곡이며, 라이브 에이드를 염두에 두고 만든 곡이 아니라고 밝혔다. 리버스드 보컬 이펙트(reversed vocals effect)를 이용하여 포워드 플레이를 할 때 '신은 아무도 모르는 방법으로 우리를 계획하신다(God works in mysterious ways)'라는 가사가 들리도록 녹음되었다.

퀸은 언론의 부정적인 반응에 도전하기 위해 이 곡의 홍보 비디오로 사용할 퀸의 다큐멘터리를 만들기로 했다. 이때 퀸은 쌍둥이 형제 루디 돌레잘과 하네스 로사허를 처음 만났다. 이 형제들은 1987년에 퀸의 비주얼 콜렉션 〈매직 이어즈(Magic Years)〉까지 제작하게 된다.

1985년 11월 5일에 로열 알버트 홀에서 에티오피아를 위한 패션 에이드 행사가 개최되었다. 이브 생 로랑(Yves Saint Laurent, 1936~2008, 프랑스의 패션 디자이너), 조르조 아르마니(Giorgio Armani, 1934~, 이탈리아의 패션 디자이너), 켈빈 클라인(Calvin Klein, 1942~, 미국의 패션 디자이너), 잔드라 로즈 등 세계적인 패션 디자이너가 18명이나 참여했다. 프레디는 신부 역할의 여배우 제인 세이모어(Jane Seymour, 1951~, 영국의 영화배우)와 함께 상냥한 신랑 역할을 했다. 의상은 웨일스의 왕자와 결혼한 다이애나 스펜서의 웨딩드레스를 만든 데이비드와 엘리자베스 엠마누엘이 디자인했다. 그룹 '식스티즈'의 전직 드러머인 친구 데이브 클라크가 기꺼이 도와주기도 했다. 데이브 클라크는 토트햄 코트 로드의 도미니온 극장에서 상영하는 창의적이고 새로운 뮤지컬을 제작하고 곡을 쓰는 일을 하고 있었다. 그 당시에는 〈타임(Time)〉이라는 작품이 상영되고 있었다. 로렌스 올리비에와 클리프 리처드 주연이었는데, 로렌스 올리비에가 홀로그램으로 등장했다. 프레디는 앨범 작업 중에서 2개의 곡에 특히 공을 들였는데, 스티비 원더, 디온 워윅, 줄리안 레논과 함께 준비하는 곡이었다. 단발성 공연도 제작했다.

한편, 퀸 앨범이 승승장구함에 따라 EMI는 투자한 만큼 수익을 거둬들이고 있었다. 프레디는 그때까지 솔로로서 성공하지 못하고 있었다. 첫 번째 솔로 앨범《미스터 배드 가이》에 수록된 〈러브 미 라이크 데어스 노우 투머로우〉는 5번째 솔로 싱글이었다. 프레디가 바버라를 위해 쓴 발라드였지만 차트권에 진입하지도 못했다.

퀸이 만들어두었던 〈하이랜더〉 사운드트랙은 새로운 앨범에 수록될 예정이었다. 퀸은 몽트뢰 록 페스티벌에 참여한 후에 유럽 투어 리허설을 시작했다.

1986년의 매직 투어는 스톡홀름에서 첫 공연을 하고 웸블리 스타디움과 넵워스 파크에서 마지막 공연을 가질 예정이었다. 총 26회 공연을 통해 1,100만 파운드를 벌어들였다. 퀸 멤버들은 이 투어가 프레디의 마지막 매직 라이브라는 사실을 어렴풋이나마 짐작했을까?

21
부다페스트

놀라운 무대로 관객을 전율케 하다

안 가본 곳에 가고 싶다. 내 관심은 그곳의 사람들이다. 음악은 전 세계를 다 돌아다녀야 한다. 난 러시아, 중국 등 안 갔던 곳들을 더 늦기 전에 가고 싶다. 휠체어에 의지해 아무것도 할 수 없기 전에. 늙어서도 지금과 똑같은 타이즈 차림으로 휠체어에 탄 나를 밀어서 무대에 데려다주는 장면을 상상할 때가 있다. 피아노 앞에서 여전히 〈보헤미안 랩소디〉를 부르는 모습을.

프레디 머큐리

나는 로큰롤 파티에 초청받아 헝가리 대사관에 가는 식의 초현실주의가 차라리 좋습니다. 그들은 퀸처럼 자신들과 완전히 다른 종류의 인간들을 환영하는 데 익숙했습니다.

피터 힐모어

퀸의 14번째 앨범으로, 〈하이랜더〉 사운드트랙인 〈어 카인드 오브 매직(A Kind of Magic)〉은 유럽 투어의 시작을 알리는 의미에서 1986년 5월 말경에 발매되어, 예상했던 대로 1위까지 올랐다. 6월 4일 수요일의 동틀 무렵, 음악 장비를 실은 13개의 큰 트럭이 런던에서 출발해 11개국을 횡단하는 긴 유럽 투어가 시작되었다. 퀸은 스톡홀름, 파리, 뮌헨, 바르셀로나, 부다페스트 등 20개 도시의 100만 명의 팬들을 위해 26번의 콘서트를 했다. 공연할 도시는 퀸이 정했다.

사진작가 데니스 오레건(Denis O'Regan)은 퀸의 현재 홍보 담당자인 필 사임스(Phil Symes)를 통해 짐 비치가 고용했다. 투어 기간 중 공식적인 사진사였던 데니스 오레건에 의하면 프레디는 신경질적이고 사진 촬영을 싫어했다고 한다.

"전직 홍보 담당자인 토니 브레인스비에 의하면 어느 날 엠버시 클럽 뒤 쓰레기통에서 프레디를 발견한 적이 있다고 합니다. 그에 비해 로저, 존과 브라이언은 착실한 편입니다. 까탈스럽지도 않고요. 프레디야말로 어디로 튈지 종잡을 수 없었습니다. 가끔 프레디가 무슨 생각을 하는지 도무지 알 수 없을 때가 있었어요. 그의 머릿속에서는 19~20가지 일을 한꺼번에 하는 것 같아요. 프레디의 생각은 항상 말보다 앞섰기 때문에 이런 식으로 말했죠. '내가 원하는 것은 그, 음…… 이런 젠장할(Fuck it).' 말할 때마다 '젠장할!'을 내뱉었죠. 생각을 말하려는데 입에서 맴돌기만 할 뿐 생각을 잘 표현할 수 없었기 때문이에요."

데니스에게 록 투어가 첫 경험은 아니었지만 마음껏 즐기는 퀸의 태도에는 깜짝 놀랐다. 마치 로큰롤 슈퍼 그룹은 어떤지를 패러디하는 미션을 수행 중인 것 같았다.

"매음굴, 로마 시대 목욕탕, 터키탕, 웸블리 스타디움 무대 뒤의 레즈비언 스트리퍼들, 몸에 유니폼을 그려 넣은 나체 여성들이 웸블리 공연 후에 대기하고 있었습니다. 화장실에서의 난잡한 행위는 말할 것도 없고요."

하지만 항상 홍겹지만은 않았다. 퀸 멤버들보다는 같이 수행했던 스태프들이 더 즐거워하는 것 같았다. 데니스가 가까이서 관찰해 보니, 프레디는 투어를 매우 싫어했지만, 계약 수행을 위해 달리 선택의 여지가 없었기 때문에 측은하게 느껴지기까지 했다. 앨범을 만든 후에 프로모션 투어를 하는 패턴은 당시에 너무 당연한 의무사항이었던 것이다. 데니스는 이 사실을 인정했다.

"프레디는 투어 중에 행복해 보이지 않았어요. 한 번은 나에게 자신은 공연을 즐기지만 투어는 혐오한다고 말했습니다. 프레디는 상처받기 쉬운 타입 같았어요. 전혀 예상치 못했습니다. 프레디는 약하고 부드럽고 어린아이 같았어요. 테이블 가장자리에 앉아 박수를 치면서 저녁식사가 훌륭하다고 흥분하거나 하는 식이었어요. 너무 귀여웠죠. 프레디는 조용하고 신중하고 꽤 내성적이었죠. 하지만 정반대의 극단에는 불꽃같은 모습이 있어요. 체격도 작고 때론 나약해 보이지만, 무대 위에서 엄청난 에너지를 내뿜는 강한 남자를 생각해 보세요."

데니스는 프레디의 사진 촬영이 어렵지는 않지만 그가 얼마나 부끄러움이 많은지를 알고 깜짝 놀랐다.

"사진 촬영을 할 때 정말 힘들게 하지는 않아요. 나를 의식하지 않고 광대처럼 자신의 일에 충실하니까요. 저 문에서 왕관을 쓰고 몇 가지 포즈를 취했습니다. 물론 내가 거기 있다는 걸 알고 있었지요. 하지만 사진 촬영을 특별히 요구한 적은 없어요. 프레디는 항상 자신이 무엇을 하고 있는지를 분명히 알고 있었어요."

데니스는 프레디의 성질머리를 예상하지는 못했다.

"자주 화를 내더군요. 사람을 무시하는 듯했어요. 입버릇처럼 이렇게 말했죠. '꺼지라고 그래!' 하지만 사과도 꽤 하는 편이었습니다. '프레디 마법'의 모든 것은 라이브 공연에 있어요. 스타로서의 역량을 타고났죠. 프레디가 '이성애자'가 아니라는 사실은, 굳이 증명해 보일 필요는 없는 거예요. 자신이 이성애자가 아니라는 사실을 말한 적은 없어도, 무대에서 여성 복장을 하면서 관객들을 놀렸죠. 대부분의 사람들은 감히 그럴 엄두도 못 내는데 말이에요. 프레디는 전성기 때 분명히 파티광이었지만, 1986년에는 달라졌습니다."

1986년 매직 투어에서 키보드로 참가했던 스파이크 애드니도 같은 의견이었다. "광란의 파티가 잠잠해졌어요. 두 진영으로 나뉘어서 서로 다른 호텔에 머물 필요가 더 이상 없어진 것입니다." 퀸은 투어 중에 때때로 동성애자 진영과 이성애자 진영—예를 들어, 뮌헨 힐튼의 경우 동성애자의 특실과 이성애자의 룸—으로 나누어 숙박했다고 했다.

"매직 투어를 기점으로, 모두 한 장소에서 함께 머물렀어요. 프레디도 많이 좋아져서 예전과 달리 클럽에 간다거나 밤샘하는 걸 좋아하지 않았어요. 목소리를 철저히 관리했어요. 종종 자신의 스위트룸에서 샴페인을 마시고 카드게임을 하면서 옛날로 돌아가기도 했지만요. 프레디와 둘이서 다음 날 아침 9시가 다 되어서야 카드게임—스크래블(Scrabble), 트리비얼 퍼수잇(Trivial Pursuit), 리버스 스크래블(Reverse Scrabble) 등—을 끝낸 기억도 납니다. 퀸의 투어에는 섹스, 약물, 로큰롤이 따라다녔지만 1980년대 중반에는 '스크래블'을 주로 했습니다."

이제 중년에 접어든 퀸에게는 마지막 파티가 남아 있었다. 1986년, 퀸의 멤버 전원이 참여한 마지막 투어였던 매직 투어 중에, 7월의 웸블리 스타디움 공연 후 루프 가든즈에서 축하 파티가 열렸다. 루프 가든즈는 지금도 남아 있는데, 켄싱턴 하이스트리트에서 3킬로미터 정도 올라가야 한다. 루프 가든즈의 꼭대기 층에는 '데리 앤 톰스(Derry & Toms)'의 백화점이 있었다. 그 백화점에 바바라 훌라니키의 엠포리엄 '비바'가 들어서 있었다. 비바의 소매점 층과 레인보우 레스토랑으로 일주일에 100만 명이 넘는 고객들이 몰려들었다. 레인보우 레스토랑은 록스타와 명사들이 자유롭게 어울리는 대중적인 명소였다. 프레디는 이곳에서 메리 오스틴과 처음 만났다.

유럽 지역을 순회하는 매직 투어는 퀸 멤버 전원이 다 같이 참여한 마지막 투어였으며, 영국에서는 웸블리 스타디움에서 마지막 공연이 있었다. 하지만 팬들의 열광적인 반응을 고려하여 8월 9일, 스티버니지의 넵워스 공원에서 다시 공연을 했다. 영국 공연 중 가장 많은 관객 수—12만 명 이상—를 기록했다. 공연 후 축하 파티에서 사라졌던 프레디는 짐 허튼, 피터 프리스톤과 팔짱을 끼고 등장했다. 피터는 프레디가 그런 종류의 파티에서 즐거워하는 모습을 처음 보았다. "특히 레코드사에서 주최하는 파티를 싫어했어요. 고용주와 즐거운 척 이야기를 나누고 싶어 하지 않았거든요."

아마 프레디도 넵워스 공연이 마지막 라이브라는 것을 느꼈을 것이다.

그날 밤, 숙소인 버터시 헬리포터로 돌아가는 도중에, 한 팬이 공연 진행 중에 누군가에게 찔렸다는 비보를 접했다. 다행히 칼이 몸을 관통하지는 않았지만 앰뷸런스를 부르지 못해 결국 사망했다. 짐 허튼은 프레디가 이 사실에 매우 화를 냈다고 했다. "다음 날 아침에 친구가 점심식사를 하러 오고서야 가라앉았어요. 신문에는 넵워스 콘서트 사건이 대서특필되었어요. 팬의 죽음으로 프레디는 무척 괴로워했습니다. 음악이 사람들에게 행복을 가져다주길 바랐기 때문이죠."

매직 투어 중에서도 부다페스트 공연은 참석한 사람들의 마음에 행복하게 각인되었다. 1986년 7월 27일 일요일에 퀸은 부다페스트의 국민광장 넵스타디온(Népstadion)에 모습을 드러냈다. 퀸보다 앞서 엘튼 존, 제트로 툴과 다이어 스트레이트(Dire Straits, 1978년에 데뷔한 영국의 록 그룹)가 헝가리에서 공연한 경험이 있었지만, 철의 장막이 드리워진 지역에서 웨스턴 록 그룹이 야외 공연을 갖기는 처음이었다. 25만 명 이상의 팬들이 표를 구하려고 했지만 좌석은 8만 명분만 정해져 있었다. 티켓 한 장 값은 2달러에 불과했지만, 헝가리인에게는 한 달 급여가 넘는 액수였다.

공연일이 다가오자 헝가리 언론에서는 퀸 이야기로 떠들썩했다. 신문에서는 관객들에 대한 행동 제재가 다소 완화되어, 박수는 허용될 것이라는 힌트를 주기까지 했다. 술을 마시거나 약물, 무질서, 공격적 행위는 여전히 허용되지 않았다. 공연장에서는 기관총을 두른 경찰들이 순찰할 예정이었다. 오렌지 스쿼시를 마시는 건 가능했다. 담배도 금지되었다. 이번에는 차분히, 질서 있게 진행될 것으로 예상할 수 있었다. 나는 백스테이지 패스[44]를 발급받아 정말 다행이었다.

퀸의 첫 번째 공보 담당 직원인 록시 미애드(Roxy Meade)와 필 사임스는 우리 기자들에게 질문을 퍼부었다. 17개의 카메라가 넵스타디온에서 촬영을 했다. 그중에 한 개는 헝가리 필름 아카데미의 교사인 71살의 베테랑 카메라맨 죄르지 레스(Gyorgy Illes)가 직접 작동시켰다. 죄르지 레스는 그의 문하생 빌모스 지그몬드(Vilmos Zsigmond, 1930~, 헝가리계 미국의 영화 촬영 감독)가 스필버그 감독의 1997년 영화 〈클로스 인카운터스 오브 더 써드 카인드(Close Encounters of the Third Kind)〉로 상을 받은 것으로 유명했다. 퀸과 스태프들은 크루즈를 타고 푸른 다뉴브 강을 통해 비엔나에서 부다페스트로 이동했다. 부다페스트는 공식적으로는 소비에트 대통령 미하일 고르바초프의 통제 하에 있었다.

---

44 콘서트에서 주최자부터 취재 기자, 카메라맨, 관계자 등에게 발행되는 통행증으로 일반인의 출입 금지 구역에도 들어갈 수 있다. 백스테이지 패스에도 종류가 있어서 들어가는 장소가 한정되어 있는 것, 출연하는 뮤지션을 선택할 수 있는 것 등으로 나눈다. [네이버 지식백과] 백스테이지 패스[backstage pass] (파퓰러음악용어사전 & 클래식음악용어사전, 2002. 1. 28, 삼호뮤직)

무대 넓이는 6,000스퀘어 피트[45] 정도 되었다. 무대의 크기는 실내, 야외에 따라 차이가 크다. 공연 구역에는 모두 회색빛 엑스민스터 양탄자를 깔았다. 14킬로미터에 달하는 전선은 악기, 사운드, 조명장치 등 장비들을 연결하는 데 쓰였다. 5,000개의 앰프를 동시에 쓸 수 있는 5개의 전력 발전기가 준비되었다. 이 사운드 시스템은 5,000와트 이상의 전력과 혁신적인 딜레이 타워를 갖추고 있다. 마이클 잭슨이나 엘튼 존 공연 때도 퀸 공연만큼 보도기사들이 쏟아져 나오지는 않았다.

퀸의 부다페스트 출현은 이제 동서 관계 진전을 향한 거대한 발걸음으로서 집중적인 관심을 받았다. 헝가리 주재 영국 대사는 평소와 달리 특별한 대사관 클럽 장소에서, 초청 대상자들을 엄선하여 공연 전 리셉션을 주최했다. 이해관계가 모순된 여러 종류의 사람들이 리셉션에 참가했다. 헝가리에 거주하는 영국인들, 이스턴 블록[46] 소속 뮤지션들, 서구의 록스타들, 영국 국영 언론사들, 행사 참여를 노리는 몇몇 인사 등……. 이 행사에서 프레디는 즐거워 보였지만 지루하게 동유럽의 역사를 들으며 서 있는 것보다는, 쇼핑에 더 관심이 있었다. 그는 정치적인 사안에 무관심한 태도를 견지했다. 프레디의 개인적인 관점은 때때로 제정주의와 가까웠지만, 사람들이 있는 곳에서 사회적·정치적 의견에 휩쓸리는 것이 현명하지 못하다는 것을 잘 알고 있었다. 그는 국제적인 유명 인사들로서는 국민이 돈을 주고 맡긴 정치가들에게 정치를 일임하는 편이 더 낫다고 말하였다.

프레디는 그룹 U2조차 너무 정치적이라 생각했다고 한다. 피터 프리스톤에 의하면 프레디는 자신은 엔터테이너이므로 정치적 신념을 이끄는 데 설 위치는 아니라고 생각했다고 한다.

며칠 후 프레디는 영국 언론인들을 위해 두나 인터콘티넨탈 호텔의 특급 스

45 1스퀘어 피트(square feet)=0.0281평이므로 6,000스퀘어 피트는 168.6평

46 Eastern Bloc. 소비에트 연합과 공산주의 연합을 일컫는다.

위트룸에서 우아한 파티를 열었다.

"이 방 전망은 내 방보다 더 공평하네." 로저가 한마디 했다.

그날의 상냥한 주인공 프레디는 손님들을 맞이하면서 일상적인 이야기를 나누었다. 프레디는 무대에서보다 체격이 작고 콧수염이 많았지만, 같은 연령대의 남자들에 비해 건강해 보였다. 그는 두달 후에 40세 생일을 앞두고 있었다. 그는 말쑥하고, 향긋한 향수에, 밝은 꽃무늬 스포츠 셔츠, 꽉 끼는 데님 진을 입고 있었다. 헤어는 완벽하게 손질되었지만 조금 벗겨진 걸 감출 수는 없었다.

프레디가 인사를 했다. "와주셔서 감사합니다. 좋은 시간 보내고 계시죠?" 조용하고 정중한 말투였다. 그는 샴페인용 크리스털 잔을 가져오라고 신호를 보냈다. 고개를 끄덕이고 싱긋 웃기도 하면서 부다페스트에서 경험했던 일—젤라틴 탕에서 온천 치료를 할 때 스모 여성들의 석탄산 마사지를 받았던 일—을 이야기했다. 우리는 나중에 프레디가 파티에 노련하다는 것을 알게 되었다. 프레디는 우리에게 무슨 선물을 가져왔는지 물었고, 우리는 그제서야 활발하게 말하기 시작했다.

"아주 좋아요." 그는 리셉션룸 쪽으로 손짓하며 우리에게 뷔페 식사를 하라고 권했다. 랍스터, 새우, 캐비어, 달콤하고 이국적인 아이스크림 등이 나오는 호화 뷔페였다. 턱시도 차림의 뮤지션이 반짝이는 그랜드 피아노 앞에 앉아서 연주를 했다.

스위트룸의 슬라이딩 글라스 윈도우가 뒤로 젖혀져서 실내가 더 넓어 보였다. 겔레르트 언덕(Gellert Hill)의 성채 '피셔맨즈 배스천(Fishermen's Bastion)'의 조명등이 마티스 교회의 첨탑을 비추고 있었다. 메리 오스틴은 짐 비치와 조용히 담소—다이어트에는 섬유질이 충분해야 한다는 고금의 지식과 같은 이야기들—를 나누었다. 짐 허튼, 브라이언, 로저, 존과 나머지 직원들은 능수능란한 림보 댄서의 공연을 지켜보았다.

일요일이 되자 우리 기자들은 전 구역 출입 통행증을 더덕더덕 붙인 채 공연 장소에 도착했다. 퀸의 메인 공연 시작에 앞서 빨간색, 하얀색, 검정색 옷을 입은 헝가리안 민속춤 댄서들이 손수건을 들고 빙빙 돌며 흥을 돋웠다. 드디어 퀸의 차례가 왔다. 화려한 장관이었다. 뭉게구름이 피어오르고, 눈부신 조명 아래 귀를 먹먹하게 하는 사운드가 깔렸으며, 이 모든 것을 아우르는 퀸의 노련함이 돋보였다. 기억에 남는 장면들은? 브라이언은 오디션 초보자보다 더 열정적인 모습을 보였다. 어렸을 때부터 간직해온 벽난로로 만든 기타의 줄을, 피크로 쓰는 6펜스 동전으로 뜯으며 손가락을 미친 듯이 움직였다. 프레디와 함께 헝가리의 대중가요 〈타바시 스첼 비제트 아라츠(Tavasi Szél Vizet Árasztt, 봄바람은 물을 홍수로 만든다)〉를 연주했다. 관객들은 퀸이 헝가리 민속 발라드를 배우기 위해 많은 노력을 했다고 느꼈다. 프레디가 왼쪽 손바닥에 노랫말을 적어놓고 불렀다는 사실은 미처 알지 못했다. 관객들은 〈라디오 가가〉를 큰 소리로 불렀다. 앙코르 요청을 받은 프레디가 상체를 벗은 채 영국 국기를 두르고 나타났다. 얼마 후 프레디가 휙 돌자 헝가리 국기가 나타났다.

이게 다가 아니었다. 프레디가 벨벳 망토 옷자락을 끌면서 왕관을 쓰고 나타나 무대를 휩쓸었다. 브라이언이 연주한 〈갓 세이브 더 퀸〉은 떠나갈 듯한 박수갈채를 받았다. 브라이언은 "가장 도전적이면서 흥겨웠던 공연이었어요."라고 회상했다.

우리 기자들은 지금까지 퀸의 공연들을 봐왔기 때문에 이번 공연을 당연하다는 식으로 받아들였다. 놀라운 것은 마치 크리스마스 아침처럼, 마술이 일어난 것 같은 헝가리 관객들의 반응이었다. 팬들은 공연에 오기 위해 4주일간의 급여를 희생했다.

가장 위대한 록의 프론트맨, 프레디는 다시 금의환향한 것이다. 하지만 앞으로의 일을 우리가 알았더라면 무의미한 승리에 불과했다. 투어의 타이틀 '매직'의 아이러니는 이제 꿈틀거리기 시작했다. 프레디에게 조짐이 나타나고 있었다. 그날 밤 헝가리 공연은 프레디 외에 모든 사람들을 전율케 했다.

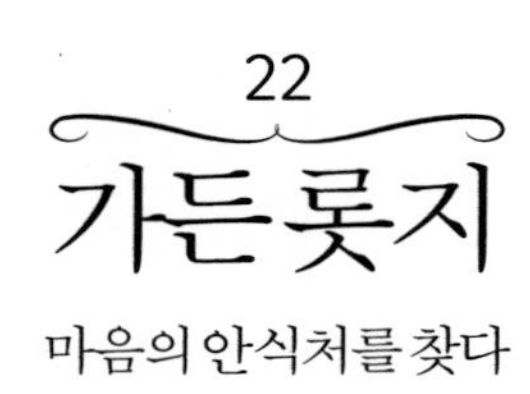

22 가든 롯지

마음의 안식처를 찾다

할리우드 영화에서 호화로운 장식의 궁전 같은 집들을 볼 때마다 부러웠는데, 이제야 갖게 되었다. 나한테는 멋진 집에서 산다는 것보다는 소유한다는 것 자체가 더 중요하다. 무엇이든 일단 손에 들어오면 더 이상은 관심을 안 가지는 편인데, 가든 롯지만큼은 아직도 여전히 사랑한다. 그런데 정말 즐거운 건 내가 이런 집을 가졌다는 사실이다. 때로는 밤에 혼자 있을 때 이런 상상을 해본다. 50살이 되면 내 피난처 가든 롯지에 기어들어가 그곳을 나만의 '가정(home)'으로 만들 것이다. 늙어서 흰머리가 무성하고, 모든 것이 끝나 무대에서 더 이상 지금처럼 차려 입고 격렬하게 몸을 움직이지 못할 때, 내가 기댈 데가 있다. 바로 이 아름다운 집이다.

프레디 머큐리

차트권 진입, 수상, 비디오 발매 등 퀸의 왕성한 활동은 끊임없이 계속되었다. 놀라움의 연속이었다. 평생 다 쓸 수 없을 만큼 돈도 벌었다. 프레디에게는 더 이상의 돈이 필요하지 않았다. 원하는 것은 뭐든지 사고, 가고 싶은 곳은 어디든지 갈 수 있었다. 그는 자신만의 개인적인 세계로 돌아와 비교적 조용한 생활을 했다. 그에게는 자신만을 위한 요리사, 시중, 운전사, 청소부가 있었고, 몇 안 되긴 하지만 믿을 수 있는 친구들도 있었다. 메리 오스틴은 집안일과 회계를 도맡았다. 직원 급여와 현금까지 모두 책임지고, 매일 프레디를 만나러 왔다. 짐 허튼도 가든 롯지에서 계속 살았다. 일요일 점심 무렵에 프레디의 부모인 보미와 저르가 방문할 때 짐의 신분은 단순히 가든 롯지의 정원사였다. 짐의 침실은 프레디의 방이 아닌 다른 곳에 있는 척했다. 짐의 기분이 상했을까? "아뇨. 프레디의 부모님은 정말 다정한 분들이셨어요. 나는 왜 비밀을 지켜야 하는지 잘 알아요. 그들의 종교 조로아스터교에서는 동성애를 인정하지 않기 때문이죠. 그래서 프레디는 부모님께 커밍아웃하지 않았던 것입니다."

부모님은 프레디 생전에 아들이 게이라는 사실을 알고 있었을까? 저르는 2006년에—프레디 사망 6년 후—《더 타임즈》와의 인터뷰에서 자신은 몰랐다고 했다. 프레디의 처남 로저 쿡은 프레디가 가족들에게 절대 말하지 않았다고 확신했다. 프레디는 가족들에게 알려지는 것이 두려워 세상에도 공개하지 않은 것일까? 저르는 말했다. "그 당시는 지금과 달랐죠. 지금은 누구나 오픈하죠. 그렇지 않나요?" 그녀는 자신의 종교적 신념을 확신했다. 프레디도 말하고 싶을 때가 있었을 것이다.

"프레디는 우리가 놀라는 걸 원하지 않았어요. 집에 오면 그냥 우리들의 프레디였죠."

저르가 가장 좋아하는 프레디의 노래는 〈썸바디 투 러브〉였다. 프레디도 이 곡을 가장 아꼈다.

피터 프리스톤은 프레디가 부모님의 결혼기념일을 축하해줬던 때를 기억했다. 그때는 가든 롯지로 이사하기 전이었다. 프레디 가족과 메리만 함께했다.

"메리는 디자이너 브루스 올드필드(Bruce Oldfield, 1950~, 영국의 패션디자이너)의 진홍색 옷을 입었는데 아주 잘 어울렸어요. 내가 골랐고 프레디가 사주었어요."

짐 허튼은 프레디의 부모님을 여러 번 만났고 사이좋게 지냈다.

"프레디의 부모님은 가든 롯지에 잘 오지 않았어요. 보통 일요일 점심 때 오시거나 프레디 여동생의 아이들 생일 때 오세요. 프레디가 런던에 있을 때는 식구들을 매주 만났어요. 내가 목요일 오후에 펠텀의 부모님 집에 데려다주었죠. 부모님은 계속 그 집에서 사셨어요. 모두 함께 주방에 모여 차를 마셨죠. 저르는 침착하고 서두르는 법이 없었어요. 그리고 매우 독립적이었습니다. 아직도 차를 직접 운전한답니다. 아주 가정적인 집이었어요. 하나 특이한 점은 집안 어디에도 프레디의 사진이 없다는 거예요. 그리고 프레디가 더 좋은 집을 사드릴 여유가 있는데도 이사하지 않고 계속 작은 집에서 사셨어요. 보통 록스타가 성공하면 부모님이 더 많은 물질적 풍요를 누릴 기회를 갖기 마련인데 말이에요."

짐은 프레디의 엄마와는 공통점이 거의 없었지만, 아버지 보미와는 둘 다 자연과 정원 가꾸기를 좋아했다.

"보미는 정원에 대한 자부심이 대단했어요. 장미나무와 아름다운 유칼립투스를 특히 좋아했죠."

저르는 항상 프레디가 좋아하는 치즈 비스킷을 직접 만들어주었다. 런치 박스에 담긴 과자를 짐이 가지러 갔기 때문에 저르와 짐은 자주 만났다.

"프레디의 여동생 카시미라는 뮤즈에서 처음 봤어요. 첫눈에 남매로 알아볼 정도로 닮았어요. 둘 다 다크 브라운의 큰 눈을 가졌죠. 카시미라의 딸 나탈리는 사랑스럽고 활기찬 아이였어요. 항상 어린 동생 샘을 데리고 있었어요."

짐은 프레디에게 가족은 큰 의미였다고 확신했다. "어딜 가든 부모님과 여동생에게 카드를 보냈어요."

아버지 보미는 2003년에 사망했다. 엄마 저르는 아직도 노팅엄에 살고 있다. 팰텀에 살다가 카시미라, 사위, 손자와 가까운 노팅엄으로 이사온 것이었다. 저르의 집은 프레디와 카시미라를 합한 '프레드미라(Fredmira)'로 불린다.

"옛날처럼 맘껏 즐기며 살 수는 없어." 프레디는 1986년 8월, 퀸의 마지막 공연 후 선언했다. "지금의 나에겐 맞지 않아. 광란의 파티로 지새던 밤들은 이제 끝났어. 아파서가 아니라 이제 나이를 생각해야지. 난 이제 더 이상 햇병아리가 아냐. 집에서 지내는 시간이 이젠 더 좋아. 이게 다 나이 들어가는 과정이지."

프레디는 계속 친구들을 초대했지만 파티는 대부분 집에서 이루어졌다. 1986년 9월 7일 일요일, 그의 40번째 생일은 평소의 파티에 비해 조용히 지나갔다. 200명이 초대되어 '미친 모자' 가든파티를 열었다. 디자이너 다이애나 모슬리는 별난 모자들을 준비했다. 프레디는 그중에서 화성인 스타일의 더듬이가 있는 하얀 깃털 장식 모자를 선택했다.

"비교적 조용한 파티였습니다. 하지만 여전히 즐거웠어요." 파티에는 토니 해들리, 팀 라이스, 엘라인 페이지(Elaine Paige), 데이브 클락, 코미디언 멜 스미스(Mel Smith, 1952~2013, 영국의 영화 배우이자 감독, 코미디언), 〈이스트 앤더스(East Enders)〉의 여배우 아니타 돕슨, 브라이언, 로저, 존 등이 참석했다.

프레디는 토니에게 직접 만든 카펫을 보여 주기 위해 침실로 가자고 했다. "단둘이만 올라갔죠. 엄청나게 큰 베틀로 짠 게 분명했어요. 다비드의 별 같은 무늬가 있었습니다."

짐은 프레디가 가족에 관한 일을 매우 적절하고 영국인답게 처리했다고 밝혔다.

"어느 일요일 점심, 가족들이 오기로 돼 있었을 거예요. 프레디는 거의 신경

쇠약 상태가 되었습니다. 엄마라도 된 듯이 행동했어요. 오전 내내 주방을 들락거리면서 음식 가지고 야단법석이었어요. 매사에 다 간섭했어요. 식탁보는 손수 깔아야 했습니다. 하나부터 열까지 세심하게 살폈어요. 나이프와 포크는 맞은편의 사람을 향하고, 매트는 정확하게 정렬되어 있어야 했어요. 뼛속까지 완벽주의자였습니다."

가든 롯지의 식구들은 기본적으로 프레디를 위한 일들을 했지만 정치적 입장을 가져야 한다거나 서로간의 서열을 정리할 필요는 없었다. 가든 롯지의 모든 사람들은 동등했고, 하나의 룰—그 누구도 가든 롯지에 들여선 안 된다—만 지키면 됐다. 친구, 섹스 파트너 등 그 누구도 출입금지였다고 한다. 이곳은 프레디의 영역이었고 안전과 비밀 유지가 가장 중요했다. "우리는 단순히 프레디의 스태프가 아니라 가족이었어요. 한 배를 탔어요. 모든 일은 조가 잘 이끌었습니다. 프레디는 꽤 자주 성질을 버럭 부릴 때가 있어요. 하지만 보스가 되거나 군림하려고 하진 않았습니다. 가끔 모두 함께 식사도 했습니다. 하지만 대부분 나—짐 허튼—와 프레디만 같이 먹었죠. 다른 식구들이 내게 악감정을 가질 이유는 없었다고 봅니다. 모두 각자의 방이 있었어요. 바버라까지요. 나중에 프레디와 더 이상 섹스 관계를 가지지 않았을 때는 바버라의 방을 내가 썼어요. 프레디가 식구들 중에 누구를 편애하고 그런 일은 없었어요. 프레디의 친구가 술 마시러 놀러 오면 식구들 모두 파티에 참석했어요. 가든 롯지는 식구들 모두의 집이었지요."

프레디와 짐은 즐겁고, 떠들썩하고, 힘든 추억들을 함께했다. 100만 파운드나 든 일본 여행, 라이브 에이드에서 퀸의 부활, 스위스에서의 평화로운 생활 등……. 다정한 둘의 사이는 프레디가 죽을 때까지 계속됐다. 짐은 프레디가 매사에 창의적이었다고 했다.

"가만히 있은 적이 없어요. 항상 뭔가에 빠져 지냈어요. 항상 계획하고 지나치게 열중했죠. 가든 롯지 구입 다음에는 가든 롯지 바로 뒤편의 뮤즈 하우스[47]를 사들였어요. 그러고 나서 스위스의 집을 샀죠. 쉬는 법이 없었어요. 하지만 어떤 것도 완성하는 건 없었어요. 항상 무언가가 '진행 중'이어야 했거든요."

프레디는 짐에게 음악에 대해 말하는 스타일이 아니었다. "노랫말이 생각나면 옆에 있는 누구에게나 말했죠. '아이디어가 떠올랐어.', '이 단어가 괜찮아.', '여기 좀 도와줄래.' 항상 아무데나 끄적이는 습관이 있었어요. 집에서는 노래를 하지 않았어요. 욕실에서만 가끔 불렀죠. 이때도 퀸의 곡은 아니었어요. 프레디가 자쿠지에서 최대한 높은 음으로 노래하는 비디오 촬영물이 내게 있어요."[48]

프레디는 1986년 9월에 짐에게 약속했던 일본 여행을 갔다. 그는 처음으로 관광객의 신분으로 동경하던 나라를 관광하게 되어 매우 즐거워했다. 프레디와 짐은 함께 관광하고, 와인을 마시고 저녁식사를 했다. 쇼핑으로 엄청나게 사들이기도 했다. 몹시 갖고 싶어 했던 기모노 스탠드도 구입했다. 일본 여행은 프레디와 짐의 잊지 못할 추억이 되었다. 그는 런던으로 돌아오자마자 평소와 다름없이 고양이, 물고기, 가까운 벗들과 편안한 일상을 즐겼다.

안락했던 프레디의 세계는 1986년 10월 13일 일요일에 실린《뉴스 오브 더 월드》지의 보도로 풍비박산이 났다. 프레디에 대한 선정적인 폭로 기사 때문이었다. 기사의 주요 내용은 '퀸이 라이브 에이드를 훔친 그해에 프레디가 비밀리에 에이즈 검사를 받았다. 프레디의 연인이었던 항공기 승무원 존과 토니 베스틴이 사망했다. 현재 프레디는 짐 허튼과 동거 중이다. 데이비드 보위, 로드 스튜어트와 코카인을 흡입하며 광란의 밤을 보냈는데 이 때문에 마이클 잭슨과 사이가 틀어졌다. 마이클은 프레디의 코카인 과용에 분노했고, 라운지에서 약물을 코로 흡입하는 프레디를 목격했다.' 등이었다. '프레디의 남자들'이란 타

47 마구간을 개조한 작은 집
48 이 비디오는 짐의 사망 후에 인터넷에 공개되었다.

이틀로 위니 커크버거와 다른 연인들의 사진까지 뿌려졌다.

이 야비한 폭로로 프레디와 케니 에버렛의 우정도 깨졌다. 코카인 과다 복용에 대해 의견이 대립된 후에 둘 간의 사이가 멀어졌다는 기사 때문이었다.

"에버렛은 아낌없이 주는 자신의 마음을 프레디가 이용한다고 생각했지만 사실은 그 반대에 가까워요." 둘 간의 화해는 이루어지지 않았다. "케니는 더 이상 가든 롯지를 찾지 않았습니다. 게이 클럽에서 마주쳐도 말 거는 법이 없었어요. 프레디의 침대 곁에 케니가 있었다는 기사는 조작이었어요."

이러한 특종을 폴 프렌터가 터뜨렸다는 사실을 안 프레디는 할 말을 잃었다. 폴 프렌터는 자신의 개인 매니저였으며 친한 친구라고 생각했기 때문이다. 폴 프렌터는 프레디의 투어 때 항상 함께했다. 그는 단돈 3만 2,000달러에 친구의 품위와 사생활을 팔아치운 것이다.

짐은 프레디가 배신을 견디지 못하고 괴로워하는 걸 지켜보아야 했다. "친한 친구가 그렇게 야비한 방식으로 행동했다는 사실을 믿을 수 없어 했어요. 《뉴스 오브 더 월드》의 자매지 《더 썬(The Sun)》을 통해 '프레디와 마약', '프레디의 남자' 등 추가적인 폭로가 잇따랐습니다. 상황은 더 악화되었죠. 새로운 폭로가 이어질 때마다 프레디의 분노는 더욱 심해졌어요. 프레디는 폴 프렌터와 다시는 말하지 않았습니다." 폴 프렌터는 엘튼 존, 존 레이드뿐 아니라 프레디를 동정하는 부류들에게 배척당했다. 폴 프렌터는 왜 이런 일을 벌였을까?

주위의 사람들은 프레디가 짐과 동거에 들어가자 프렌터가 분노하고 프레디를 원망했다고 한다. 프레디가 프렌터 없이도 잘 지낼 수 있게 되었기 때문이다. 프레디에 대한 자신의 권력이 없어지자 복수할 방법을 찾았던 것이다. 프렌터가 프레디에게 전화해서 변명하려 했지만 프레디는 거절했다.

"프렌터는 자신이 오랫동안 언론에 시달려서 결국 이렇게 되었다고 주장하면서 스스로를 합리화시키려 했어요. 모두 실수였고 자신은 이용당했다고 했죠. 이 일로 인해 사람들에 대한 프레디의 신뢰는 깨졌어요. 극소수의 몇 명만을 빼고요. 그 후에는 새로운 친구를 사귀지 못했습니다."

피터 프리스톤은 퀸에서 쫓겨난 폴 프렌터를 프레디가 돌봐주었다고 했다. "폴이 자신을 이용한다는 걸 알고 난 후에도 경제적으로 도와주었어요. 그런 배려가 오히려 프레디를 더 힘들게 만든 꼴이 되었죠."

스파이크 애드니는 폴 프렌터가 프레디의 '용서하는 천성'을 항상 이용했다고 했다. "사람들이 항상 말했죠. '어떻게 저런 놈이랑 다니지?' 이런 말을 들으면서도 프렌터와의 우정을 유지했습니다. 난 프렌터가 교활한 자라는 걸 벌써부터 알고 있었어요. 프레디의 피를 빨아먹고 사는 자들이 얼마나 많았는지 생각하면 놀랍기도 합니다. 프레디야말로 그런 놈들 때문에 진정한 사생활을 가질 수 없었습니다."

한편 미국에서는 사망 원인의 위조가 이슈화되었다. 에이즈와 관련된 질병에 걸린 많은 명사가 자신들의 이미지를 고려해서 사인을 위조한 것이었다. 카바레의 제왕으로 유명한 리버라체(Liberace, 1919~1987, 미국의 피아니스트, 쇼맨쉽이 뛰어난 동성애자 피아니스트로 유명했음)조차, 그의 대변인이 수박 다이어트의 부작용 때문에 사망했다고 발표했다. 록 허드슨(Rock Hudson, 1925~1985, 미국의 영화배우)은 1985년에 에이즈 발병 사실을 공개한 최초의 스타였다. 그때까지 미국에서는 264명이 에이즈 환자로 보고되었다. 에이즈는 제2차 세계대전 이후 가장 무서운 질병이었다. 에이즈 감염자가 부주의한 섹스를 하지 못하도록 입원 명령 권한을 치안판사에게 부여하는 새로운 법이 통과되었다.

동성애에 대한 비판이 공공연히 이루어졌고 잘못된 정보도 난무했다. 아이러니하게도 엠버시 클럽, 헤븐의 창립자 제레미 노먼의 고용주였던 벅스 피라지(Burke's Peerage)는 '에이즈에 감염된 회원들의 명단을 공개하지 않을 것'이라는 충격적인 발표를 했다. 여기에는 명확한 이유가 있었다. 프레디는 특히 자신이 게이임을 가족들에게 인정해야 할까봐 두려워했다. 프레디에 관한 기사가 파시 공동체에 미친 고통과 당혹감은 상상 이상으로 어마어마했다. 퀸과 짐 비치는 녹음 계약의 문제에서도 사소하게 넘겨버릴 수 없었다. EMI와의 계약을 완수할 때까지 프레디가 생존할지도 의문시되었다.

1986년 크리스마스에는 퀸의 앨범 《라이브 매직(Live Magic)》이 발매되었다. 퀸의 히트곡들을 라이브 녹화한 앨범이었다. 퀸은 다음 해는 쉬고 지금까지의 작업들을 검토하면서 솔로 작업에 초점을 두기로 했다.

마음의 고통이 있었지만 프레디는 고요해 보였다. 결국 일과 생활의 균형을 완벽히 이루었고 멋진 하루하루를 보낼 수 있게 되었다. 늦게 일어나 친구들을 초대하거나 나가서 브런치를 먹었다. 수다 떠는 데 몇 시간을 보내고, 좀 쉬었다가 저녁 파티를 열거나 측근들과 레스토랑에 갔다. 돌아와서 잠깐씩이라도 음악 작업을 하면서 자신의 스튜디오에서 시간을 보냈다. 가끔 노팅힐 펨브리지 로드의 퀸 사무실에서 비즈니스 미팅도 가졌다. 앤티크 예술품들을 보러 소더비나 크리스티에 가기도 했다. 그는 '항상 바쁘지만, 서두르지 않고, 즐겁고 활기찬 생활'을 했다. 하지만 이제 점점 기한이 다가오고 있었다.

23

바르셀로나

변신으로 최고의 반열에 오르다

《바르셀로나》 앨범 작업을 하면서 좀 더 자유로워질 수 있었다. 터무니없어 보이는 아이디어를 실제로 테스트할 수 있는 기회가 좀 더 생긴 것이다. 몽세라는 "인생의 새 영역과 새로운 자유를 발견했다."고 했다. 몽세라가 직접 이렇게 말한 것이다. 나는 그 말이 무척 감동적이었다. 그녀는 우리의 목소리가 함께 어우러져서 사운드를 만든 방식이 참 마음에 든다고 했다. 설마 하는 생각이 들었다. 집에 있던 나는 '바로 지금 나와 같은 생각을 하는 사람들이 많구나.' 하고 생각했다. 고양이가 카나리아를 삼킨 것처럼 기분 좋다.

프레디 머큐리

사람들은 〈바르셀로나〉를 시시한 팝송, 가짜 오페라(cod opera) 정도로 생각하는데 전혀 그렇지 않아요. 충분히 정식 오페라(grand opera)의 한 부분이 될 수 있었죠. 간단히 웃어넘길 만큼 사소하지 않아요. 〈바르셀로나〉는 대단했어요.

팀 라이스

프레디의 첫 번째 솔로 앨범 《미스터 배드 가이》의 반응은 대실패였다. 프레디는 자신의 능력을 증명해야겠다고 결심했다. 그는 후속 작업을 할 장소를 골드호크 로드 소재의 타운하우스 스튜디오로 정했다. 무엇보다 가든 롯지와 가까워서 마음에 들었다. 영국의 유명 스튜디오인 타운하우스는 1978년에 리처드 브랜슨에 의해 설립되었으나 나중에 EMI/Virgin 그룹에 인수되었고 지금은 없어졌다. 프랭크 자파, 브라이언 페리(Bryan Ferry, 1945~, 영국의 가수), 티나 터너(Tina Turner, 1939~, 미국의 가수) 등 유명 아티스트가 이곳에서 작업했다.

타운하우스에서 프레디는 벅 램이 만든 곡 〈더 그레이트 프리텐더(The Great Pretender)〉를 시도해 보았다. 이 곡은 그룹 플레터스(Platters, 1955년에 데뷔한 미국이 록 그룹)가 부른 곡으로 1956년에 빅히트를 했다. 벅 램은 플레터스의 매니저이자 프로듀서였다. 팻 분(Pat Boone, 1934~, 미국의 가수이자 영화배우), 로이 오비슨(Roy Orbison, 1936~1988, 미국의 싱어송라이터), 샘 쿡(Sam Cooke, 1931~1964, 미국의 가수, 소울 음악의 개척자로 알려짐), 돌리 파튼(Dolly Parton, 1946~, 미국의 가수이자 배우), 더 밴드(The Band, 1968년에 데뷔한 캐나다의 록 그룹)도 〈더 그레이트 프리텐더〉를 불렀다. 크리시 하인드가 리드싱어로 활동하는 그룹 '더 프리텐더스(The Pretenders)'의 이름을 따서 곡명이 정해졌으며, 진 피트니(Gene Pitney, 미국의 팝 가수)의 1969년 커버 버전이 특히 뛰어났다. 프레디는 진 피트니의 곡을 참고로 해서 불렀다. 결과에 매우 만족한 프레디는 당장 프로모션 비디오를 만들고 싶었고, 10만 파운드를 들여 3일 만에 MGMM에 의해 제작되었다. 데이비드 말렛이 감독을, 스캇 밀라니가 프로듀서를 맡았다. 프레디는 말끔한 이미지를 위해 콧수염까지 밀었다. 비디오에는 초기 작품 〈보헤미안 랩소디〉, 〈크레이지 리틀 씽 콜드 러브〉, 〈잇츠 어 하드 라이프〉, 〈아이 원 투 브레이크 프리〉의 비디오에 나오는 상징적인 장면들이 많이 포함되었다. 프레디가 만든 마지막 비디오는 아니었지만 '프레디의 작별(Freddie's Farewell)'로 널리 알려져 있다. 로저 테일러와 피터 스트레이커가 백 싱어로 나와서 목소리를 내지 않고, 마임 연기만 했다.

프레디는 이 곡의 모든 목소리를 혼자 다 소화했다. 프레디는 비디오 촬영 내내 다이애나 모슬리가 보관해두었던, 같은 옷들만 입었다. 몸집도 완벽하게 똑같이 유지했다. 한 달 후에 비디오가 나올 때는 어떻게 제작했는지 상세히 보여 주었다.

싱글 〈더 그레이트 프리텐더〉는 1987년 2월에 발매되어 영국에서 4위까지 올랐다. 발매 이후에도 수많은 편집이 이루어졌다. 〈보헤미안 랩소디〉와 함께, 록스타의 모습 속에 감춰진 프레디의 고통스러운 영혼을 보여 주는 곡으로 알려져 있다. 1987년의 마지막 인터뷰에서 프레디는 다른 어떤 곡에서보다 이 곡에 자신의 이력이 잘 요약되어 있다고 인정했다. 가사 중에서 '그저 웃는, 게이 같은 광대'라는 부분과, 강조되는 '난 위대한 위선자, 잘하고 있는 척하지, 내 목적은 과장되게 잘난 척하는 것, 하지만 아무에게도 말할 수 없어.'라는 부분에 〈티어즈 오브 어 클라운(tears of a clown)〉의 모티브가 스며들어 있다.

그는 수천만 명의 팬 앞에서 공연할 때 자신이 실제로는 어떻게 느끼는지를 이 곡에서 완벽하게 표현했다고 말했다. 과연 그럴 만한 가치가 있었을까? 궁금하다. 우리는 결코 알 수 없다. 하지만 작곡에 천재성을 가진 프레디가 〈더 그레이트 프리텐더〉를 부른 건 비극적인 아이러니이다. 그 자신을 가장 잘 나타냈다고 선택한 노래가 스스로 작곡한 곡이 아니었으니 말이다.(그는 결국 자기 자신을 자신의 목소리로 솔직하게 말할 자신이 없었다. 프레디 자신을 자신도 모두 알지 못하기 때문이다. 프레디는 신이 인류에게 음악을 통해 행복을 주려고 준 선물이고, 자신도 의도하지 않는 모습으로 살아가고 있었는지도 모른다.)

1986년 8월, 매직 투어 기간에 프레디는 라디오 인터뷰를 했다. "세상에서 가장 좋은 목소리의 주인공은 누구라고 생각합니까?"라는 질문에 "지금 내가 스페인에 있으니까 하는 말은 아니고요. 몽세라 카바예가 존재하는 최고의 목소리라고 생각합니다."라고 답변했다.

몽세라는 프레디가 인터뷰한 내용을 들었다. 그녀는 1992년에 그녀의 고향 바르셀로나에서 개최되는 올림픽에서 노래하기로 이미 섭외되어 있었다. 누구의 아이디어인지 밝혀지진 않았지만 프레디와 몽세라가 올림픽 성가를 듀엣으로 부르는 계획이 추진되었다.

"짐 비치는 칼로스—몽세라의 오빠—, 비즈니스 매니저와 몇 가지 논의를 했어요. 프레디도 흔쾌히 수락했죠. 오랫동안 바랐던 그녀와의 작업 기회를 잡았으니까요." 라이브 에이드에서 텔레비전을 통해 전 세계의 관객들이 보는 앞에서 공연하는 기분을 이미 맛보았던 프레디는 몽세라와의 듀엣 공연 아이디어에 완전히 매혹되었다.

1987년 3월에 바르셀로나에서 공식적인 미팅이 있었다. 몽세라는 프레디에게 자신의 공연 비디오 테이프를 보냈으며, 퀸의 작품 모두를 보내달라고 요청했다.

프레디는 피터, 짐 비치, 프로듀서 마이크 모란(Mike Moran)과 스페인으로 떠날 때 평상시와 달리 긴장되어 있었다. 일행은 화요일에 리츠 호텔에 도착해서 몽세라를 기다렸다. 그녀는 지각하는 습관이 있었다.

"한구석에 피아노가 있는 커다란 가든 다이닝룸에서 점심식사를 했어요." 피터가 말했다. "프레디는 노래 한 곡과 몇 개의 아이디어를 담은 테이프를 가지고 있었어요. 난 그 테이프를 목숨을 걸고 지켜야 했죠. 거기에는 〈엑서사이지스 인 프리 러브(Exercises in Free Love)〉, 곧 완성될 〈인수에뇨르(Ensueño)〉와 다른 곡들에 대한 몇 가지 아이디어가 들어 있었습니다. 프레디와 몽세라는 서로를 매우 존중했어요. 앞으로 함께 일할 계획에 매우 흥분했죠. 서로 뜻이 잘 맞았고, 그날 점심식사는 대 성공이었습니다." 몽세라와 프레디는 며칠 후에 런던의 로열 오페라하우스에서 만나, 처음으로 프레디의 집을 방문하기로 약속했다.

"오페라 가수들은 목을 생각해서 일찍 잠자리에 듭니다."

데이비드 윅이 말했다.

"하지만 몽세라는 저녁식사에 초대되어 가든 롯지를 방문해서 다음 날 새벽 5시까지 프레디와 밤새워 논의했습니다. 프레디와 마이크가 피아노를 치고, 몽세라는 퀸의 곡을 노래했죠. 그녀가 퀸 곡을 어떻게 알았는지 도무지 알 수가 없더군요. 프레디는 록스타로서는 믿기 힘들 정도로 다양한 장르를 소화할 수 있어요. 하지만 몽세라에게 큰 감명을 받았어요. 둘 다 상대를 제대로 만난 거죠."

"마이크 모란도 거기 있었는데, 피아노는 그렇게 오래 연주하지 않았어요. 잊지 못할 밤이었습니다. 프레디와 몽세라는 서로에게 완벽하고 자연스럽게 적응했어요. 샴페인을 마시고 노닥거리며 보냈죠. 공식적으로 스튜디오에서 함께 작업했다면 그날 밤처럼 편안하지는 못했을 거예요."

다음 달, 프레디의 마지막 솔로 앨범 작업이 끝난 후에 퀸은 '아이보 노벨로' 상을 받았다. 앨범 《바르셀로나》는 마운틴 스튜디오에서 제작되었다. 프로듀서는 데이비드 리처드가 맡았다. 몽세라 주연의 오페라 〈라 스투펜다(La Stupenda)〉는 오페라하우스와 콘서트홀에서 수많은 러브콜을 받고 있었다. 따라서 몽세라의 수첩에는 5년 후까지의 스케줄로 꽉 차 있어서 스튜디오에서 많은 시간을 보낼 수 없었다. 프레디도 스튜디오에 오래 머무는 작업 방식을 선호하지 않았다. 작품은 9개월이란 긴 시간 동안 진행되었다. 프레디가 자신의 목소리로 거의 완성된 곡을 보내면 몽세라가 자신의 소프라노 목소리를 추가하는 방식으로 작업이 진행되었다. 이상적인 작업 방식은 아니었지만 결과는 매우 훌륭했다.

그 당시 팀 라이스의 연인은 뮤지컬 〈에비타〉, 〈캣츠(Cats)〉, 〈체스(Chess)〉의 스타 엘라인 페이지였다. 그녀는 퀸의 앨범 작업에도 함께했던, 프레디에게 인정받은 배우였다. 프레디와 팀 라이스는 엘라인을 통해 알게 되었고 좋은 친구가 되었다. 팀은 앨범 《바르셀로나》의 수록곡 〈더 골든 보이(The Golden Boy)〉, 〈더 폴른 프리스트(The Fallen Priest)〉의 노랫말을 만들 때 함께 참여했다.

몽세라와 프레디는 《바르셀로나》 앨범의 타이틀곡인 〈바르셀로나〉와 〈가이드 미 홈(Guide Me Home)〉을 듀엣으로 불렀다. "둘 다 흥미로운 곡이었어요. 곡 자체는 대단하다고 볼 수 없지만 악절이 매우 훌륭했습니다. 프레디는 문화적 소양, 취향과 음악적 재능이 뛰어났습니다. 최근에는 오페라에 가장 애정을 보이고 거기에 집중했죠. 작업이 끝나고 집으로 갈 때는 몽세라의 공연 비디오를 같이 즐겼습니다. 마리아 칼라스(Maria Callas, 1923~1977, 그리스계의 이탈리아 소프라노 가수), 몽세라 카바예, 조안 서덜랜드(Joan Sutherland, 1926~2010, 오스트레일리아 출신의 성악가)가 부른 곡들은 모두 주옥같은 아리아들입니다. 난 오페라에 문외한이었지만 프레디에게 한 수 배웠습니다."

"확실히 내(팀)가 알기로는 프레디가 진정으로 여성을 사랑하는 방식이 있어요. 프레디는 여성을 동경했습니다. 프레디는 여성처럼 차려입고 향수를 뿌리는 식으로 여성의 특징들을 즐겼어요. 프레디는 메리를 분명히 사랑했어요. 프레디, 엘라인과 셋이서 저녁식사를 하러 가면 엘라인과도 진심으로 즐겁게 보냈습니다. 그가 여성을 배제한 건 확실합니다. 하지만 여성을 매우 원하기도 했어요. 난 프레디의 광란의 파티에 간 적은 없지만 프레디의 집에서 열리는 디너 파티에는 몇 번 갔어요. 20~30명의 사람들이 있었는데 반 정도는 항상 여성이었습니다."

5월 말에 프레디는 짐, 피터, 조, 테리 등과 함께 스페인의 이비자로 여행을 갔다. 이제 에이즈는 공식적인 질병으로 발표되었고 프레디는 에이즈에서 벗어나려고 필사적으로 노력했다. 주치의 고든 앳킨슨 박사(Gordon Atkinson)의 충고에 따라 여행용 짐을 쌀 때는 에이즈에 대비하여 작은 약상자를 반드시 준비했다.

휴가는 500년 된 농가에서 멋진 호텔로 변신한 곳에서 보냈다. 프레디는 집에 있는 것처럼 편안함을 느꼈다. 테니스를 치고, 수영장에서 빈둥거리고 밤에는 오래된 게이 클럽이나 바를 돌아다녔다.

"오른쪽 발바닥의 상처가 악화되었어요. 점점 걷기 힘들어졌죠. 그 상처는 그 후에도 계속 남아서 프레디를 괴롭혔어요."

여행 동안에 프레디는 산 안토니오 근방의 유명한 쿠 클럽에서 새로운 친구를 사귀었다. 스페인 이비자에서 바르셀로나 올림픽 개최의 팡파레 페스티벌이 열렸다. 마릴린, 듀란듀란, 크리스 리, 스팬다우 발레가 참여했으며 프레디와 몽세라가 함께 부른 〈바르셀로나〉로 피날레를 장식했다. 쿠 클럽에는 샴페인이 넘쳐났으며 프레디는 이른 시간부터 파티를 열었다. 그는 이제 자신에게 내일은 얼마 남지 않았다고 예감했다.

그해 여름은 켄싱턴의 로간 뮤즈에 구입한 집을 온실로 바꾸면서 시간을 보냈다. 짐은 프레디가 마치 죽고 난 후에 파라다이스를 남기고 싶어 하는 것 같았다고 말했다. 9월에는 피터, 조, 테리, 피터 스트레이커, 데이비드 윅과 함께 이비자의 피케에서 41번째 생일 파티를 열었다. 퀸의 멤버들은 이미 도착해 있었다. 로저 가족은 이비자에서 휴가를 보낼 예정이었다. 이번 생일 파티는 퀸의 매니저였던 존 레이드의 생일 파티도 함께하기로 했는데 막판에 존 레이드가 번복했다. 두 사람 이름이 적힌 불꽃놀이 전시, 생일 케이크 등을 모두 조정해야 했다. "빌어먹을 레이드." 프레디는 이 한마디만 내뱉을 뿐이었다. 친구들이 전세 비행기로 오기로 되어 있었고, 프레디는 레이드 때문에 분위기를 망치고 싶지 않았다.

새로운 솔로 밴드 '더 크로스(The Cross)'와 앨범 작업을 하던 로저는 〈헤븐

포 에브리원(Heaven for Everyone)〉이라는 곡[49] 때문에 프레디를 방문했다.

"물론, 프레디의 버전이 환상적이었죠." 스파이크 애드니가 말했다. "하지만 로저의 솔로 앨범에서 노래를 부르지 않겠다고 했어요. 자신의 솔로 앨범 계약 건 때문이었죠. 결국 〈헤븐 포 에브리원〉에 프레디의 목소리가 들어갔지만 싱글로 나올 때는 로저가 부른 버전으로 발매해야 했습니다."

한편 9월 21일, 스페인에서 싱글 〈바르셀로나〉가 발표되었다. 발매한 지 3시간도 안 되어 1만 장 이상 판매되었다. 다음 달에는 영국에서 발매되었는데, 차트 8위까지 올라 비평가들을 놀라게 했다. 이 곡은 1992년 바르셀로나 올림픽에서 공연될 예정이었다. 프레디의 죽음 1년 후에는 영국, 네덜란드, 뉴질랜드에서 2위까지 올랐다.

1987년 크리스마스에 가든 롯지에 새로운 가족이 들어왔다. 새끼 고양이 두 마리 골리앗과 데릴라였다. 아름다운 삼색털의 얼룩고양이 데릴라는 프레디에게서 가장 많은 사랑을 받았다. 프레디는 〈데릴라〉라는 제목의 노래도 만들었다. 데릴라는 금세 프레디와 친해져서 그의 침대 발치에서 자는 것을 좋아하게 되었다. 병이 위중해지면서 자식처럼 사랑하는 애완동물들은 프레디의 큰 위안거리였다.

프레디는 충분히 건강하다고 느낄 때에만 일했다. 1988년 1월에 퀸은 타운하우스에 다시 모여 새로운 앨범 《더 미러클(The Miracle)》을 준비했다. 프레디의 병색은 뚜렷해져서 모두가 그 심각성을 눈치챌 정도였다. 하지만 프레디를 배려해 모두 병에 무심한 듯 대했다. 어느 날 프레디가 브라이언, 로저, 존에게 털어놓았다.

"무엇보다, 너희들도 내 문제를 알고 있겠지. 내 병 말이야."

"그때까지, 어느 정도는 알았지만 말하지 않았을 뿐이야."

49 이 곡은 결국 퀸의 마지막 앨범 《Made in Heaven》에 수록된다.

"맞아. 그거야. 그렇다고 내가 달라지고 싶지는 않아. 사람들에게 알려지는 것도 싫고, 말하고 싶지도 않아. 그냥 지금처럼 잘 지내고, 더 이상 할 수 없을 때까지 일하고 싶을 뿐이야. 누구도 우리가 함께한 날을 잊을 수 없을 거야. 우리 모두는 언젠가는 시들해져서 어디선가 조용히 시름시름 앓게 되어 있어."

로저는, 프레디가 앞으로 남은 날이 얼마 없었고, 일하기를 간절히 원했다고 했다. 그것만이 자신의 영혼이 살아 숨 쉬는 최선의 방법이라고 느낀 듯했다. 가능한 나중에 떠나고 싶어 했다. 멤버들도 모두 같은 생각이었고 프레디를 최대한 지원해주었다. 그런데 《더 미러클》을 만드는 데는 긴 노력이 필요했다.

"그는 일을 하면서 많이 행복해했어요." 프레디 사후에 메리 오스틴이 언급했다. "일은 프레디가 영적으로 살아 있음을 느끼게 만들었어요. 지루하고 고통스럽기는커녕 일을 통해 얻게 되는 무엇인가가 있었어요. 순순히 죽음을 기다리는, 그런 삶은 아니었어요."

"프레디는 퀸 그룹에서 편안함을 느꼈습니다." 브라이언은 덧붙여 말했다. "아프다고 달라진 것은 없었어요. 우린 정말 열심히 일했어요. 평상시와 똑같이 일하려고 노력했죠."

10월 8일에 프레디는 대규모 야외 공연 행사 '라 닛(La Nit)' 페스티벌에 참여하기 위해 바르셀로나에 도착했다. 호세 카레라스(José Carreras, 1946~, 스페인의 성악가), 스팬다우 발레, 에디 그랜트(Eddy Grant, 1948~, 가이아나 출신의 영국 가수), 제리 리 루이스(Jerry Lee Lewis, 1935~, 미국의 싱어송라이터, 피아니스트)와 루돌프 누레예프의 다양한 공연 후, 페스티벌의 클라이맥스를 프레디와 몽세라의 듀엣곡이 장식했다. 서울에서 도착한 올림픽 성화를 받는 동안, 스페인의 후안 칼로스 왕, 소피 여왕, 크리스티나 공주가 참석한 가운데 오페라하우스 오케스트라의 연주와 합창단의 합창 속에서, 미리 녹음해둔 프레디와 몽세라의 듀엣곡이 재생되었다. 립싱크라서 프레디와 몽세라는 입 모양과 몸동작만을 하였다.

퀸 멤버들은 1988년에는 각자의 일을 하면서 조용히 보내다가 《더 미러클》 앨범을 완성하려고 1989년에 다시 모였다. 퀸의 전형적인 작업 스타일에 따라 창의적이고 격렬한 논쟁과 불화를 거치면서 누군가 자기 마음대로 하려는 의도가 실패하고 나면 마침내 함께 조화를 이루었다. 영국에서의 32번째 싱글 〈아이 원트 잇 올〉이 5월에 발매되고, 잇따라 16번째 앨범이 나왔다. 《더 미러클》 앨범은 발매된 지 일주일 만에 플래티넘을 기록했다. 프레디와 짐 허튼은 몽트뢰의 'The Cygnets(아기 백조)'로 갔다. 임대한 호숫가 집이었는데, 백조같이 생겼다고 해서 프레디가 이름을 '아기 백조'로 붙였다. 프레디는 몽트뢰에 도착하자마자 '아기 백조'를 보기 위해 급히 서둘렀다. 나중에 프레디가 '아기 백조'를 '오리의 집(The Duck House)'으로 바꾸자, 로저는 한술 더 떠 '덕킹엄 궁전(Duckingham Palace)'으로 불렀다. 프레디는 호숫가를 산책하며 지냈다. 알프스의 신선한 공기 때문에 생기를 되찾을 수 있었다. 프레디는 그 어떤 곳보다 몽트뢰에서 가장 편안함을 느꼈다. 런던에서는 그의 건강에 대한 여러 가지 추측들이 난무했고, 퀸은 싱글 〈스캔들(Scandal)〉로 되갚아주었다.

퀸은 《TV 타임즈(TV Times)》 지의 독자들이 최근 10년간의 최고의 밴드(Band of Eighty)에 투표한 결과를 방송하는 〈굿바이! 80년대〉라는 특집 방송에서 상을 받았다.

프레디는 〈더 미러클〉 싱글의 홍보용 비디오에 멤버들을 빼닮은 아이들을 출연시키자고 제안했다. 결과는 대성공이었다. 1990년에 퀸은 비장한 결심으로 마운틴 스튜디오에 모여 앨범 《이누엔도》를 준비했다. 모두들 이 앨범이 프레디의 마지막 작품이 될 것이라고 짐작했다. 그러나 그렇지는 않았다.

24 마지막 여정

영원한 프론트맨 프레디로 남다

격변과 엄청난 문제들을 겪었지만, 정말 멋진 시간들이었고, 후회는 없다. 이런! 에디트 피아프 같네!

프레디 머큐리

이 세계에서는 나이 들어서까지 활동할 생각은 없다는 사람들이 있어요. 프레디도 그런 부류였습니다. 결코 70대의 뮤지션 프레디를 볼 수는 없었을 거예요. 마이클 잭슨도 마찬가지고요. 어쨌든, 프레디는 지금까지 자신의 앨범들을 녹음하는 활동을 좋아하지 않았을 겁니다. 그는 최대한 가장 열심히 살았어요. 젊었을 때 생을 마감했지만 놀랄 만큼 어마어마한 업적을 남겼습니다. 대부분의 사람들이 5번 살아도 못 할 만큼.

릭 웨이크먼

1990년이 시작되자 퀸은 마운틴 스튜디오에서 앨범《이누엔도》작업을 시작했다. 짐 비치는 캐피톨사와의 레코딩 계약을 끝내기 위해 협상에 들어갔다. 퀸도 모르는 사이에, 새로운 미국 레코드사가 다음번 계약사로 대기하고 있었다. 엘렉트라사와의 계약을 끝낼 때 협상했던 변호사 피터 파터노(Peter Paterno)는 지금은 '월트 디즈니 할리우드 레코드사'의 회장이 되었다. 평생 퀸의 팬이었던 파터노가 퀸과 계약할 준비를 하고 있었던 것이다.

"많은 사람이 실패가 뻔한 어리석은 결정이라고 생각했죠." 피터 파터노가 말했다. "사실상 퀸과의 계약은 사람들의 기대를 훨씬 뛰어넘은 대성공이었어요."

"부정적인 예상들에도 불구하고 퀸과의 거래는 위험하지 않았어요. 8년 만에 투자금을 회수하도록 설계했습니다. 프레디의 에이즈 감염을 알고 있었냐고요? 아프다는 건 알았어요. 자세한 얘기는 하지 않았어요. 하지만, 솔직히, 난 퀸과의 계약에서 손해 보지 않을 자신이 있었습니다. 프레디가 사망하면 3년 만에 본전을 뽑을 수 있도록 계획을 세웠습니다. 프레디가 죽은 후 코미디 영화 〈웨인의 세계(Wayne's World)〉가 상영되었어요. 영화의 등장 인물들이 차 안에서 〈보헤미안 랩소디〉 음악과 함께 별나게 튀는 헤드뱅잉을 하는 장면이 계속 나왔어요. 우린 3주일 만에 본전을 뽑았습니다."

"그때까지 미국에서 퀸은 사라진 이슈였어요. 하지만 다른 지역에서는 여전히 큰 화제였죠. 《더 매직(The Magic)》 앨범이 대단한 작품이라고 생각했지만 미국에서는 반응이 없었어요. 하지만 난 감이 왔고, 바로 짐 비치에게 연락했죠. 내가 '퀸이 이제 자유라고 들었습니다.'라고 말하자, 짐은 '자유일 뿐 아니라 퀸의 모든 작품을 계약할 수 있어요.'라고 했어요." 퀸의 오랜 음악 활동에서 만들어진 모든 곡들이 디지털 방식으로 리마스터되어 CD로 재발매되었다. 파터노 측에서는 대단한 도박이었다. 퀸은 1982년 이후로 미국에서 20위권 내에 진입한 앨범이 하나도 없었기 때문이다.

모든 일이 순조롭게 진행되던 차에 누군가 디즈니의 최고경영자 마이클 에즈너(Michael Eisner)에게 프레디의 병에 대해 제보했다.

"마이클이 내게 연락했습니다. '어떻게 된 거야?' 디즈니사가 속아서 세상의 웃음거리가 될 계약을 했다고 생각한 거죠. 프레디가 사망할 경우의 계약 조항을 추가해야 한다고 했죠. 하지만 나는 '만약 그가 죽으면 좀 섬뜩하지만, 그만큼 음반도 잘 팔릴 겁니다. 새 앨범을 들어보았어요. 걱정 안 하셔도 돼요.'라고 했죠."

"1,000만 달러, 아주 값비싼 거래였죠. 이사회에서 처음에는 반대했지만 내 입장을 설득해서 관철했습니다. 인생에서 가장 자랑스러운 순간 중 하나입니다."

"짐 비치에게 말했어요. '1,000만 달러 계약이에요. 최소한 프레디를 만나볼 순 있겠죠?' LA에서 몽트뢰로 달려가 프레디와 잊지 못할 오후를 보냈습니다. 프레디는 매우 쾌활하고 상냥했습니다. 스튜디오에서 앨범에 수록된 몇 곡을 들려주었어요. 근처를 산책하고 함께 저녁식사도 했습니다. 모든 것이 소중한 경험이었어요. 그는 이제 곧 죽게 되는 것이 아니냐고 말할 수도 있어요. 하지만 바로 그때 갑자기 퀸의 존재감이 한층 더 크게 느껴질 거예요. 역시 예감이 틀리지 않았습니다. 지금껏 퀸은 쉼 없이 훌륭한 앨범을 내놓았어요. 아직도 여전히 굉장한 음악들을 만들고 있었기 때문에 미국에서 컴백할 수 있을 거라고 생각했죠. 내가 옳다는 걸 증명할 수 있어서 얼마나 만족스러운지 몰라요. 프레디를 잃는 건 우리 모두의 비극이긴 하지만요."

퀸은 영국 음악에 대한 지대한 공헌을 인정받아 BPI(British Phonographic Industry) 상을 수상했다. 큰 상도 받았고, 이제 프레디의 여생이 얼마 남지 않았기 때문에 1990년을 퀸 활동 20주년으로 간주하여 런던 그루초 클럽에서 400명을 초대하는 축하 행사를 열었다. 막스 브라더스가 출연한 영화의 제목을 따서 《어 나잇 엣 디 오페라》, 《어 데이 엣 더 레이시스》와 같은 앨범 제목을 정했기 때문에, 감사의 마음으로 그루초 클럽을 파티 장소로 택한 것이다. 라이자 미넬리, 조지 마이클, 팻시 켄싯(Patsy Kensit, 1968~, 영국의 영화배우), 마이클 위너(Michael Winner, 1935~2013, 영국의 영화 제작자이자 프로듀서), 로드 스튜어트 등이 참석했다. 모노폴리 보드 게임 스타일의 축하 케이크에는 정사각형으로 퀸의 히트 작품 모형들이 장식되었다.

잔인한 사진기자들은 입에 거품을 물고 수척하고 체념한 듯한 프레디의 스냅사진을 찍어댔다. 퀸 멤버들, 매니지먼트사, 홍보 담당자, 그의 친구와 측근들 모두 프레디가 곧 죽을 것이라는 루머를 부정했다. 필 스웬은 이때를 기억했다.

"프레디를 위해 거짓말을 한 거죠. 프레디는 야단법석을 떨거나 부모님에게 충격을 주는 걸 몹시 싫어했어요. 그때 참 많은 사람이 왔어요. 그런데 이상하게도 퀸 멤버들에게 말을 거는 사람들이 많지 않았어요. 왠지 그들을 두려워하는 것 같았습니다. 어느 샌가 내가 바 근처에서 프레디와 함께 대화를 하게 되었어요. 프레디와 함께라니! 20분 정도 걸렸는데, 오래전부터 팬이었던 저로서는 믿을 수가 없었죠. 프레디는 매우 창백하고 조용했어요. 갑자기 몸이 떨리고 긴장이 되었어요. 프레디의 아우라 때문이죠. 프랭크 시나트라도 그랬어요. 로열 알버트 홀 무대 뒤에서 처음 만났는데 어쩔 줄을 모르겠더군요. 폴 매카트니, 믹 재거는 너무 친근해서 아우라라곤 없었죠. 바브라 스트라이샌드(Barbra Streisand, 1942~, 미국의 가수이자 영화배우)는 천상에서 내려온 듯했어요. 그 어떤 영화배우라도 그런 매력을 가지진 못할 거예요. 바브라 스트라이샌드를 만나면 온몸이 땀으로 젖게 될 걸요. 어쨌든, 재능은 일단 타고 나면 없어지지 않습니다. 돈으로 살 수 없는 법이에요. 보통 사람들은 이런 천재와의 관계를 성공적으로 유지할 수 없습니다. 그들이 비참한 사랑을 하게 되는 가장 큰 이유예요."

"우리는 퀸의 긴 역사에 대해 담소를 나누었어요. 곡의 구조에 대해서도 이야기했답니다. 음악을 얘기할수록 프레디는 더 활기를 띠었어요. 나도 곡을 몇 개 썼지만 작곡가는 항상 다른 작곡가를 궁금해하는 법이라서 어디서 곡의 영감을 얻는지 물어보았더니 저절로 머릿속에 떠오른다고 했어요. 계속 대화를 나누기가 힘들었습니다. 프레디는 이제 죽어가고 있었기 때문이죠. 발표는 안 된 시점이었지만 알고 있었어요. 짐 비치가 알려 주었거든요. 난 속으로 생각했어요. '당신의 아우라가 끝내는 당신을 파괴하고 질식시키는군요. 아마 천재로서 겪는 대가인 것 같아요. 아우라 속에서도 당신은 단지 우리들 같은 인간일 뿐이에요.'라고요."

"재능 있는 많은 사람이 일찍 죽어요. 아마 창의성이 정점에 달해서 그런 것 같습니다. 더 이상은 자신의 명예를 컨트롤하기 힘들어서일 거예요. 마릴린 먼로처럼 약물 과용으로 자살하기도 하고, 자신의 존재를 파괴하기도 하죠. 제임스 딘은 과속 운전으로 죽었고 엘비스 프레슬리는 불과 42살의 나이에 모든 것을 쥐어짜서 더 이상 남은 게 없었죠. 프레디는 섹스에 집착했어요. 섹스는 결국 에이즈로 끝나게 되어 있어요. 이 모든 것이 책임을 포기하는 일종의 방법이죠."

파티가 끝나고 퀸 멤버들은 마운틴 스튜디오로 돌아왔다.

"프레디의 상태가 매우 안 좋아졌을 때에는 이미 《이누엔도》가 상당히 완성되어 있었어요." 로저가 말했다.

프레디 생전의 마지막 해(1991년)에는 언론을 따돌리려고 가끔 몽트뢰에 갔다. 이곳은 평화로운 피난처가 되어 주었다.

우연히 프레디의 대학 친구 제리 히버트가 《이누엔도》의 비디오에 쓰일 애니메이션을 맡게 되었다.

"프레디의 건강이 악화되었다는 루머를 들었습니다. 당연히 매우 걱정되었죠. 그래서 짐 비치에게 만나게 해달라고 했어요. 짐에게는 프레디의 상태가 안 좋아서 비디오를 애니메이션으로 제작하느냐고 물었더니, '프레디는 아프지 않습니다. 어디서 그런 말을 들었어요?'라는 답변이 돌아왔습니다."

프레디의 44번째 생일 파티는 20명만이 초대되어 가든 롯지에서 간소하게 진행되었다. 메리와 그녀의 파트너 피어스 카메론, 짐 비치와 와이프 클라우디아, 마이크 모란과 와이프 데이브 클라크, 바버라 발렌틴, 피터 스트레이커, 프레디의 주치의 고든 앳킨슨, 가든 롯지 식구들이 참석했다. 공식적으로 마지막 생일 축하의 자리였다. 프레디는 마지막까지 관대하게 참석한 사람들에게 티파니에서 구입한 선물을 주었다. 다음으로 큼직한 생일 케이크 순서였다. 프레디가 좋아하는 타지마할 건축물 모양이었다.

1991년 1월에 앨범 《이누엔도》의 타이틀곡이 싱글로 발매되어 10년 만에 처음으로 영국에서 1위에 올랐다. 2월에는 《이누엔도》 앨범이 발매되었다. 퀸의 14번째 앨범이자 프레디 생전의 마지막 스튜디오 앨범으로 영국, 스위스, 이탈리아, 독일, 네덜란드에서 1위에 올랐다. 미국에서는 1984년에 발매된 《더 웍스》 이후 처음으로 골드 앨범까지 기록했다. 싱글 〈아임 고잉 슬라이틀리 매드(I'm Going Slightly Mad)〉 비디오에서는 고통스럽게 수척한, 진한 화장을 한 프레디가 미친 바이런 분장을 하고 출연했다. 39번째 싱글 〈헤드롱(Headlong)〉이 5월에 발매되었다. 퀸은 바로 마운틴 스튜디오로 돌아가 앨범 《메이드 인 헤븐》 작업을 했다. 《메이드 인 헤븐》은 프레디가 사망한 지 4년이 지나서야 발매되었다. 프레디는 점점 기력이 쇠잔해져 갔지만 더 열심히 일에 몰두했다. 보드카로 목 상태를 조절하며 오랜 시간이 걸리는 힘든 스튜디오 활동을 지속해 나갔다.

"우리 모두는 기적이 올 수도 있다고 믿었던 것 같아요." 브라이언이 말했다.

"정말 슬픈 하루 하루였지만 프레디는 낙담하지 않았어요. 체념하고 죽음을 받아들였어요." 피터 프리스톤이 말했다.

가든 롯지로 돌아간 프레디는 그림을 그리기 시작했다. 일링 미술대학을 졸업한 이후 한 번도 생각하지 않았던 일이다. 피터 프리스톤이 이때를 떠올렸다.

"짐이 수채화 물감 세트와 붓을 사주었죠. 좋아하는 고양이 데릴라의 소묘 작업으로 오랜 시간을 보냈어요. 무리를 해서 추상화 두어 점을 완성할 수 있었죠. 이번엔 마티스에 꽂혔어요. 어느 날 경매장에서 마티스 작품이 경매되고 있었어요. '만 파운드.' 프레디가 소리치며 나와 조에게 말했어요. '지금 경매 중인 작품들 중에서 최고로 가치 있는 거야.'"

8월에 폴 프렌터가 에이즈로 죽었다는 소식이 전해졌다. 같은 달에 프레디는 여동생 카시미라와 그녀의 남편 로저에게 사실대로 털어놓았다. 로저 쿡이 회상했다. "다 같이 그의 침대 위에서 커피를 마시다가 프레디가 갑자기 말했어요. '알아둬야 할 게 있어. 내 병은 말기야. 난 이제 곧 죽어.'라고 했어요. 발목의 멍을 보았고 그제야 그가 많이 아픈 줄 알았어요. 우린 할 말을 잃었습니다."

"가능한 평소와 같이 일상적인 날들을 보냈어요." 짐 허튼이 말했다. "프레디가 죽기 전 3주일 동안은 스위스에서 지냈습니다. 건강을 회복한 건 아니지만 충분히 좋은 상태였어요. 녹음 스튜디오에서 시간을 보냈습니다. 어느 정도의 시간이 남겨졌는지 그런 얘기는 일절 하지 않았어요. 하지만 내 생각에는, 시한부 삶을 사는 사람들은 그때가 언제인지 알게 되는 순간이 있는 것 같아요."

"덕 하우스(오리의 집)에도 갔어요. 메리와 그녀의 아들 리처드, 테리와 가족들도 있었습니다. 어느 날은 가든 롯지 식구들이 모두 가기도 했어요. 덕 하우스는 정원과 계리장을 갖춘, 1950년대 풍의 방갈로 모양의 레이크 하우스였습니다. 제대로 머물 곳이 필요했던 차에 짐 비치가 '투렐'로 불리는 펜트하우스를 발견했어요. 프레디, 조, 내(짐)가 쓸 3개의 침실에, 큰 창문이 있는 거실, 호숫가 전망의 발코니가 멋진 아파트였습니다."

프레디는 몽트뢰의 새 아파트에서 크리스마스를 보낼 수 있기를 간절히 원했다. 이제 가든 롯지의 모든 식구들은 기적이 일어나지 않는다는 것을 알고 있었다. 하지만 프레디를 위해 모른 체했다. 피터 프리스톤은 이때를 기억했다.

"죽음을 얼마 남겨놓지 않고 몽트뢰에 새 아파트를 구한 건 좀 부질없이 느껴졌어요. 하지만 프레디는 집을 꾸미는 걸 좋아했습니다. 몽트뢰의 새 아파트에서 계속 고치고 꾸몄죠. 3개의 방을 각각 어떻게 고칠지 이미 계획을 세워놓았어요. 소더비에서 가구도 많이 사들였습니다. 프레디는 자신이 그 아파트에서 원하는 게 무엇인지 정확히 알고 있었어요. 그래서 가구와 장식들을 직접 골랐죠. 조와 나는 각자의 방 색깔을 결정할 수 있었어요. 나는 연초록, 조는 연한 파란색으로 선택했죠. 나는 프레디를 위해 발코니에 작은 정원들을 만드는 책임을 맡았어요. 프레디는 최대한 녹음이 무성하길 원했어요. 하지만 마지막 크리스마스를 거기서 보낼 수 없었습니다."

프레디의 45세 생일이 되었다. 짐은 프레디에게 몽트뢰의 새 아파트에서 쓸 샴페인용 아이리시 크리스털 유리잔 세트를 선물했다. 하지만 거기서 선물을 뜯을 수 없을 거라는 걸 둘 다 알고 있었다.

"가장 조용한 생일 파티였어요." 짐 허튼은 기억했다. "프레디는 남은 시간들이 빠르게 소진되고 있다는 사실을 받아들이려고 애썼어요. 물론 행복해하진 않았죠. 사람들을 만나려는 의지가 없었어요. 죽어가는 모습을 사람들에게 보이고 싶어 하지 않았어요. 그들에게는 아프기 전의 프레디로 기억되길 바랐어요."

프레디의 마지막 생일 케이크는 제인 아셔(Jane Asher, 1946~, 영국의 영화배우)가 몽트뢰의 투렐 아파트 건물 모양으로 만들었다. 그의 마지막 생일날, 미국에서는 싱글 〈디즈 아 더 데이즈 오브 아워 라이브즈(These Are the Days of Our Lives)〉가 발매되었다. 프레디는 이 곡의 싱글 비디오에 마지막으로 모습을 드러냈다. 영국에서는 그의 죽음 후 12월에 발매되었다.

프레디는 이제 투약을 거부했다. "진통제 외에 모든 것을 거부했어요." 피터 프리스톤이 말했다. "죽음이 두렵다는 말은 전혀 하지 않았어요. 두려움도 없었고요. 그는 결코 질병이 자신의 삶을 조정하게 놔두지 않았어요. 죽음이 임박해 오자 다시 투약을 시작했죠. 그는 죽을 때를 결정하려고 했습니다. 여러 주

동안 언론사들은 하루 24시간 내내 문 앞에서 진을 치고 있었죠. 프레디는 집 안에 갇힌 죄수였어요. 프레디는 이제 시력을 잃어서 앞이 보이지 않았고, 살고 싶은 의지도 점점 없어졌습니다. 내 생각에 죽음을 앞두고 프레디가 가장 안타까워한 점은 아직도 너무 많은 악상이 넘쳐나고 있다는 사실이었을 거예요."

화려하면서 마음을 찢는 듯 슬픈 곡 〈더 쇼 머스트 고우 온〉의 싱글이 10월에 발매되었다. 퀸과 매니지먼트, 홍보 담당자, 측근들 모두 프레디의 소식을 비밀에 붙이기로 약속했다. 그동안 EMI에서는 《그레이티스트 히츠 II(Greatest Hits II)》, 《그레이티스트 플릭스 II(Greatest Flix II)》를 쏟아냈다. 프레디의 죽음이 경각에 달려 있었던 만큼 그 시기에 퀸은 어느 때보다도 작품을 많이 만들어 냈다.

"프레디는 가족들이 발칵 뒤집히는 걸 극도로 싫어했어요." 데이비드 윅이 말했다. "그의 병이 발표되면 가족이 언론에 둘러싸이게 될 걸 몹시 싫어했죠. 그와 가까운 사람들이 모든 것을 부정한 이유는 바로 이 때문입니다."

피터 프리스톤과 조 파넬리는 마지막까지 프레디를 간호했다.

"난 간호하는 걸 배웠습니다. 그렇게 해야 했죠. 다른 사람이 없었으니까요. 프레디는 이제 사람들의 방문을 모두 중단시켰어요. 어떤 사람들—예를 들면 부모님—이 방문하는 걸 원치 않았어요. 부모님은 마지막 2~3주 동안 가든 롯지에서 머물렀죠. 그가 죽기 전 토요일에 다시 오고 싶어 하셨지만 프레디가 '아니, 이미 만났잖아.'라고 했죠. 부모님에게도 예전의 프레디로 기억되길 원했던 거죠. 마지막 1년간 사람들에게 등을 돌린 이유도 그 때문이었어요."

정말 가까운 친구들은 말년의 프레디에게 놀라울 정도로 정성을 쏟았다. 데이브 클락, 엘튼 존, 토니 킹(Tony King), 조 파넬리 그리고 짐 허튼이 간호를 했다. 치료받던 웨스트민스터 병원에서도 프레디의 카포시 육종을 진료했던 종양학자와 피부과 전문의의 도움을 받았다.

"우리는 예상치 못했던 일들을 아주 빠르게 배웠어요. 예를 들어 프레디의 가슴에는 힉맨 라인(Hickman line)이 주입되어 있어요. 우리는 그 라인을 통해 약을 공급했죠. 다행스럽게도 짐, 조, 나 중에서 한 명은 항상 프레디와 함께 있었어요. 혼자 내버려둔 적은 한 번도 없었죠."

의사이자 친구인 고든 앳킨슨은 규칙적으로 방문했다. 프레디가 외출할 일이 없음에도 불구하고 운전기사 테리 기딩스도 매일 왔다. "메리는 임신 7개월째였지만 매일 잠깐이라도 들르려고 노력했어요. 프레디는 모든 비즈니스를 평상시처럼 처리했기 때문에 그녀도 와서 업무를 처리했어요."

부모님 보미와 저르도 마지막 일주일 동안 카시미라, 로저, 두 조카와 함께 프레디를 찾았다. 모두 프레디의 침실에서 같이 차를 마셨다.

"프레디는 찾아온 사람들을 초인적인 노력으로 만났습니다." 피터가 말했다. "아직도 프레디가 그들을 보호하고 있는, 그들에게 걱정거리가 없다고 믿게 만들었어요. 우리는 차와 홈메이드 샌드위치, 가게에서 산 케이크를 내왔어요. 우리들 중 그 누구도 이것이 마지막이라는 걸 몰랐습니다."

브라이언과 아니타, 로저와 데비 렝(Debbie Leng)도 찾아왔지만 프레디가 죽음을 눈앞에 두고 있음을 알지 못했다.

"찾아와서 오래 머무르진 않았어요. 프레디는 그들 모르게 '굿바이'라고 말하고 있었습니다."

11월 23일, 프레디의 침대 곁에서 짐 비치와 오랜 논의 끝에 프레디는 자신이 에이즈 환자라는 사실을 인정했으며, 홍보 담당자 록시 미애드에 의해 즉시 언론에 전달되었다.

"오랫동안 엄청난 사실을 비밀로 지켜왔지만, 프레디 생전에 에이즈 감염 사실을 인정함으로써, 좋은 일에 기여할 수 있을 것으로 기대됩니다."

24시간 후에 피터 프리스톤은 저르와 보미 불사라에게 비보를 전했다. 사랑하는 아들, '위대한 위선자(the Great Pretender)'가 세상을 떠났다고.

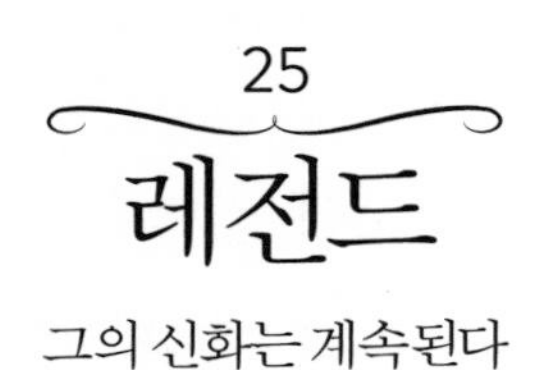

25 레전드

그의 신화는 계속된다

우리는 프레디가 외출하기 전에 '이만하면 됐어'라는 확신이 들 때까지 거들면서 많은 세월을 보냈어요. 이제 프레디의 마지막 출발을 준비하기 위해, 그를 위해 할 수 있는 마지막 일은 장례를 가능한 완벽하게 준비하는 것입니다.

피터 프리스톤

누구나 세대를 막론하고 어떻게 해서든지 퀸의 작품에서 자신들과의 관련성을 찾으려고 합니다. 브라이언과 로저는 자신들이 세대를 초월하여 남긴 업적을 잘 이해하고 있었습니다. 퀸은 이제 거대한 비즈니스 벤처입니다. 프레디 생전보다 더 커졌어요. 손쉽게 돈을 왕창 벌어들이고 있어요. 많은 사람이 퀸이 신념을 버리고 자신들의 예술을 절충했다고 생각합니다. 하지만 그게 뭐 어떻다는 거죠? 그들은 이제 굉장한 부자예요. 로저가 "흥행성이 없으면 아무 소용없지!"라고 말했듯이 말이죠.

리처드 휴스(Richard Hughes),

프로듀서, 트렌스페어런트 텔레비전

조로아스터교인들은 죽음에 낙관적이었다. 죽음은 끝이 아니라 시작으로, 지구상의 존재들은 사후 세계의 전주곡에 불과하다고 보았다. 파시족들은 화장되거나 매장되지 않는다. 바다에 뿌려지지도 않는다.

육체를 빈 그릇으로 보기 때문에 시신은 보존되지 않고 천상의 성벽 뒤 침묵의 탑에 뉘어진다. 거기에서 새의 먹이로 이용된다. 아무리 슈퍼스타라 해도 영국에서 이런 조장(鳥葬) 의식은 허용되지 않았다.

"영국에서 조장이 허락되지 않자 가족들이 차선책으로 화장을 주장했어요. 그것도 죽은 후 가능한 빨리 치러야 한다는 것이었죠." 피터 프리스톤이 서명한 프레디의 사망 원인은 첫 번째가 기관지 폐렴, 두 번째가 에이즈였다. 의사 앳킨슨이 확인한 내용이었다. 사망 원인을 확인하는 자리에 의사들이 계속해서 참석했기 때문에 부검은 필요하지 않았다. 따라서 피터 프리스톤은 프레디 부모님의 의견을 반영하여 빠르게 장례식 진행에 들어갔다.

"부모님의 의견이 반영될 필요가 있었어요. 우리는 록계의 슈퍼스타를 묻지만, 그들은 자신의 아들을 묻는 것이니까요. 부모님은 장례가 파시족의 전통에 따라 이루어지길 원했고 우리는 그들의 요구사항들은 모두 고려하려고 노력했어요."

"프레디는 장례식이 가능한 빨리 끝나길 원했습니다. 야단법석 떨지 않았으면 했죠. 사망한 그날 바로 화장되기를 바랐어요. 모든 사람들이 다시 평소의 생활로 돌아갈 수 있도록 말이죠. 사람들이 머리를 쥐어뜯고 이를 갈며 돌아다니지 말고 빨리 자신의 생활을 찾아가길 원했습니다."

프레디는 서부 런던의 화장터 켄설 그린에서 11월 27일 오전 10시에 화장되었다.

"프레디가 원했던 대로 완벽하게 진행되었어요." 피터 프리스톤은 빙그레 웃음 지었다. "그 많은 조화를 싣기 위해 다섯 대의 다임러 영구차가 필요했어요. 그 뒤를 4대의 차들이 따라갔습니다. 빨간 장미 한 송이가 놓인 연한 색의 오크나무로 만든 관이 운반되었어요. 아레사 프랭클린이 부른 〈유브 갓 어 프렌드(You've Got a Friend)〉가 연주되었습니다. 우리는 모두 따라갔습니다. 프레디의 친구 측에서 14명, 가족 측에서 30명 참석했어요."

엘튼 존은 그린 벤틀리를 타고 장례식에 도착했다. 브라이언은 여자친구 아니타 돕슨과 함께 왔다. 둘째 아들 제이미를 임신한 메리 오스틴은 데이브 클락과 함께 도착했다. 퀸의 충실한 경호원 짐 칼라간은 영안실 문 옆에 조용히 서서 프레디의 부모님을 맞이하고 안으로 안내했다.

"관이 사라지자 베르디의 〈사랑은 장밋빛 날개를 타고(D'Amor sull'ali rosee)〉가 울려 퍼졌습니다. 물론 몽세라 카바예가 부른 곡이죠. 프레디는 이 곡을 스튜디오에서 가끔 틀었어요. 악보 페이지를 넘기거나 의자를 움직이는 소리까지 들릴 정도로 볼륨을 높여서 들었죠." 피터가 말했다. "기분이 좀 격앙되었어요. 나의 엄마도 같은 화장터에 묻혔거든요. 엄마의 재가 묻힌 곳으로 뛰어 내려갔던 기억이 납니다. 엄마에게 프레디를 잘 보살펴달라고 기도했어요."

프레디에게 바치는 꽃 행렬은 1,000제곱미터 이상까지 길게 이어졌다. 부모님은 흰색 달리아와 백합꽃에 '우리가 가장 사랑하는 아들 프레디, 항상 널 사랑한다. 엄마 아빠가'란 메시지를 담아 보냈다. 데이비드 보위는 노란색 장미를, 엘튼 존은 '내 친구여서 고마웠어요. 당신을 항상 사랑할 거예요.'란 글과 함께 핑크색 로즈버드를 보냈다. 메리 오스틴이 보낸 노란색과 흰색 장미 다발에는 '프레디, 가장 깊은 사랑을 담아, 당신의 충복으로부터'라고 적혀 있었다. 그녀의 아들은 화환에 '사랑하는 프레디 아저씨께, 리키'라고 썼다. 로저는 장례 참석자의 마음을 눈물로 적시는 작별인사를 했다. '친구여, 안녕. 마침내 평화를 찾았구나.' 헌사된 모든 꽃들은 나중에 런던 병원에 기부되었다.

짐 허튼은 집으로 돌아왔지만 안으로 들어오는 사람들을 통제할 수 없었고,

가든 롯지를 외로이 거닐었다.

"아버지가 일찍 돌아가셨어요. 그때는 내가 아일랜드에 없었어요. 그래서 가장 친한 사람의 죽음을 지켜본 건 처음이에요. 견디기 힘들었죠."

짐은 자신에 대한 다른 사람들의 말과 행동 때문에 고통스러운 날들을 보냈다. 언론에서는 프레디가 죽을 때 지켜본 유일한 사람은 데이브 클락이라고 보도했다.

"그가 유일한 사람은 아니었어요. 하지만 그렇게 알려졌어요."

예민하고 다정다감한 성격의 데이브 클락은 잘못된 사실 때문에 마음이 불편했을 것이다. 짐 허튼이 자신의 생일날 데이브 클락으로부터 받은 카드에는 이렇게 쓰여 있었다. '너도 거기 있었어.'

"왜 사람들이 사실과 다르게 말하는지 이해가 안 가요. 데이브는 아픈 프레디를 정성껏 보살펴주었어요. 항상 집에 들러 우리와 같이 고생했습니다. 프레디가 죽은 날 밤에도 집에 있었어요. 하지만 그가 말한 것과는 달라요."

"고양이 데릴라가 평소와 달리 그날은 하루 종일 프레디 침대 위에 있지 않았어요. 침대 발치에 있었어요. 내가 고양이를 들어 올렸죠. 그때 데이브는 프레디의 한 손을 잡고 프레디가 그 손으로 데릴라를 쓰다듬게 했죠. 그때 프레디가 화장실에 가고 싶다는 표시를 했어요. 나는 피터에게 도움을 청하려고 아래층으로 내려갔어요. 프레디가 침대를 적셨고 우리는 시트를 갈아야 했어요. 프레디의 자존심을 생각해서 데이브가 방을 나갔어요. 그때 프레디가 죽었어요."
짐은 상실감에서 벗어날 수가 없었다.

그는 아일랜드에서 살았다. "아직도 정원 주위를 어슬렁거리면 프레디가 죽을 때의 표정이 생생히 떠올라요. 그동안의 일을 의도적으로 지울 수는 있지만 마음속 깊은 잠재의식까지 없앨 수는 없어요. 잊는다는 건 불가능합니다. 프레디로부터 많은 것을 배웠어요. 특히 낙관적으로 생각하는 것을요. 프레디는 항상 그랬어요. '넌 할 수 있어. 알지? 할 수 있어. 최선을 다해 봐.' 프레디의 가장 큰 장점 중의 하나였죠."

짐은 2010년에 아일랜드에서 폐암으로 사망했다.

뮌헨의 바버라 발렌틴은 슬픔을 혼자서 삭여야 했다. 그녀는 프레디 장례식 때 입을 옷까지 샀지만 오지 말라는 전화를 받았다. 그녀는 누가 전화했는지는 밝히려 하지 않았다. 피터 프리스톤도 기억하지 못했다. 아마 짐 비치 쪽이었을 것이다. 메리 오스틴이 그날의 미망인으로 정해졌기 때문에 바버라는 환영받지 못할 참석자였던 것이다.

"장례식에조차 갈 수 없었죠." 바버라는 울먹였다. "결국 우린 끝났어요. 그 고통은 헤아릴 수가 없어요. 슬픔을 도저히 극복할 수 없었죠. 프레디와 나누었던 그런 사랑은 태어나 처음이었어요. 한 번으로 충분해요. 내 인생의 가장 위대한 사랑이었어요. 프레디는 여전히 내 맘에 살아 있어요. 20명의 여성들이 각자 100년씩 산다고 해도 내가 겪은 것들을 알 수 있을까요? 어찌 보면 적절한 때 끝내는 게 더 좋을 거예요. 프레디도 그렇게 생각했을 거예요."

마침내 프레디는 스타로서 항상 말해왔던 것을 실행했다. "정상에 있을 때 그만둔 거죠. 프레디는 정상에서 추락할 수는 없다고 말하곤 했어요. 그는 명성을 얻은 대가로 세상에서 가장 외로운 사람이 되었어요. 이런 고통을 보상받기 위해 그의 삶은 더욱 거칠어졌어요. 삶이 프레디를 조정하게 될 때까지요. 프레디는 극단적인 즐거움을 위해서 뭐든 했어요. 그 대가는 너무도 처참했죠. 그 자신도 이걸 원하는 건 아니었지만요. 그는 죽지 않기를 바랐어요. 그리고 실제로 그는 모든 사람의 마음에 죽지 않고 살아 있게 되었죠."

바버라는 2002년에 뮌헨에서 뇌졸중으로 사망했다.

가든 롯지는 예전으로 돌아갈 수 없었다. 메리가 이사 오면서 모두 나가주기를 원했기 때문이다. 원하면 머물러도 좋다고 했다가 즉시 나가달라고 요청한 것이다.

"나와 조는……." 피터 프리스톤이 슬픈 듯 말했다. "우리는 갈 곳이 없었어요. 처리할 일도 남았고요. 하지만 우리는 곧 떠날 수밖에 없었어요. 메리의 행동은 아무리 생각해도 당황스러워요."

"어떻게 우리를 그렇게 대할 수 있죠? 프레디와 마지막까지 함께한 우리의 끝이 이런 건가요?" 짐이 말했다. "이해가 안 가요. 난 빈털터리로 가든 롯지를 떠났어요. 내 거라곤 아무것도 없이요." 프레디를 돌봐주었던 사람들에 대한 배려는 법적·경제적 소송에서 무시되었다. 바버라를 비롯해 대부분 집도 없는 처지가 되었다. 바버라는 가든 롯지의 친구들의 도움으로 반대 소송에서 이길 수 있었다.

짐 허튼은 자신이 회고록을 쓴 이유는 돈 때문이 아니라 감정적인 문제였다고 설명했다. 세상에 진실을 알리고 싶었고 책 이외에는 다른 방법이 없었기 때문이다.

"짐 비치는 내 책이 프레디 신화를 손상시켰다고 화를 냈습니다. 책에서는 한 인간으로서의 프레디가 나타나 있죠. 진실을 말했어요. 하지만 짐 비치는 상냥한 메리 오스틴이 프레디의 사랑이며, 비극적이지만 로맨틱한 이야기로 팬들이 기억해주기를 원했어요. 팬들은 프레디가 게이인지 아닌지에 개의치 않는다고 믿어요. 팬들은 진실을 알고 싶을 뿐이에요."

피터 프리스톤도 똑같이 생각했다. 프레디는 자신이 죽은 후에 자신이 사랑하던 사람들끼리 불화를 일으키는 것을 본다면 실망할 것이라고 했다.

"프레디와 관련된 사람들은 모두 스스로를 잘 지켜내야 해요. 메리는 한때 짐에 대해 '상상력이 매우 풍부하다'고 말한 적이 있는데, 내가 아는 짐은 완전히 정직한 사람이었어요. 짐의 양심과 나의 양심 모두 깨끗해요."

프레디의 유골에 대해 말하자면 몽트뢰의 스완 레이크에 뿌려졌다는 말이 있다. 부모님 집 벽난로 위의 납골 단지에 있다는 이야기도 돈다. 잔지바르 바다라고도 한다. 안전하게 보관하기 위해 인디아의 서루 고모 집에 맡겨놓았다거나, 가든 롯지의 체리나무 아래 묻혔다는 말도 있다. 서레이 브룩우드의 파시족 공동묘지 구역에 있는 어떤 무명의 묘지에 숨겨 놓았을 가능성도 있다. 프레디의 세인트 피터스 학교 친구인 기타 촉시는 아버지의 무덤을 방문하러 그 공동묘지에 간 적이 있다. 기타는 묘지 관리인과 잠시 이야기를 나누었는데, '록 가수 프레디 머큐리의 재가 저기 묻혀 있다'고 말해 주었다.

"큰 충격을 받았죠." 기타가 말했다. "묘지 관리인이 나와 프레디의 관계를 알 리가 없죠. 관리인이 알려 준 묘지는 아버지 묘지에서 몇 피트 떨어진 곳에 있었어요. 관리인이 한 말은 사실이라고 생각해요. 내 인생에서 아주 특별한 일이었죠. 감사하게 생각하고 있어요."

관리인이 잘못 알고 있었을까? 그럴 수도 있다. 이상하게 들릴지도 모르지만 내가 브룩우드의 파시 구역을 방문했을 때 묘지 관리인이 나에게도 똑같이 말했다.

피터 프리스톤은 그 이야기를 확신할 수 없었다. "모르겠어요. 프레디의 재를 부모님과 메리가 나누어 가졌을 거라고 짐작하거든요. 하지만 어떻게 알 수 있겠어요? 메리와 부모님만이 진실을 알고 있어요."

1991년에 〈보헤미안 랩소디〉가 크리스마스 싱글로 재발매되었다. 1위까지 오르고 테렌스 히긴스 트러스트 에이즈 자선단체에 100만 파운드 이상 기부되었다. 퀸의 사인이 들어간 싱글도 미국에서 재발매되어 수익의 일부가 매직 존슨 재단을 통해 미국의 에이즈 자선단체에 기부되었다.

1992년 4월 20일, 퀸은 프레디를 위한 로큰롤 송별 콘서트를 준비했다. 프레디의 죽음을 '형제를 잃는 슬픔'으로 표현했던 브라이언은 부활절 기간 중 월요일에 웸블리 스타디움에서 열리는 프레디 헌정 콘서트에서 많은 가수가 퀸의 노래를 할 것이라는 점을 강조했다. 출연 가수가 누구인지도 확정되지 않은 상태에서, 콘서트 개최를 발표한 당일 2시간 만에 7만 2,000개의 표가 매진되었다. 이 콘서트는 라디오와 TV를 통해 76개국에 방송되고 데이비드 말렛에 의해 다큐멘터리로 제작될 예정이었다.

콘서트에서 애니 레녹스(Annie Lennox, 1954~, 영국의 가수, 그룹 유리스믹스의 멤버)와 데이비드 보위가 〈언더 프레셔〉를 불렀다. 로저 돌트리(Roger Daltrey)가 〈아이 원트 잇 올〉, 익스트림이 〈해머 투 폴〉, 조지 마이클과 리자 스탠스필드(Lisa Stansfield)가 듀엣으로 〈디즈 아 더 데이즈 오브 아워 라이브즈〉, 엘튼 존과 악시 로즈(Axl Rose)가 〈보헤미안 랩소디〉, 실(Seal)이 〈후 원츠 투 리브 포에버〉. 믹 론슨과 모트 더 후플의 이안 헌터가 〈올 더 영 덧즈〉, 로버트 플랜트(Robert Plant)가 〈땡큐(Thank You)〉, 〈이누엔도〉, 〈크레이지 리틀 씽 콜드 러브〉를 불렀다. 라이자 미넬리는 〈위 아 더 챔피온스〉를 불러 무대를 압도했다.

한 가지 특이한 점은 데이브 클락, 피터 스트레이커, 토니 해들리, 엘라인 페이지, 아레사 프랭클린, 프린스, 마이클 잭슨처럼 프레디와 친했던 아티스트들이 헌정 콘서트에 참여하지 않았다는 사실이다. 프레디는 메탈 쪽 아티스트 위주의 구성을 원하지는 않았을 것이다. 이는 아마 브라이언과 로저의 취향이 많이 반영되었을 것이다. 퀸에게 많은 영향을 받았던 아티스트들이라는 주장도 있다. 또 다른 의견으로는, 헌정 콘서트를 실질적으로 브라이언과 로저, 존이 준비했는데 자신들이 좋아했던 프론트맨 위주로 구성했다는 것이다.

팀 라이스는 엘라인 페이지가 부상을 당해 대신 라이자 미넬리가 초청받았다고 했다. 또한, 많은 사람이 커밍아웃을 선언한 보이 조지, 홀리 존슨(Holly Johnson), 지미 소머빌(Jimmy Somerville), 리 존스(Leee Johns)가 없었던 점에도 놀랐다. 다행히 프레디가 좋아했던 파바로티, 카레라스(Carreras), 도밍고의 아리아가 크게 울려 퍼졌다. 몽세라 카바예는 그 당시에 세비야의 엑스포(EXPO) 행사로 일정이 꽉 차 있었기 때문에 헌정 콘서트에 참석할 수 없었다고 한다. 그녀는 위성을 통해 프레디에게 헌사하고 싶어 했지만 당시의 위성 사정상 불가능했다. 할리우드의 전설이며 에이즈 퇴치 캠페인을 벌이고 있는 엘리자베스 테일러도 그녀의 눈물 어린 성명을 대중에게 전달할 수 없었다.

조지 마이클은 〈썸바디 투 러브〉를 불러 7년 전 퀸이 라이브 에이드에서 보여 줬던 승리를 재현하듯 헌정 쇼를 훔쳤다. 그는 어릴 적 판타지를 드디어 실현했다고 고백했다.

"프레디를 통해 노래 기법을 배웠어요. 특히 〈썸바디 투 러브〉에서 정말 놀라운 감정을 느꼈어요. 가장 자랑스러운 순간이었습니다."

"헌정 콘서트에서 조지 마이클은 놀랄 정도의 실력을 보여 줬어요." 피터 파터노는 조지 마이클에게 열광했다. "그가 프레디의 자리를 대신할 수도 있다는 생각이 들었죠. 다른 사람도 마찬가지였을 거예요. 하지만 결국에는 누구도 프레디를 대신할 수 없습니다."

마이크 모란과 함께 키보드를 담당한 스파이크 애드니는 콘서트가 실패로 평가받자 속상해 했다. 많은 비평가가 출연자들의 노래 솜씨가 프레디에 못 미친다는 비난을 쏟아냈던 것이다. 콘서트에 대한 실망을 표현한 비평가들은 프레디처럼 축복받은 음역을 가진 아티스트가 거의 없다는 것을 대중이 기억하고 이해하도록 만들었다.

"프레디처럼 부르는 사람이 없었다는 의견은 공정치 못해요. 하지만 그때 많은 사람이 프레디의 그림자 안에 있는 것처럼 느꼈을 거예요. 물론 프레디는 보고 좋아했을 거예요. 프레디에게 간지럼을 태워 자신의 노래를 부르느라 고생하는 모습을 보게 하려는 것 같았습니다. 프레디는 자신의 키로 맞추지 못하고 애쓰는 사람들의 몸부림을 즐겼을 거예요."

콘서트가 끝나고 브라운의 나이트클럽에서 애프터쇼 파티가 열렸다. 스파이크 애드니는 로저와 브라이언을 보았다. "위층에서 로저가 벽에 기댄 채 서 있었어요. 그저 멍하니 공간을 응시하고 있었죠. 옆에 있던 브라이언도 마찬가지였어요. '괜찮아?' 하고 묻자 '아무 느낌도 없어.'라고 했죠. 다른 사람들도 마찬가지였어요. 아직 그대로 받아들일 수가 없었던 거죠. 하지만 한 번 끝나면 끝난 거죠. '신이시여, 한 달 동안 무슨 일이 있었죠? 지금 여기서 무엇을 하고 있나요?'"

모금 활동은 계속되었다. 콘서트와 그 외의 수익들을 관리하기 위해 1992년에 머큐리 불사조 재단이 설립되었다. 재단의 엠블램은 퀸의 문장에서 따왔다. 프레디는 밴드 초기에 퀸의 문장을 디자인하였다. 재단에서는 현재까지 전 세계 에이즈 퇴치를 위한 모금 활동을 계속하고 있다.

조지 마이클, 리자 스탠스필드와 퀸은 미니 앨범 《파이브 라이브(Five Live)》를 발매해 발생한 로열티를 머큐리 불사조 재단에 기부했다. 2002년 4월에 재단 설립 10주년을 기념하는 콘서트가 DVD로 발매되자 수익금이 더 증가해 영국에서 1위까지 올라갔다. 20년이 지난 현재에도 수익금이 계속 재단으로 들어오고 있다. 짐은 1994년에 프레디에게 바치는 자서전을 냈다. 프레디 말년에 대한 세부적인 묘사에다, 인기 위주의 내용에 더 치중한 공동 저작자 때문에 짐이 애초에 의도한 목적이 흐려졌다. 결과적으로 짐은 퀸 쪽에서 비난을 받았다. 퀸의 멤버들, 매니지먼트, 가족, 친구들 모두 우려를 나타냈기 때문에 짐은 당황하고 혼란스러웠다. 책을 팔기 위해 프레디의 죽음을 모두의 앞에서 적나라하게 까발리는 것은 프레디와 함께했던 사람들에게 견디기 힘든 아픔이었다.

그 즈음에 나는 짐과 함께 아일랜드 남동쪽의 그림같이 아름다운 카운티 칼로에서 함께 지냈다. 그는 프레디로부터 받은 유산 50만 파운드로 아늑한 방갈로를 구입해서 살고 있었다. 짐이 주장하는 프레디에 대한 사랑의 감정은 의심할 바 없이 진짜였다. 그는 따뜻하고 점잖은, 자신에게 주어진 운명에 만족하는 타입이었다. 그는 슈퍼스타의 생활을 경험할 수 있게 해준 프레디에게 끝없이 감사하다고 했다. 손수 가꾼 정원에서 프레디가 좋아했던 라일락 로즈 '블루문'을 자랑스럽게 보여 주었다. 짐이 가톨릭 집안이었고, 책을 출판할 때 엄마가 살아 있었기 때문에 책을 쓸 때 큰 용기가 필요했을 것이다.

"가족들과 상의했습니다. 어느 정도는 허락을 구하는 측면이 있었죠. 하지만 걱정하지 않아도 되었어요. 식구들이 흔쾌히 승낙했고 항상 내 옆에 있을 거라고 용기를 주었죠."

짐도 알고 있듯이 프레디는 가족의 종교 때문에 짐보다 훨씬 심한 딜레마를 겪었다.

"프레디는 조로아스터교에 따르지 않았어요." 짐과 피터 프리스톤 모두 같은 의견이었다. "프레디 부모님의 신념에 따라 화장을 했기 때문에, 프레디도 조로아스터교라고 짐작하죠. 하지만 내가 아는 한 프레디는 절대 아닙니다. 난 그 종교를 몰라요. 프레디가 그 얘길 꺼낸 적도 없어요. 하지만 잠 잘 때면 침대에서 그의 기도를 듣게 돼요. 어떤 말로요? 영어죠. 누구에게요? 모르죠. 누구한테 말하는 건지 가끔 물어보면 어깨를 으쓱하곤 휘파람을 불면서 '나의 주님께'라고 말할 뿐이었어요."

프레디가 죽은 후에 펨브리지 로드의 퀸 프로덕션 사무실은 문을 닫았다. 마운틴 스튜디오는 데이비드 리처드가 모든 장비들을 해체해서 몽트뢰 위쪽의 알프스로 옮겨가버렸다. 문 앞에 팬들이 쓴 낙서는 모두 그대로 남아 있다. 많은 사람이 프레디의 죽음으로 퀸 스토리는 끝났다고 생각했지만 오산이었다. 프레디 사후 4년 만인 1995년에 발매된 퀸의 15번째 스튜디오 앨범 《메이드 인 헤븐》은 등장하자마자 1위를 기록했다. 이 음반은 세계적으로 2,000만 장이 팔렸다. 노력과 헌신으로 만들어진, 결점이라곤 찾아볼 수 없는 완벽한 편집이 이루어졌다. 프레디를 위한 레퀴엠이자 쇼케이스였다. 가장 먼저 눈에 띄는 곡은 브라이언이 만든 〈마더 러브〉이다. 프레디의 목소리는 열광적인 라이브 무대를 이끌었던 퀸의 회오리 속으로 다시 되돌아가도록 우리를 끌어당기는 것 같았다. 〈잇츠 어 카인드 오브 매직(It's a Kind of Magic)〉[50]과 〈고잉 백(Goin' Back)〉[51]의 일부—I think I'm going back/to the things I learnt so well/in my youth—가 반복적으로 에코 처리되었다. 〈마더 러브〉는 곡 마지막에 갓난아기 울음소리로 끝나서 프레디의 죽음이 재탄생을 상징한다고 볼 수 있다.

이 앨범에서 내가 좋아하는 또 다른 곡은 프레디의 스완 송(swan song)[52] 〈어 윈터스 테일(A Winter's Tale)〉이다. 이 곡은 그가 좋아하던 호수가 보이는 몽트뢰 아파트에서 작곡되었다. 창문으로 본 풍경을 서술하고 있는데, 삶의 종반부에서 발견한 행복감과 만족감을 축복하는 내용이다. 노래 제목이 윌리엄 셰익스피어의 희곡 〈겨울 이야기(The Winter's Tale)〉와 같다. 아마 이 작품으로부터 영감을 받았을 수도 있다. 주인공은 보헤미아—대략 현재의 체코 공화국에 해당한다—의 왕 폴릭세넥스이다. 〈보헤미안 랩소디〉도 아마 여기서 유래하지 않았나 싶다. 바드 학자들은 영국 헨리 8세의 2번째 왕비인 앤 불린의 죽음을 풍자한 작품이라고 추측했다. 앤 불린과 헨리 8세의 딸은 나중에 영국의 여왕 엘리자베스 1세가 되는데, 극 중 인물인 시칠리아의 왕 레온티즈의 딸 페르디타가 엘리자베스 1세를 모티브로 한 인물이다.

머큐리를 기념하는 작품이 많이 있다. 특히 체코 작가 이레나 세드렉카(Irena Sedlecka)의 작품 〈프레디 조각상〉이 몽트뢰 제네바 호숫가에 서 있다. 1996년 11월 25일, 프레디 사망 5주년을 기념하는 의미로 개최된 행사에서 몽세라 카바예가 조각상의 헝겊을 걷어냈다. 몽트뢰 시장이 행사 시작을 알렸으

50 《A Kind of Magic》은 퀸이 1986년에 발매한 12번째 앨범이다. 디지털로 녹음된 첫 번째 스튜디오 앨범이다.

51 〈Goin' Back〉은 Gerry Goffin과 Carole King이 1966년에 만든 곡이다. 여러 아티스트들이 이 곡을 노래했는데, 프레디 머큐리는 초기 트라이던트 시절에 Larry Linux라는 이름으로 발표했다.

52 swan song은 극작가, 음악가, 배우 등의 죽음이나 은퇴 전의 마지막 작품이다. 백조가 죽을 때 아름다운 노래를 부른다는 데서 붙여진 이름이다.

며, 프레디의 부모님, 여동생 카시미라, 몽트뢰 재즈 페스티벌 설립자 클로드 놉스, 브라이언, 로저가 참석했다. 프레디 조각상은 스위스에서 가장 많은 사람이 방문하는 명소 중 하나로 남아 있다. 또한, 퀸의 팬들이 프레디의 9월 생일을 기념하러 순례하는 가장 중요한 장소가 되었다.

브라이언은 2011년에 《Q》 매거진과의 인터뷰에서 그때의 괴로움을 토로했다. "프레디 동상의 베일이 벗겨질 때가 가장 힘들었던 순간 중 하나였습니다. 물론 아주 훌륭한 행사였어요. 감동적으로 진행되었고요. 하지만 갑자기 화가 치밀었습니다. '이게 내 친구의 전부란 말인가.' 모두가 이만하면 멋지다고 생각하지만 그저 하나의 청동상이 내 친구의 이미지라고 생각하니까 끔찍했습니다. 내 친구는 이제 더 이상 여기에 없는데……."

1997년 1월, 프랑스 파리의 샤일롯 극장에서는 프레디와 베자르 발레단의 수석 무용수 호르헤 돈(Jorge Donn)을 추모하는 발레 공연이 열렸다. 로잔느 베자르 발레단의 모리스 베자르(Maurice Bejart)가 안무를 맡았다. 퀸과 모차르트의 작품이 흐르는 가운데 감동적인 곡들이 연주되었다. 앨범 《메이드 인 헤븐》의 첫 번째 수록곡 〈잇츠 어 뷰티풀 데이(It's a Beautiful Day)〉로 시작되어 프레디 생전 마지막 앨범 《이누엔도》의 마지막 곡 〈더 쇼 머스트 고우 온〉으로 피날레를 장식했다. 그것은 파리의 샤일롯 극장에서 열린 첫 공연이었다. 시라크 프랑스 대통령의 영부인, 엘튼 존, 브라이언, 로저, 존이 참석했으며, 존 디콘이 퀸 멤버들과 함께한 마지막 라이브 공연이었다.

존 디콘은 프레디의 죽음 이후 극심한 우울증에 시달렸다. 11살의 어린 나이에 아버지를 잃은 존 디콘은 프레디의 죽음으로 어릴 때 감당할 수 없었던 기억이 되살아났다. 어느 순간 그는 랩댄싱 클럽에 드나들게 되었다. 25살 댄서와 사귀고 그녀에게 아파트, 차, 호화스러운 선물을 사주면서 사치스러운 생활을 했다. 존은 한동안 이렇게 무절제한 생활을 하고 난 뒤 은퇴를 강력히 원했다. 1997년에는 하드록 성향의 곡들을 모은 콤플레이션 앨범 《퀸 록스(Queen Rocks)》와, 프레디 머큐리를 위한 추모곡 〈노우 원 벗 유(No-One But You)〉가 발매되었다. 이 싱글을 끝으로 존 디콘은 은퇴를 선언했다. 존 디콘은 1997년에 공식적으로 퀸 밴드를 떠났다.

“존은 이제 공인이 아닙니다. 비즈니스와 관련해 의논할 일이 있을 때는 이메일로 연락이 이루어집니다. 그게 다예요.” 브라이언과 로저는 앞으로 어떻게 할지 전혀 준비되지 않았다. 언젠가 적절한 프로젝트가 있을 거라고만 생각했다.

2002년 6월, 브라이언은 런던 버킹엄 궁전 옥상에서 〈갓 세이브 더 퀸〉을 연주했다. 영국 여왕 엘리자베스 2세의 즉위 50주년을 기념하는 콘서트였다.

2004년에는 펜더 스트랫 팩 콘서트에서 처음으로 프리 앤 배드 컴퍼니(Free and Bad Company) 그룹의 프론트맨 폴 로저스와 함께 공연했다. 브라이언과 폴 로저스 간의 결합은 성공적이었으며, 브라이언은 폴을 설득하여 로저와 함께 2004년에 새로운 그룹 ‘Q+PR’을 결성하고, 2005년에 월드 투어를 발표했다. 폴이 프레디를 대체하는 것이 아니라, 새로운 변화를 시도한다는 점을 분명히 했다. ‘Q+PR’은 2005년에 넬슨 만델라(Nelson Mandela)의 46664 에이즈 캠페인을 위해 남아프리카에서 열린 콘서트에도 참여했다. 같은 해에 스파이크 애드니가 ‘Q+PR’의 키보드 연주자로 합류했다. 2006년에 ‘Q+PR’은 북아메리카로 23일간의 투어를 떠났다. 2008년에는 넬슨 만델라의 90번째 생일을 기념하여 하이드 파크에서 공연했다. 2009년 5월, 폴 로저스는 자신의 전 소속 밴드인 프리 앤 배드 컴퍼니의 재결합 투어를 시작하면서 ‘Q+PR’은 해산되었다. 퀸과 폴 로저스 측 모두 재결합 가능성은 남겨두었다. 이제 모두 솔로 작업을 해나갔다. 브라이언은 2011년에 웨스트엔드와 브로드웨이 스타 케리 엘리스(Kerry Ellis)와 함께 ‘찬송가(Anthems)’라는 타이틀의 공연을 했다.

한편 프레디 사망 11주년을 기념하여 2009년 11월 24일에 2,000명이 넘는 팬들이 브라이언과 프레디의 엄마를 보기 위해 펠텀 타운 센터에 모여들었다. 그날은 프레디의 추억에 헌정하는 할리우드 스타일의 명판 제막식이 있는 날이었다. 이 명판은 영국에서 처음으로 퀸의 프론트맨을 추억하는 기념물이었다.

"펠텀은 잔지바르를 떠나 영국에서 처음으로 머문 곳이에요. 프레디가 음악의 미래를 탐험하기 시작했던 곳이죠." 87살의 저르 불사라가 말했다.

"프레디, 우리는 너의 꿈, 우리의 꿈을 추구했지. 사랑해, 우린 항상 널 사랑할 거야." 브라이언이 말했다. "너를 이렇게 존경하게 돼서 우린 매우 행복해."

2011년에 퀸 활동 40주년을 기념하여 초기에 투어링할 때의 사진을 발표한 전시회 '스톰트루퍼스 인 스틸레토스(Stormtroopers in Stilettos)'가 열렸다. 전시회의 타이틀은 3번째 앨범 《시어 하트 어택》(1974)에 수록된 곡 〈쉬 메이크스 미(She Makes Me)〉에서 따왔다.

2010년 후반에는 GK 영화사(GK Films)에서 프레디의 일생을 기반으로 할리우드 영화를 제작한다고 발표했다. 그레이엄 킹이 영화사 대표인 GK 영화사가 만드는 이 영화는 로버트 드 니로(Robert de Niro, 1943~, 미국의 영화배우)의 트리베카 필름과 퀸 필름이 공동 제작할 예정이었다. 프레디 역에는 〈보랏(Borat)〉, 〈브루노(Bruno)〉의 스타 사샤 바론 코헨(Sacha Baron Cohen, 1971~, 영국의 영화배우), 스크립트는 피터 모간이 맡을 예정이다.

그레이엄 킹은 '프레디 머큐리는 경외심을 불러일으키는 데 명수'라고 했다. "사샤 바론 코헨과 피터 모간이 함께하고 퀸이 도와주면 퀸의 성공 뒤 리얼 스토리를 보여 주기에 완벽한 조합이 될 것입니다."

모간의 스크립트는 1980년 초반에 관한 내용이었다. 그 당시에 퀸은 미국에서 주목을 받지 못하고 침체되는 분위기였다. 누가 봐도 그들의 전성기가 저물어간 것이다. 각자 솔로 활동을 준비했다. 그때 밥 겔도프가 라이브 에이드 개최를 선언했고 퀸은 웸블리 스타디움에서 전 세계를 깜짝 놀라게 만들었다. 퀸이라는 그룹의 힘이 다시 살아났고 퀸은 전 세계를 대상으로 대대적인 컴백 투어를 시작했다. 하지만 프레디가 에이즈에 걸리게 된다. 이 영화는 프레디 사망 21주년에 맞춰 2012년 여름에 상영될 예정이었다. 〈위 윌 록 유〉 뮤지컬이 엄청난 성공을 거두면서 프레디 사후에 퀸의 세계적인 명성과 영향력은 더 강해졌다. 뮤지컬 〈위 윌 록 유〉는 록 뮤직이 금지된 미래사회에서 이에 저항하는, 음악을 사랑하는 보헤미안들이 영웅을 찾는 줄거리이다. 영국의 코미디언이자 작가인 벤 엘톤(Ben Elton, 1959~, 영국의 시나리오 작가이자 영화감독)과 퀸의 멤버들이 협력해서 만든, 퀸의 노래로 꾸며진 주크박스 뮤지컬이다. 2002년에 영국 토튼햄 코느 로드의 도미니온 극장에서 처음 상영된 이후 지속적으로 좌석이 가득 메워졌으며 흥행에 실패한 적이 없다. 27개국에서 국가별 버전으로 무대에 올랐고, 2011년 3월에 관객들이 뽑은 최고 인기작 부문인 BBC 라디오2 '오디언스 어워드(Olivier Audience Award)'를 수상했다.

뮤지컬 〈위 윌 록 유〉가 모든 사람을 만족시킨 것은 아니다. 브라이언과 로저 측은 일부에서 표를 모두 팔아 치웠다고 고발당했다. 퀸은 개의치 않았다. 뮤지컬이 지속적으로 인기를 확보하고 있다는 그 자체가 흥행성을 보여 주고 있는 것이다. 로저가 이렇게 말했듯이 말이다. "흥행성이 없으면 아무 소용없지." 폴 감바치니는 뮤지컬 〈위 윌 록 유〉가 꼭 필요한 이유를 이렇게 설명했다. "퀸 활동 초기에 멤버들이 투어링할 당시의, 아직 태어나지도 않은 수백만 명의 젊은이들에게 퀸의 센세이셔널한 음악을 전하는 역할을 했습니다."

프레디 생전보다 퀸의 존재감이 더 커진 것에 대해 프레디 자신은 어떻게 느낄까? 폴 감바치니는 프레디가 좋아했을 거라고 했다. "그저 좋아했을 거예요. 지금 프레디는 라이자 미넬리보다 유명해요. 그는 프리마돈나들을 좋아하고 존경했어요. 라이자 미넬리를 숭배했어요. 자신이 지금 그녀보다 더 큰 존경을 받는다는 사실을 알면 스릴을 느낄 거예요. 페이스북에서 유럽의 한 젊은이로부터 친구 요청을 받았어요. 내가 프레디를 아는 사람이기 때문에요. 피터 프리스톤은 이 모임의 아이돌이에요. 전 세계의 프레디의 팬들은 프레디 불사조 신탁의 모금 활동을 위해 프레디의 생일날 프레디처럼 옷을 차려 입어요. 정말 환상적이죠. 이 젊은이들은 프레디가 활동할 때 태어나지도 않았거나, 프레디를 몰랐죠. 단지 역사적으로 알고 있는 프레디 머큐리에 반응하는 거예요."

프레디가 죽은 후 아직까지 남아 있는 친구들은 정상적인 생활을 잘해낼 수 없었다. 존 디콘은 이제 조용히 한 가족의 가장으로 남아 있다. 퀸으로 살았던 열광적인 삶은 고통에 찬 마음의 맨 꼭대기에 얹어두었다. 브라이언은 음악 산업에서의 공로를 인정받아 영국 엘리자베스 2세 여왕으로부터 대영제국 훈장 3등급(CBE)을 받았다. 브라이언은 아니타 돕슨과 재혼해 3명의 아이들을 두었으며, 천문학 연구와 여우 보호 운동을 하면서 지내고 있다. 로저는 데비와 헤어진 후 젊은 여자친구 세리나와 결혼했고 지금까지 5명의 아이를 두었다. 로저와 브라이언 모두에게는 그 무엇보다 음악이 가장 우선순위였다.

믿기 어려운 일이었다. 퀸이 공식적인 영국 앨범 차트에서 비틀즈를 추월했다. 2006년에 《그레이티스트 히츠》 앨범이 5,407,587장 이상 팔려 영국에서 역대 베스트셀러가 된 것이다. 《그레이티스트 힛츠 II》 앨범은 3,631,321장 이상 팔려 7위를 기록했다. 지금까지 총 18개의 앨범, 18개의 싱글이 1위에 올랐다. 전 세계적으로 10개의 DVD가 1위를 기록했다. 총 앨범 판매량은 전 세계적으로 3억 장—미국에서 유일하게 3,250만 장에 머물렀다— 이상이다. 또한, 퀸은 원톱 체제에서 벗어나 모든 멤버들이 곡을 만든 유일한 그룹이다. 〈위 윌 록 유〉는 뉴욕 양키스와 맨체스터 유나이티드 풋볼 클럽의 공식적인 노래로 채택되었다. 〈위 아 더 챔피온스〉는 가장 인기 있는 퀸의 곡이다. 스포츠팬들이 어디서나 열창하는 모습을 볼 수 있다. 프레디 스스로는 이 곡을 "내가 쓴 곡 중 가장 자기중심적이고 오만한 곡"이라고 설명했다. "난 어떤 식으로든 프레디가 아직 여기에 있다고 느껴져요. 그의 음악이 여기 있기 때문이죠." 여동생 카시미라가 말했다. "프레디는 나의 오빠이지만 대스타이기도 합니다. 간단히 말하자면, 평범한 오빠를 갖는다는 것이 어떤 것인지 잘 모르겠어요. 내 하나뿐인 오빠는 아주 특이했거든요."

"프레디는 나의 베스트 프렌드예요." 로저 테일러가 허심탄회하게 말했다. "그의 죽음을 결코 극복할 수 없을 거예요. 퀸 멤버들 모두 마찬가지예요. 프레디의 죽음을 빨리 받아들이려고 애쓰지만 그건 그의 죽음이 우리의 삶에 미친 영향을 과소평가하기 때문이죠. 아직도 그의 죽음을 말하는 것조차 고통스러워요. 프레디가 없는 현재와 미래는 생각하기 힘드네요. 난 매일매일 생각합니다."

프레디, 그가 놓친 것은 슈퍼스타라는 명성 뒤의 영혼—판타지에 빠진 지극히 인간적인 남자—이었다. 일부는 싫어했을지라도 프레디는 수백만 명의 사람들에게 기쁨을 주었다. 어떤 관점에서 생각하느냐가 중요하다. 그는 결코 변명하지 않았으며 다른 사람의 동정도 구하지 않았다. 비록 자신의 모순 때문에 덫에 걸렸다고 느꼈을지라도 그의 노래는 그를 자유롭게 했다. 마지막에는 웃을 수 있는 눈물 어린 광대에게, 브라이언과 로저에게 프레디는 끝없는 모험가로 기억되고 있다. 불꽃같은 파수꾼이라는 이유로 그들을 비난할 수 있을까? 난 아니다.

역자의 글

세대, 지역, 성을 초월하여 여전히 세계적으로 사랑을 받고 있는 그룹 퀸이 결성된 지 45년이 넘었다(1970년에 결성됨). 세계적으로 가장 사랑받는 곡으로 기네스북에 올랐던 〈보헤미안 랩소디〉를 비롯하여, 〈러브 오브 마이 라이프〉, 〈썸바디 투 러브〉, 〈위 아 더 챔피온스〉 등 아직도 팬들의 가슴을 적시는 수많은 명곡을 곳곳에서 들을 수 있다. 아직 퀸의 '예술적 상상력의 르네상스 시대'는 끝나지 않은 것이다.

폭발적인 샤우팅 창법, 4옥타브라는 음역을 초월한 목소리, 각종 명곡들을 직접 써 낸 싱어송라이터, 세계 최초의 뮤직 비디오 및 공연 퍼포먼스에 활용된 특수효과의 창시자 등 화려한 수식어가 따라다니는 예술가가 있다. 그는 바로 그룹 퀸의 리드 보컬인 프레디 머큐리이다. 그는 1991년 11월 24일에 사망하였지만, 그를 추억하고 그의 음악을 그리워하는 팬들의 사랑은 여전하다.

그룹 퀸이 대중들에게 사랑받는 가장 큰 이유는 그들의 음악적 재능이 천부적임에도 불구하고 대중과 자신들을 구분하지 않고 자신들이 느끼는 흥분과 기쁨을 대중과 나누려고 한 열린 자세 때문일 것이다. 프레디는 스스로 "우리는 사람들이 노래를 통해 우리와 공감하고 즐거운 시간을 보낼 수 있게 노력해."라고 했다. 저널리스트 릭 스카이는 그의 저서 《더 쇼 머스트 고우 온(The Show Must Go On)》에서 이렇게 말했다. "퀸은 우리들에게 자신들처럼 특권을 부여받은 것 같은 느낌을 주었어요. 다른 스타들과 비교했을 때, 퀸은 전혀 이기적이지 않았죠. 그들은 자신들처럼 우리도 멋진 시간을 즐길 수 있도록 항상 열망했어요. 물질적인 부를 나누어주는 것 못지않게 정신적인 면에서 믿을 수 없을 정도로 관대하게 우리에게 베풀었다는 점에서 세계 최고의 록 밴드라고 말할 수 있어요." 또한, 그룹 퀸이 자신들의 경험을 녹여 만든 곡의 의미를 대중들이 스스로의 경험으로 연결하도록 열어놓았다는 점에서 대중을 향한 개방적인 자세를 엿볼 수 있다.

〈보헤미안 랩소디〉의 가사의 의미를 알려고 하는 사람들에게 프레디는 이렇게 말했다. "모든 사람들이 의미를 알려고 하지만 품위 있는 시인처럼 말하겠어요. '당신이 이 시에서 보는 그대로입니다.'라고요." 브라이언은 "곡들의 의미를 밝히게 되면 어떤 면에서는 곡들이 망가집니다. 왜냐하면 위대한 노래의 훌륭한 점은 사람들이 노래를 들으면서 그 곡을 자신만의 개인적인 경험에 연관시키게 된다는 데 있기 때문입니다. 프레디는 사적인 문제들 때문에 힘들어했어요. 그런 고민들을 노래로 표현했을 거예요. 그런 과정에서 재창조되는 자신을 보았을 거예요." 퀸과 프레디는 대중을 존중하고 함께 공감하려 했기에 노랫말도 자신들의 감정에 충실하면서 자유로울 수 있었다. 이런 진솔한 울림에 팬들도 공감했기에 오랜 시간을 사랑받아 온 것이 아닐까. 그룹 더 서처스의 프랭크 앨런은 프레디의 곡 노랫말에서 프레디의 삶을 알 수 있다고 했다. 〈아이 원트 잇 올〉, 〈썸바디 투 러브〉, 〈돈 스톱 미 나우〉 등의 노래는 사랑에 대한 희망과 갈망을, 〈잇츠 어 하드 라이프〉는 사랑에 배신당해 비통한 프레디의 심정을 표현한 곡이었다.

프레디는 어렸을 때부터 가족과 멀리 떨어져 살면서 강한 분리 불안감과 애정결핍으로 인한 섹스 집착, 음악 활동에 대한 부모의 반대, 감정적이고 극단적이며 몹시 긴장하는 성격, 그 시대의 전형적인 록스타와는 이질적인 외모에 대한 콤플렉스, 가족들의 종교관과 배치되는 동성애 등으로 끊임없이 괴로워하였으며, 믿었던 사람들로부터의 계속된 배신으로 큰 충격에 휩싸이기도 했다.

프레디는 이 모든 아픔과 홀로 싸우면서 자신의 열정과 창의성을 극대화시켜 시대를 초월하여 사랑받는 명곡들을 만들어 내며 스스로 세계적인 스타로 우뚝 섰다. 이 책은 그 과정에서 드러난 꿈과 열정, 갈등과 고뇌, 사랑의 추구 등에 나타난 인간 프레디의 모습을 가감없이 보여 준다.

프레디는 성공과 명예를 추구했다기 보다는 그가 사랑한 팬과 가족을 위해서 음악을 창조하고 즐기며 자기 자신을 오히려 희생한 이타적인 삶을 살았다. 그의 비정상적인 생활은 그의 창조적인 에너지를 극대화 했고 이것은 우리에게 문화적 산물로 다가왔다. 그의 부모님이 원한 것처럼 프레디가 회계사나 법률 공부를 했다면, 우리는 퀸의 혁신을 경험하지 못하고 그로 인해 문화적인 혁신이 결핍된 21세기를 맞았을 것이다. 프레디는 '음악이 아침에 나를 깨우고, 그 안에서 행복을 느끼는 진정 축복받은 존재'임을 일찍부터 알아차리고, 음악 활동에 모든 열정을 쏟아 부었다. 에이즈로 고통받는 과정에서 프레디는 퀸 멤버들에게 이야기한다. "무엇보다, 너희들도 내 문제를 알고 있겠지. 내 병 말이야. 그렇다고 내가 달라지고 싶지는 않아. 사람들에게 알려지는 것도 싫고, 말하고 싶지도 않아. 그냥 지금처럼 잘 지내고, 더 이상 할 수 없을 때까지 음악에 몰두하고 싶을 뿐이야. 누구도 우리가 함께한 날을 잊을 수 없을 거야. 우리 모두는 언젠가는 시들해져서 어디선가 조용히 시름시름 앓게 되어 있어."

세상 일이 뜻대로 되지 않을 때, 결정적인 암초를 만났을 때, 비통하지만 현실을 인정하고 남은 시간을 의지하며 쏟아 부을 그 무엇인가가 우리에게 있을까? 누구나 한 번쯤은 이런 고민을 해보았을 것이다. 프레디 사후 4년만에 출시된 앨범 《메이드 인 헤븐》 중 〈어 윈터스 테일〉에서 프레디는 삶의 종반부에 발견한 행복감과 만족감을 축복한다. 이런 축복은 음악을 향한 사랑과 열정이 아니었다면 불가능했을 것이다.

프레디는 스타가 된 후에 창조적인 에너지를 더 발산하기도 했지만, 양성애에 과도하게 집착하고 동성애적 취향에서 빠지게 된다. 어린 시절에 부모님과 떨어져 지내면서 형성된 결핍의 감성이 이성이나 동성 간의 육체적 관계나 과도한 쇼핑욕 등에 드러난다. 하지만 프레디의 문란한 사생활을 들춰내어 그의 가치를 폄하하기에는 그가 이룩한 예술적 산물의 가치가 엄청나다. 퀸의 예술적 상상력의 르네상스 시대는 영국, 미국을 뛰어넘어 결코 그가 원하던 애정의 대체물도, 사랑의 증표도 아니었다. 프레디처럼 우리 모두는 태어나서 죽을 때까지 사랑받길 원하고 갈망하다가 죽는 것인지도 모른다. 프레디는 대학 졸업 후에 가족으로부터 독립했지만 여전히 부모와 여동생을 사랑하고 존경했다. 그래서 스타가 되고 난 후 자신의 동성애적 취향 때문에 가족들이 고통 받기를 원치 않았다. 자신이 에이즈에 걸렸다는 사실도 사망하기 하루 전에 밝힐 정도였다. 동성애에 대한 프레디의 개인적인 생각들이 공개된 적이 없었기 때문에 그의 내면의 진실을 알 수는 없다.

그러나 프레디의 팬으로서 그를 어떤 한마디로도 요약할 수 없음을 느낀다. 하지만 최소한 프레디의 내면을 더 많이 들여다보고 그와 공감하게 된다면, 프레디의 양성애 성향과 문란한 성생활로 인한 에이즈 감염을 문제삼아 그의 작품과 천재성을 함부로 깎아내리지 못할 것이다. 그는 화려한 삶을 살다가 죽었지만, 그가 남긴 음악은 그대로 살아 숨 쉬지 않는가? 퀸의 음악과 예술성의 영향으로 우리는 문화적으로 더욱 풍요로운 삶을 살 수 있게 되었음을 우리 모두 인정해야 할 것이다.

변문경, 이미경

■연대기

연도(날짜)	내용
1946년 9월 5일	· 파록 불사라(Farrokh Bulsara)가 잔지바르에서 출생한다.
1951년	· 파록이 잔지바르의 기독교 학교에 입학한다.
1955~1963년	· 파록이 인도 판치가니의 '세인트 피터스' 기숙학교에 입학한다. · 이름을 '프레디'로 바꾼다. · 첫 번째 밴드 헥틱스(Hectics) 활동을 시작한다.
1963년	· 프레디가 잔지바르로 돌아가 '성 조셉' 수녀원 부속학교에서 고등학교 교육과정을 끝마친다.
1964년	· 1월, 잔지바르에 혁명이 일어난다. · 프레디와 가족들은 영국으로 이주한다.
1964~1966년	· 프레디는 아일스워스 폴리테크닉 학교에서 A-레벨 과정의 미술을 공부한다.
1966년	· 프레디는 일링 미술대학에서 그래픽 디자인과 일러스트레이션 과정을 시작한다. · 프레디는 집에서 독립한다. · 프레디는 브라이언 메이와 같은 밴드에서 활동하는 팀 스타펠을 만난다.
1969년	· 프레디는 일링 미술대학의 학위증을 받고 졸업한다. · 로저 테일러와 함께 켄싱턴 시장 가판대를 운영한다. · 밴드 '스마일(Smile)', '아이벡스(Ibex)'와 교류한다. · 두 번째 밴드 '레키지(Wreckage)' 활동을 시작한다. · 메리 오스틴을 만난다.
1970년	· 4월, 프레디, 브라이언 메이, 로저 테일러는 힘을 합쳐 '퀸' 활동을 시작한다. · 프레디는 성을 '머큐리'로 바꾼다. · 9월 18일, 프레디의 록 우상 지미 헨드릭스가 사망한다.
1971년	· 2월, 베이시스트 존 디콘이 퀸에 합류한다.
1972년	· 퀸은 트라이던트 스튜디오와 계약한다.
1973년	· 퀸은 EMI와 레코딩 계약을 한다. · 퀸의 데뷔 싱글 〈Keep Yourself Alive〉와 데뷔 앨범 《Queen》이 7월에 발매된다. · 퀸은 모트 더 후플의 영국 투어에서 지원 공연을 맡는다. · 처음으로 퀸의 공식적인 팬클럽이 만들어진다.
1974년	· 3월, 〈Seven Seas of Rhye〉 싱글과 《Queen II》 앨범이 발매된다. · '퀸'이라는 헤드라인으로 첫 번째 영국 투어를 시작한다. · 퀸은 모트 더 후플의 4월 미국 투어에서 지원 공연을 한다. · 10월/11월, 〈Killer Queen〉 싱글과 《Sheer Heart Attack》 앨범이 발매된다. · 싱글과 앨범 모두 미국 톱 10위권에 진입한다.
1975년	· '퀸'이라는 헤드라인으로 첫 번째 미국 투어를 시작한다. · 처음으로 일본 투어를 한다. · 프레디가 〈Killer Queen〉으로 아이보 노벨로 상(작곡)을 수상한다. · 퀸이 트라이던트와의 계약을 끝낸다. · 엘튼 존의 매니저 존 레이드가 퀸의 매니저가 된다. · 10월 31일, 〈Bohemian Rhapsody〉 싱글이 발매된다. · 11월, 《A Night At the Opera》 앨범이 발매된다. · 11월, 〈Bohemian Rhapsody〉가 처음으로 영국 차트 1위에 오른다. · 프레디가 아이보 노벨로 상을 다시 수상한다.

1976년	· 퀸의 2번째 미국 투어가 시작된다. · 2월, 퀸이 발매한 4개의 앨범 모두 영국 차트 20위권에 포함된다. · 퀸이 일본과 호주 투어를 시작한다. · 9월 18일, 퀸이 런던 하이드 파크에서 대규모 무료 콘서트를 개최한다. · 12월, 《A Day at the Races》 앨범이 발매된다.
1977년	· 퀸이 세계 투어를 시작한다. · 10월, 〈We Are the Champions〉 싱글이 발매된다. · 〈Bohemian Rhapsody〉로 브리타니아 상을 수상한다. · 《News of the World》 앨범이 발매된다. · 퀸이 존 레이드와의 매니지먼트 계약을 끝내기 위해 변호사 짐 비치가 협상한다. 짐 비치는 퀸의 법적 분쟁을 대리한다. · 퀸이 폴 프렌터를 포함한 자신들만의 매니지먼트 팀을 만든다.
1978년	· 유럽 투어를 시작한다. · 10월, 뉴올리언스의 할로윈 파티와 함께, 《Jazz》 앨범 론칭 행사를 개최한다.
1979년	· 뮌헨 뮤직랜드 스튜디오에서 작업하여 6월에 《Live Killers》 앨범이 발매된다. · 프레디는 런던에서 로열 발레단과 함께 자선 갈라 댄스 쇼에 참여한다. · 프레디는 앞으로 자신의 개인 조수가 될 피터 프리스톤을 만난다.
1980년	· 〈Crazy Little Thing Called Love〉가 수많은 나라에서 1위에 오른다. · 프레디가 런던의 호화주택 가든 롯지를 구입한다. · 퀸이 미국 투어를 시작한다. · 6월, 《The Game》 앨범이 발매되어 미국에서 처음 1위에 오른다. 〈Another One Bites the Dust〉 싱글이 미국을 포함한 많은 나라에서 1위에 오른다. 두 앨범으로 그래미 상 지명을 받는다. · 음반 수입으로 기네스북에 오른다. · 《Flash Gordon》 앨범이 발매된다.
1981년	· 남미 투어를 시작하며, 프레디는 뉴욕에서 5일간의 생일 파티를 한다. · 11월, 《Greatest Hits》 앨범이 발매된다.
1982년	· 앞으로의 6개 앨범 발매 건에 관해 EMI와 새로운 계약을 체결한다. · 5월, 《Hot Space》 앨범이 발매된다. · 데이비드 보위와 공동 작업한 〈Under Pressure〉 싱글이 발매되어 1위에 오른다. · 미국 투어를 시작하며 미국 보스턴에서 7월 23일을 '퀸의 날'로 정한다.
1983년	· 프레디가 뮌헨에서 위니 커크버거와 바버라 발렌틴을, 런던에서 짐 허튼을 만난다. · 프레디가 뮌헨에서 첫 번째 솔로 앨범 작업을 시작한다.
1984년	· 2월, 《The Works》 앨범이 영국과 미국에서 발매된다. · 6월, 퀸이 미국의 그래미 상에 버금가는 브릿 상(Brit Awards)을 수상한다. · 퀸의 투어에 스파이크 애드니가 키보드 연주자로 합류한다. · 퀸이 남아메리카의 선시티 투어로 인해 영국 음악가협회에서 블랙리스트 명단에 오른다.
1985년	· 1월, 브라질의 'Rock in Rio festival'에 참여하고, 그 후 4월부터 뉴질랜드, 호주, 일본 투어를 시작한다. · 7월, 웸블리 스타디움에서 개최된 라이브 에이드에서 쇼를 훔친다. · 프레디가 뮌헨 생활을 영원히 청산하고 런던으로 돌아온다.
1986년	· 유럽에서 마지막 '매직' 투어를 시작한다. · 6월, 영화 〈하이랜더(Highlander)〉의 사운드트랙인 《A Kind of Magic》 앨범이 발매된다. · 프레디는 투어 후 런던의 가든 롯지에서 짐 허튼, 피터 프리스톤, 조 파넬리와 정착한다.
1987년	· 1월, 프레디는 《The Great Pretender》의 커버 버전을 발매한다. · 3월, 프레디는 바르셀로나에서 몽세라 카바예를 만나 공동 작업 가능성을 논의한다. · 전 매니저 폴 프렌터가 프레디를 배신하고 언론사에 기사를 팔아넘긴다. · 프레디가 스페인 국왕과 여왕이 참석한 바르셀로나 'La Nit Festival'에서 공연한다. · 10월, 프레디와 몽세라 카바예가 함께 부른 《Barcelona》 앨범이 발매된다.

1989년	· 5월, 《The Miracle》 앨범이 발매된다. · 《TV Times》 지 독자들이 투표한 '80년대 최고의 밴드'로 뽑힌다.
1990년	· 퀸은 영국 음악에 대한 공헌으로 BPI(British Phonographic Industry) 상을 수상한다.
1991년	· 퀸은 〈Innuendo〉 싱글로 10년 만에 1위에 오른다. · 2월, 《Innuendo》 앨범이 발매된다. · 퀸은 마지막 앨범 《Made In Heaven》 작업을 시작하며, 이것은 1995년에 발매된다.
1991년 11월 24일	· 프레디가 사망한다. · 〈Bohemian Rhapsody〉가 크리스마스 싱글로 재발매되고, 판매 수입금 100만 파운드 이상의 금액이 테렌스 히긴스 트러스트 에이즈 자선단체에 기부된다. 미국에서도 발매되어 수익금이 매직 존슨 재단을 통해 각 주의 에이즈 자선단체에 전해진다.
1992년	· 웸블리 스타디움에서 머큐리 헌정 콘서트가 열린다. · 머큐리 불사조 트러스트 에이즈 자선단체가 론칭된다.
1994년	· 짐 허튼이 프레디와의 추억에 관한 책을 출판한다.
1995년	· 프레디 사망 후 4년 만에 《Made in Heaven》 앨범이 발매되어 1위에 오른다. · 체코 작가 이레나 세드렉카의 프레디 조각상이 몽트뢰 제네바 호숫가에 서 있다.
1996년	· 프레디 사망 5주년을 기념하여 스위스 몽트뢰에서 이레나 세드렉카의 작품 <프레디 조각상>의 제막식이 개최된다.
1997년	· 1월, 프랑스 파리에서 퀸의 남은 멤버들의 프레디를 기리는 라이브 음악 공연 'Le Presbytère: Ballet for Life'가 개최된다. · 존 디콘이 '퀸' 밴드를 떠난다.
2002년	· 브라이언은 런던 버킹엄 궁전 옥상에서 〈God Save the Queen〉을 연주했다. 영국 여왕 엘리자베스 2세의 즉위 50주년을 기념하는 콘서트였다. · 런던 도미니온 극장에서 뮤지컬 〈We Will Rock You〉가 시작되어 27개 국가에서 공연 중이다.
2004년	· 브라이언이 펜더 스트랫 팩 콘서트에서 처음으로 'Free and Bad Company' 그룹의 프론트맨 폴 로저스와 함께 공연한다.
2005년	· 브라이언, 로저, 폴 로저스가 'Q+PR' 밴드를 결성하고 세계 투어를 시작한다. · 'Q+PR'은 넬슨 만델라의 46664 에이즈 캠페인을 위해 남아프리카에서 열린 콘서트에 참여한다. · 브라이언은 음악 산업에서의 공로를 인정받아 영국 엘리자베스 2세 여왕으로부터 대영제국 훈장 3등급(CBE)을 받는다.
2006년	· 'Q+PR'은 23일간의 북미 투어를 시작한다. · 퀸의 《Greatest Hits》 앨범이 영국의 베스트셀링 앨범으로 선정된다. 비틀즈의 앨범 《Sgt Pepper's Lonely Hearts Club Band》보다 더 많이 팔린 것이다. 전 세계에서의 총 앨범 판매량은 3억 장 정도로 추산된다.
2008년	· 'Q+PR'은 넬슨 만델라의 90번째 생일 기념으로 런던 하이드 파크 공원에서 공연한다.
2009년	· 영국의 고향 펠텀에서 2,000명의 팬들이 참석한 가운데 프레디의 명판 제막식이 열린다. 제막식 천을 프레디의 엄마 '저르'가 거뒀다.
2011년	· 퀸 활동 40주년을 기념하여 런던에서 퀸의 사진 전시회 'Stormtroopers in Stilettos'가 개최된다. · 퀸이 아일랜드 쓰루 유니버셜사와 새로운 레코드 계약을 체결한다. · 퀸의 첫 번째 5개 앨범이 리마스터되고 보완되어서 3월에 발매된다. · 퀸의 두 번째 5개 앨범이 리마스터되고 보완되어서 6월에 발매된다. · 프레디의 65번째 생일날, 9월 5일에 퀸의 15개 스튜디오 앨범 중에서 마지막 5개의 앨범이 재발매된다. · 주요 할리우드 영화사에서 사챠 바론 코헨 주연의 영화를 준비한다. 프레디 사망 21주년인 2012년 상영을 목표로 했으나 그해에 나오지는 못했다.

■음반

2011년 퀸 40주년 기념 행사의 일부로서, 15개의 스튜디오 앨범이 리마스터, 보완되고 패키지 버전으로 꾸며져서 발매되었다. 싱글, 박스 세트, 해적판, 비공식적 발매 곡, 헌정 앨범, 'Q+PR' 등에 관한 더 많은 정보들은 다음 사이트에서 얻을 수 있다.

www.queenonline.com
www.queenpedia.com/index.php?title=Discography

1. **퀸의 앨범**(괄호 안의 날짜들은 미국에서의 발매일이다.)

앨범명	발매일
Queen	1973년 7월 13일(1973년 9월 4일)
Queen II	1974년 3월 8일(1974년 4월 9일)
Sheer Heart Attack	1974년 11월 8일(1974년 11월 12일)
A Night At The Opera	1975년 11월 21일(1975년 12월 2일)
A Day At The Races	1976년 12월 10일(1976년 12월 18일)
News Of The World	1977년 10월 28일(1977년 11월 1일)
Jazz	1978년 11월 10일(1978년 11월 14일)
Live Killers	1979년 6월 22일(1979년 6월 26일)
The Game	1980년 6월 30일(1980년 6월 30일)
Flash Gordon	1980년 12월 8일(1981년 1월 27일)
Greatest Hits	1981년 11월 2일(1981년 11월 3일)
Hot Space	1982년 5월 21일(1982년 5월 25일)
The Works	1984년 2월 27일(1984년 2월 28일)
The Complete Works	1985년 12월 2일 : 한정판 《Greatest Hits》 앨범 외에 그 당시까지의 모든 앨범들이 포함되었다. 스페셜 앨범 《Complete Vision》도 포함되었다. 《Complete Vision》에는 당시에 구입할 수 없었던 B 사이드 수록곡과 싱글 곡들이 수록되었다(미국에서는 동시 발매되지 않음).
A Kind Of Magic	1986년 6월 2일(1986년 6월 3일)
Live Magic	1986년 12월 1일(미국에서는 발매되지 않음)
The Miracle	1989년 5월 22일(1989년 6월 6일)
Queen At The Beeb	1989년 12월 4일 더블 앨범으로 리마스터되어 1997년 5월에 재발매되었다. BBC에서 녹화된 퀸의 모든 곡들이 담겨 있다(미국에서는 동시 발매되지 않음).
Innuendo	1991년 2월 4일(1991년 2월 5일)
Greatest Hits II	1991년 10월 28일(미국에서는 발매되지 않음)
Classic Queen	1992년 3월 3일(미국에서만 발매되었음)

Live At Wembley'86	1992년 5월 26일(1992년 6월 2일)
Box Of Tricks	1992년 5월 26일(당시에는 미국에서 발매되지 않음). 12곡의 콤플레이션 앨범 《12 Collection》이 포함되어 있다.
Greatest Hils	1992년 9월 15일(미국에서만 발매되었음)
Made in Heaven	1995년 11월 6일(1995년 11월 7일)
추천 앨범	
The Platinum Collection: Greatest Hits I, II & III	2000년 11월
Absolute Greatest	2009년 11월
Deep Cuts, Volume I(73-76)	2011년 3월
The Singles Collection Volume I	2008년 12월
The Singles Collection Volume II	2009년 6월
The Singles Collection Volume III	2010년 10월

2. 프레디 머큐리의 솔로 앨범(괄호 안의 날짜들은 미국에서의 발매일이다.)

앨범명	발매일
앨범	
Mr Bad Guy	1985년 4월 29일(1985년 5월 7일)
몽세라 카바예와의 공동 작업	
Barcelona	1988년 10월 10일 (프레디 사망 후 1992년 7월 14일), 영국에서는 1992년 8월 10일에 재발매되었다.
사후 발매 앨범	
The Freddie Mercury Album	1992년 11월 16일 (미국에서는 《The Great Pretender》로 1992년 11월 24일에 발매됨)
Freddie Mercury Remixes	여러 지역에서 1993년에 발매되었다(미국에서는 발매되지 않음).
추천 앨범	
솔로 콜렉션 박스 세트	2000년 10월 23일 프레디 활동의 완전한 개괄. 퀸 프로덕션이 제작한 가장 큰 규모의 박스 세트들 중에서, 이번 콜렉션은 보너스 트랙과 리믹스까지 광범위하게 포함한다. 기악곡, 구하기 힘든 희소성 가치가 있는 곡들, 또는 〈Mr Bad Guy〉, 〈Barcelona〉와 다른 곡들 그리고 데이비드 윅과 프레디와의 독특한 인터뷰 내용도 포함되어 있다. 진기한 사진들, 그림, 프레디가 쓴 글, 다양한 형식의 글들이 있다.
《Lover of Life》, 《Singer of Songs》: 프레디 머큐리 베스트 곡 모음집	2006년 9월 5일 프레디의 60번째 생일 기념으로 2개의 디스크로 구성된 콤플레이션 앨범이 발매되었다. 프레디와 그의 음악에 대한 모든 것이 이 앨범에 담겨 있다.

3. 싱글 음반(괄호 안의 날짜들은 미국에서의 발매일이다.)

앨범명	발매일
래리 루렉스(Larry Lurex)란 이름으로 발표한 곡	
I Can Hear Music	1973년 6월 29일
프레디 머큐리(Freddie Mercury)란 이름으로 발표한 곡	
Love Kills	1984년 9월 10일(1984년 9월 11일)
I Was Born to Love You	1985년 4월 9일(1985년 4월 23일)
Made In Heaven	1985년 7월 1일(미국에서는 발매되지 않음)
Living On My Own	1985년 9월 2일(1985년 7월 2일)
Love Me Like There's No Tomorrow	1985년 11월 18일(미국에서는 발매되지 않음)
데이브 클락(Dave Clark)의 뮤지컬 〈타임〉 중에서	
Time, the title theme	1986년 5월 6일(미국에서는 발매되지 않음)
The Great Pretender	1987년 2월 23일(1987년 3월 3일)

4. 몽세라 카바예와 함께한 곡

앨범명	발매일
Barcelona	1987년 10월 26일
The Golden Boy	1988년 10월 24일
How Can I Go On?	1989년 1월 23일

5. 프레디 사후에 발매된 솔로 싱글(괄호 안의 날짜들은 미국에서의 발매일이다.)

앨범명	발매일
Barcelona	1992년 7월 27일 재발매
How Can I Go On?	1992년 10월 재발매
In My Defence	1992년 11월 30일
The Great Pretender	1993년 1월 25일 재발매(1992년 11월 12일)
Living On My Own	1993년 7월 19일 재발매 〈Living On My Own〉은 프레디의 솔로 곡 중에서 가장 많이 팔린 싱글이다. 1993년 8월 8일 차트에서는 1위까지 올랐다. 퀸 멤버들의 솔로 곡 중에서 처음으로 1위에 올랐다.

■인물 보기

본문에서 소개된 다양한 인물에 대한 이해를 돕기 위해 각 인물에 대한 간단한 설명을 덧붙인다.

이름	내용
퀸의 멤버	
로저 테일러(Roger Taylor)	1949~, 영국의 가수, 그룹 퀸의 멤버, 드럼 담당
브라이언 메이(Brian May)	1947~, 영국의 가수, 그룹 퀸의 멤버, 기타 담당
존 디콘(John Deacon)	1951~, 영국의 가수, 그룹 퀸의 멤버, 베이스기타 담당
프레디 머큐리(Freddie Mercury)	1946~1991, 영국의 가수, 그룹 퀸의 멤버, 보컬과 피아노 담당, 레리 루렉스(Larry Lurex)라는 예명으로도 활동했었음
그 외	
JJ 케일(JJ Cale)	1938~2013, 미국의 싱어송라이터
K. C. 앤 더 선샤인 밴드 (K. C. and the Sunshine Band)	1974년에 데뷔한 미국의 팝 그룹
ZZ 톱(ZZ Top)	미국의 록 밴드
게리 고핀(Gerry Goffin)	1939~2014, 미국의 작사가
게리 스틱켈스(Garry Stickells)	지미 헨드릭스 익스피어런스와 퀸의 전 투어 매니저
게리 켐프(Gary Kemp)	1959~, 영국의 가수
고든 앳킨슨(Gordon Atkinson)	프레디의 주치의
구치(Gucci)	패션 디자이너
그레이엄 본드 오가니제이션 (The Graham Bond Organisation)	영국의 재즈/리듬 앤 블루스 밴드 그룹
그레이트풀 데드(The Grateful Dead)	1965년에 결성된 미국의 록 밴드 그룹
그루초 막스(Groucho Marx)	1890~1977, 미국의 배우
글렌 휴즈(Glenn Hughes)	1951~, 영국의 가수, 그룹 빌리지 피플의 전 멤버
나넷 뉴먼(Nanette Newman)	1934~, 영국의 영화배우
나보코프(Vladimir Nabokov)	1899~1977, 미국의 소설가이자 평론가, 곤충학자
나이젤 케네디(Nigel Kennedy)	1956~, 영국의 바이올리니스트
나자레스(Nazareth)	1971년에 데뷔한 영국의 록 그룹
노먼 위즈덤(Norman Wisdom)	영국의 가수
노멀 셰필드(Normal Sheffield)	더 헌터스의 드러머, 동생 베리 셰필드와 트라이던트 스튜디오 설립
노엘 레딩(Noel Redding)	그룹 지미 헨드릭스 익스피리언스의 멤버, 베이스 담당
노엘 에드몬즈(Noel Edmonds)	영국의 방송인
뉴욕 돌스(New York Dolls)	1973년에 데뷔한 미국의 록 밴드
니나 마이스코프(Nina Myskow)	스코틀랜드 출신의 저널리스트
니키 홉킨스(Nicky HopKins)	1944~1994, 아일랜드 출신의 음악가
닉 켄트(Nick Kent)	1951~, 영국의 록 평론가이자 음악가
닉 콘(Nik Cohn)	영국 최초의 록 저널리스트
다니엘 데이 루이스(Daniel Day Lewis)	1957~, 영국의 영화배우
다이애나 로스(Diana Ross)	1944~, 미국의 팝 가수
다이애나 모슬리(Diana Moseley)	패션디자이너
다이어 스트레이트(Dire Straits)	1978년에 데뷔한 영국의 록 그룹

더 다크니스(The Darkness)	2003년에 데뷔한 영국의 록 그룹
더 밴드(The Band)	1968년에 데뷔한 캐나다의 록 그룹
더 버즈(The byrds)	1964년에 결성된 미국의 록 밴드
더 붐타운 래츠(The Boomtown Rats)	1978년에 데뷔한 영국의 그룹
더 서처스(The Searchers)	영국의 팝 그룹
더 스타일 카운슬(The Style Council)	1983년에 데뷔한 영국의 그룹
더 크로스(The Cross)	퀸의 멤버 로저 테일러가 만든 솔로 밴드
더 키드(The Kid)	벨기에의 펑크록 그룹
더 페이시스(The Faces)	1969년에 결성된 영국의 록 밴드
더 후(The Who)	1965년에 데뷔한 영국의 록 그룹
더스티 스프링필드(Dusty Springfield)	1939~1999, 영국의 가수
데니스 오레건(Denis O'Regan)	사진작가, 퀸 투어 사진작가로 활동
데릭 브랑슈(Derrick Branche)	1947~, 인도 출신의 영국 배우
데보(Devo)	1978년에 데뷔한 미국의 포스트 펑크록 밴드
데비 렝(Debbie Leng)	영국의 모델이자 배우
데이브 리 트레비스(Dave Lee Travis)	1945~, 영국의 유명 DJ, 라디오와 TV 사회자
데이브 클락(Dave Clark)	1942~, 영국의 싱어송라이터이자 음악 프로듀서
데이브 호간(Dave Hogan)	사진작가
데이비드 게이츠(David Gates)	1940~, 미국의 록 가수, 그룹 브레드의 멤버였음
데이비드 리처드(David Richards)	프로듀서
데이비드 보위(David Bowie)	1947~, 영국의 가수, 글램록의 대표주자
데이비드 에반스(David Evans)	피터 스트레이커의 전 매니저, 프레디의 친구
데이비드 에섹스(David Essex)	1947~, 영국의 가수
데이비드 윅(David Wigg)	연예부 기자, 프레디의 친구
데이비드 키드 젠슨(David Kid Jensen)	캐나다 출신의 DJ, 라디오 진행자
데이비드 퍼니시(David Furnish)	1962~, 캐나다 출신의 영화감독이자 제작자, 엘튼 존과 결혼
데이비드 해밀턴(Diddy)	디디, 라디오 진행자
데이토나 라이츠(Daytona Lights)	영국의 인디 팝 밴드
데프 레퍼드(Def Leppard)	1980년 데뷔한 영국의 5인조 그룹
도노반(Donovan)	1946~, 영국의 가수
도어스(The Doors)	1967년에 데뷔한 미국의 록 밴드
돈 매클린(Don Mclean)	1945~, 미국의 가수
돈 아던(Don Arden)	전직 나이트클럽 가수이자 코미디언, 쇼비즈니스 매니저
돌리 파튼(Dolly Parton)	1946~, 미국의 가수이자 배우
듀란듀란(Duran Duran)	1978년에 결성된 영국의 팝 밴드
디노 드 로렌티스(Dino De Laurentiis)	1919~2010, 이탈리아 출신의 영화제작자
디온 워윅(Dionne Warwick)	1940~, 미국의 팝 가수
딥 퍼플(Deep Purple)	1968년에 데뷔한 영국의 록 그룹
라디오헤드(Radiohead)	1993년에 데뷔한 영국의 록 밴드
라몬즈(Ramones)	1976년에 데뷔한 미국의 록 밴드
라이너 베르너 파스빈더 (Rainer Werner Fassbinder)	독일의 컬트 무비 감독
라이스 토머스(Rhys Thomas)	1978~, 영국의 배우, 퀸 전문가로 알려짐
라이오넬 리치(Lionel Richie)	1949~, 미국의 가수
라이자 미넬리(Liza Minnelli)	1946~, 미국의 영화배우
라이처스 브라더스 (The Righteous Brothers)	1963년에 데뷔한 미국의 그룹

라인홀트 맥(Reinhold Mack)	독일의 음악 프로듀서, 사운드 엔지니어
런 어웨이즈(The Runaways)	미국의 록 밴드
레나테 블라우엘(Renate Blauel)	독일 출신의 레코딩 엔지니어, 엘튼 존과 결혼했으나 이혼
레너드 스키너드(Lynyrd Skynyrd)	1973년에 데뷔한 미국의 록 밴드
레드 제플린(Led Zeppelin)	1969년에 데뷔한 영국의 록 그룹
레드 핫 칠리 페퍼스(Red Hot Chili Peppers)	1984년에 데뷔한 미국의 록 밴드
레이 찰스(Ray Charles)	1930~2004, 미국의 블루스&소울 가수
레이디 리 미들턴(Lady Lee Middleton)	팝가수
로니 피셔(Ronnie Fisher)	전직 CBS/Sony 홍보 담당자
로드 스튜어트(Rod Stewart)	1945~, 영국의 싱어송라이터
로버트 드 니로(Robert de Niro)	1943~, 미국의 영화배우
로브 로우(Rob Lowe)	1964~, 미국의 영화배우
로빈 윌리엄스(Robin Williams)	1951~2014, 미국의 영화배우
로빈 케이블(Robin Cable)	음악 프로듀서
로이 오비슨(Roy Orbison)	1936~1988, 미국의 싱어송라이터
로이 토머스 베이커(Roy Thomas Baker)	음악 프로듀서
로저 글로버(Roger Glover)	1945~, 영국의 가수, 베이스 기타리스트
록 허드슨(Rock Hudson)	1925~1985, 미국의 영화배우
록시 미애드(Roxy Meade)	퀸의 첫 번째 공보 담당 직원
론 우드(Ron Wood)	1947~, 영국의 가수, 그룹 롤링 스톤스의 멤버
롤링 스톤스(The Rolling Stones)	1964년에 데뷔한 영국의 록 밴드
루 라이즈너(Lou Reizner)	머큐리 레코드의 유럽 지사장으로 지냄
루 리드(Lou Reed)	1942~2013, 미국의 가수
루돌프 누레예프(Rudolf Nureyev)	1938~1993, 러시아 태생의 무용수이자 안무가
루이스 소야브(Louis Souyave)	데이토나 라이츠 밴드의 기타리스트
루즈벨트(F. D. Roosevelt)	1882~1945, 미국의 32대 대통령
리버라치(Liberace)	1919~1987, 미국의 피아니스트, 쇼맨쉽이 뛰어난 동성애자 피아니스트로 유명했음
리처드 브랜슨(Richard Branson)	1950~, 영국의 기업인, 버진그룹 회장
리처드 톰슨(Richard Thompson)	그룹 아이벡스의 전 멤버
리처드 해리스(Richard Harris)	1930~2002, 아일랜드 출신의 영국 배우이자 가수
리처드 휴스(Richard Hughes)	방송국 프로듀서
리틀 리처드(Little Richard)	1932~, 미국의 로큰롤 가수, 피아니스트
리틀 피트(Little Feat)	1971년에 데뷔한 미국의 록 밴드
릭 스카이(Rick Sky)	미국의 저널리스트
릭 웨이크먼(Rick Wakeman)	1949~, 영국의 가수이자 피아니스트
릭 파핏(Rick Parfitt)	그룹 스테튜스 큐오의 보컬
린디스판(Lindisfarne)	영국의 록 밴드
링고 스타(Ringo Starr)	1940~, 영국의 가수
마돈나(Madonna)	1958~, 미국의 가수
마라도나(Diego Maradona)	1960~, 아르헨티나의 축구감독, 전 축구선수
마를레네 디트리히(Marlene Dietrich)	1901~1992, 독일 출신의 미국 영화배우
마리 헬빈(Marie Helvin)	1952~, 영국 출신의 미국 패션모델
마리아 칼라스(Maria Callas)	1923~1977, 그리스계의 이탈리아 소프라노 가수
마마스 앤 파파스(The Mamas & the Papas)	1966년에 데뷔한 미국의 팝 그룹
마말레이드(Marmalade)	1970년대에 활약한 영국의 록 그룹

마이크 그로스(Mike Grose)	그룹 퀸의 초반에 참여한 베이스 기타리스트
마이크 리드(Mike Read)	영국의 DJ
마이크 베신(Mike Bersin)	기타리스트, 아이벡스의 전 멤버
마이클 에즈너(Michael Eisner)	월트디즈니의 최고 경영자
마이클 오마르티안(Michael Omartian)	음반 프로듀서
마이클 위너(Michael Winner)	1935~2013, 영국의 영화 제작자이자 프로듀서
마이클 잭슨(Michael Jackson)	1958~2009, 미국의 팝 가수
마이클 케인(Michael Caine)	1933~, 영국의 영화배우
마일즈 데이비스(Miles Davis)	1926~1991, 미국의 음악인
마크 볼란(Marc Bolan)	1947~1977, 영국의 록 가수, 그룹 티 렉스 멤버
마틴 켐프(Martin Kemp)	1961~, 영국의 가수
마틴 피터스(Martin Peters)	1943~, 60년대를 대표하는 멀티 플레이어 축구선수
막스 브라더스(Marx Brothers)	미국의 코미디언 가족, 치코, 하포, 그루초, 제포의 네 형제
말콤 맥라렌(Malcolm Mclaren)	1946~2010, 영국의 가수
매닉 스트리트 프리처스 (The Manic Street Preachers)	1989년에 데뷔한 영국의 록 그룹
맨프레드 맨(Manfred Mann)	1963년에 데뷔한 영국의 록 그룹
멀 파크(Merle Parke)	발레리나
메리 퀀트(Mary Quant)	1934~, 영국의 패션디자이너
메리 홉킨(Mary Hopkin)	1950~, 영국의 가수
멜 스미스(Mel Smith)	1952~2013, 영국의 영화 배우이자 감독, 코미디언
모토헤드(Motorhead)	1975년에 결성된 영국의 록 밴드
모트 더 후플(Mott The Hoople)	1969년에 데뷔한 영국의 그룹
몬티 파이튼(Monty Python)	영국의 희극 그룹
몽세라 카바예(Montserrat Caballe)	1933~, 스페인의 성악가
미지 유르(Midge Ure)	1953~, 영국의 가수이자 기타리스트
미치 미첼(Mitch Mitchell)	1947~2008, 영국 출신의 드러머, 그룹 지미 헨드릭스 익스피리언스의 멤버
믹 록(Mick Rock)	1948~, 영국의 사진작가
믹 미퍼 스미스(Mick Miffer Smith)	드러머, 아이벡스의 전 멤버
믹 재거(Mick Jagger)	1943~, 영국의 가수이자 작곡가, 그룹 롤링 스톤스의 리드 보컬
바나나라마(Bananarama)	1983년에 데뷔한 영국의 록 그룹
바닐라 아이스(Vanilla Ice)	1967~, 미국의 가수 겸 영화배우
바리시니코프(Mikhail Baryshnikov)	1948~, 러시아 태생의 미국 무용수이자 영화배우
바바라 훌라니키(Barbara Hulanicki)	1936~, 폴란드 출신의 패션 디자이너
바버라 발렌틴(Barbara Valentin)	오스트리아 출신의 소프트 포르노 배우이자 모델, 프레디는 연인
바브라 스트라이샌드(Barbra Streisand)	1942~, 미국의 가수이자 영화배우
반 더 그라프 제너레이터 (Van der Graaf Generator)	영국의 록 밴드
반 모리슨(Van Morrison)	1945~, 영국 북아일랜드의 가수이자 작곡가
밥 겔도프(Bob Geldof)	1951~, 아일랜드 출신의 록 가수
밥 딜런(Bob Dylan)	1941~, 미국의 싱어송라이터
버글스(Buggles)	1980년에 데뷔한 미국의 록 그룹
버나드 도허티(Bernard Doherty.)	음악 홍보 담당자, 라이브 에이드의 홍보를 대행했었음
버디 홀리(Buddy Holly)	1936~1959, 미국의 싱어송라이터
베라 린(Vera Lynn)	1917~, 1936년에 데뷔한 영국의 가수

베리 미첼(Barry Mitchell)	베이스 기타리스트, 퀸의 전 멤버
베리 셰필드(Berry Sheffield)	트라이던트 스튜디오 사장, 노멀 셰필드의 동생
베이 시티 롤러스(Bay City Rollers)	1974년에 데뷔한 영국의 팝 그룹
베히슈타인(Bechstein)	독일의 명품 피아노 브랜드
벤 엘톤(Ben Elton)	1959~, 영국의 시나리오 작가이자 영화감독
벨벳 언더그라운드 (The Velvet Underground)	1967년에 데뷔한 미국의 록 그룹
보노(Bono)	1960~, 아일랜드 출신의 가수, 그룹 유투의 보컬
보니 타일러(Bonnie Tyler)	1951~, 영국의 가수
보이 조지(Boy George)	1961~, 영국의 가수, 그룹 컬처 클럽의 멤버
본조비(Bon Jovi)	1984년에 데뷔한 미국의 록 밴드
브라이언 존스(Brian Jones)	1942~1969, 그룹 롤링 스톤스의 멤버
브라이언 페리(Bryan Ferry)	1945~, 영국의 가수
브라이언 포브즈(Bryan Forbes)	영화감독
브레드(Bread)	미국의 4인조 록 그룹
브루스 고어스(Bruce Gowers)	영국의 방송 기획자이자 프로듀서
브루스 머레이(Bruce Murray)	그룹 헥틱스의 기타리스트이자 리드 보컬 담당
브루스 스프링스틴(Bruce Springsteen)	1949~, 미국의 록 보컬
브루스 올드필드(Bruce Oldfield)	1950~, 영국의 패션디자이너
브리짓 바르도(Brigitte Bardot)	1934~, 프랑스의 영화배우
브리짓 세인트 존(Bridget St John)	1946~, 영국의 싱어송라이터
브리트니 스피어스(Britney Spears)	1981~, 미국의 가수
블랙 사바스(Black Sabbath)	1970년에 데뷔한 영국의 록 밴드
블록헤즈(The Blockheads)	영국의 록 그룹
비앙카 재거(Bianca Jagger)	1945~, 니카라과 출신의 배우이자 모델
비지스(Bee Gees)	1967년에 데뷔한 영국의 3인조 밴드
비치 보이스(The Beach Boys)	1962년에 데뷔한 미국의 그룹
비틀즈(The Beatles)	1963~.영국 남성 그룹
빌 와이먼(Bill Wyman)	1936~, 영국의 베이시스트, 롤링 스톤스의 멤버
빌리 스콰이어(Billy Squier)	1950~, 미국의 가수
빌리 조엘(Billy Joel)	1949~, 미국의 가수 겸 작곡가, 피아니스트
빌리 크리스탈(Billy Crystal)	1948~ 미국의 영화배우
빌리지 피플(Village People)	1977년에 데뷔한 미국의 디스코 그룹
빌모스 지그몬드(Vilmos Zsigmond)	1930~, 헝가리계 미국의 영화 촬영 감독
사이먼 네이피어 벨(Simon Napier-Bell)	영국 출신의 록 매니저
사이먼 르 봉(Simon Le Bon)	1958~, 영국의 가수, 듀란듀란의 보컬
사챠 바론 코헨(Sacha Baron Cohen)	1971~, 영국의 영화배우
샌디 쇼(Sandie Shaw)	1947~, 영국의 가수
샘 쿡(Sam Cooke)	1931~1964, 미국의 가수, 소울 음악의 개척자로 알려짐
세뇨르 페트라카(Senor Petraca)	퀸타 스타디움 회장
섹스 피스톨즈(Sex Pistols)	1977년에 데뷔한 영국의 펑크 록 밴드
센세이셔널 알렉스 하비 밴드 (The Sensational Alex Harvey Band)	영국의 록 밴드
셜리 바세이(Shirley Bassey)	1937~, 영국의 가수
소니 앤 셰어(Sonny and Cher)	1965년에 데뷔한 미국의 그룹
스모키 로빈슨(Smokey Robinson)	1940~, 미국의 R&B 소울 가수이자 작곡가

스몰 페이시스(Small Faces)	1966년에 데뷔한 영국의 록 밴드
스위트(Sweet)	영국의 록 밴드
스캇 밀라니(Scott Millaney)	음반 프로듀서
스테튜스 큐오(Status Quo)	1968년에 데뷔한 영국의 록 그룹
스트롭스(Strawbs)	1969년에 데뷔한 영국의 록 그룹
스티브 노먼(Steve Norman)	1960~, 영국의 가수, 그룹 스팬다우 발레의 멤버였음
스티브 레빈(Steve Levine)	녹음 프로듀서, 휴브리스 레코드사 대표
스티븐 반 잔트(Steven Van Zandt)	그룹 브루스 스프링스틴의 이스트리트 밴드 멤버
스티븐 헤이터(Stephen Hayter)	클럽 기획자
스티비 원더(Stevie Wonder)	1950~, 미국의 싱어송라이터
스팅(Sting)	1951~, 영국의 가수
스파이크 애드니(Spike Edney)	퀸의 5번째 멤버, 키보드와 보컬, 리듬 기타 담당
스팬다우 발레(Spandau Ballet)	1981년에 결성된 영국의 밴드
슬레이드(Slade)	1969년에 데뷔한 영국의 록 그룹
시드 비셔스(Sid Vicious)	1957~1979, 영국의 록 가수, 그룹 섹스 피스톨즈의 멤버
신디 로퍼(Cyndi Lauper)	1953~, 미국의 팝 가수
심플 마인즈(Simple Minds)	1979년에 데뷔한 스코틀랜드의 록 밴드
씬 리지(Thin Lizzy)	1971년에 데뷔한 아일랜드의 록 밴드
아니타 돕슨(Anita Dobson)	1949~, 영국의 배우이자 가수, 퀸의 멤버 브라이언 메이의 부인
아레사 프랭클린(Aretha Franklin)	1942~, 미국의 가수
아바(ABBA)	1973년에 데뷔한 스웨덴의 4인조 그룹
아이언 메이든(Iron Maiden)	1980년에 데뷔한 영국의 밴드
아즈텍 카메라(Aztec Camera)	1983년에 데뷔한 영국의 그룹
아키히로 미와(Akihiro Miwa)	일본 긴자에서 카바레를 운영하는 여장남자
안젤라 캐시(Angela Cash)	패션디자이너
알 스튜어트(Al Stewart)	1945~, 영국의 가수
알렉스 하비(Alex Harvey)	1935~, 스코틀랜드 출신의 가수, 그룹 센세이셔널 알렉스 하비 밴드의 글램 로커
애니 레녹스(Annie Lennox)	1954~, 영국의 가수, 그룹 유리스믹스의 멤버
애니멀스(The Animals)	1960년에 결성된 영국의 록 그룹
앤드루 리즐리(Andrew Ridgeley)	1963~, 영국의 가수이자 기타리스트
앤디 워홀(Andy Warhol)	1928~1987, 미국의 미술가
앤서니 도웰(Anthony Dowell)	1943~, 영국의 무용가
앨런 제임스(Allan James)	레코드업계의 유명 기획자
야드버즈(Yardbirds)	영국의 록 그룹
어스 윈드 앤 파이어(Earth, Wind and Fire)	미국의 음악 그룹
에디 그랜트(Eddy Grant)	1948~, 가이아나 출신의 영국 가수
에디 머피(Eddie Murphy)	1961~, 미국의 영화배우
에디 반 헤일런(Eddie Van Halen)	1955~, 네덜란드 출신의 가수이자 기타리스트
에릭 클랩튼(Eric Clapton)	1945~, 영국의 가수이자 기타리스트
에릭 홀(Eric Hall)	레코드 홍보업자
에어로스미스(Aerosmith)	1973년에 데뷔한 미국의 록 그룹
엔트 위슬(John Entwistle)	1944~2002, 영국의 가수이자 기타리스트
엘리 그린위치(Ellie Greenwich)	1940~2009, 미국의 가수, 작곡가, 음반 프로듀서
엘리스 쿠퍼(Alice Cooper)	1948~, 미국의 가수
엘비스 프레슬리(Elvis Presley)	1935~1977, 미국의 가수

엘튼 존(Elton John)	1947~, 영국의 가수이자 작곡가
엠퍼러 로스크(Emperor Rosko)	1942~, DJ, 라디오 진행자
예스(Yes)	1968에 데뷔한 영국의 록 그룹
오스카 와일드(Oscar Wilde)	1854~1900, 아일랜드의 시인이자 소설가
오지 오스본(Ozzy Osbourne)	1948~, 영국의 가수
위시본 애쉬(Wishbone Ash)	1970년에 데뷔한 영국의 록 그룹
윈프리드 커크버거(Winfried Kirchberger)	알프스 티롤 출신의 레스토랑 경영자, 프레디의 전 연인
윌리 넬슨(Willie Nelson)	1933~, 미국의 가수이자 작곡가
유리스믹스(Eurythmics)	1981년에 데뷔한 영국의 듀엣 그룹
유진 웰리스(Eugene Wallace)	아일랜드의 싱어송라이터
유투(U2)	1980년에 데뷔한 아일랜드 출신의 록 그룹
이브 생 로랑(Yves Saint Laurent)	1936~2008, 프랑스의 패션 디자이너
이언 듀리 & 블록헤즈 (Ian Dury & The Blockheads)	이언 듀리가 리드보컬이 되어 결성된 그룹
이언 듀리(Ian Dury)	1942~2000, 잉글랜드의 가수
이엘오(ELO, Electric Light Orchestra)	1971년에 데뷔한 영국의 록 그룹
자니 로튼(Johnny Rotten)	1956~, 영국의 가수, 그룹 섹스 피스톨즈의 멤버
잔드라 로즈(Zandra Rhodes)	1940~, 영국의 패션디자이너
재닛 찰스(Jeannette Charles)	1927~2015, 엘리자베스 여왕을 닮은 배우
잭 넬슨(Jack Nelson)	미국 음반 산업 경영진의 간부, 퀸의 매니저
잭 스타키(Zak Starkey)	1965~, 영국의 가수, 드러머, 가수 링고 스타의 아들
잭 홀츠먼(Jac Holzman)	엘렉트라 레코드사의 상품기획자
잭슨 브라운(Jackson Browne)	1948~, 독일 출신의 미국 가수이자 작곡가
저팬(Japan)	1978년에 데뷔한 영국의 그룹
제네시스(Genesis)	영국의 록 그룹
제드워드(Jedward)	아일랜드 출신의 가수
제레미 노먼(Jeremy Norman)	엠버시, 헤븐 클럽의 창립자
제레미 루버 갤럽(Jeremy Rubber Gallop)	밴드 사우어 밀크 시의 멤버, 리듬 기타, 드러머 담당
제리 리 루이스(Jerry Lee Lewis)	1935~, 미국의 싱어송라이터, 피아니스트
제인 세이모어(Jane Seymour)	1951~, 영국의 영화배우
제인 아셔(Jane Asher)	1946~, 영국의 영화배우
제임스 니스벳(James Nisbet)	세션 기타리스트
제임스 시즈(James Saez)	마돈나, 라디오 헤드 등과 일한 LA의 프로듀서, 엔지니어
제임스 테일러(James Taylor)	1948~, 미국의 가수이자 작곡가
제트로 툴(Jethro Tull, 영)	국의 록 그룹
제프 백(Jeff Beck)	1944~, 영국의 기타리스트
조 버트(Joe Bert)	톰 로빈슨 밴드의 베이시스트, 프레디의 전 연인
조 카커(Joe Cocker)	1944~2014, 영국의 가수
조 파넬리(Joe Fanelli)	요리사, 가든 롯지에서 요리사로 일함, 프레디의 전 연인
조나단 모리쉬(Jonathan Morrish,)	CBS 레코드와 소니에서 일함, 마이클 잭슨의 홍보 담당자
조니 워커(Johnnie Walker)	영국의 DJ
조디 포스터(Jodie Foster)	1962~, 미국의 영화배우, 영화감독
조르조 아르마니(Giorgio Armani)	1934~, 이탈리아의 패션 디자이너
조셉 록우드(Joseph Lockwood)	EMI의 회장
조안 바에즈(Joan Baez)	1941~, 미국의 가수
조안 서덜랜드(Joan Sutherland)	1926~2010, 오스트레일리아 출신의 성악가

조안 제트(Joan Jett)	1958~, 미국의 가수이자 기타리스트
조지 마이클(George Michael)	1963~, 영국의 가수
조지 벤슨(George Benson)	1943~, 미국의 싱어송라이터, 기타리스트
조지 페임(Georgie Fame)	1943~, 영국의 리듬 앤 블루스, 재즈 가수, 키보드 플레이어
조지 해리슨(George Harrison)	1943~2001, 영국의 싱어송라이터이자 기타리스트
조지오 고멜스키(Giorgio Gomelsky)	1934~, 영화 제작자, 음악 매니저, 작사가
조지오 모로더(Giorgio Moroder)	1940~, 이탈리아의 음악 프로듀서이자 작곡가
존 레논(John Lennon)	1940~1980, 영국의 가수, 그룹 비틀즈의 멤버
존 레이드(John Reid)	레코드 기획자, 엘튼 존의 전 매니저
존 메이올(John Mayall)	1933~, 영국의 가수
존 보넘(John Bonham)	1948~1980, 영국의 가수이자 드러머, 그룹 레드 제플린의 멤버
존 블레이크(John Blake)	팝 칼럼니스트, 잡지 발행인
존 스탠딩(John Standing)	1934~, 영국의 영화배우
존 스테판(John Stephen)	1934~2004, 숍 운영자
존 신클레어(John Sinclair)	사름 스튜디오 대표, 현재 예루살렘에서 랍비로 지냄
존 앤서니(John Anthony)	레코드 프로듀서
존 코발(John Kobal)	1940~1991, 사진작가
존 키블(John Keeble)	1959~, 영국의 가수, 그룹 스팬다우 발레의 멤버, 드럼 담당
존 툽 테일러(John Tupp Taylor)	그룹 아이벡스의 멤버, 베이스 기타
존 트라볼타(John Travolta)	1954~, 미국의 영화배우
존 폴 존스(John Paul Jones)	1946~, 영국의 가수, 그룹 레드 제플린의 전 멤버
존 필(John Peel)	DJ
죄르지 레스(Gyorgy Illes)	헝가리의 카메라맨
주디 갈란드(Judy Garland)	1922~1969, 미국의 가수이자 배우
줄리 크리스티(Julie Christie)	1941~, 인도 태생의 영국 영화배우
줄리안 레논(Julian Lennon)	1963~, 영국의 가수, 존 레논의 아들
지미 웹(Jimmy Webb)	1946~, 미국의 가수이자 작곡가
지미 페이지(Jimmy Page)	1944~, 영국의 기타리스트, 그룹 레드 제플린의 전 멤버
지미 헨드릭스 익스피리언스 (The Jimi Hendrix Experience)	1967년에 데뷔한 록 그룹
지미 헨드릭스(Jimi Hendrix)	1942~1970, 미국의 가수이자 기타리스트
진 피트니(Gene Pitney)	미국의 팝 가수
진저 베이커(Ginger Baker)	1939~, 영국의 가수, 드럼의 마왕이라 불림
짐 다이아몬드(Jim Diamond)	1953~, 록 가수
짐 모리슨(Jim Morrison)	1943~1971, 미국의 가수, 1967년에 데뷔한 그룹 도어스의 멤버
짐 비치(Jim Beach)	퀸의 매니저, 변호사
짐 젠킨스(Jim Jen Kins)	퀸의 전기 《애즈 잇 비건》의 공저자
짐 허튼(Jim Hutton)	미용사, 프레디의 전 연인
차스 챈들(Chas Chandler)	그룹 애니멀스의 베이스 기타 연주자
찰리 채플린(Charles Chaplin)	1889~1977, 미국의 영화배우
칙(Chic)	1977년에 데뷔한 미국의 팝 그룹
카마인 어피스(Carmine Appice)	1946~, 미국의 가수, 드러머
캐롤 킹(Carole King)	1942~, 미국의 가수
캐롤린 코완(Carolyn Cowan)	메이크업 아티스트
캐스 엘리엇(Cass Elliot)	1941~1974, 미국의 가수, 그룹 마마스 앤 파파스의 멤버
캔드 히트(Canned Heat)	1967년에 데뷔한 미국의 록 그룹

컬처 클럽(Culture Club)	영국의 뉴 웨이브 록 그룹
케니 에버렛(Kenny Everett)	DJ, 라디오 진행자, 코미디언
켄 테스티(Ken Testi)	퀸의 매니저
켈빈 클라인(Calvin Klein)	1942~, 미국의 패션 디자이너
코스모 홀스트롬(Cosmo Hallstrom)	정신과 의사
콜린 피터슨(Colin Petersen)	1946~, 영국 영화배우, 그룹 비지스의 드러머로 활동
퀸시 존스(Quincy Jones)	1933~, 미국의 음악 프로듀서
크리스 더밋(Chris Dummet)	밴드 사우어 밀크 시의 멤버
크리스 스미스(Chris Smith)	그룹 스마일의 멤버, 오르간 담당
크리시 하인드(Chrissie Hynde)	1951~, 미국 출신의 영국 가수
클라크 게이블(Clark Gable)	1901~1960, 미국의 영화배우
클로드 놉스(Claude Nobs)	1936~2013, 스위스 워너뮤직 디렉터
클리프 리처드(Cliff Richard)	1940~, 인도 출신의 영국 가수
키스 리처드(Keith Richards)	1943~, 영국의 가수, 그룹 롤링 스톤스의 멤버
키스 문(Keith Moon)	1946~1978, 영국의 가수이자 드러머, 그룹 더 후의 멤버
키키 디(Kiki Dee)	1947~, 1968년에 데뷔한 영국의 가수
킴 와일드(Kim Wilde)	1960~, 영국의 가수
테리 이어돈(Terry Yeardon)	DJ, 파이 스튜디오의 엔지니어
텐씨씨(10cc)	1972년에 데뷔한 영국의 록 밴드
토니 리차드슨(Tony Richardson)	1928~1991, 영국의 영화감독
토니 바스틴(Tony Bastin)	DHL 회사 안내원, 프레디의 전 연인
토니 베넷(Tony Bennett)	1926~, 미국의 가수
토니 브레인스비(Tony Brainsby)	퀸의 첫 번째 홍보 담당자
토니 블랙번(Tony Blackburn)	영국의 DJ, 라디오 진행자
토니 비스콘티(Tony Visconti)	음반 제작자
토니 스트래튼 스미스(Tony Stratton-Smith)	카리스마 레코드사의 사장
토니 해들리(Tony Hadley)	1960~, 영국의 가수, 그룹 스팬다우 발레의 멤버, 보컬 담당
토미 반스(Tommy Vance)	영국의 팝 라디오 방송인
톰 존스(Tom Jones)	1940~, 영국의 록 밴드
트레멜로스(Tremeloes)	1963년에 데뷔한 영국의 록 그룹
티나 터너(Tina Turner)	1939~, 미국의 가수
티렉스(T. Rex)	1968년에 데뷔한 영국의 록 그룹
팀 스타펠(Tim Staffell)	그룹 1984의 리드 보컬
팻 분(Pat Boone)	1934~, 미국의 가수이자 영화배우
팻시 켄싯(Patsy Kensit)	1968~, 영국의 영화배우
팻츠 도미노(Fats Domino)	1928~, 미국의 로큰롤 피아니스트이자 가수
페툴라 클락(Petula Clark)	1932~, 영국의 가수, 영화배우
펫 베네타(Pat Benatar)	1953~, 미국의 가수
폴 감바치니(Paul Gambaccini)	라디오 진행자
폴 로저스(Paul Rodgers)	1948~, 영국의 가수, 그룹 '퀸+폴 로저스'의 보컬
폴 매카트니(Paul McCartney)	1942~, 영국의 가수, 그룹 비틀즈의 멤버
폴 앤 마리(Paul and Mary)	1962년에 데뷔한 미국의 포크 음악 그룹
폴 영(Paul Young)	1956~, 영국의 가수
폴 웰러(Paul Weller)	1958~, 영국의 가수
폴 프렌터(Paul Prenter)	퀸의 매니저
프랜시스 로시(Francis Rossi)	그룹 스테튜스 큐오의 보컬이자 기타리스트

프랭크 시나트라(Frank Sinatra)	1915~1998, 미국의 가수이자 배우
프랭크 앨런(Frank Allen)	1963년에 데뷔한 그룹 더 서처스의 베이시스트
프랭크 자파(Frank Zappa)	1940~1993, 미국의 작곡가이자 기타리스트
프랭크 켈리 프리어스(Frank Kelly Freas)	1922~2005, 미국의 일러스트레이터
프레디 킹(Freddie King)	1934~1976, 미국의 가수
프리(Free)	영국의 록 그룹
프리텐더스(Pretenders)	영국의 록 그룹
플래터스(Platters)	1955년에 데뷔한 미국이 록 그룹
플리트우드 맥(Fleetwood Mac)	1969년에 데뷔하였으며 영국인과 미국인으로 구성된 록 그룹
피어스 카메론(Piers Cameron)	인테리어 디자이너, 메리 오스틴의 전 남편
피에이치디(Ph.D.)	1981년에 데뷔한 영국의 그룹
피오루치(Fiorucci)	패션 디자이너
피터 가브리엘(Peter Gabriel)	1950~, 영국의 가수
피터 레티 힌스(Peter Ratty Hince)	퀸의 전 로드 매니저, 현 사진작가
피터 모간(Peter Morgan)	영국의 보디 빌더, 프레디의 전 연인
피터 블레이크(Peter Blake)	1932~, 영국의 미술인
피터 스켈런(Peter Skellern)	1947~, 영국의 가수, 싱어송라이터, 피아니스트
피터 스트레이커(Peter Straker)	1943~, 자메이카 출신의 가수이자 배우
피터 포브 프리스톤 (Peter Phoebe Freestone)	양복점 조수이자 의상 담당자, 프레디의 개인 비서
피터 프램튼(Peter Frampton)	1950~, 영국의 기타리스트
피터 힐모어(Peter Hillmore)	칼럼니스트
피트 타운센드(Pete Townshend)	1945~, 영국의 가수이자 기타리스트
필 라이넛(Phil Lynott)	아일랜드의 록 뮤지션, 그룹 씬 리지의 보컬이자 베이시스트
필 사임스(Phil Symes)	퀸의 현재 홍보 담당자
필 스웬(Phil Swern)	프로듀서, 음악 기록 담당자, 음반 수집자
필 스펙터(Phil Spector)	1939~, 미국의 음반 프로듀서, 싱어송라이터
필 콜린스(Phil Collins)	1951~, 영국의 가수
핑크 플로이드(Pink Floyd)	1967년에 데뷔한 영국의 록 그룹
할스톤(Halston)	1970년대 패션을 주도한 미국의 디자이너
해리 닐슨(Harry Nilsson)	1941~1994, 미국의 가수
호세 카레라스(Jose Carreras)	1946~, 스페인의 성악가
휴이 루이스(Huey Lewis)	1950~, 미국의 가수

■찾아보기

ㄹ

ㅁ

ㅂ

ㅅ

ㅇ

ㅈ

ㅊ

ㅋ

ㅌ

ㅍ

ㅎ